中華禮藏

禮俗卷　歲時之屬　第一冊

浙江大學出版社
ZHEJIANG UNIVERSITY PRESS

禮

中華禮藏編纂委員會

總　序

　　中華民族的禮義傳統積澱了人與人、人與社會、人與自然和諧相處的經驗與秩序，從而形成了一種"標誌着中國的特殊性"（錢穆語）的生存方式。《禮記·曲禮上》對此有概括的説明："道德仁義，非禮不成；教訓正俗，非禮不備；分争辨訟，非禮不決；君臣上下，父子兄弟，非禮不定；宦學事師，非禮不親；班朝治軍，涖官行法，非禮威嚴不行；禱祠祭祀，供給鬼神，非禮不誠不莊。"千百年來，正因爲中華民族各個階層對"禮"的認同與踐行，不僅構建了中華民族的精神家園，彰顯了民族文化的獨特面貌，也爲人類社會樹立了一個"禮義之邦"的文化典範。實際上，對"禮"的認同，體現了對文化的認同，對民族的認同，對國家的認同。

　　在不同文化交流日益頻繁的今天，弘揚傳統文化，提升文化實力，强化精神歸屬，增强民族自信，已是社會各界的共識，也是刻不容緩的要務。温故籍以融新知，繼傳統而闡新夢，大型專業古籍叢書的整理與編纂，分科別脈，各有專擅，蔚然已成大觀。然而對於當今社會有重要意義的禮學文獻的整理與編纂，至今仍付之闕如。即使偶有禮學文獻被整理出版，因未形成規模而不成系統，在傳統觀念的影響下往往還被視爲經學典籍，既不能反映中華禮學幾千年的總體面貌與發展軌迹，也直接影響了在弘揚優秀傳統文化的前提下重建體現民族精神的禮儀規範。醽澄莫饗，孰慰饑渴。浙江大學古籍研究所全體同仁爲順應時代要求，發揮學科特色與優勢，在學校的大力支持下，願精心整理、編纂傳統禮學文獻，謹修《中華禮藏》。

自從歷史上分科治學以來，作爲傳統體用之學之致用部分的禮學就失去了學科的獨立性。漢代獨尊儒術，視記載禮制、禮典、禮義的《周禮》、《儀禮》、《禮記》爲儒家的經學典籍。《漢書·藝文志》著録禮學文獻十三家，隸屬於六藝，與《易》、《書》、《詩》、《樂》、《春秋》、《論語》、《孝經》相提並論。迄至清修《四庫全書》，采用經、史、子、集四分法，將禮學原典及歷代研究禮學原典的文獻悉數歸於經學，設《周禮》之屬、《儀禮》之屬、《禮記》之屬、三禮總義之屬、通禮之屬、雜禮之屬六個門類著録纂輯禮學文獻，又於史部政書類下設典禮之屬著録纂輯本屬於禮學範疇的文獻，至於記載區域、家族、個人禮儀實踐的文獻則又散見於多處。自《漢書·藝文志》至於《四庫全書》，著録纂輯浩如煙海的禮學文獻，不僅使禮學失去了學科的獨立性，而且還使禮學本身變得支離破碎。因此，編纂《中華禮藏》，既以專門之學爲標幟，除了裒輯、點校等方面的艱苦工作外，還面臨着如何在現代學術語境中界定禮學文獻範圍的難題。

《説文》云："禮，履也，所以事神致福也。"事神以禮，即履行種種威儀以表達敬畏之義而得百順之福。禮本是先民用來提撕終極關懷的生存方式，由此衍生出了在政治生活和社會生活中表達尊讓、孝悌、仁慈、敬畏等禮義的行爲規範。《禮記·禮器》云："禮器，是故大備。"以禮爲器而求成人至道，與儒學亞聖孟子的"禮門義路"之論頗相一致。然而踐履之禮、大備之禮的具體結構又是怎樣的呢？《禮記·樂記》云："簠簋俎豆、制度文章，禮之器也；升降上下、周還裼襲，禮之文也。故知禮樂之情者能作，識禮樂之文者能述。作者之謂聖，述者之謂明。明聖者，述作之謂也。"根據黄侃《禮學略説》及沈文倬《略論禮典的實行和〈儀禮〉書本的撰作》的論述,所謂"禮之文"、"禮之情"又被稱爲"禮儀"和"禮意"。禮器、禮儀用以呈現和表達禮意,此即所謂"器以藏禮,禮以行義"(《左傳·成公二年》)。三者之中,禮儀和禮意的内容相對明確,而禮器的内容則比較複雜,具目則可略依《樂記》所論分爲三種:物器(簠簋俎豆之類)、名器(制度之類)和文器(文章之類)。基於這樣的理解,參考歷代分門别類著録匯輯專業文獻的經驗,可以將歷史上遺留下來的全部傳統禮學文獻析分爲如下三個部分。

第一部分是作爲源頭的禮學原典和歷代研究禮學的論著。根據文獻的性質,又可細分爲兩類。

1.禮經類。《四庫提要》經部總序所謂"經稟聖裁,垂型萬世",乃"天下之公理"之所,爲後世明體達用、返本開新的源頭活水。又經部禮類序云:"三《禮》並立,一從古本,無可疑也。鄭康成注,賈公彦、孔穎達疏,於名物度數特詳。宋儒攻擊,僅摭其好引讖緯一失,至其訓詁則弗能逾越。……本漢唐之注疏,而佐以宋儒之義理,亦無可疑也。"《周禮》是制度之書,《儀禮》主要記載了士大夫曾經踐行過的各種典禮儀式,《禮記》主要是七十子後學闡發禮義的匯編。雖然三《禮》被列爲儒家研習的典籍之後變成了經學,然而從禮學的角度來看,於《周禮》可考名物典章制度,於《儀禮》可見儀式典禮的主要儀節及揖讓周旋、坐興起跪的威儀,於《禮記》可知儀式典禮及日常行爲的種種威儀皆有意義可尋。若再從更加廣泛的禮學角度審視先秦兩漢的文獻,七十子後學闡釋禮義的文獻匯編還有《大戴禮記》,漢代出現的禮緯也藴藏着不見於其他文獻記載的禮學内容。因此,禮經類除三

《禮》之外還應該包括《大戴禮記》與禮緯。至於後人綜合研究禮經原典而又不便歸入任何一部經典之下的文獻,宜倣《四庫全書》設通論之屬、雜論之屬分別纂輯。

2. 禮論類。此類文獻特指歷代綜合禮學原典與其他文獻,突破以禮學原典爲經學典籍的傳統觀念,自擬論題,自定體例,結合禮儀實踐、禮學原典與禮學理念等進行研究而撰作的文獻,如朱熹的《儀禮經傳通解》、任啓運的《天子肆獻祼饋食禮纂》、秦蕙田的《五禮通考》等都宜歸入禮論類。此類文獻與禮經類中綜論性質的文獻容易混淆,最大的區別就在於禮經類中綜論性質的文獻是對禮學原典的闡釋,而禮論類文獻則是對各類文獻所記禮儀實踐與理念的綜合探索,二者研究的問題、對象,特別是研究目的皆有所不同。

第二部分是基於對禮儀結構的觀察而針對某一方面進行獨立研究而撰作的文獻。根據文獻關注的焦點,又可分爲三類。

3. 禮器類。根據前引《禮記·樂記》的説明,禮器包括物器、名器和文器。物器爲禮器之代表形態,自來皆無疑議。名器所涉及之制度、樂舞、數術,因逐漸發展而略具專業特點,有相對的獨立性,固當別爲門類。就制度、樂舞、數術本屬於禮儀實踐活動而言,可分別以禮法、禮樂、禮術概之。又文器亦皆因器而顯,故宜附於禮器類中。因此,凡專門涉及輿服、宫室、器物的禮學文獻,如聶崇義的《新定三禮圖》、張惠言的《冕弁冠服圖》和《冕弁冠服表》、程瑤田的《釋宫小記》、俞樾的《玉佩考》等都屬禮器類文獻。

4. 禮樂類。據《禮記·樂記》所言"樂統同,禮辨異,禮樂之説,管乎人情矣",可知禮與樂本是關乎人情的兩個方面。因此,禮之所至，樂必從之。考察歷代各個階層踐行過的許多儀式典禮，若不借助於禮樂則無以行禮。《通志·樂略第一》云："禮樂相須以爲用，禮非樂不行，樂非禮不舉。"禮與樂既相將爲用，則凡涉及禮樂的文獻，皆當歸入禮樂類。然而歷史上因囿於經學爲學科正宗、樂有雅俗之分的觀念，故有將涉及禮樂的文獻一分爲二分別纂輯的方法。《四庫提要》樂類云："大抵樂之綱目具於《禮》，其歌詞具於《詩》，其鏗鏘鼓舞則傳在伶官。漢初制氏所記，蓋其遺譜，非別有一經爲聖人手定也。特以宣豫導和，感神人而通天地，厥用至大，厥義至精，故尊其教得配於經。而後代鐘律之書亦遂得著録於經部，不與藝術同科。顧自漢代以來，兼陳雅俗，豔歌側調，並隸《雲》、《韶》。於是諸史所登，雖細至箏琶，亦附於經末。循是以往，將小說稗官未嘗不記言記事，亦附之《書》與《春秋》乎？悖理傷教，於斯爲甚。今區別諸書，惟以辨律呂、明雅樂者仍列於經，其謳歌末技，弦管繁聲，均退列雜藝、詞曲兩類中。用以見大樂元音，道侔天地，非鄭聲所得而奸也。"此乃傳統文獻學之舊旨，今則據行禮時禮樂相將的事實，凡涉及禮樂的文獻不分雅俗兼而存之，一並歸於禮樂類。

　　5. 禮術類。《禮記·表記》載孔子之語云："昔三代明王，皆事天地之神明，無非卜筮之用。"卜筮之用在於"決嫌疑，定猶與"（《禮記·曲禮上》）。歷代踐行的各種儀式典禮，正式行禮之前往往都有卜筮的儀節，用於判斷時空、賓客、牲牢等的吉凶，本是整個儀式典禮的組成部分。《儀禮》於《士冠禮》、《士喪禮》、《既夕禮》、《特牲饋食禮》、《少牢饋食禮》皆記卜筮的儀節，而於其他儀式典禮如《士婚禮》等皆略而不具。沈文倬先生已指出，《儀禮》一書，互文見義，其實每一個儀式典禮都有卜筮的儀節。因儀式典禮所用數術方法有相對的獨立性,故歷代禮書多有專論。秦蕙田《五禮通考》立"觀象授時"之目,黃以周《禮書通故》設"卜筮通故"之卷。自《漢書·藝文志》數術略分數術爲六類:天文、曆譜、五行、蓍龜、雜占、形法,又於諸子略中收有與數術相關的陰陽家及兵陰陽文獻之目,至清修《四庫全書》子部術數類分爲六目:數學(三易及擬易書)、占候、相宅相墓、占卜、命書相書、陰陽五行(栻占曆數),分類著録纂輯數術文獻,各有錯綜,亦因時爲變以求其通耳。因此,就歷代各個階層踐行的儀式典禮皆有卜筮的儀節而言,凡涉及卜筮的文獻宜收入禮術類。

第三部分是基於對歷代禮儀實踐的規模、等級、性質的考察而撰作的文獻,又可以分爲如下四類。

6.禮制類。《左傳·桓公二年》載晉大夫師服之語云:"禮以體政,政以正民,是以政成而民聽,易則生亂。"《國語·晉語四》記寧莊子之語云:"夫禮,國之紀也,……國無紀不可以終。"凡此皆説明禮在政治生活和社會生活中有重要的主導作用,故自春秋戰國之際禮崩樂壞之後,歷代皆有制禮作樂的舉措。《隋書·經籍志》云:"儀注之興,其所由來久矣。自君臣父子,六親九族,各有上下親疏之别,養生送死、弔恤賀慶則有進止威儀之數,唐虞已上分之爲三,在周因而爲五,《周官》宗伯所掌吉、凶、賓、軍、嘉,以佐王安邦國,親萬民,而太史執書以協事之類是也。是時典章皆具,可履而行。周衰,諸侯削除其籍;至秦,又焚而去之;漢興,叔孫通定朝儀,武帝時始祀汾陰后土,成帝時初定南北之郊,節文漸具;後漢又使曹褒定漢儀,是後相承,世有制作。"歷代踐行的禮,不僅僅是進止威儀之數,而是對文明制度的實踐。因此,歷代官方頒行的儀注典禮皆可稱爲禮制,是朝野實現認同的文化紐帶,涉及禮制的文獻世有撰作。漢代以後,此類文獻也往往被稱爲儀注,傳統目録學多歸入史部。今則正本清源,一並歸入禮制類。

7.禮俗類。從人類學的角度來看,禮俗的産生先於禮制並成爲歷代制禮作樂的基礎。所謂“禮失而求諸野”,正説了俗先於禮、禮本於俗。實際上,歷代踐行的禮制,根基都在於風俗,長期流行於民間的風俗若得到官方認可並制度化就是禮制。因此,禮俗者,禮儀之於風俗也,特指在民間習慣上形成而具備禮儀特點的習俗,其特點是以民間生活爲基礎、以禮儀制度爲主導,在一定程度上兼具形式的自發性和内容的複雜性。早在先秦時代,荀子就曾説:“儒者在本朝則美政,在下位則美俗。”又説:“遇君則修臣下之義,遇鄉則修長幼之義,遇長則修子弟之義,遇友則修禮節辭讓之義,遇賤而少者則修告導寬容之義。無不愛也,無不敬也,無與人争也,恢然如天地之苞萬物。如是則賢者貴之,不肖者親之。”因此,自漢代應劭《風俗通義》以來,歷代有識之士往往述其所聞、條其所遇之禮俗,或筆記偶及,或著述專論,數量之多,可汗馬牛,以爲美俗、修義之資糧,故立禮俗類以集其精華,以見禮儀風俗具有强大的生命力且早已滲透到民族精神之中。此類文獻在傳統的文獻學中分佈較廣,史部的方志、譜牒,子部的儒家、農家、雜家乃至小説家,集部中的部分著作,皆有涉及禮俗的篇章,固當集腋成裘,匯編爲册,歸於禮俗類中。

8.家禮類。《左傳·隱公十一年》云:“禮,經國家、定社稷、序民人、利後嗣者也。”禮之於國,則爲國家禮制;禮之於家,則爲家禮。家禮一詞,最早見於先秦禮書。《周禮·春官》云:“家宗人掌家祭祀之禮,凡祭祀致福。國有大故,則令禱祠,反命,祭亦如之。掌家禮,與其衣服、宮室、車旗之禁令。"自古以來,家禮就是卿大夫以下至於庶人修身、齊家的要器,上至孝悌謹信等倫理觀念,下至婚喪嫁娶之居家禮儀,無不涵蓋於其中。家禮包括家庭内部的禮儀規範和倫理觀念:禮儀規範主要涉及冠婚喪祭等吉凶禮儀以及居家雜儀;倫理觀念則包括父慈子孝、兄友弟恭、夫義婦順等綱常。涉及家禮的文獻源於《周禮》,經《孔子家語》、《顏氏家訓》的發展,定型於司馬光的《書儀》、《家範》和朱熹的《朱子家禮》,其中《朱子家禮》成了宋代以來傳統家禮的範本。因國家禮制的"宏闊"和民間禮俗的"偏狹",故素負修身、齊家、治國、平天下之理想的有識之士,往往博稽文獻、出入民俗而備陳家禮儀節之曲目與要義,以爲齊家之據、易俗之本。家禮類文獻中以此種撰作爲代表形態,延伸則至於鄉約、學規之類的文獻。

9. 方外類。中華民族是一個多種文化相互融合的共同體,整理、編纂《中華禮藏》不能不涉及佛、道兩家有關儀軌的文獻。佛教儀軌是規範僧尼、居士日常生活與行爲之戒律清規以及用於各種節日與法事活動之科儀,雖然源於印度,與中華本土文化長期互動交融,固已成爲中華禮樂文明不可分割的一部分。佛教儀軌與儒家禮儀相互影響,在一定程度上改變、重塑了中華傳統的禮樂文明。道教是中國的本土宗教,深深根植於中國的現實社會,具有鮮明的中國特色與社會調節功能。魯迅曾指出:"中國根柢全在道教。"道教儀軌有其特定的從教規範,體現了道教的思想信仰,規範着教徒的生活方式,體現了儀式典禮的特點。另外,佛教儀軌和道教儀軌保存相對完整,也是重建中華禮樂文明制度的重要參考。因此,凡涉及佛教儀軌和道教儀軌的文獻分別歸入方外佛教類和方外道教類。

綜上所述,《中華禮藏》的編纂是因類設卷,卷内酌分子目,子目内的文獻依時代順序分册纂輯(其中同書異注者則以類相從),目的是爲了充分展示中華禮儀實踐和禮學研究的全貌以及發展變化的軌迹。

編纂《中華禮藏》不僅僅是爲了完成一項學術事業,更重要的現實意義是爲了通過整理、編纂傳統禮學文獻,從中提煉出滲透了民族精神的價值觀和價值體系,爲民族國家認同提供思想資源,爲制度文明建設提供借鑒,爲構建和諧社會提供禮儀典範。

《中華禮藏》編委會

二〇一六年

凡　例

一、整理工作包括題解、録文和校勘等項。

二、題解除揭示書名、卷數、内容及著者生平事迹、版本流變等情況外，亦須交代已有的重要校勘研究成果，其具有創見性的校勘意見則別於校記中加以采納。

三、底本原文中明確的錯誤（訛奪衍乙）一般皆直接改正，並用校記加以説明。其不影響文意表達的兩可之異文，則酌情忽略不校。至於文意不通或懷疑有誤之處，則適當以校記形式提出疑問或給出可能的詮釋理路。

四、録文一依底本，個別生僻的異體字、俗體字等改作通行字，然不甚生僻而爲古籍通用者，保留底本文字原樣。鑒於俗寫"扌"旁與"木"旁、"巾"旁與"忄"旁、"礻"旁與"衤"旁以及"己"與"已""巳"、"瓜"與"爪"、"曰"與"日"之類相混無別，一般皆徑據文意録定，其不影響文意的則不別爲出校説明。

五、避諱字一律改爲通行繁體字，但須在題解或首見條下説明。

六、底本所用省代符等一律改爲相應的本字。

七、底本缺字用"□"號表示，缺幾字用幾個"□"號，不能確定者用長條形符號（長度爲三個空格字，其中原文一行的上部或前部殘缺用"⎵⎵⎵⎵"，中部殘缺用"⎵⎵⎵⎵"，下部或後部殘缺用"⎵⎵⎵⎵"）表示。模糊不清無法録出者用"⊠"號表示，有幾個字不清楚就用幾個"⊠"號。

八、文本的段落格式一依今日之文意理解重行設計,不必盡依原書之舊貌。

九、底本圖片如果可以重繪者,則自行改繪,以便觀覽。

總目録

四民月令

崔　寔　撰

唐鴻學　校輯

翁　彪　點校

【題解】

《四民月令》,一卷,東漢崔寔撰。寔,字子真,一名台,字元始。約東漢永元十五年(103)生、建寧三年(170)卒,涿郡安平(今河北安平)人。其祖父崔駰以文學顯,與班固、傅毅齊名;父親崔瑗以書法稱,且精曆法、術數,與扶風馬融、南陽張衡"特相友好"。寔少即沈静,嗜好典籍。"桓帝初,詔公卿郡國舉至孝獨行之士。寔以郡舉,徵詣公車,病不對策,除爲郎。"(《後漢書·崔寔傳》)後曾任議郎、五原太守、遼東太守、尚書等職。崔寔體恤民情,居五原時曾"斥賣儲峙,爲作紡績、織紝、練緼之具以教之,民得以免寒苦";爲官清廉,卒時"家徒四壁立,無以殯斂,光禄勳楊賜、太僕袁逢、少府段熲爲備棺槨葬具,大鴻臚袁隗樹碑頌德"(《後漢書·崔寔傳》)。《後漢書》有其傳,可詳參。崔寔曾參與撰述當朝史書《東觀漢記》,曾與諸儒博士共定《五經》,一生"所著碑、論、箴、銘、答、七言、祠、文、表、記、書凡十五篇",其中當以《政論》(五卷)與《四民月令》爲代表。

四民者,士、農、工、商也。《四民月令》借鑒《禮記·月令》之内容排列法,計劃安排一年十二個月之家庭事務,雖以各類穀果蔬菜、經濟作物之種植時令等農業活動爲中心,然其實尚博涉祭祀、家禮、風俗、教育、紡績、織染、建築、釀造、製藥、收藏等等。其書雖多入農家類(如《隋書·經籍志》),然秦漢時期歲時禮俗實借此而得以窺探。又學者據"正月"篇之"陳根可拔"下"此周雒京師之法,其冀州遠郡,各以其寒暑早晏,不拘于此也"之注,推斷《四民月令》乃是以洛陽一帶爲區域背景,或是崔寔中年居洛陽時所撰。

《四民月令》原書久佚,其面貌之如何,無從可考,幸賴《齊民要術》、《玉燭寶典》、《北堂書鈔》、《藝文類聚》、《初學記》等書之援引而得以保存部分篇章。自東漢晚期,入三國、兩晉、南北朝,以至隋唐,其書流傳甚廣。《隋書·經籍志》、《舊唐書·經籍志》、《新唐書·藝文志》均有記録,是爲其證,唯避唐諱改書名"民"作"人"。北宋時尚見於《太平御覽》,南宋王應麟《困學紀聞》亦有論及，然至元代《宋史·藝文志》則忽而不録，是故一般認爲《四民月令》佚於宋元之際。明清以降，漸有輯佚者，如任兆麟輯本（收入《心齋十種》）、王謨輯本（收入《漢魏遺書鈔》），然失之編次不倫，錯漏多端；至嘉慶間，嚴可均於任、王之基礎上，重加搜集整理，作爲《全後漢文》第四十七卷編入《全上古三代秦漢三國六朝文》。近代唐鴻學於上揭三輯本之上，取材《玉燭寶典》，慎加校論，復成新輯本，收入其《怡蘭堂叢書》中，文字篇幅，皆較完備，於時稱道。1965 年，石聲漢撰《四民月令校注》（中華書局），整理之外，對該書之流傳與農學意義多有闡述；1981 年，繆啓愉撰《四民月令輯釋》（農業出版社），校釋頗精：此二著皆以《玉燭寶典》爲底本，復參以其他文獻，各有所長，至今稱善。德國學者克莉絲汀·赫爾茨、日本學者渡部武、守屋美都雄等於《四民月令》亦各有不同重點之研究。

　　茲以北京大學藏民國十一年（1922）大關唐氏成都刊本《怡蘭堂叢書》所收唐鴻學輯本爲底本，并適當參考上揭石氏、繆氏之成果，重新迻録整理。底本原書唐氏校記作雙行小字，今改作單行小五號字，以方括號標識；書前有唐氏所撰校勘之“記”、書末有唐氏援引嚴可均之“敘”作“附録”，皆一併録出；唐氏輯本並不予原文分段，僅因出注而分行，今根據文義，適當分段。另底本並無目録，今據内容簡單編目，以便翻閱。

目 録

記

崔寔《四民月令》，任氏兆麟、王氏謨、嚴氏可均皆有輯本。三家之中，嚴氏較善，然其中有誤注爲正文、誤正文爲注者，又有誤引佗書入文、入注者。余輯是篇，一皆釐正，而以《玉燭寶典》爲主，若《齊民要術》、[校宋本。]《北堂書鈔》、[舊鈔本、南海孔氏刻本。]《藝文類聚》、[校宋本。]《初學記》、[舊校本。]《太平御覽》[明補宋刻本。]所引，但刺取附注而已。蓋各書多系摘割，或牽連枝蔓，故考索辭氣，時有齟齬，即嚴氏所謂"其文不類"也。是知搜采古籍，固當精心孰審，玩其本文，期於辭達義舉，正未可專事攎摭矣。

辛酉三月，大關唐鴻學斠訖並記。

四民月令

後漢大尚書崔寔　撰

大關唐鴻學　校輯

正月之旦，是謂正日。躬率妻孥，孥，子也。絜祀祖禰。祖，祖父；禰，父也。前期三日，家長及執事，皆致齊焉。禮：將祀，心齊七日，致齊三日，家人苦多務，故俱致齊也。

及祀日，進酒降神畢，乃家室尊卑，無小無大，以次列坐于［此字舊脱，據《初學記》四、《太平御覽》二十九補。］先祖之前。子、婦、孫、曾，子，直謂子；婦，子之妻。各上椒酒于其家長，稱觴舉壽，欣欣如也。元旦，進椒酒、柏酒。椒是玉衡星精，服之令人身輕能［音耐。］老。柏亦是仙藥。進酒次弟，當從小起，以年少者爲先。［《初學記》四、《白孔六帖》四、《御覽》二十九。］謁賀君、師、故將、宗人父兄、父友、友親、鄉黨耆老。

是月也，擇元日，可以冠子。元，善也。禮：年十九見正而冠也。百卉萌動，蟄蟲啓户，乃以上丁，［舊作“下”，今改。］祀祖于門。祖，道神。黃帝之子曰累祖，好遠遊，死道路，故祀以爲道神。正月，草木可遊，蟄蟲將出，因以祭之，以求道路之福也。及祖禰，［三字舊在“祠先嗇”下，今迻正。］道陽出滯，祈福祥焉。祖［舊作“且”，今改。］之日，並復祀先祖也，祈求也。［舊在“祈豐年”下，今迻正。］又以上亥祠先嗇，先嗇，謂先農之徒，始造稼穡者也。以祈豐年。上除若十五日，合諸膏、小草續命丸、注藥及馬舌下散。農事未起，命成童以上謂年十五以上至二十。［舊作“三十”，據《齊民要術》三改。］入大學，學五經。師法求備，勿讀書傳。研凍釋，命幼童謂九歲以上、十四以下也。［舊作“十歲以上，至十四”，據《要術》三補改。］入小學，學書篇章；謂六甲、

九九、《急就》、《三蒼》之屬。[二字舊脱，據《要術》三補。]命女紅趣織布。自朔暨晦，暨，及。可移諸樹，竹漆桐梓，松柏雜木。唯有果實者，及望而止。[舊作"上"，據《要術》四改]。望，謂十五日也。過十五日，果少實也。雨水中，地氣上騰，土長冒橛，橛，弋也。農書曰：椓[舊作"椓"，今改。]二尺橛于地，令地出二寸。正月冰解，土墳起，没橛之也。陳根可拔，此周雒京師之法，其冀州遠郡，各以其寒暑早晏，不拘于此也。急菑彊土黑壚之田。可種春麥、蠅[舊作"蜫"，今改。]豆，盡二月止。[舊作"上"，據《要術》二改。]可種瓜、種瓜宜用戊辰日。[《要術》二，《事類·瓜賦》注。]瓠、芥、葵、䕚、大小葱，夏葱曰小，冬葱曰大。蓼、蘇、牧宿子及雜蒜，亦可種，此二物皆不如秋。[《要術》三。]可蒔[二字舊脱，據《要術》二補。]芋，可別䕚、芥。糞田、疇。疇，麻田也。上辛，掃除韭畦中枯葉。

是月，盡二月，可拔剷樹木。命典饋釀春酒，必躬親絜敬，以供夏至至[舊作"主主"，今改。]初伏之祀。可作諸醬，上旬㪺豆，中旬煮之，以碎豆作末都，末都者，醬屬也。至六、七[此字舊脱，據《要術》八補。]月之交，分以藏瓜。可以作魚醬、肉醬、清醬。自是月["自"、"月"二字舊脱，據《要術》五補。]以終季夏，不可以伐竹木，必生蠹蟲。或曰，其月無壬子日，以上旬伐之，雖春夏不蠹。猶有剖析開解之害，又犯時令，非急無伐。[《要術》五。]收白犬，可及肝血。可以合注藥。[五字舊作正文，據"十二月"章正。《玉燭寶典》一。]

二月。祠太社之日，薦韭、卵于祖禰。前期齊、饌、掃、滌，如正祀焉。其夕，又案家薄饌祠具。厥明，于冢上薦之。其非[舊有"家"字，今刪。]良日，若有君命他急，筮擇冢[舊作"釋家"，今改。]祀日。是月也，擇[舊作"掃"，今改。]元日，可結婚。順陽習射，以備不虞。虞，度也；度，猶意。以備寇賊不意之變。陰凍畢澤，可菑美田、緩土及河渚小處。勸農使者，氾勝之法。可種稙［舊作“植”，今改。］禾、美田欲稠，薄田欲稀。［《要術》一。］大豆、苴麻、麻之有實者爲苴也。［《要術》二與此同。］苴麻，麻之有蘊者，枲麻是也，一名廬。苴麻，子黑，又實而重，擣治作燭，不作麻。［《要術》二又云，今並列之。］胡麻。春分中，雷且發聲。先後各五日，寢別外内。《月令》曰：雷且發聲，有不戒其容止者，生子不備。蠶事未起，命縫人浣冬衣，徹複爲袷。其有羸帛，遂爲秋製。凡浣故帛，用灰汁則色黄，而且脆。擣小豆爲末，下絹筬，投湯中，以洗之，潔白而柔朋，勝皂莢矣。［《要術》三。］

是月也，榆莢成。及青，收，乾以爲旨蓄。旨，美。蓄，積也。司部收青莢，小蒸，曝之。至冬至，以釀羹，滑、香，宜養老。《詩》云“我有旨蓄，亦以御冬”也。［“《詩》云”下十一字舊脱，據《要術》五補。］色變白，將落，可收爲䳤音牟。䳤、䤖音須。䳤，皆榆䳤者。隨節早晏，勿失其適。自［舊作“曰”，據“正月”章改。］是月盡三［舊作“二”，據《要術》四、《御覽》九百九十八改。］月，可掩樹枝①。埋樹根枝土［“埋”舊作“理”，“土”作“厺”，據《要術》四改。］中，令生，二歲以上，可移種之。可種地黄，及采桃花、茜，茜，染絳草也，音倩。及括樓、土瓜根。其濱山，可采烏頭、天雄、天門、冬术，［此字舊脱，據《藝文類聚》八十一補。］可糶粟、黍、大小豆、麻子。收薪炭。炭聚之下碎末，勿令棄之②，擣，筬，以淅米泔，溲之，更擣，令熟，丸如雞子，以供竈鑪御寒之用，輒得通宵達曙，堅實耐久，踰炭十倍。［《要術》三。］玄鳥巢，刻塗牆。［《寶典》二。］

三月。三日，可種瓜。是日以及上除，可采艾、烏韭、瞿麥、柳絮。柳絮，止［舊作“上”，今改。］瘡穴也。清明節，命蠶妾治蠶室，塗隙、穴，具槌、栫、薄、籠。節後十日，封生薑。至立夏後，芽出，可種

---

① “可掩樹枝”，原作“可掩樹樹枝”。當衍一“樹”字。今據《齊民要術》（繆啟愉校釋本，中國農業出版社，1998 年）第四卷刪其一。

② “勿”字原脱，據上下文義及《齊民要術》卷三校補。

之。穀雨中，蠶畢生，乃同婦子，以勤其事。無或務他，以亂本業。有不順命，罰之無疑。是月也，杏華盛，可菑沙白輕土之田。汜勝之曰“杏華如何？可耕白沙”也。[舊作“杏華如河沙也”，據《類聚》八十七、《御覽》九百六十八引《汜勝之書》補改。]時雨降，可種秔稻，[舊倒，據《要術》二、《御覽》八百三十九乙。]及稙[舊作“植”，今改。]禾、苴麻、胡豆、胡麻。別小蔥。昏參夕，桑椹赤，可種大豆，[舊有“也”字，今刪。]謂之上時。榆莢落，可種藍。是月也，冬穀或盡，椹、麥未熟，乃順陽布德，振贍[舊作“瞻”，今改。]匱乏，務先九族，自親者始。家無或蘊財，蘊，積。忍人之窮；無或利名，罄家繼富；罄，竭也。度入爲出，處厥中焉。農事尚閑，可利溝瀆，葺治牆屋，以待雨。繕修門户，警設守備，以[舊倒，據《要術》三乙。]禦春飢草竊之寇。自是月盡夏至，煖氣將盛，日烈暵。暵，燥也。利以染油，作諸日煎藥。可糶黍，買布。[《寶典》三。]

四月。立夏節後，蠶大[舊作“火”，今改。]食，可種生薑。取銅子作醬。蠶入蔟，時雨降，可種黍禾。穈，黍之秋熟者，一名穄也。[《要術》二。此注嚴輯在“三月”，並依注加正文“可種黍穄”四字，非。案，王氏《廣雅疏證》云：《夏小正》、《尚書大傳》、《淮南子》、《説苑》皆云“大火中種黍菽”，而《呂氏春秋》則云“日至樹麻與菽”。麻生于二三月，夏至後則刈麻矣。今云“日至樹麻”，其爲樹穈黍之譌無疑。《夏小正》諸書並云“黍菽”，呂氏言“穈菽”，是穈、黍互通之確據也。今據王説列此。]謂之上時。及大小豆、美田欲稀，薄田欲稠。[《要術》二。]胡麻。是月四日，可作醯醬。蠶既入蔟，[“蠶蔟”二字舊脱，據《要術》三補。]趣繰，剖綿，[《要術》三作“線”，疑當是“絲”。]具機杼，敬經絡。收蕪菁及芥、亭歷、冬葵、莨菪子。布穀鳴，收小蒜。草始茂，可燒灰。是月也，可作棗糒，以御賓客。可糶穬大麥之無皮毛者，曰穬也。及大麥。弊絮。別小蔥。[《寶典》四。]

五月。芒種節後，陽氣始虧，陰慝將萌，[舊作"前"，據《要術》三改。]慝，惡也；陰主殺，[舊作"穀"，今改。]故謂之慝。夏至，姤[舊作"始"，今改。]卦用事，陰起于初，濕氣升而靈蟲生矣。煖氣始盛，蟲蠹並興。乃施角弓弩①，解其徽弦，張竹木弓弩，施其[下"弩"、"其"二字舊脫，據《要術》三補。]弦，以灰藏旃、裘、毛毳之物及箭羽。以竿挂["以"字舊脫，"竿挂"作"芋桂"，據《要術》三補改。]油衣，勿襞藏。爲得暑濕，[舊作"煮溫"，據《要術》三改。]相黏[舊倒，今乙。]著也。是月五日，可作酢。[舊作"醯"，與後文複，據《要術》八改。]合止利黃連丸、霍亂丸，采葈耳，取蟾諸，蟾，諸京師謂之"蝦"，蟇北州謂之"去甫"，或謂"苦蠪"。["去甫"舊作"去角"，"苦蠪"作"苔就"。案，《本草·蝦蟇》別錄一名"去甫"，一名"苦蠪"，此皆以形近而譌。今據改。]可以合惡疽創[舊作"直刺"，據《要術》三、《類聚》四、《御覽》九百四十九改。]藥也。以合創藥，及東行螻蛄。螻蛄，有刺，[二字舊脫，據《要術》三補。]去刺②，治產婦難，兒衣不出。夏至之日，薦麥、魚于祖禰。厥明，祠冢。[此字舊脫，據"二月"、"八月"章補。]前期一日，饌具、齊、掃、滌，如薦韭、卵。時雨降，可種胡麻。先後日至[此字舊脫，今補。]各五日，可種禾及牡麻。牡麻，青白，有華無實，好肥理，兩頭銳而輕浮，一名爲枲也。[舊作"牡麻有卜氣無氣實"，據《要術》二補改。]先後各二日，可種黍。蟲食李者，黍貴也。[《要術》一。]

是月也，可別稻及藍，盡至後二十日止。["盡"、"止"二字舊脫，據《要術》二補]。可菑麥田，刈芻茭。[舊作"英蕘"，據"七月"章改。]麥既入，多作糒，以供出入之糧。淋雨將降，儲米穀、薪炭，以備道路陷淖不通。是月也，陰陽爭，血氣散。先後日至各五日，寢別外內。陰氣入藏腹中，塞不能化膩。先後日至各十日，薄滋味，毋多食

---

① "施"，《齊民要術》作"弛"，義甚不同。"施其弦"之"施"亦同。

② "去刺"，《齊要民術》作"治去刺"，且謂此義指出肉中刺，而非治病時去除螻蛄之刺。

肥釀。距立秋，毋食煑餅及水溲餅。夏日飲水時，此二餅得水即堅强難消，[舊作“强剛不消”。“堅”字，杜氏避隋諱，據《要術》三乙改。]不幸便爲宿食作傷寒矣。試以此二[此字舊脱，據《要術》三補。]餅置水中，即見驗。唯酒溲餅，入水即爛[“即”字舊脱，此有“之”字，據《要術》三删補。]也。

是月也，可作醬醬及醯醬，糴大小豆、胡麻，糴穬麥、大小麥，收敝絮及布帛。[此字舊脱，據《要術》三補。]日至後，可糴麥羭䴵，羭音敷，䴵音撈。暴乾，置甖[舊作“兒”，據《要術》三改。]中，密封塗之，則不生蟲，至冬可以養馬。[《實典》五。]

六月。初伏，薦麥、瓜于祖禰。齊、饌、掃、滌，如薦麥、魚。是月也，趣耘鉏，[舊作“私鉏”，今改。]毋失時。命女紅，織縑縛。《詩》：“八月載績。”績，織也。云周八月，今六月也。縛，音篆，[舊作“升”，據《集韻》改。]絹及[舊作“夏”，據《要術》三改。]紗縠之屬也。

是月六日，可種葵。中伏後，可種冬葵，可種蕪菁、至十月可收也。[《要術》三。]冬藍、冬藍，木藍也，八月用染也。[《要術》五。]小蒜。別大葱。可燒灰，染青、紺古暗反。諸雜色。大暑中伏[此字舊脱，據《要術》三補。]後，可畜瓟，藏瓜，收芥子，盡七月止。[此字舊脱，據“正月”章補。]是月二十日，可搗擇小麥，磑之。至二十八日，溲，寢卧之下。[此字舊脱，據注補。]至七月七日，當以作麴，起六反。凡卧寢之下十日；不能十日，六日、七日亦可。必躬親絜敬，[“必”舊作“名”，“敬”作“静”，據“正月”章改。]以供禮祀，禮，絜。一歲之用，隨家豐約，多少無常。可糴大豆，糴穬、[疑脱“大”字。]小麥，收縑縛。[《實典》六。]

七月。四日，命治麴室，具薄、㭒、槌，取浄艾。六日，饌治五檠、磨具。七日，遂作麴。及磨①。是日也，可合藍丸及蜀柒丸，曝經書及衣裳，習俗然也。[《御覽》三十一。]作乾糗，采葸耳。[舊有"也"字，據《要術》三删。]葸耳，胡葸子，可作燭。

是月也，可種蕪菁及芥、牧宿、大小葱子、小蒜、胡葱。別蘺。藏韭菁。菁，韭葩也。[《要術》三。]刈芻茭。薔[舊作"薈"，今改。]麥田，收柏實。處暑中，向秋節，浣故製新，作裌薄，以備始涼。可糶大、小[舊倒，據《要術》三乙。]豆，糴麥。收縑練。[疑當是"縛"。《寶典》七。]

八月。筮擇月節後良日，祠歲時常所奉尊神。前期七日，舉家毋到喪家及產乳家。少[疑當是"家"。]長及執事者悉齊，案祠薄，掃、滌，務加謹絜。是月也，以祠泰社之[舊作"祠"，據"二月"章改。]日，薦黍、豚于祖禰。厥明，祀冢，如薦麥、魚。暑小退，命幼童入小學，如正月焉。涼風戒寒，趣練縑帛，染采色。柘，染色黃赤，人君所貴。黃者，中尊。赤者，南方人君之所向也。[《御覽》九百五十八。]擘綿治絮，制新浣故。及韋履賤好，豫買以備隆冬粟烈之寒。是月八日，可采車前實、烏頭、天雄及王不留行。是月也，可納婦。《詩》云："將子无怒，秋以爲期。"可斷瓠作蓄。瓠中有白膚實，以養豬，致肥；其瓣以作[此字及上"白膚"二字舊脱，據《要術》三補。]燭，致明者也。乾地黃，作末都。刈萑、葦[舊作"列萑莘"，據《要術》三改。]及芻茭。收韭菁，作擣虀。可乾葵，收豆藿，種大小蒜、芥、牧宿。[二字舊脱，據《要術》三補。]凡種大、小[舊倒，據《要術》二乙。]麥，得白露節，可種薄田。麥者，陰稼也，忌以日中種之。其道自然。若燒黍穰，則害["穰"舊作"稷"，"害"作"宕"，據《要術》一引《氾勝之書》改。]瓠者也。秋分，種中田。後十日，種美田。唯穬早晚無常。得涼燥，

---

① "及磨"，疑誤衍，《齊民要術》未見，其注所言《太平御覽》卷三一亦未見引，當删。

可上角弓弩，繕治，檠正，縛徽弦，遂以習射。施竹木弓及弧。木弓謂之弧，音孤也。糶種麥及黍。[《要術》二作“糶黍”，疑“糶”字是。《寶典》八。]

九月。治場圃，塗囷倉，修竇、窖。繕五兵，習戰射，以備寒凍窮厄之寇。存問九族孤、寡、老、病、不能自存者，分厚徹重，以救其寒。[《要術》三。]藏茈薑、生薑謂之茈薑。[《要術》三。]襄荷，[《要術》三、《寶典》十一。]作葵菹、乾葵。其歲若溫，皆待十月。[《要術》三，又九。]

九日，可采菊華，[《類聚》八十一、《御覽》九百九十六。]收枳實。[《御覽》九百九十二。案，《寶典》原缺“九月”一卷，諸書所引，文不相屬，今分載之。]

十月。培築垣牆，塞向墐戶。北出牖，謂之向也。趣納禾稼，毋或在野。可收蕪菁，藏瓜。上辛，命典饋漬麴。麴澤，[澤與釋通。]釀冬酒。必躬親絜[舊倒，據“正月”章乙。]敬，以供冬至、臘、正、祖薦韭卵[舊作“仰”，今改。]之祠。是月也，作脯腊，以供臘祀。農事畢，命成童以上入大學，如正月焉。五穀既登，家儲蓄積，乃順時令，勑喪紀。同宗有貧窶久喪不堪[此字舊脫，上“久”作“父”，據《要術》三補改。]葬者，則糾合宗人，共興舉[“興”舊作“與”，“與”、“舉”古通，文複，今據《要術》三改。]之。以親疎貧富爲差，正心平斂，毋或踰越，務先自竭，以率不隨。是月也，可別大葱。先冰凍作涼餳，煮暴飴。可析麻，趣績布縷，作白履、不借。草履之賤者曰“不借”。賣縑帛、[舊作“綿”，據《要術》三改。]弊絮，糶粟、大小豆、麻子。收括樓。以治蟲齲毒也。[《寶典》十。]

十一月。冬至之日，薦黍、羔，先薦玄冥于井，以及祖禰。齊、饌、掃、滌，如薦黍、豚。其進酒尊長，及脩謁剌賀君、師、耆老，如正月。是月也，陰陽爭，血氣散。先後日至各五日，寢別外內。研水凍①，命幼童讀《孝經》、《論語》、篇章，入[此字舊脱，據《要術》三補。]小學②。乃以漸饋黍、稷、稻、粱諸供臘祀之具。可釀醯，伐竹木。買白犬，養之，以供[舊倒，今乙。]祖禰。糴秔稻、粟、米、小豆、麻子。[《寶典》十一。]

十二月。[此有脱字。]日，薦稻、雁。前期五日，殺豬。三日，殺羊。前除二日，[此字舊脱，今補]。齊、饌、掃、滌，遂臘先祖、五祀。其明日，是謂"小新歲"，進酒降神。其進酒尊長，及脩謁[此字舊脱，據"正月"、"十一月"章補。]刺賀君、師、耆老，如正日。進椒酒，從小起。[《御覽》二十九。]

其明日，又祀，是謂"蒸祭"。後三日，祀冢。[舊作"家"，今改。]事畢，乃請召宗族、婚姻、賓、旅，旅，客。講好和禮，以篤恩紀。休農息役，惠必下浹。是月也，群神頻行，頻行，並行。大蜡禮興，[舊作"與"，今改。]乃冢祠[疑有脱誤。]君、師、九族、友朋，以崇慎行終不背之義。遂合耦田器，養耕牛，選任田者，以俟農事之起。去豬盍車骨，[舊作"膏"，今據《要術》三改。]後三歲可合創膏藥。[此字舊脱，據《要術》三補。]及臘時祠祀炙逢，[舊作"遺"，《御覽》三十三作"逢"。案，孫氏《札逢》云："'逢'、'蓬'、'麷'字並通。《周禮·籩人》鄭司農注云：'熬麥曰麷。'鄭康成云：'今河間以北煮穜麥，賣之，名曰逢。'"今據孫説改。]燒飲，治刺入宍中。及樹瓜田中四角，去蟄蟲。瓜中蟲，謂之蟄，音胡監反。東門磔白雞頭。可以合注藥。求牛膽合少小藥。[《寶典》十二。]

四民月令畢

①　"水"，疑當爲"氷（冰）"之誤。
②　此二句，《齊民要術》斷"入"字衍而删之，點讀作"命幼童讀《孝經》、《論語》、篇章小學"。

附　録

　　《隋志》"农家"：《四民月令》一卷，後漢大尚書崔寔譔。《舊唐志》同。《新唐志》作"崔湜"，誤。宋不著録。近人任兆麟、王謨皆有輯本，編次不倫，且多罣漏。王本又誤以《齊人月令》謂即《四民月令》，而所采《齊民要術》，有今本所無者六事，其文不類，未知何據。余既輯崔寔《政論》二卷，因兼及此書。搜録遺佚，得二百許事，省并複重，逐月分章，爲十二章，定著一卷。有注，疑即崔寔譔，徵用者都以注爲正文，今加"注"字，間隔之。而王本所采《齊民要術》六事附後，俟考。又《齊人月令》一卷，唐孫思邈譔，《宋志》在"時令"類，本今亡，並附于後，免與崔寔書混。

　　夫農爲邦本，食爲民天，《洪範》"八政"，一曰"食"；孔子論政，先"足食"。自古及今，未有不知稼穡之艱難，而能有國有家者也。惜古書流傳日少，《漢志》"農"九家，見于《隋志》者，僅"氾勝之"一家；見于《新唐志》者，僅"尹都尉"、"氾勝之"二家，而多出《漢志》"范子計然"一家。至宋時著録，乃起《齊民要術》，前此數家，絶無傳本。顧乃增收晚出空疏不適用之書，濫及茶、蟹、花、石不急之務，殊非農家本意。同硯生洪頤煊，始輯《范子計然》一卷、《氾勝之書》二卷，及余所輯此書，雖皆殘缺，然而網羅散失舊聞，竊有力焉。數十年後，未知能廣爲傳布否也？

　　嘉慶乙亥歲秋九月，烏程嚴可均謹敘。

問禮俗

董　勳　撰

竇懷永　點校

【題解】

《問禮俗》，三國魏董勳撰，亦有署漢或晉時人者。生平資料不詳，僅據本篇文字知其曾任議郎。

董勳《問禮俗》之載最早見《隋書·藝文志》："《問禮俗》十卷，董勳撰。"兩唐書《藝文志》相沿之，然《宋書·藝文志》已不見錄，或其時已佚，其文字幸賴《太平御覽》、《荆楚歲時記》等文獻援引而得以保存。又《隋書·藝文志》亦有"《問禮俗》九卷，董子弘撰"之記載，此二書、二董是否所指相同，或可待考。

就今日所見佚文觀之，《問禮俗》乃是以時人問、董勳答之方式，描述其時有關禮俗之內容或操作方式，然大抵仍以月份爲序，故今納入歲時禮俗類。清時，王謨《漢魏遺書鈔》、馬國翰《玉函山房輯佚書》、黃奭《黃氏逸書考》等從《太平御覽》、《匡謬正俗》中輯得十餘條佚文，至今稱善。三種之中，王、黃二氏所輯，文字基本相同，共得十三條；馬氏共輯得十四條，雖有不見於王、黃二氏輯本者，然亦有二氏輯本中一條而析爲二者，亦有部分文字前後重複者，且條目次序不同，内在系統疑有紊亂之嫌。

今以王謨《漢魏遺書鈔》輯本（嘉慶三年金溪王氏刊本）爲底本（校記中簡稱"底本"），校補以馬國翰《玉函山房輯佚書》輯本（清光緒九年長沙娜嬛館補校刊本，校記中簡稱"校本"），略作整理。又，據内容言之，馬國翰所輯《問禮俗》第十一至第十四條計四則文字，似於禮俗頗有距離，蓋此亦即王、黃二氏未采之由，今概錄出，或備一覽。

問禮俗

魏董勳　撰

金谿吳衍熙　校①

　　海西令問于董勳曰：俗有歲首酌《初學記》作"祝"。椒酒而飲之者，何也？勳答曰：歲首用椒酒，以椒性芬香，又堪爲藥，故飲之，亦一時之禮。故此日采椒花以貢尊者。又折松枝于戶，男七女二七，亦同此義。②

　　又問董勳曰：俗人正日飲酒，先從小者，何也？勳答曰：俗以小者得歲，先酒賀之；老者失歲，故後與酒罰之。然則從小起，意在於斯乎？③

　　魏時人問議郎董勳曰④：今正、臘旦，門前作煙火、桃神、絞索、松柏⑤，殺鷄著門戶，逐疫，禮乎⑥？勳答曰：禮！十二月索室

---

　　① 此處校本僅有"魏董勳撰"四字，無後六字。
　　② 此條校本與底本文字不盡相同。校本作：勳答曰：歲首祝椒酒而飲之，以椒性芬香，又堪爲藥；又折松枝，男七女二，亦同此義。其下有馬國翰雙行注：徐堅《初學記》卷四、《太平御覽》卷二十九。
　　③ 此條校本與底本文字不盡相同。校本作：勳答曰：俗以歲首用椒酒，椒性芬香，又堪爲藥，咒而飲之，亦一時之禮，故於此日采椒花以貢尊者；晉海西令又問：俗人正日飲酒，先飲小者，何也？勳云：俗人小者得歲，先賀之；老者失歲，故後與酒；然則從小起，義在於斯乎？其下有馬國翰雙行注：張華《神異經》注、杜公瞻《荆楚歲時記》注引無"咒而飲之"二句，故下脱"於此日"三字，作"采花一貢樽"；無"晉海西"句；脱"何也勳云"四字；無"然則"已下；《太平御覽》卷八百四十五引"正旦飲酒"六句。
　　④ "魏時"二字，據義疑爲後人臆增。此句校本僅作"或問勳云"四字。
　　⑤ "桃神"，校本作"桃人"。
　　⑥ "禮乎"，校本作"禮與"，義同。

逐疫,疊門戶①,磔雞。爌火行②,故作助行氣③。桃,鬼所惡,畫作人首,可以有所收縛,不死之祥。④

董勳答問曰:俗以正月一日爲雞,二日爲狗,三日爲羊,四日爲猪,《北史·魏收傳》引作“三日爲猪,四日爲羊”。五日爲牛,六日爲馬,七日爲人。《類聚》引此下云“八日爲穀”。以陰晴爲豐耗,正旦畫雞于門,七日帖人於帳。一作“鏤人於金薄”。今一日不殺雞⑤,二日不殺狗,三日不殺羊,四日不殺猪,五日不殺牛,六日不殺馬,七日不行刑,亦此義也⑥。古乃磔雞,今則不殺。⑦ 荆人于此日向辰⑧,門前呼牛馬雜畜《荆楚歲時記》作“牛羊雞畜”。令來⑨,乃置粟豆于灰,散之宅內,云以招牛馬,未知所出也。並《御覽》。⑩

董勳答問曰:正月一日造勝華以相遺,象瑞圖金勝之形,又象西王母正月七日戴勝見武帝于承華殿也。⑪

董勳答問曰:人日鏤金薄爲人。《初學記》引此云“人日俗翦綵爲人

---

①　“疊門戶”,義不通,校本与《荆楚歲時記》(萬曆刊本《寶顔堂祕笈·廣集》)均作“羃門戶”。

②　“爌”,校本作“漢”。

③　此句校本作“作火助行氣”。

④　校本句末有馬國翰雙行注:張華《神異經》注、《太平御覽》卷二十九、杜公瞻《荆楚歲時記》注引云:今正、臘旦,門前作煙火、桃神、絞索、松柏,殺雞著門户,逐疫,禮也。

⑤　“今”字上校本有“當爲此日”四字。

⑥　“也”字校本無。此處作一“但”字,屬下讀。參下條校記。

⑦　此二句校本作:但古乃磔雞,令畏鬼,今則不殺,未知孰是。

⑧　“荆人”,校本作“北間人”。

⑨　“門”字上校本有一“至”字。

⑩　校本句末馬國翰雙行注云:張華《神異經》注、《太平御覽》卷二十九引連上節,加“勳又云”;杜公瞻《荆楚歲時記》注於“帳”下脫“當爲此日”句,此“義”下有“也”字,無“但”字,“北間人”作“荆人”,“雜畜”作“雞畜”,“所出”下無“也”字;歐陽詢《藝文類聚》卷四、《太平御覽》卷三十引首七句作“三日爲猪,四日爲羊”。

⑪　此條不見於校本。

形”。以貼屏風、戴于頭鬢，起自晉代賈充妻李氏夫人，云俗人入新年，形容改舊從新也。並《歲華紀麗》。①

或問董勳曰②：俗五月不上屋，云五月人或上屋見影，魂便去。勳答曰：蓋秦始皇自爲之，禁夏不得行，漢魏未改。案《月令》③，仲夏可以居高明，可以遠眺望，可以升山陵，可以處臺榭。鄭玄以爲順陽在上也。今云不得上屋，正與禮反。敬叔云見小兒死而禁暴席，何以異此乎？俗人月諱，何代無之？但當矯之歸于正耳。《荆楚歲時記》。④

董勳答問曰：五月俗稱惡月，俗多六齋放生。案《月令》⑤，仲夏陰陽交，死生分，君子齋戒，正聲色⑥，禁嗜慾。《初學記》。⑦

或問董勳曰⑧：七月七日爲良日，飲食不同於古，何也？勳答曰⑨：七月黍熟，七日爲陽數，故以糜爲珍。今北人唯設湯餅，無復有糜矣。⑩

董勳答問曰：翣屏風⑪，人持隨喪車前後左右也。並《御覽》。⑫

董勳答：禮曰，職高者名録在上，於人爲右；職卑者名録在

---

① 此條不見於校本。
② “董勳”，校本作一“勳”字。
③ “案”，校本作“按”，同。
④ “正與禮反”之下五句，校本無，句末馬國翰雙行注云：杜公瞻《荆楚歲時記》注，《太平御覽》卷二十二引“便去”作“使亡”，“秦始皇”作“秦時王”，“反”作“異”。
⑤ “案”，校本作“按”，同。
⑥ “正”，校本作“止”。
⑦ 此句注文校本作：《初學記》卷四，《太平御覽》卷二十二。
⑧ 此句五字校本作“或問勳云”四字。
⑨ “答曰”，校本僅作一“云”字。
⑩ 句末校本有王國翰雙行注：周處《風土記》，《太平御覽》卷三十一。
⑪ 此句三字，底本義似不暢，校本與《太平御覽》（上海涵芬樓影印宋本）卷五百五十二均作“翣似屏風”，義明晰。
⑫ 此句出處校本注作“《太平御覽》卷五百五十一”十字。

下，於人爲左。是以職下遷爲左。《史記索隱》。①

董勳答：或人問曰：“已在遠聞喪，除服乃歸，至家之禮云何？”勳案《奔喪禮》②，若除服而後歸，先至墓③，斂髮袒絰④，不制糫衣及杖也；哭盡哀，遂除於墓，歸不哭也；家人待之如常⑤，不變服也。自齊縗以下，至墓哭，盡哀而歸。若服未除而歸，不及殯，先至墓。及歸，斂法⑥，如今人椎髻，以麻爲慘頭，免以布⑦，闊一寸。⑧ 或問⑨：“已在遠，初不聞喪，或日月已過乃聞，或至家乃聞，其禮云何？”勳按《奔喪禮》，不及殯，先至墓，乃成服。《檀弓》曰“小功不稅”，稅者，喪與服不相當之言也。小功緦麻，在遠聞喪，服制已遵⑩，但舉哀而已，不復追服也。大功以上，聞喪日爲始，不計死者之日數也⑪。若兄弟及從父兄弟大功以上降緦麻小功者，雖日月已過，乃以聞日爲服制，亦不計初死之日數，以本親重也。《通典》。⑫

蔡南問：《乾鑿度》云“王道陵遲”，何謂“陵遲”？ 董勳答曰：舒疾有節。《禮》云“喪事雖遽不陵節”，是王道越於遲節，言教不

---

① 此條不見於校本。

② “案”，校本作“按”，同。

③ “至”，校本作“之”。

④ “袒”，校本作“祖”，誤。

⑤ “如常”，校本作“自如常”。

⑥ “斂法”，上下文義似不暢，校本與《通志》（清光緒浙江書局刻本，下同）均作“斂髮”，義順。

⑦ “免”，校本作“絻”，義同。

⑧ 校本至此句處爲一條，後雙行注出處“杜佑《通典》卷九十四”，自下句“或問”始別爲一條；底本與《通志》同，未拆分爲二。

⑨ 自此句始至本條末，校本別爲一條。“或問”下校本有一“曰”字。

⑩ “遵”，校本與《通志》均作“過”，義長，正與下文“不復追服”相對。

⑪ “死者”下校本、《通志》皆有“初亡”二字，義更明晰。

⑫ 《通典》之出處校本作“同上”，以示呼應。

行也。《匡謬正俗》。①

蔡南問②：北平侯始獻《左氏傳》，北平侯從誰得之？董勳答曰：諸奇書《左傳》、《周禮》之屬，悉從河間王所得也。

或問：《易》云"失前禽"，唯謂鳥耶？及其獸耶？董勳答曰：凡鳥未孕者為禽，鳥獸通耳。

蔡南問：《詩·關雎》，尸鳩於今何鳥？董勳答曰：舊說云，關雎，白鷹；尸鳩，鵙鴔。未之審。

問曰：每見赦書，或云"死罪以下"，或云"殊死以下"，爲有異否？何謂"殊死"？董勳答曰：殊，異也。死有異死者，大逆族誅梟首斬腰，易有焚如之刑也。漢高帝初興之際，死罪以下，是謂異死者不赦也。世祖始起，赦殊死以下，是謂異死者皆赦也。並同上。

---

① "謬"，原誤作"繆"。此句校本作"顏師古《匡謬正俗》卷八"九字。
② 自本條始之以下四條，底本未見，茲據校本迻錄，以備一覽。

荆楚歲時記

宗　懍　撰

竇懷永　點校

【題解】

《荊楚歲時記》,一卷,南朝梁宗懍(約 501—565)撰。懍,字元懍,祖籍南陽陭陽(今河南鄧縣)。懍少即好學,晝夜不倦,善引典故,鄉里稱之爲"童子學士"。梁普通六年(525),舉秀才,後得梁武帝之子湘東王蕭繹賞識,於大同六年(540)任刑獄參軍、兼掌書記。太清元年(547),蕭繹牧荊州,以懍爲荊州別駕、江陵令。承聖元年(552),蕭繹即位,擢懍爲尚書郎,後又累遷吏部郎中、吏部尚書。承聖三年(554),西魏陷荊州,懍被擄往長安,"太祖以懍名重南土,甚禮之";後北周"孝閔帝踐阼,拜車騎大將軍、儀同三司";"世宗即位,又與王褒等在麟趾殿刊定群書,數蒙宴賜"(《周書·宗懍傳》)。北周"保定中卒,年六十四","有集二十卷,行於世"(《周書·宗懍傳》)。《周書》、《梁書》、《北史》皆有其傳。

《荊楚歲時記》成書於六世紀後期(有學者推測在魏恭帝二年,時公元555 年),殺青不久即於北朝間流傳,杜臺卿《玉燭寶典》即多處引用其文。至楊隋時,有杜公瞻據其時北地風俗爲之作注,使該書之面目爲之一新,並得以廣爲刊佈流傳。是故日本學者守屋美都雄評價杜氏之注,"把荊楚一個地方的風俗志變爲聯繫中國古今的、橫亙於整個中國地域的風俗資料集成"(《荊楚歲時記譯注》,日本平凡社 1978 年)。李唐時期,《荊楚歲時記》已經成爲歲時文獻之典型代表。兩宋時期,宗懍原文與杜公瞻注文漸合而爲一,《通志·藝文略》、《崇文總目》、《遂初堂書目》等均可見其痕迹,亦或即《四庫全書總目提要》所疑"後人又合之歟"。然不可忽視者,宋時晁公武《郡齋讀書志》、陳振孫《直齋書錄解題》著錄其時曾有四卷、六卷本流傳,或係時人編次分散其卷數所致。宋元動盪,《荊楚歲時記》逐漸亡佚。自朱明后期起,屢有輯佚之作,卷數之著錄亦統一爲一卷,其中以《寶顏堂祕笈》(四十八條)、《廣漢魏叢書》(三十八條)輯本較善,然偶有羼入宋詩者。至清,陳運溶由《藝文類聚》等三種文獻中采輯七十餘條,收入《麓山精舍叢書》(光緒二十七年刊本),雖"較舊本爲有條理,而所據《藝文類聚》、《初學記》、《太平御覽》三書，見書太少，掛漏仍多”（余嘉錫《四庫提要辨證》卷八）。是故余嘉錫曾感歎“此書原本久亡，今本乃明人自類書中輯出”，“是書之無善本久矣”（《四庫提要辨證》卷八）。

明、清諸輯本間各自淵源有別，内容或夥或寡，正文同異並見。然就整體質量而言，明輯本相對條理清晰，行格清爽，字句通順，且錯誤較少，要優於清輯本，故今人之整理，多以較善之明代二本爲據，采擇他書增益之，如姜彦稚輯校本（岳麓書社 1986 年）、宋金龍校注本（山西人民出版社1987 年）。有鑒於此，茲徑以萬曆年間刊刻之《寶顔堂祕笈·廣集》所收《荆楚歲時記》爲底本，重新迻録整理。

荆楚歲時記

梁尚書宗懍　撰

明就李項琳之編次、陳皋謨校

正月一日，是三元之日也，謂之端月。

按，《史記》云：正月爲端月。《春秋傳》曰：履端于始。元，始也。

雞鳴而起。

按，《周易緯・通卦驗》云：雞，陽鳥也，以爲人候，四時使人得以翹首結帶正衣裳也。注云：《禮・內則》云：子事父母，婦事舅姑，雞初鳴，咸盥漱櫛縰笄。則惟其常，非獨此日。但元正之朝，存亡慶吊，官有朝賀，私有祭享，虔恭復位，宜早于餘辰，所以標而異焉。

先於庭前爆竹，以辟山臊惡鬼。

按，《神異經》云：西方山中有人焉，其長尺餘，一足，性不畏人，犯之則令人寒熱，名曰山臊。人以竹著火中①，烞音朴。熚音必。有聲，而山臊驚憚遠去。《玄黃經》所謂"山㺔鬼"也。俗人以爲爆竹燃草起於庭燎，家國不應濫於王者。

---

①　"人以"二字底本爲雙行小字，茲改作正文大字。

帖畫雞，或斲鏤五采及土雞于戶上。造桃板著戶，謂之仙木。繪二神，貼戶左右，左神茶，右鬱壘，俗謂之"門神"。

按，莊周云：有掛雞于戶，懸葦索於其上，插桃符於旁，百鬼畏之。又魏時，人問議郎董勳云：今正、臘旦，門前作煙火、桃神、絞索、松柏，殺雞著門戶，逐疫，禮歟？勳答曰：禮！十二月索室逐疫，釁門戶，磔雞。煤火行，故作助行氣。桃，鬼所惡，畫作人首，可以有所收縛，不死之祥。又桃者五行之精，能制百怪，謂之仙木。《括地圖》曰：桃都山有大桃樹，盤屈三千里；上有金雞，日照則鳴；下有二神，一名鬱，一名壘，并執葦索，以伺不祥之鬼，得則殺之。即無神茶之名。應劭《風俗通》曰：《黃帝書》稱上古之時，有神茶、壘鬱兄弟二人，住度朔山下桃樹下，簡百鬼；鬼妄揭人，援以葦索，執以食虎。于是，縣官以臘除夕飾桃人、垂葦索，畫虎于門，效前事也。

於是長幼悉正衣冠，以次拜賀，進椒柏酒，飲桃湯，進屠蘇酒、膠牙餳，下五辛盤，進敷于散，服却鬼丸，各進一雞子。凡飲酒次第，從小起。梁有天下，不食葷，荆自此不復食雞子，以從常則。

按，《四民月令》云：過臘一日，謂之小歲；拜賀君親，進椒酒，從小起。椒是玉衡星精，服之令人身輕能 讀作耐。老，柏是仙藥。成公子安《椒華銘》曰：肇惟歲首，月正元日；厥味惟珍，蠲除百疾。是知小歲則用之，漢朝元正則行之。《典術》云：桃者五行之精，厭伏邪氣，制百鬼也。董勳云：俗有歲首酌椒酒而飲之，以椒性芬香，又堪爲藥，故此日采椒花以貢尊者飲之，亦一時之禮也。又晉海四令問勳曰：俗人正日飲酒，先飲小者，何也？勳曰：俗云小者得歲，先酒賀之；老者失歲，故後飲酒。周處《風土記》曰：元日造五辛盤，正月元日，五薰鍊形。注：五辛所以發五藏之氣。即大蒜、小蒜、韭菜、雲臺、胡荽是也。《莊子》所謂春正月飲酒茹蔥，以通五藏也。《食醫心鏡》曰：食五辛以辟厲氣。敷于散出葛洪《鍊化篇》，方用柏子仁、麻仁、細辛、乾薑、附子等分爲散，井華水服之。又《天醫方序》云：江夏劉次卿見鬼，以正旦至市，見一書生入市，衆鬼悉避。劉問書生曰：子有何術，以至於此？書生言：我本無術，出之日，家師以一丸藥絳囊裹之，令以繫臂，防惡氣耳。於是劉就書生借其藥，至所見諸鬼處，諸鬼悉走。所以世俗行之。其方用武都雄黃丹散二兩，蠟和，令調如彈丸。正月旦，令男左女右帶之。周處《風土記》曰：正旦，當吞生雞子一枚，謂之鍊形。膠牙者，蓋以使其牢固不動，取膠固之義。今北人亦如之。

熬麻子、大豆，兼糖散之。

按，《鍊化篇》云：正月旦，吞雞子、赤豆各七枚，辟瘟氣。又《肘後方》云：旦及七日，吞麻子、小豆各十七枚，消疾疫。《張仲景方》云：歲有惡氣中人，不幸便死。取大豆十七枚、雞子、白麻子，并酒吞之。然麻、豆之設，當起於此。

又以錢貫繫杖脚，迴以投糞掃上，云"令如願"。

按，《錄異記》云：有商人區一作歐。明者過彭澤湖，有車馬出，自稱青湖君，要明過家，厚禮之，問何所須。有人教明，但乞如願。及問，以此言答。青湖君甚惜如願，不得已，許之，乃是一少婢也。青湖君語明曰：君領取至家，如要物，但就如願，所須皆得。自爾商人或有所求，如願並爲即得，數年遂大富。後至正旦，如願起晚，商人以杖打之。如願以頭鑽入糞中，漸没失所，後商人家漸漸貧。今北人正旦夜，立于糞掃邊，令人執杖打糞堆，以答假痛。又以細繩繫偶人，投糞掃中，云"令如願"，意者亦爲如願故事耳。

正月七日爲人日，以七種菜爲羹，翦綵爲人，或鏤金箔爲人，以貼屏風，亦戴之以頭鬢。又造華勝以相遺，登高賦詩。

按，董勛《問禮俗》曰：正月一日爲雞，二日爲狗，三日爲羊，四日爲猪，五日爲牛，六日爲馬，七日爲人。以陰晴占豐耗，正旦畫雞于門，七日帖人於帳。今一日不殺雞，二日不殺狗，三日不殺羊，四日不殺猪，五日不殺牛，六日不殺馬，七日不行刑，亦此義也。古乃磔雞令畏鬼，今則不殺，未知孰是。荊人于此日向辰，門前呼牛羊雞畜令來，乃置粟豆於灰，散之宅内，云以招牛馬，未知所出。劉臻妻陳氏《進見儀》曰：七日上人勝于人。董勛曰：人勝者，或剪綵、或鏤金箔爲之，帖于屏風上，或戴之，像人入新年，形容改從新也。華勝起于晉代，見賈充《李夫人典戒》，云像瑞圖金勝之形，又取像西王母正月七日戴勝見武帝於承華殿也。舊以正月七日爲人，故名人日。剪綵、鏤金箔爲人，皆符人日之意，與正旦鏤雞於户同。今北人又有至人日諱食故歲菜、惟食新菜者，與楚諱食雞正相反。又餘日不刻牛羊猪犬馬之像，而二日獨施人、雞，此則未喻。郭緣生《述征記》云：魏東平王翕，七日登壽張縣安仁山，鑿山頂爲會望處，刻銘於壁，文字猶在。銘云：正月七日，厥日爲人；策我良駟，陟彼安仁。《老子》云：眾人熙熙，如登春臺。《楚詞》云：目極千里傷春心。則春日登臨，自古爲適，但不知七日竟起何代。桓温參軍張望亦有《正月七日登高》詩。近代以來，南北同耳。北人此日食煎餅，於庭中作之，云"薰天"，未知所出也。

立春之日，悉翦綵爲鷰以戴之，帖"宜春"二字。

按，"綵鷰"即合歡羅勝。鄭毅夫云：漢殿鬥簪雙綵鷰，並知春色上釵頭。[1] 宜春二字，傅咸《鷰賦》有其言矣。賦曰：四時代至，敬逆其始。彼應運於東方，乃設鷰以迎至。翬輕翼之岐岐，若將飛而未起。何夫人之功巧，式儀刑之有似。御青書以贊時，著宜春之嘉祉。

爲施鈎之戲，以綆作篾纜相冒，綿亙數里，鳴鼓牽之。

按，施鈎之戲，求諸外典，未有前事。公輸自遊楚，爲載舟之戲，退則鈎之，進則强之，名曰"鈎强"。遂以鈎爲戲，意起于此。《涅槃經》曰"鬥輪冒索"，其外國之戲乎？今鞦韆亦施鈎之類也。施或作拖。

又爲打毬鞦韆之戲。

按，劉向《别録》曰：寒食蹴鞠，黄帝所造，本兵勢也。或云起於戰國。案鞠與毬同，古人蹋蹴以爲戲也。《古今藝術圖》云：鞦韆本北方山戎之戲，以習輕趫者。後中國女子學之，乃以綵繩懸木立架，士女炫服，坐立其上，推引之，名曰"鞦韆"。楚俗亦謂之"施鈎"，《涅槃經》謂之"冒索"。

---

[1]　"鄭毅夫云"及兩句七言詩計十八字，余嘉錫《四庫提要辨證》卷八已辨此乃宋人詩而誤羼者。

正月十五日，作豆糜，加油膏其上，以祠門户。

按，《齊諧記》曰：正月半，有神降陳氏之宅，云是蠶室，若能見祭，當令蠶桑百倍。疑非其事。祭門備之七祠。今州里風俗，是一作望。日祠門户。其法先以楊枝插於左右門上，隨楊枝所指，乃以酒脯飲食及豆粥、穄糜插箸而祭之。《續齊諧記》曰：吴縣張成夜起，忽見一婦人立於宅東南角，舉手招成，成即就之，謂成曰：此地是君家蠶室，我即此地之神；明年正月半，宜作白粥，泛膏於上以祭我，當令君蠶桑百倍。言訖而去，遂失所在。成如言，爲作膏粥。自此以後，年年大得蠶。今世人正月十五日作粥禱之，加以肉覆其上，登屋食之，咒曰：登高糜，挾鼠腦，欲來不來，待我三蠶老。是則爲蠶逐鼠矣，與《齊諧記》相似①。又覆肉亦是覆膏之理。《石虎鄴中記》：正月十五日有登高之會。則登高又非今世而然者也。

其夕，迎紫姑，以卜將來蠶桑，并占衆事。

按，劉敬叔《異苑》云：紫姑本人家妾，爲大婦所妒，正月十五日感激而死，故世人作其形迎之，咒云：子胥不在，云是其婿；曹夫人已行，云是其婦，小姑可出。於廁邊或豬欄邊迎之，捉之覺重，是神來也。平原孟氏恒不信，嘗以此日迎之，遂穿屋而去。自爾廁中著以敗衣，蓋爲此也。《洞覽》云是帝嚳女，將死，云生平好樂，至正月半可以衣見迎。又其事也。《雜五行書》：廁神名後帝。《異苑》云：陶侃如廁，見人，自云後帝，著單衣，平上幘，謂

---

① "諧"字底本無，據上文校補。

侃曰：三年莫説，貴不可言。將後帝之靈，憑紫姑而言乎？俗云溷廁之間，必須静，然後致紫姑。

正月未日夜，蘆苣火照井廁中，則百鬼走。

元日至于月晦，並爲酺聚飲食，士女泛舟，或臨水宴會，行樂飲酒。

按，每月皆有弦望晦朔，以正月爲初年，時俗重之，以爲節也。《玉燭寶典》曰：元日至月晦，人並酺食、渡水，士女悉湔裳，酹酒於水湄，以爲度厄。今世人唯晦日臨河解除，婦人或湔裙。又是月民並脯食，口口之名，又似之矣。出錢爲醵，出食爲脯，竟分明。擲盧，名爲博射，《藝經》爲擲博。

晦日送窮。

按，《金谷園記》云：高陽氏子瘦約，好衣敝衣食糜。人作新衣與之，即裂破以火燒穿着之，宮中號曰“窮子”。正月晦日巷死。今人作糜、棄破衣，是日祀于巷，曰“送窮鬼”。

二月八日，釋氏下生之日，迦文成道之時。信捨之家，建八關齋戒、車輪寶蓋、七變八會之燈，平旦執香花遶城一匝，謂之“行城”。

按，《本起經》云：二月八日夜，净居諸天共白太子：今者正是出家之時。車匿自覺，㯟陜不復嘖鳴，太子放身光明，獅子吼言：諸佛出家之法，我亦如是。諸天捧馬四足，并接車匿，釋提桓因執蓋①，北門自開，諸天歌讚，至于天曉，行已三踰闍那。又《本行經》云：鬼星已與月合，帝釋諸天唱言時至。太子聞已，以手拔髮令瘡，諸天捧馬足出，至聞王内則行城中矣。故今二月八日平旦執香行城一匝，蓋起于此。又《阿那經》云：二月八日，當行八關之戒。《文佛經》云：在家菩薩，此日當行八關之齋戒。

春分日，民並種戒火草於屋上。有鳥如烏，先雞而鳴，架架格格，民候此鳥則入田，以爲候。

社日，四鄰並結宗會社，宰牲牢，爲屋於樹下。先祭神，然後享其胙。

按，鄭氏云：百家共一社。今百家所立社宗，即共立社之爲也。

去冬節一百五日，即有疾風甚雨，謂之"寒食"。禁火三日，造餳大麥粥。

按《歷》合在清明前二日，亦有去冬至一百六日者。介子推三月五日爲火所焚，國人哀之，每歲春暮，爲不舉火，謂之"禁煙"，犯之則雨雹傷田。陸翽《鄴中記》曰：寒食三日爲醴酪，又煮糯米及麥爲酪，擣杏仁煮作粥。《玉燭寶典》曰：今人悉爲大麥粥，研杏仁爲酪，引餳沃之。孫楚《祭子推文》曰：黍飯一盤，醴酪一盂，清泉甘水，充君之廚。今寒食有杏酪、麥粥，即其事也。舊

---

① "桓"，底本誤作"柜"。釋提桓因，釋迦提桓因陀羅的簡稱，即佛教所云能天主。"柜""桓"形近訛字，茲典正。

俗以介推焚骸，有龍忌之禁，至其月咸言神靈不樂舉火。後漢周舉爲并州刺史，移書於介推廟，云：春中食寒一月，老小不堪，今則三日而已。謂冬至後一百四日、一百五日、一百六日也。《琴操》曰：晉文公與介子綏俱亡，子綏割股以啖文公。文公復國，子綏獨無所得，子綏作《龍蛇之歌》而隱。文公求之不肯出，乃爇左右木，子綏抱木而死。文公哀之，令人五月五日不得舉火。又周舉《移書》及魏武《明罰令》、陸翽《鄴中記》並云寒食斷火，起於子推；《琴操》所云"子綏"即推也，又云"五月五日"，與今有異，皆因流俗所傳。據《左傳》及《史記》，並無介推被焚之事。《周禮・司烜氏》：仲春以木鐸修火禁於國中。注云：爲季春將出火也。今寒食準節氣是仲春之末，清明是三月之初，然則禁火蓋周之舊制也。

寒食，挑菜。

按，如今人春日生菜。

鬥雞，鏤雞子，鬥雞子。

按，《玉燭寶典》曰：此節城市尤多鬥雞之戲。《左傳》有季、郈鬥雞，其來遠矣。古之豪家，食稱畫卵；今代猶染藍茜雜色，仍加雕鏤，遞相餉遺，或置盤俎。《管子》曰：雕卵，然後瀹之，所以發積藏、散萬物。張衡《南都賦》曰"春卵夏筍，秋韭冬菁"，便是補益滋味。其鬥卵則莫知所出。董仲舒《書》云：心如宿卵，爲體內藏，以據其剛，髣髴鬥理也。

三月三日，四民並出江渚池沼間，臨清流爲流杯曲水之飲。

按,《韓詩》云:唯溱與洧,方渙渙兮;唯士與女,方秉蕑兮。注謂:今三月桃花水下,以招魂續魄,以除歲穢。《周禮》:女巫歲時祓除釁浴。鄭注云:今三月上巳水上之類。司馬彪《禮儀志》曰:三月上巳,官民並禊飲於東流水上。彌驗此日。《南岳記》云:其山西曲水壇,水從石上行,士女臨河一作行。壇,三月三日所逍遙處。《續齊諧記》:晉武帝問尚書摯虞曰:“三日曲水,其義何指?”答曰:“漢章帝時,平原徐肇以三月初生三女,而三日俱亡,一村以爲怪,乃相與攜酒至東流水邊,洗滌去災,遂因流水以泛觴。曲水之義起於此也。”帝曰:“若如所談,便非嘉事。”尚書郎束晳曰①:“摯虞小生,不足以知此。臣請說其始。昔周公卜城洛邑,因流水以泛酒。故逸詩云:羽觴隨波流。又秦昭王三月上巳置酒河曲,有金人自東而出,捧水心劍曰:令君制有西夏。及秦霸諸侯,乃因其處立爲曲水。二漢相沿,皆爲盛集。”帝曰:“善!”賜金五十斤,左遷摯虞爲陽城令。周處、吳徽注《吳地記》,則又引郭虞三女並以元巳日死,故臨水以消災。所未詳也。張景陽《洛禊賦》,則洛水之遊;傅長虞《禊引文》,乃園池之宴。孔子“暮春浴乎沂”,則水濱禊祓,由來遠矣。

是日,取黍麴菜汁作羹,以蜜和粉,謂之“龍舌料”,以厭時氣。

四月,有鳥名獲穀,其名自呼。農人候此鳥,則犁杷上岸。
按,《爾雅》云:鳲鳩,鴶鵴。郭璞云:今布穀也,江東呼獲穀。

---

① “晳”,底本作“晳”,徑改。

崔寔《正論》云：夏扈趙耕鋤。即竊脂、玄鳥鳴。獲谷，則其夏扈也。

四月八日，諸寺設齋，以五色香水浴佛，共作龍華會。

按，《高僧傳》：四月八日浴佛，以都梁香爲青色水，鬱金香爲赤色水，丘隆香爲白色水，附子香爲黃色水，安息香爲黑色水，以灌佛頂。

四月十五日，僧尼就禪刹掛搭，謂之“結夏”，又謂之“結制”。

按，夏乃長養之節，在外行則恐傷草木虫類，故九十日安居。《禪苑宗規》云：祝融在候，炎帝司方；當法王禁足之辰，是釋子護生之日。至七月十五日，應禪寺掛搭僧尼盡皆散去，謂之“解夏”，又謂之“解制”。《禪苑宗規》云：金風漸漸，玉露瀼瀼。當覺皇解制之辰，是法歲周圓之日。《大藏經》云：四月十五日坐樹下，至七月十五日，僧尼坐草爲一歲。《禪談語錄》謂之“法歲”。

五月，俗稱“惡月”，多禁。忌曝牀薦席，及忌蓋屋。

按，《異苑》云：新野庾寔嘗以五月曝席，忽見一小兒死在席上，俄而失之，其後寔子遂亡。或始於此。《風俗通》曰：五月上屋，令人頭禿。或問董勳曰：俗五月不上屋，云五月人或上屋見影，魂便去。勳答曰：蓋秦始皇自爲之，禁夏不得行，漢魏未改。按《月令》：仲夏可以居高明，可以遠眺望，可以升山陵，可以處臺榭。鄭玄以爲順陽在上也。今云不得上屋，正與禮反。敬叔云見小兒死而禁暴席，何以異此乎？俗人月諱，何代無之？但當矯之歸於正耳。

五月五日，謂之“浴蘭節”，四民並蹋百草之戲。采艾以爲人，懸門户上，以禳毒氣。以菖蒲或鏤或屑以泛酒。

按，《大戴禮》曰：五月五日，蓄蘭爲沐浴。《楚辭》曰：浴蘭湯兮沐芳華。今謂之“浴蘭節”，又謂之“端午”。蹋百草，即今人有鬭百草之戲也。宗則字文度，常以五月五日雞未鳴時采艾，見似人處，攬而取之，用灸有驗。《師曠占》曰：歲多病，則病草先生。艾是也。今人以艾爲虎形，或翦綵爲小虎，粘艾葉以戴之。

是日，競渡，采雜藥。

按，五月五日競渡，俗爲屈原投汨羅日，傷其死所，故並命舟檝以拯之。舸舟取其輕利，謂之“飛鳧”，一自以爲“水車”，一自以爲“水馬”。州將及士人悉臨水而觀之。蓋越人以舟爲車、以檝爲馬也。邯鄲淳《曹娥碑》云：五月五曰，時迎伍君；逆濤而上，爲水所淹。斯又東吳之俗，事在子胥，不關屈平也。《越地傳》云起於越王勾踐，不可詳矣。是日競采雜藥。《夏小正》云：此月蓄藥，以蠲除毒氣。

以五綵絲繫臂，名曰“辟兵”，令人不病瘟。又有條達等組織雜物以相贈遺。取鴝鵒，教之語。

按，《孝經援神契》曰：仲夏繭（蠒）始出，婦人染練，咸有作務。日月星辰，鳥獸之狀，文繡金縷，貢獻所尊。一名“長命縷”，一名“續命縷”，一名“辟兵繒”，一名“五色絲”，一名“朱一作百。索”，名擬甚多。赤、青、白、黑，以爲四方，黃居中央，名曰“襞方”，綴於胸前，以示婦人蠶功也。詩云“繞臂雙條達”是也。或問辟五兵之道，《抱朴子》曰：以五月五日作赤靈符著心前。今釵頭符是也。此月鵙鴝子毛羽新成，俗好登巢取養之，必先剪去舌尖，以教其語。

夏至節日，食糉。

按，周處《風土記》謂爲"角黍"，人並以新竹爲筒糉。楝葉插五彩繫臂，謂爲"長命縷"。

是日，取菊爲灰，以止小麥蠹。

按，干寶《變化論》云：朽稻爲虫，朽麥爲蛺蝶。此其驗乎？

六月，必有三時雨，田家以爲甘澤，邑里相賀，曰"賀嘉雨"。

伏日，並作湯餅，名爲"辟惡餅"。

按，《魏氏春秋》：何晏以伏日食湯餅，取巾拭汗，面色皎然，乃知非傅粉。則伏日湯餅，自魏已來有之。

七月七日，爲牽牛織女聚會之夜。

按，戴德《夏小正》云：是日織女東向。蓋言星也。《春秋運斗樞》云：牽牛神名略。石氏《星經》云：牽牛名天關。《佐助期》云：織女神名收陰。《史記·天官書》云是天帝外孫。傅玄《擬天問》云：七月七日，牽牛織女會天河。此則其事也。舊説天河與海通，近世有人居海渚者，每年八月有浮槎去來不失期。人有奇志，立飛閣于槎上，多齎糧，乘槎而去。十餘月至一處，有城郭狀，屋舍甚嚴，遥望宫中有織娍，見一丈夫牽牛渚次飲之。牽牛人乃驚問曰:"何由至此?"此人爲説來意,并問:"此是何處?"答云:"君還,至蜀都訪嚴君平,則知之。"竟不上岸,因還如期。後至蜀,問君平,君平曰:"某年某月,有客星犯牽牛宿。"計年月,正此人到天河時也。牽牛星,荆州呼爲"河鼓",主關梁。織女則主瓜果。嘗見道書云:牽牛娶織女,借天帝二萬錢下禮;久不還,被驅在營室中。河鼓、黄姑,牽牛也,皆語之轉。

　　是夕,人家婦女結綵縷,穿七孔針,或以金、銀、鍮石爲針,陳几筵、酒脯、瓜菓於庭中以乞巧。有喜子網於瓜上,則以爲符應。

　　按,《世王傳》曰:寶后少小頭禿,不爲家人所齒。七月七日夜,人皆看織女,獨不許后出。乃有神光照室,爲后之瑞。宋孝武《七夕詩》云"迎風披綵縷,向月貫玄針"是也。周處《風土記》曰:七月七日,其夜灑掃庭中,露施几筵,設酒脯時菓,散香粉于筵上,以祀河鼓、即牽牛也。織女。言此二星神當會,守夜者咸懷私願。或云,見天漢中有奕奕白氣,或光輝五色,以爲徵應,便拜得福。然則中庭祈願,其舊俗乎?

　　七月十五日,僧尼道俗悉營盆供諸仙。

　　按,《盂蘭盆經》云:有七葉功德,並幡花歌鼓果食送之。蓋由此也。《經》又云:目連見其亡母生餓鬼中,即以鉢盛飯,往餉其母。食未入口,化成火炭,遂不得食。目連大叫,馳還白佛。佛言:"汝母罪重,非汝一人所奈何,當須十方衆僧威神之力。至七月十五日,當爲七代父母厄難中者,具百味五菓,以著盆中,供養十方大德。"佛勅衆僧皆爲施主祝願七代父母行禪定意,然後受食。是時,目連母得脱一切餓鬼之苦。目連白佛:"未來世佛弟子行孝順者，亦應奉盂蘭盆供養。"佛言："大善！"故後人因此廣爲華飾，乃至刻木割竹，飴蠟剪綵，模花葉之形，極工妙之巧。

八月雨，謂之"豆花雨"。

八月十四日，民並以朱墨點小兒頭額，名爲"天灸"，以壓疾。又以錦綵爲眼明囊，遞相遺餉。

按，《述征記》云：八月一日，作五明囊，盛取百草頭露洗眼，令眼明也。《續齊諧記》云：弘農鄧紹嘗以八月旦入華山采藥，見一童子執五綵囊，承柏葉上露，皆如珠滿囊。紹問："用此何爲？"答曰："赤松先生取以明目。"言終，便失所在。今世人八月旦作眼明袋，此遺像也。或以金箔爲之，遞相餉焉[①]。

九月九日，四民並籍野飲宴。

按，杜公瞻云：九月九日宴會，未知起於何代，然自漢至宋未改。今北人亦重此節，佩茱萸、食餌、飲菊花酒，云令人長壽。近代皆宴設於臺榭。又《續齊諧記》云：汝南桓景隨費長房遊學，長房謂之曰："九月九日，汝家中當有災厄，急令家人縫囊，盛茱萸繫臂上，登山飲菊花酒，此禍可消。"景如言，舉家登山。夕還，見雞犬牛羊一時暴死。長房聞之曰："此可代也。"今世人九日登高飲酒，婦人帶茱萸囊，蓋始於此。

十月朔日，黍臛，俗謂之"秦歲首"。

---

① "遞相餉焉"四字底本作雙行小字注文形式，茲據義改作正文格式。

未詳黍臛之義。今北人此日設麻羹、豆飯，當爲其始熟嘗新耳。《禰衡別傳》云"十月朝，黃祖在艨艟上會設黍臛"是也。又天氣和煖似春，故曰"小春"。

仲冬之月，采擷霜蕪菁、葵等雜菜，乾之，並爲鹹菹。

有得其和者，並作金釵色。今南人作鹹菹，以糯米熬搗爲末，并研胡麻汁和釀之，石筡令熟①，菹既甜脆，汁亦酸美，其莖爲金釵股，醒酒所宜也。

冬至日，量日影，作赤豆粥，以禳疫。

按，共工氏有不才之子，以冬至死，爲疫鬼，畏赤小豆，故冬至日作赤豆粥以禳之。又晉魏間，宮中以紅線量日影。冬至後，日影添長一線。

十二月八日爲臘日。《史記‧陳勝傳》有"臘日"之言，是謂此也。諺言：臘鼓鳴，春草生。村人並繫細腰鼓，戴胡公頭，及作金剛力士以逐疫。沐浴，轉除罪障。

按，《禮記》云：儺人所以逐厲鬼也。《吕氏春秋‧季冬紀》注云：今人臘前一日，繫鼓驅疫，謂之逐除。《晉陽秋》：王平子在荆州，以軍圍逐除，以鬪故也。《玄中記》：顓頊氏三子俱亡，處人宮室，善驚小兒。漢世以五營十騎自端門傳炬送疫，棄洛水中。故《東京賦》云：卒歲大難，毆除群厲。方相秉鉞，巫覡操茢。侲子萬童，丹首玄製。桃弧棘矢，所發無臬。丹首，帥赤幘也，逐除所

---

① "筡"，底本原作"窄"。形近訛字，徑改。

服。《宣城記》云：洪矩，吳時作廬陵郡，載土船頭。逐除人就矩乞，矩指船頭云："無所載，土耳。"《小說》：孫興公常着戲頭，與逐除人共至桓宣武家。宣武覺其應對不凡，推問，乃魁也。金剛力士，世謂佛家之神。按《河圖玉版》云：天立四極，有金剛力士，兵長三十丈。此則其義。

其日，並以豚酒祭竈神。

按，《禮器》云：竈者，老婦之祭，尊於瓶，盛於盆。言以瓶爲罇，盆盛饌也。許慎《五經異義》云：顓頊有子曰黎，爲祝融火正也，祀以爲竈神，姓蘇名吉利，婦姓王名摶頰。漢宣帝時，陰子方者至孝有仁恩。嘗臘日辰炊，而竈神形見，子方再拜受慶。家有黃犬，因以祭之，謂爲黃羊。陰氏世蒙其福，俗人所競尚，以此故也。

歲前，又爲藏弧之戲，始於鈎弋夫人。

按，《漢武故事》云：上巡狩河間，見青光自地屬天，望氣者云下有貴子，上求之，見一女子在空室中，姿色殊絶，兩手皆拳，數百人擘之莫舒，上自披即舒，號拳夫人。善素女術，大有寵，即鈎弋夫人也。辛氏《三秦記》曰：漢昭帝母鈎弋夫人，手拳有國色，世人藏鈎起于此。鈎亦作弧。周處《風土記》曰：進清醇以告蠟，竭恭敬于明祀，乃有藏鈎，俗呼爲"行弧"。蓋婦人所作金環以鍇指而纏者，臘日祭後，叟嫗各隨其儕爲藏鈎之戲，分二曹以較勝負，得一籌者爲勝，其負者起拜謝勝者。周處、成公綏並作"弧"字。《藝經》、庾闡則作"鈎"字，其事同也。俗云此戲令人生離，有禁忌之家，則廢而不修。

歲暮，家家具肴蕪，一作核。詣宿歲之位，以迎新年，相聚酣
飲。留宿歲飯，至新年十二日，則棄之街衢，以爲去故納新也。
孔子所以預以陪賓，一歲之出，盛于此節。

閏月，不舉百事。

按，《周禮》云：閏月王出居寢門，故爲閏字。門中從王也。
是月也，不舉百事，以無中氣也。

玉燭寶典

杜臺卿　撰

朱新林　點校

【題解】

《玉燭寶典》,十二卷,隋杜臺卿撰。臺卿字少山,博陵曲陽縣(今河北定縣)人,歷北齊、北周、隋三朝,事迹具《隋書》本傳。開皇初,臺卿被征入朝,采《月令》,觸類而廣之,爲書名《玉燭寶典》,計十二卷。開皇十四年(594),臺卿上表請致仕,敕以本官還第。數載,終於家。有集十五卷及《齊記》二十卷,並行於世。

《玉燭寶典》是以《禮記·月令》、蔡邕《月令章句》爲綱,采集大量文獻,附以"正説"、"附説",綴輯而成的歲時民俗類著作。它上承《禮記·月令》、梁宗懍《荆楚歲時記》,下啓杜公瞻《荆楚歲時記注》、宋陳元靚《歲時廣記》,反映了先民時令風俗的演變軌迹,對我們認識兩漢、魏晉南北朝至隋唐時期的天文、曆法、農學、時令等諸多文獻具有重要意義,對中國歲時文化的傳播和發展産生了重要影響。

《隋書·經籍志》、《舊唐書·經籍志》著録《玉燭寶典》於子部雜家類,《新唐書·藝文志》、《宋史·藝文志》則著録於子部農家類。元、明間,陶宗儀摘編一卷,輯入《説郛》。嗣後,見於明末陳第《世善堂書目》。"蓋自宋初,如存如亡,不甚顯於世,故《太平御覽》、《事類賦》、《海録碎事》等諸類書所引用亦已少矣。"(島田翰《古文舊書考》,《日本藏漢籍善本書志書目集成》第三册,北京圖書館出版社 2003 年)其殘文剩義偶見徵引於宋、明諸書中,如宋蕭贊元《錦繡萬花谷》、羅璧《識遺》、趙與時《賓退録》,明方以智《通雅》、李時珍《本草綱目》等書,其中每書所引少則一條,多不過三條,内容又大多相同,皆輾轉引自唐宋類書。清初,朱彝尊曾經搜討此書,言"論者遂以《修文殿御覽》爲古今類書之首,今亦亡之。惟隋著作郎杜臺卿所撰《玉燭寶典》十二卷見於連江陳氏《世善堂書目》,予嘗入閩訪陳後人,已不復可得"(《曝書亭集》卷三十五《杜氏編珠補》序,《四部叢刊》本),遂無果而終。直到清光緒年間,楊守敬在日本發現《玉燭寶典》鈔校本十一卷(缺卷九),黎庶昌影刻輯入《古逸叢書》,立即引起國内學者的注意。

光緒十二年(1886),李慈銘(1830—1895)在日記中寫道:"其書先引《月令》,坿以蔡邕《章句》,其後引《逸周書》、《夏小正》、《易緯通卦驗》等,及諸經典,而崔寔《四民月令》蓋全書具在。其所引諸緯書,可資補輯者亦多。"(《越縵堂日記·荀學齋日記》,廣陵書社2004年)曾樸作《補後漢藝文志並考》十卷,其中"劉歆《爾雅注》"條轉引《玉燭寶典》所載文獻,其卷二"蔡邕《月令章句》"條按語云:"日本國卷子本《玉燭寶典》於每月之下,《月令》之後,詳載此書,諸搜輯家皆未之見。好古者若能一一輯出,合以《原本玉篇》、慧琳《一切經音義》所引,則中郎此書,雖亡而未亡也。"(曾樸《補後漢藝文志並考》十卷,光緒二十一年家刻本)近人向宗魯以《玉燭寶典》校《淮南子》,王叔岷以校《莊子》、《列子》,周祖謨以校《方言》,均取得了很好的校勘成績。

日本寬平三年(唐昭宗大順二年,891年),朝臣藤原佐世奉敕編《本朝見在書目録》(今通稱《日本國見在書目録》),雜家類著録"《玉燭寶典》十二,隋著作郎松臺卿撰"("松"爲"杜"之訛)。目力所及,至少有《玉燭寶典》鈔校本五種:

(一)日本1096年至1345年寫本,十一卷(缺卷九),卷軸裝(六軸),此即所謂"日本舊鈔卷子本",舊藏於日本舊加賀藩前田侯尊經閣文庫。卷五寫於嘉保三年(1096),卷六、卷八寫於貞和四、五年(1344—1345)。1943年,東京侯爵前田家育德財團用尊經閣文庫藏舊鈔卷子本影印行世,即《尊經閣叢刊》本,後附吉川幸次郎(1904—1980)撰《玉燭寶典解題》。1970年12月,臺北藝文印書館用日本前田家舊鈔卷子本影印出版,附林文月所譯吉川幸次郎所撰《玉燭寶典解題》,此即《歲時習俗資料彙編》本。

(二)日本圖書寮鈔本,十一卷(缺卷九),册葉裝,爲江户時代毛利高翰(1795—1852)命工影鈔加賀藩主前田家所藏貞和四年(1344)寫本,又稱毛利高翰影鈔本,現藏於日本國立公文書館。

(三)森立之、森約之父子鈔校本,此本系據毛利高翰影鈔本傳鈔(據森氏跋文,"唯存其字,不存其體耳",非影鈔也),十一卷(缺卷九),凡四册。據森約之題記,自孝明天皇嘉永甲寅(1854)至慶應二年(1866),森氏父子合校完畢。森氏本今藏日本專修大學圖書館,鈐"森氏"、"東京溜池靈南街第六號讀杜草堂寺田盛業印記"、"天下無雙"、"專修大學圖書館之印"諸印記。"東京溜池靈南街第六號讀杜草堂寺田盛業印記"、"天下無雙"爲日本著名藏書家寺田望南的藏書印,由是知森氏本曾經著名藏書家寺田望南(1849—1929)收藏,最後歸於專修大學圖書館。

(四)依田利用(1782—1851)《玉燭寶典考證》十一卷(缺卷九),裝訂四册。此本先鈔寫《玉燭寶典》正文、舊注(大字),次考證(細字分行,或書於眉端,内容屬校讎類)。依田利用初名依田利和,原是江户時代末期毛利高翰命工影鈔前田家所藏十一至十四世紀寫本《玉燭寶典》的參加者,五名鈔校者之一。此本《例言》稱卷子本"末卷往往用武后制字,其所流傳,唐時本無疑也",則《考證》所載《玉燭寶典》正文、舊注,當出自前田家藏本(今尊經閣文庫本),且與藤原佐世《本朝見在書目録》著録之唐寫本一脈相承。依田氏此本,先後經島田重禮(1838—1895)、島田翰(1877—1915)父子收藏,1909 年 5 月入日本東京帝國圖書館(即現在的日本國立國會圖書館),今藏於國會圖書館古籍資料室。需要指出的是,依田利用的校勘成果,没有被後來的《古逸叢書》本所吸納,殊爲可惜。

(五)《古逸叢書》本,十一卷(缺卷九)。《〈古逸叢書〉本〈玉燭寶典〉底本辨析》(崔富章、朱新林撰,《文獻》2009 年第 3 期)一文中,已經證明黎庶昌、楊守敬影刻《玉燭寶典》之底本實非其牌記標識的"影舊鈔卷子本玉燭寶典",乃是森立之父子的傳鈔合校本。此後《叢書集成初編》、《續修四庫全書》、《叢書集成新編》諸書所印均源出《古逸叢書》本。

就《玉燭寶典》之文獻價值而言,至少有三端:

其一,《玉燭寶典》對於校勘傳世本文獻以及輯佚具有重要研究價值。《玉燭寶典》中稱引諸多古籍,其中所引典籍,或今日十不存一二,或存者與今本有諸多異同,或存古籍古本面貌,故其可供校勘、輯佚的資料極爲豐富。島田翰在《古文舊書考》指出:"是書所引用諸書,如《月令章句》蔡云所輯、馬國翰所集,捃摭詳贍無遺,而猶且不及見也。其他《皇覽》、《孝子傳》、《漢雜事》、緯書、《倉頡》、《字林》之屬,皆佚亡不傳,又有漢魏人遺說,僅藉此以存。所謂吉光片羽,所宜寶重也。"清人李慈銘說:"其所引諸緯書,可資補輯者亦多。"(《越縵堂日記》)

其二,《玉燭寶典》對日本歲時文化的建立具有重要影響,在中日文化交流中佔有重要地位。日本孝謙天皇天平勝寶三年(751)編纂的日本第一部書面漢詩集《懷風藻》,收入的作品中曾引用《玉燭寶典》的典故。據藤原佐世《本朝見在書目錄》(891),《玉燭寶典》至遲在八世紀中葉已經傳入日本。在稍後成書的惟宗公方《本朝月令》一書中,便已有多處稱引(亦稱引了《荊楚歲時記》)。《本朝月令》是日本學者記載當時歲時習俗的專門著作,其稱引《玉燭寶典》,說明當時的日本將《玉燭寶典》亦視作歲時習俗的典範之一,加以學習仿效。此後,日本歲時典籍如《年中行事秘抄》、《年中行事抄》、《師光年中行事》、《明文抄》、《釋日本紀》等書稱引多依傍《玉燭寶典》。

其三,前人在研究魏晉向隋唐時期歲時文化演變軌迹時,往往只重視宗懍《荊楚歲時記》與杜公瞻《荊楚歲時記注》,忽視了《玉燭寶典》的作用。杜公瞻爲杜臺卿之侄,《玉燭寶典》是他撰寫《荊楚歲時記注》的主要參考資料。吉川幸次郎指出:"蓋中國上世之俗,《禮記·月令篇》書之,宋以後近世之俗可徵之於《歲時廣記》以下諸方志。獨魏晉南北朝之俗,上承秦漢,下啓宋元,舍此書無由求之,此其所以尤爲貴。"(《玉燭寶典解題》)

上揭所述諸版本(除《玉燭寶典考證》)訛脫衍誤情況比較嚴重,今以1970年臺北藝文印書館影印日本前田家舊鈔卷子本(即《歲時習俗資料彙編》本)爲底本,校以森立之父子鈔校本、《古逸叢書》本及經史子集諸文獻,並吸收了依田利用《玉燭寶典考證》的部分校勘成果,底本日本漢字、俗字較多,徑改爲通行字,屬首次整理。底本原即附有吉川幸次郎之解題,今亦照錄,或備參閱。

目　録

玉燭寶典序①

　　《易·繫辭》云:"庖羲氏之王天下也②,仰則觀象於天,俯則觀法於地。"《書·堯典》云:"歷象日月星辰,敬授民時。"此明自古帝皇皆以節候爲重,故《春秋》每年書"春王正月",言王者上奉天時,下布政於十二月也。横被四表,奄有万方,品物嘉榮,率土照潤。昔因典掌餘暇,考挍藝文,《禮記·月令》最爲備悉,遂分諸月,各以冠篇首③。先引正經,逯及衆説④,續書月別之下,增廣其流。史傳百家,時亦兼采。詞賦綺靡,動過其意,除非顯著,一無所取。載土風者體民生而積習,論俗誤者冀勉之以知方。始自孟陬,終於大吕,以中央戊巳,附季夏之末,合十二卷,總爲一部。

　　至如雷雲霜雨,减降參差,鳥獸魚虫,鳴躍前後,春生夏長,草榮樹實,孟仲之際,晏早不同者,或叙其發初,或録其尤盛,或據在周雒,或旁施邊表,縱令小舛,差可弘通。若乃鄭俗秦聲,楚言越服,須觀同異的辯。華戎並存舊命,無所改創,其單名平出,即文不審,則注稱"今案"以明之。若事涉疑殆,理容河漢,則別起"正説"以釋之。世俗所行節者,雖無故實伯升之諺,載於經

---

　　①　森立之云:"《見在書目録》曰:'《玉燭寶典》十二,隋著作郎杜臺卿撰。'《隋志》作杜臺卿。《廣韻》首陸法言《切韻》自序曰'杜臺卿《韻略》'。"

　　②　"王"字原脱,據森立之父子校本、《古逸叢書》本《玉燭寶典》(以下簡稱《古逸叢書》本)補。

　　③　"以"原誤作"各",據森立之父子校本、《古逸叢書》本改。

　　④　"逯"原誤作"遠",據森立之父子校本、《古逸叢書》本改。

史,亦觸類援引,名爲"附説"。又有"序説"終篇,括其首尾。

案《爾雅》"四氣和爲玉燭",《周書》"武王説周公,推道德以爲《寶典》"。玉貴精,自壽長寶,則神靈滋液,將令此作義衆美,以《玉燭寶典》爲名焉。昔商湯左相稱日新而獻善,姬穆右史陳朔望以官箴。降在嬴劉,迄于曹馬,多歷年所,代有著述,幸以石扉鑽仰,金府味思,覽其事要,撮其精旨,上極玄靈,下苞赤縣。雖兔梳統纘天宗帝籍之宜,吒耕鹼畝條桑劉草之務。森罪區別①,咸集於兹矣。世外討論,緬踰積載,唐老歌戲絶笔時②,未墜在人,傳聞竟爽,知音好事,無或廢言。

序説曰:先儒所説《月令》,互有不同③,鄭玄以孟夏"命太尉",周無此官,季秋爲來歲受朔日,隨秦十月爲歲首,遂云作《禮記》者取《吕氏春秋》④。蔡雍以爲《月令》自周時典籍,《周書》有《月令》第五十三。《吕氏春秋》取周之《月令》,其或與秦相似者,是其時所改定也。束皙又云⑤:"案《月令》四時之月,皆夏數也,殆夏時之書,而後人治益。"略檢三家,並疑不盡。何者?案《春秋運斗樞》"舜以太尉受号,即位爲天子",然則堯時已有此職。其十月歲首,王肅難云:"始皇十二年,吕不韋死。廿六年,秦并天下,然後以十月爲歲首。不韋已死十五年,便成乖謬。"蔡云周典籍者,案《周書·序》"周公制十二月賦政之法,作《月令》"⑥,自《周書·月令》耳。且《論語》注云:"《周書·月令》有更火之文。"

---

① 依田利用云:"森,恐當作罷。"
② 依田利用云:"時上疑脱字。"森立之云:"時上恐有脱字。"
③ "互"原誤作"牙",據《玉燭寶典考證》、森立之父子校本、《古逸叢書》本改。
④ "云"原誤作"去",據《玉燭寶典考證》、森立之父子校本、《古逸叢書》本改。
⑤ "皙"原誤作"哲",逕改。
⑥ "令"原誤作"今",逕改。

今《月令》聊無此語，明當是異。束云四時皆夏數者，孔子云行夏
之時，以夏數得天，後王宜其遵用，非必依夏正朔，即爲夏典。其
夏時書者，《小正》見存，文字多古，與此叙事亦別。唯《皇覽》所
引《逸禮》髣髴相應，當是七十弟子之徒及其時學者雜爲記録，無
以知其姓者，吕氏取爲篇目，或因治改，遂令二本俱行於世，恐猶
有拘執，故辨明焉。

玉燭寶典卷第一①

正月孟春第一 杜預曰："凡人君即位，欲其體元以居正，故不言一年一月。"

《禮·月令》："孟春之月，日在營室，昏參中，旦尾中。鄭玄曰："孟，長也。日月之行一歲十二月會，觀斗所建，命其四時，此云孟春者，日月會於陬訾，而斗建寅之辰也。凡記昏明中星者，爲人君南面而聽天下，觀時候以授民事。"其日甲乙，乙之言乾時万物，皆解孚甲，自抽軋而出者也。其帝太皞，其神句芒，此倉精之君，木官之臣，自古以來著德立功者也。太皞，宓戲氏也。句芒，少皞氏之子，曰重，爲木官者也②。其蟲鱗，象物孚甲將解，龍虵之屬。其音角，謂樂器之聲也。三分羽③，則益一以生角，角數六十四。屬木者，以其清濁中，民之象也④。律中大蔟。音倉豆反。律，侯氣之管也⑤，以銅爲之。中，猶應也。孟春氣至，則大蔟之律應。應⑥，謂吹灰。高誘曰："萬物動生，蔟地而出。"今案《春秋元命苞》曰："律之爲言率也，所以術氣令達。"宋均注云："術，猶遵也。"其數八。數者，五行佐天地生萬物之次也。木生數三，成數八，但言八者⑦，舉其成數。其味酸，其臭羶，其祀戶，祭先脾。春，陽氣出，祀之於戶，内陽也。祀之先祭脾者⑧，春爲陽中，於藏

---

① "玉燭寶典卷第一"七字原無，除十二月標"玉燭寶典卷第十二"外，其他各月均無標目，今統一增補。

② "者"下原有"之"字，是書句末多增"之""也"等字，今據文意刪。

③ "羽"字原脫，據《禮記正義》補。

④ "象"下原有"之"字，今刪。

⑤ "管"原誤作"官"，據《禮記正義》改。

⑥ "應"字原脫，據《禮記正義》補。

⑦ "言"字原脫，據《禮記正義》補。

⑧ "之"字原脫，據《禮記正義》補。

值脾，脾爲尊也①。東風解凍，蟄蟲始震，魚上負冰，獺祭魚，鴻鴈來。此時魚肥美，獺將食之，先以祭也。鴈自南方來，將北反其居。高誘曰："是月之時，鯉應陽而動，上負冰也。"今案《莊子》曰："潛鯤春日毀滴而盖衢者，鱣也。"司馬彪注云："潛，水中也。鯤，澀。滴，池。盖，辭。衢，道也，言冬日冰鯤澀不通，春日微溫，毀池冰而爲道者也。鱣，魚也，是則鱣魚亦負而出。祭鯉，盖取其尤好者。"又《淮南子》曰："獺知水之高下。"高誘注云："高下，猶深淺。"蕭廣濟《孝子傳》曰②："獺，水獸也，似狗而痺脚，青黑色。立春則群捕魚，聚其所獲，陳列於地，一縱一橫，對之而伏也。"

天子居青陽左个，乘鸞輅，駕倉龍，載青旂，衣青衣，服倉玉，食麥與羊，其器疏以達。皆所以慎時氣也。青陽左个，大寢，東堂北偏也。鸞輅，有虞氏之車也，有鸞和之節，而飾之以青，取其名耳。麥實有孚甲，屬木。羊，畜也，時尚寒，食之以安性也。器疏者，刻鏤之象物，當貫土而出也③。高誘曰："東向堂，故曰青陽。北頭室，故曰左个。个，猶隔也。"今案《禮·曲禮》下曰④："君天下曰天子。"鄭玄注云："天下，謂外及四海也。今漢於蠻夷稱天子，於王侯稱皇帝。"《周書·太子晉篇》曰："善至於四海、四夷、四荒，其表又曰四荒，皆至莫有恐告，乃登爲帝。"注云："告，欺恨也。舍五等之尊卑，更論事義，以爲之名。"《孝經援神契》曰："天覆地載謂之天子。"《易乾鑿度》曰："天子，爵号也。天子者繼天理物，改正一統⑤，各得其宜，父天母地，以養民至尊之号也。"是月也，以立春。先立春三日，大史謁之天子曰："某日立春⑥，盛德在木。"天子乃齊。立春之日，天子親帥三公、九卿、諸侯、大夫以迎春於東郊，還反，賞公、卿、諸侯、大夫於朝。迎春，祭倉帝靈威仰於東郊之兆也⑦。《王居明堂禮》曰：出十五里迎歲，

---

　　①　"脾"字原脱，據《禮記正義》補。
　　②　"傳"原誤作"將"，逕改。
　　③　"土"原誤作"士"，據《禮記正義》改。
　　④　"曲禮下曰"原作"禮下曹"。依田利用云："按'禮下曹'當作'曲禮下曰'四字。"今從其説改。
　　⑤　依田利用云："舊'一統'作'統一'，'天母'作'母天'，今據《初學記》引《乾鑿度》乙正改删。"今從其説。
　　⑥　"立"字原脱，據《禮記正義》補。
　　⑦　"兆"原誤作"非"，據《禮記正義》改。下同。

蓋殷禮也①。周迎郊五十里。命相布德和令②，行慶施惠，下及兆民。相，謂三公相王之事。慶賜遂行，毋有不當。乃命太史守典奉法，司天日月星辰之行，宿離不忒，無失經紀，以初爲常。典，六典。法，八法。"離"讀如"儷偶"之"儷"，謂其屬馮相氏、保章氏，掌天文者也。其相興宿偶，當審候司，不得過差。今案《春秋説題辭》曰："天之爲言鎮也，居高理下，爲人君陽精也。合爲太一，分爲殊名，故立字一大爲天。"《説文》曰："天，巓也。至高無上，從一大也。"《釋名》曰："天③，顯也。青、徐以舌頭言之文理也。然高遠也，又謂之玄縣也，如懸物如上也。"《白虎通》曰："天者，身也，鎮也，男女總名爲人。天地無總名，何天員地方不相類也。"楊泉《物理論》曰："天者，旋也。積陽純剛，其體四旋而洞達，其德清明而車均④，群生之所天仰，故稱之曰天。"《正曆》曰："天者，遠不可極，望之霧然，以玄爲色。其人大無不苞裹，其動靡有休息，謂之天者，一大之名也。"《禮統》曰："天之爲言鎮也，神也，陳也，珍也，施生爲物本，運轉精神，功郊布陳，其道可珍重謂也。"天子乃以元日祈穀于上帝。謂以上辛郊祭天也。乃擇元辰，天子親載耒耜，音慮猥反。措之于參保介之間⑤，帥三公⑥、九卿、諸侯、大夫躬耕帝藉。天子三推，勑雷反。三公五推，卿、諸侯九推。元辰，蓋郊後吉辰也。耒，耜之上曲也⑦。保介，車右也⑧。人君之車，必使勇士衣甲居右而參乘，備非常也。保介猶衣也。介，甲也。帝藉，爲天神借民力所治之田也。反，乃執爵于太寢，三公、九卿、諸侯、大夫皆御，命曰勞酒。既耕而燕飲，以勞群臣。天氣下降，地氣上騰，天地和同，草木萌動⑨。此陽氣蒸達，可耕之候也。《農書》

---

① "蓋"、"禮"二字原脱，據《禮記正義》補。
② "布"原誤作"而"，據《禮記正義》改。
③ 依田利用云："舊無'一大'至'曰天'七字，今按文補入。"今從其説補。
④ "車"，依田利用作"平"。
⑤ "耜措"原作"秬楷"，據《禮記正義》改。
⑥ "帥"原誤作"師"，據《禮記正義》改。
⑦ 原文誤作"未耕之上典者也"，據《禮記正義》改。
⑧ "右"原誤作"在"，據《禮記正義》改。
⑨ "木"原誤作"草"，據《禮記正義》改。

曰：“土長冒振，陳根可拔，耕者急發。”今案《春秋元命苞》曰：“地者，易也，言養物懷任，交易變化，合吐應節，故其立字吐力之物一者爲地。”宗均注云：“地加土以力者，言地變化成物功著也。加一者，奉太一也。”《釋名》曰：“地，應也。其地平載万物也，亦言諦也，立所生莫不審諦也。亦謂坤，坤，順也，言順乾也①。”**王命布農事：命田舍東郊，皆修封疆，審端徑、術，**田，謂田畯，主農之官也。封疆，田首之職分也②。術，《周禮》作“遂”，小溝也。步道曰徑。今《蒼頡篇》曰：“術，邑中道也。”**蓋相丘陵、阪險③、原隰土地所宜，五穀所殖，以教導民，必躬之親。**相，視之也。田事既飭，先定准直，農乃不或。准直，謂封壇徑遂也。**命樂正入學習舞。乃修祭典，命祀山林川澤，犧牲毋用牝。**爲傷任生之類。**禁止伐木。**威德所在之也。**毋覆巢，**煞孩④、朝來反也。**蟲、胎、夭⑤、**音爲老反。**飛鳥，毋麛，毋卵。**爲傷萌幼之類者。高誘曰：“麛子曰夭⑥，鹿子曰麛。”今案《爾雅》曰：“麛子，麇，音惡拏反。”郭璞云：“江東亦呼鹿子爲麇。”《國語·魯語》曰：“獸長麛麇。”唐固注亦云⑦：“麛子曰麇。”又《禮·諰志》云⑧：“蜂蠆不螫嬰兒，昏蟲不食夭駒⑨。”然則駒例似稱夭⑩。夭、麇、麛、麇，字並兩通也。**毋聚大衆，毋置城郭。**爲妨農之始也。**掩骼**音格。**埋胔。**在賜反。爲死氣逆生也。骨枯曰骼，肉腐曰胔也⑪。**不可以稱兵，必有天殃⑫。**逆生氣也。**兵戎不起，不**

---

① “乾”下原有“之者”二字，據王先謙《釋名疏證補》删。
② “職分”，《禮記正義》作“分職”。
③ “阪”字原脱，據《禮記正義》補。
④ “孩”下原有“者”字，據《禮記正義》删。森立之云：“者，蓋爲細注也。”則“者”字當爲“音”字之訛。
⑤ “夭”原作“友”，據《禮記正義》改。“友”當爲“夭”之俗體。
⑥ “夭”原誤作“大”，據何寧《淮南子集釋》改。
⑦ “亦云”原互倒，今乙正。
⑧ “禮”原誤作“社”，徑改。
⑨ “駒”下原衍“犢”字，據《大戴禮記解詁》删。
⑩ “夭”下原衍“麇”字，據《玉燭寶典考證》删。
⑪ “肉”原誤作“内”，據《禮記正義》改。
⑫ “必有”上《禮記正義》重“稱兵”二字。“必”下《禮記正義》無“有”字。

可從我始。爲客不利，主人則可。毋變天之道，以陰政犯陽也。毋絕地之理，易剛柔之宜也。毋亂人之紀。仁之時而舉義事。

孟春行夏令，則雨水不時，巳之氣乘之也。草木蚤落，國時有恐。以火诊相驚也。行秋令，則其民大疫，申之氣乘之①。猋風異雨總至②，正月宿直尾、箕，好風③，其氣逆也。回風爲猋④。案《爾雅》："扶搖謂之猋。音方遥反。"李巡曰："扶搖暴風從下升，故曰猋猋上。"孫炎曰："四風從下上，故曰猋。"《音義》曰："《尸子》曰：風爲頹猋。"藜、莠、蓬、蒿並興；行冬令，則水淹爲敗⑤，雪霜大擊⑥，首種不入。亥之氣乘之也。舊説云，首種謂稷也。高誘曰："雨霜大擊，傷害五穀。"⑦今案《釋名》曰："雪，綏也，水下遇寒而歸凝，綏綏然下。"《春秋考異郵》曰："霜之爲言亡人物以終。"《釋名》曰："霜，喪也，其氣慘毒，物皆喪也⑧。"

蔡雍孟春章句曰："孟，長也。庶長稱孟，言天於四時，無所常適，先至者長之，月終則已，故以庶長之稱爲名。春，蠢也；蠢，動也：時別名也。'日在營室⑨。'日者，太陽之精，在天者也。在者，行過之辭，言非所常居也。'昏參中，旦尾中。'日入後漏三刻爲昏，日出前漏三刻爲明，星度可見之時也。孟春立春節⑩，日在危十度，昏明星去日八十度，畢五度中而昏尾七度半中而明。'其日甲乙⑪。'日者，一晝夜之名，言律出於鐘也，乃置之深室，葭

---

① "申"原誤作"甲"，據《禮記正義》改。
② "異"，《禮記正義》作"暴"。
③ "好"上《禮記正義》重"箕"字。
④ "回"原誤作"曲"，據《禮記正義》改。
⑤ "淹"，《禮記正義》作"潦"。
⑥ "擊"，《禮記正義》、《吕氏春秋》並作"摯"。
⑦ 此高誘注不見今本《淮南子》高誘注。
⑧ "皆"字原無。"也"上原有"之"字，據《釋名疏證補》補删。
⑨ "室"原誤作"至"，據《古逸叢書》本改。
⑩ 依田利用云："案'孟'上當有'今曆'二字。"
⑪ "其"原誤作"日"，徑改。

莩爲灰，以實其端，某月氣至，則灰飛而管通。‘東風解凍’者：少陽之方，木位也。風者，巽氣之動也。風從東來，少陽氣郊也①。是月也②，斗陽達於地，陽風動於上，故凍得風而解也。‘蟄蟲始振。’蟄者，伏也。振者，動③。‘魚上冰。’魚者，水蟲。而鱗，陰中之陽也者。上薄於冰也，感陽而起，冰尚未清④，故薄之⑤。‘獺祭魚⑥。’獺，毛蟲。西方，白虎之屬，水居而殺魚者也。春之時，以乙柔配庚剛⑦，故金得潛殺於木，祭者陳之陸地，進而弗食。‘鴻雁來。’鴻雁，隨陽鳥⑧。今案《尚書・禹貢》曰：“彭蠡既豬，陽鳥攸居⑨。”孔安國注云：“彭蠡，澤名。隨陽之鳥，鴻雁之屬，冬月所居於此澤。”《埤雅》曰⑩：“去陰就陽謂之陽鳥，鴻之也⑪。”來者，自外之辭也。陰起則南，陽起則北，爲二氣候者也。孟春陽氣達，故從南方來而北過，就陰而産，季冬令雁北向，知此月從南來也。‘天子居青陽左个⑫。’青，木色，陽，木德，故明堂之東面曰青陽。左者，東面以北爲左也。左个⑬，寅上之室，正月位也。‘乘鸞輅。’輅⑭，車也。鸞，鳥名也，以金爲鸞

---

① “郊”，依田利用云：“恐‘效’字。”
② “也”原誤作“十”，據森立之改。
③ 依田利用云：“此下當有‘也’字。”
④ “冰”原誤作“水”，據依田利用《玉燭寶典考證》改。又，依田利用云：“‘清’當作‘消’。”
⑤ “之”當爲“也”字之訛。
⑥ “獺”上原有“陰”字，衍文，今删。
⑦ “以乙”原互倒，今乙正。
⑧ 依田利用云：“舊無‘鴻雁隨’三字，不成義，今案文補入。”
⑨ “攸”字原脱，據《尚書正義》補。
⑩ “埤”原誤作“卑”，徑改。
⑪ “鴻之也”，《孔叢子》、《記纂淵海》、《小爾雅》均作“鴻雁是也”。
⑫ “个”原誤作“今”，據《玉燭寶典考證》、《古逸叢書》本改。
⑬ “个”原誤作“今”，據依田利用説改。
⑭ “輅”字原不重，據鄭玄注補。

鳥,懸鈴其中,施於衡上,以爲遲疾之節①,故曰鸞路。'駕蒼龍。'倉,自然之色。鳥色之青者曰倉龍。'載青旂。'青,人功之色也。交龍曰旂。孟春以立春爲節,驚蟄爲中,中必在其月,節不必在其月。據孟春而言之,驚蟄在十六日以後,則立春在正月,驚蟄在十五日已前,則立春在往年十二月,故言是月也以立春明。得立春,則孟春之月可以行春令矣。'天子乃齊。'齊者,所以專壹其精,不散其志②,然後可以交神明者也。'宿離不忒。'宿者,日所在也③。離者,月所歷也。白日行一度,故稱宿月。日行十三度有分④,或歷三宿,故稱離,非一處之辭也。'元日祈穀于上帝。'元,善也,謂先甲三日,後甲三日,丁與辛也。'反⑤,執爵于大寢。'爵,飲器也。爵飲之,以其尾爲柄而傅翼,大一斗。今案《周禮圖》,爵受一斗,高二寸,尾長六寸;傅二寸,傅假翼,兌下方足,赤爲赤畫,三周其身,大夫餙以赤氣黃畫,諸侯加餙口足以象骨,天子以玉。《明堂位》曰:"爵,夏后氏以琖⑥,殷以斝⑦,周以爵。"斝,謂畫以禾稼也。《詩》云⑧:"洗爵奠斝。"此三者皆爵名也。《韓詩》云:'一斗曰爵。'爵,盡也,足也。命曰勞酒者,耕勞也,爲勞故置酒,故命曰勞酒。'審端徑、術。'端⑨,正也。徑⑩,步道也。術,車道也。'掩骼埋胔。'露骨曰骼,有肉曰胔。謂畜獸死在田野,春氣尚生,故埋藏死物。首種,謂宿麥也。入,收也。

---

① "疾",《爾雅翼》引作"速"。
② "散"上原有"敢"字,依田利用云:"敢與散字形近而誤重。"今從其說刪。
③ "日"字原脫,據《玉燭寶典考證》補。
④ "十三度"下疑有脫文。
⑤ "反"原誤作"蟄",據《禮記正義》改。
⑥ "琖"原誤作"棧",據《禮記正義》改。
⑦ "斝"原誤作"舜"。下"斝"字同,徑改。
⑧ "詩"原誤作"諸",徑改。
⑨ "端"字原脫,據蔡邕註釋體例補。
⑩ "徑"字原脫,據正文補。

麥以秋種，以春收，故謂之首種。”

右章句爲釋月令，故居前。

《禮・鄉飲酒義》曰：“東方者蠢，春之言蠢，産万物者聖。”鄭玄曰：“春，猶蠢也。蠢，動生之皃也①。聖之言生之也。”《春秋説題辭》曰：“春，蠢，興也。”《尚書大傳》曰：“東方者，何也？　動方也，物之動也②。何以謂之春？　春者，出也③，物之出，故曰東方春也。”《釋名》曰：“春，蠢也，蠢動而生也。”

右總釋春名。

《皇覽・逸禮》曰：“天子春則衣倉衣，佩倉玉，乘倉輅，駕倉龍，載青旗，以迎春于東郊。其祭先麥與羊，居明堂左个④，廟啓東户⑤。”《詩紀曆樞》曰：“甲者，押也⑥。春則闓，古“開”字也⑦。冬則闔，春下種，秋藏穀，万物權輿出萌。”宋均曰：“押之爲言苞押⑧，言万物苞神也。淵，猶出淵也。下，猶投。”《詩含神霧》曰：“其東倉帝坐，神名靈威仰。”宋均曰：“靈，神也。神之威儀始仰，起於東方。”《尚書考靈曜》曰：“氣在於春，其紀歲星，是謂大門。禁民無得，斬伐有實之木，是謂伐生。絶氣於其時，諸道皆通，与氣同光。道，俓，路也。《禮》孟春令曰“審

---

① 原文作“蠢猶猶動生皃”，不可卒讀，據《玉燭寶典考證》補正。

② “動方也，物之動也”原作“動動方方也也物物方者動”，據汪紹楹校本《藝文類聚》（以下簡稱《藝文類聚》）刪補。

③ “出也”原作“出出也也者”，據《藝文類聚》卷三、《太平御覽》卷十八引《尚書大傳》刪改。

④ “个”字原脱，據文意補。此條不見諸書徵引。

⑤ “廟”原誤作“厝”，據文意補。

⑥ “者押”原互倒，今乙正。

⑦ “字”原誤作“之”，音近而訛。

⑧ 依田利用云：“上‘押’恐當作‘甲’。”

俓端①、術",季春曰"啓通道路"者也②。佩倉璧,人君佩玉以象德也③。乘倉馬以出遊,衣青之時,而是則歲星得度,五穀滋矣。"《樂稽曜嘉》曰:"用鼓和樂於東郊,爲太皞之氣,勾芒之音,歌《隨行》,出《雲門》,致魂靈,下大一之神。"宋均曰:"《隨行》,樂篇名,言物氣而出也。《雲門》,黃帝樂名。用樂隨氣如是,足以致精魂之靈,下天神也。"《春秋元命苞》曰:"甲者④,物始孚甲。乙者,物蟠詘,有有萌欲出,陽氣含榮,以一達。"宋均曰:"甲字本形如此⑤。乙者,一之詰詘者也。曰物從孚甲,一自達,含榮蟠詘,而以日名之也。"《春秋元命苞》曰:"東方,其色青,新去水變含榮,若淺黑之形。宋均曰:"榮,猶主也。變黑更生,故青也。形,形牧也⑥。"其味酸,酸之爲端也。氣始生陽分,專心自端。酸,酢也,取木實味酢也,不言酸義,取以聲,自端正也。食酸則栗然心端,感木氣⑦,自端正使之然。其音角,角者,氣騰躍有殺,精動並萌文出庶。有殺者,凡物萌出,皆未煞小而本大,有似於牛羊之角,就之而成音焉。文,文象也。物觸地萌動欲出,故精象在天爲角星,庶庶然別居之也。其帝太昊,太昊者,大起言物動擾擾。物擾擾而大起,故因就以名其帝也。其神勾芒,勾芒者始萌⑧。亦因物始萌,以名其帝。其精青龍,龍之言萌也。"獸之眇,莫若龍,故就青萌以名之。《山海·海外東經》曰:"東方勾芒,鳥身,人面,乘兩龍。"郭璞曰:"木神也,方面素服。"《墨子》曰⑨:"昔秦穆公有明德,上帝使勾芒賜之壽十九年也。"

---

① "端"字原脱,據《禮記正義》補。
② "者"下原有"之"字,今刪。
③ "德"下原有"之"字,今刪。
④ "甲"下原有"乙"字,蓋涉下"乙"字而衍。
⑤ "形"原作"刑",徑改。
⑥ "牧"字疑當作"狀",形近而訛。
⑦ "木",森立之父子校本、《古逸叢書》本均作"水"字。
⑧ "勾芒"二字原不重,據《玉燭寶典考證》補。
⑨ "墨"原誤作"經",案本文見於《墨子·明鬼下》。

《爾雅》曰："春爲蒼天。李巡曰："春，萬物揚始生，其色蒼，色蒼，故曰蒼天。"春爲青陽。孫炎曰："春氣青而陽暖日。"春爲發生。"郭璞曰："此亦四時之別號。"《音義》曰："美稱之別名。"《史記·律書》曰："甲者，言萬物部符甲而出。乙者，言萬物生軋軋也。"《鄒子》曰："春取榆柳之火。"《論語注》云："《周書·月令》同也。"《前漢書》曰："春，將出民，里胥平旦孟康曰："胥，今里史也。"韋昭："胥，周官里宰也。音譜也。"坐於右塾①，隣長坐於右塾，畢出，然後歸。夕亦如之。入者必持薪樵，輕重相分，班白不提挈。"

《京房占》曰："春當退貪殘，進柔良，恤幼孤，振不足，求隱士，則萬物應節而生，隨氣而長，所謂春令。"《白虎通》曰："嫁娶以春者，天地交通，萬物始生，陰陽交接之時也。"《白虎通》曰："味所以酸何②？東方者，萬物之生酸者，所以趣生，猶五味得酸乃趍生也。其臭羶何？東方者木，萬物蟄藏，新出土中，故其臭羶也。"《風俗通》曰："赤春，俗說赤春從人假貸，家皆自之③。時或說當言斥春，春舊穀已④，新穀未登，乃指斥此時相從假貸乎？斥与赤音相似耳。"案《詩》"春日遲遲，卉木萋萋。春日載陽，有鳴倉庚"，《月令》"衣青衣，服倉玉"，《爾雅》云"春日青陽，凡三春時得復云赤也"，今里語曰"相斥觸原"，其所以言不當觸春從人求索也。

右總釋春時。唯附孟月之末，他皆放此。

《詩·郮風》曰："士如歸妻，迨冰未泮。"毛傳曰："泮，散。"鄭箋云：

---

① "里"原誤作"黑"，據中華書局點校本《漢書·食貨志上》改。
② "味"原誤作"昧"，徑改。又"味"上當有"木"字。
③ "之"下原衍一"之"字，據上下文義刪。
④ "已"下當有脫文，不見今本《風俗通》。

"冰未散,正月中以前也①。"《詩·豳風》曰:"三之日于耜。"毛傳曰:"三之日,夏之正月,豳土晚寒②,于耜耕始修③。"又曰:"三之日納于凌陰。"孔安國曰:"有二之日鑿冰沖沖,此承上語之也。"《尚書·舜典》曰:"正月上日,受終于父祖。"孔安國曰:"正月上日者,納舜于大麓。明年之正月朔日也,堯以終事授舜。舜受之于父祖者五府名,猶周言明堂也。未改堯正者,明帝堯尊如故,舜登其位,令試其事之者。"《尚書·大禹謨》曰④:"正月朔旦,受命于神宗。"孔安國曰:"受舜終事之命也,神宗父祖之宗廟,言神尊也。"《尚書·胤征》曰:"每歲孟春,遒人以木鐸徇于路。孔安國曰:"遒人,宣令之官也⑤。"官師相規,工執藝事以諫。"官,眾官也,更相規,百工各執其所治伎藝,以諫失常也。《周官·天官》上小宰曰⑥:"正歲,帥治官之屬而觀治象之法⑦,徇以木鐸。曰不用法者,國有常刑。"鄭玄曰:"正歲謂夏之正月,得四時之正以出教令者,審也。古者將有新令,必奮木鐸以徇眾,使明聽也。木鐸⑧,木舌也,文事奮木鐸,武事奮金鐸也。"《周官·天官》上曰⑨:"内宰掌上春,詔王后,帥六宮之人,而生穜稑之種而獻之于王⑩。"鄭玄曰:"六宮之人⑪,夫人已下,分居后之六宮者也。古者使后宮藏種,以其有傳⑫,類番摯之祥也⑬。必生而獻之,示能育之,使不傷敗。且以佐王耕事,以供禘郊之也。"《周官·春官》上曰:

---

①　"前"下原有"之"字,今刪。
②　"土"原誤作"上",據《毛詩正義》改。
③　"耜耕始修"原誤作"報如滌來報",據《毛詩正義》改。
④　"謨"字原脱,按《尚書》補。
⑤　"官"下原有"之"字,據僞孔傳刪。
⑥　"小宰"原誤作"之掌",據《周禮注疏》改。
⑦　"帥"原誤作"師",據《周禮注疏》改。
⑧　"木鐸"二字原脱,據《周禮注疏》補。
⑨　"天官"二字原脱,據《玉燭寶典考證》、森立之父子校本補。
⑩　"穜"原誤作"重",又重"重"字,據《周禮注疏》改刪。
⑪　"宫"原誤作"官",據《周禮注疏》改。
⑫　"以其有傳"原作"以其種以其種",據《玉燭寶典考證》改。
⑬　"之"原誤作"六",据《古逸叢書》本改。

“天府上春釁寶鎮及寶器。”鄭玄曰：“上春謂孟春。釁謂殺牲以血之也。”《周官·春官》下曰：“龜人掌上春釁龜，鄭玄曰：“釁者，殺牲以血神之。上春者，夏正建寅之月。”筮人掌上春相莖。”相，謂更選擇其著也。《周官·春官》下曰：“眂古“視”字也。祲子鴆反。今案《春秋傳》：“梓慎曰：‘吾見其赤黑之祲，非祭祥也。’”注云：“祲，日傍被祥之氣。”人上注云①：“祲，陰氣相侵成祥耳。”掌安宅敘降，鄭玄曰：“宅居降下，人見被祥則不安，主安其居寢，敘次序，其凶禍所下，謂攘移之也。”正歲則行事。”此正月而行安宅之事。《周官·夏官》下曰：“牧師掌孟春焚牧。”鄭玄曰：“焚牧地以除陳，生新草。”《春秋傳》曰：“凡祀，啟蟄而郊。”服虔曰：“啟蟄者，謂正月。陽氣始達，發土開蟄，農事始作，故郊祀后稷以配天祈農。”杜預曰：“啟蟄，夏正建寅之月，祀天南郊也。”

　　《周書·時訓》曰：“立春之日，東風解凍。又五日，蟄始振。又五日，魚上冰。風不解凍②，號令不行。蟄虫不振，陰氣奸陽。魚不上冰，甲胄私藏。雨水之日，獺祭魚。又五日，鴻鴈來。又五日，草木萌動。獺不祭魚，國多盜賊。鴻鴈不來，遠人不服。草木不萌，果芯不熟。”《禮·夏小正》曰：“正月啟蟄，言始發也。鴈北鄉，古“嚮”字也。先言鴈而後言鄉何？見鴈而後數其鄉，一也。鄉者何？鄉其居也，鴈以北方爲居。何以謂之居？生且長焉。”《爾雅》：“震响。”古“雉”字也。“震者，鳴也。响者，鼓其翼也。正月必雷，雷不必聞，唯雉必聞之。農緯厥耒③。緯，束也，束其耒④。囿有見韭，囿也者，園之燕者。時有浚風。浚者，大也⑤。大風，

────────────

①　“人上”二字疑有訛誤。
②　“風”原誤作“成”，據《玉燭寶典考證》改。
③　“緯”原誤作“紉”。下“緯”字同。據《爾雅注疏》改。
④　“束”字原不重，據《大戴禮記解詁》補。
⑤　“大也”二字原脫，據《大戴禮記解詁》補。

南風也。何大於南風也？曰合冰必於南風[1]，解冰必於南風；生必於南風，煞必於南[2]：故大之[3]。寒日滌凍塗[4]，滌者，變也，變而煖也。凍塗，凍下而澤上多也。田鼠者，嘯鼠也。余案《爾雅》"鼹鼠"，李巡曰："鼠從。田中銜穀藏，鼹名也。"郭璞曰："煩裹藏食。"《音義》云："或作嘯，兩通。覃反也[5]。"農率均田，率者，循也。均田，始除田也，言農夫急除田也。獺獻魚[6]，祭者，得多也，善其祭而後食之。農及雪澤[7]，言雪澤之無高下也。采芸，今案《蒼頡篇》："芸，蒿似耶，蒿香可食[8]。"《說文》曰："芸，草也，似目宿，從草芸聲。"《淮南子》[9]說'芸草可以死而復生之也'。"爲廟采也。鞠則見鞠者何？星名也，初昏參中，蓋記時也。斗枋古"柄"字也。縣在下，言斗枋者，以著參之中也[10]。柳稊，杜稽反。稊者，發孚也。今案《易·大過卦》曰："枯楊生梯。"王輔嗣曰："梯者揚之秀。"梅杏柂桃則華，柂桃，山桃也。今案《爾雅》郭璞注："實如桃而小，不解核[11]。柂音斯，一音雌也。"雞桴粥[12]，古"育"字也。桴也者，相粥之時也。或曰：桴，嫗伏也。粥，養也。"今案《禮·樂記》："煦嫗覆育万物。"又曰："羽者嫗伏，毛者孕粥。"注云："氣曰煦[13]，體曰嫗。孕，任也。粥，生也。"《韓詩外傳》曰："卵之性爲雛[14]，不得

---

① "冰"字原重，據《大戴禮記解詁》刪。
② "煞"，今本《夏小正》作"收"。
③ "大"原誤作"火"，據《大戴禮記解詁》改。
④ "塗"字原脫，據下文及《大戴禮記解詁》補。
⑤ "覃"上有脫字。森立之云："《廣韻》：嘯，苦簟切。據此則覃上脫苦字。《爾雅》鼹、嘯二字，陸音下簟切。"
⑥ "獻"原誤作"獸"，又脫"魚"字，據《大戴禮記解詁》補。
⑦ "及"原誤作"乃"，據《大戴禮記解詁》改。
⑧ "食"下原有"魂"字，《博物志》引《倉頡篇》無，今據以刪。
⑨ "子"原誤作"王"，據陳昌治刻本《說文解字》改。
⑩ "之中"原互倒，據《大戴禮記解詁》乙正。
⑪ "不"上原重"小"字，"核"字原脫，據《爾雅注疏》郭注刪補。
⑫ "雞桴粥"上原有"桴也者"，蓋涉下文而誤重，據《大戴禮記解詁》刪。
⑬ "煦"字原脫，據《禮記正義》補。
⑭ "爲"字原脫，據清嘉慶二十三年自刻本陳士珂《韓詩外傳疏證》補。

良雞覆伏孚育①，積日累久，則不成爲雛。"《方言》曰："燕、朝鮮謂伏鷄曰菢②。"郭璞注云："音房奥反。江東呼燕，音房富反。"《淮南子》曰："羽者嫗伏。"許慎曰："嫗以氣伏孚卵也。"服虔《通俗文》曰："莩，返付反。卵化也。"字雖加草，理非別然，則桴及育今古字並通③，嫗、伏、菢聲相近，是一義也。

　　《禮·誥志》曰④："日歸于西，起明于東。月歸于東，起朔于西。虞夏之曆正建於孟春，於時冰泮發蟄，百草權輿。"《易乾鑿度》曰⑤："三主之郊，一用夏正，天氣三微而成一著，三著而體成⑥。方此之時，天地交而万物通，所以法天地之通道。"鄭玄曰："三微而一著，自冬至正月中，爲天邦之也⑦。"《易通卦驗》曰："艮，東北也，主立春⑧。鷄鳴，黄氣出，直艮，此正氣也。氣出右⑨，万物霜。氣出左，山崩，涌水出。"鄭玄曰："立春之右，大寒之地，左驚蟄之地，万物方生，而艮氣見於大寒之地，故霜艮氣而見於驚蟄之地，山崩之像也，山涌水則出之也。"《易通卦驗》曰："立春，雨降，條風至。《樂動聲儀》曰："大樂与條風，生長德等。"宋均注云："條風，條達万物之風。"《山海·南山經》曰："今丘之山無草木分大，其南有谷焉，田中谷條風自是出⑩。"郭璞曰："北風爲條風。"《淮南子》曰："冬至卅五日條風至，出輕繫，去稽留⑪。"凡立春等四節，或因餘分置倒有日却，而節前上入前月末者，但據其本官正位，無宜越在異章，今悉繫當時孟月之中，令以類相次，他皆效此。　雉

---

　　①　"良"原誤作"倉"，又重"雞"字，據清嘉慶二十三年自刻本陳士珂《韓詩外傳疏證》改删。
　　②　"朝鮮"原誤作"鱗鱗"，據《方言》改。
　　③　"及"，森立之父子校本、《古逸叢書》本作"与"。
　　④　"誥"原誤作"誌"，據《大戴禮記》改。
　　⑤　"易"原誤作"夏"，徑改。
　　⑥　"三著"原脱，據中華書局點校本《後漢書》注引《易小傳》補。
　　⑦　依田利用云："'邦'恐當作'郊'，'之'字疑衍。"
　　⑧　"立春"原互倒，據下鄭玄注乙正。
　　⑨　"氣"字原無，此文與下文相對爲文，今據補。
　　⑩　"是"字原無，據嘉慶十四年阮氏琅嬛仙館刻本《山海經箋疏》補。
　　⑪　"留"原誤作"死"，據何寧《淮南子集釋》改。

雛，鶏乳，冰解，楊柳秺①。鄭玄曰：“降，下也。雛，鳴相呼也。柳，青揚也。秺讀如枯。楊生梯狀，如桑秀然之也。”晷長一丈一寸二分②。今案《說文》曰：“晷，日影。”青陽雲出房，如積水。立春於坎直六四，六四，巽爻，得木氣之雲，如積水似設也③。雨水凍④，冰釋⑤，猛風至。獺祭魚，鶬鴰鳴，蝙蝠出。猛風，動搖樹木有聲也。倉鴰，蒼狀也。蝙蝠，服翼。今案《爾雅》曰“鳸鴳”，犍爲舍人注云：“趣民牧麥，令不得晏起也。”李巡云⑥：“鴳，一名鳸，鳸，雀也⑦。”郭璞云：“今鴳雀。”《國語·晉語》曰：“平公射鴳。”韋照注：“鴳鳸⑧，小鳥也。”又《莊子》曰：“斥鷃咲之。”郭象注云：“斥，小澤。鷃，鷃雀。”阮氏義疏曰：“鴳，小雀。”《春秋傳》曰：“青鳥氏司啓。”杜預注云：“青鳥，倉鴳也。立春鳴，立秋去。”《字林》曰：“鳸鴳，農桑候鳥⑨。”《廣志》曰：“鴳常晨鳴如鷄，道路賈車以爲行節。出西方，今山東亦有此鳥。鹽時早鳴，黑色，長尾，俗呼鷃雀。但倉黑既異，鴳字與鷃字不同，或當有二種耳。雀、鳸字兩通。”《方言》曰：“蝙蝠，關東謂之服翼。北燕謂之蟙蠳⑩。蟙⑪，匹比反⑫。蠳音默。”郭璞《爾雅注》云：“齊人呼爲蟙蠳。”《孝經援神契》曰：“蝙蝠伏匿，故夜食。”注云：“大陰之物，性伏隱，故夜乃食。”《内典·伏藏經》：“譬如蝙蝠，欲捕鳥時，則入穴爲獸，欲捕鼠時⑬，則飛空爲鳥⑭。”晷長九尺一寸六分，黄陽雲出亢，南黄，北黑。”雨水於坎值九五，九五辰在申，得坤氣爲南。黄猶坎也，故北黑之也。又曰：“正月

---

① “秺”原误作“律”，据下注文改。
② “二”，《漢書·律曆志》注作“六”。
③ “設”原误作“誤”，據《玉燭寶典考證》改。
④ “凍”字原無，據趙在翰《七緯》輯本補。
⑤ “釋”原誤作“澤”，據趙在翰《七緯》輯本改。
⑥ “李”原誤作“季”，據《爾雅注疏》改。
⑦ “雀”原誤作“良”，據《爾雅注疏》改。
⑧ “鳸”，《國語》注作“扈”，二字通假。
⑨ “鳥”原誤作“焉”，據《春秋左傳正義》改。
⑩ “北燕謂之蟙”五字原無，據《微波榭叢書》本《方言疏證》補。
⑪ “蟙”原誤作“蛞”，據《微波榭叢書》本《方言疏證》改。
⑫ “匹”原誤作“近”，據《微波榭叢書》本《方言疏證》改。
⑬ “則入穴爲獸欲捕鼠時”九字原無，據《法苑珠林》引《佛藏經》補。
⑭ “空”上原有“室”字，蓋涉“空”字而衍。“鳥”下原衍“之”字，據《法苑珠林》引《佛藏經》删。

初生黑。"《詩推度災》曰:"《四牡》①,草木萌生,發春近氣,役動下民。"宋均曰:"大夫乘四牡行役②,倦不得已,亦如正月物動不正,故以篇繫此時也。"《詩紀歷樞》曰:"寅者,移也。陽氣動,從内戲,嗇民執功,天兵修。"宋均曰:"嗇民執其農功之事,天兵修。"《尚書考靈曜》曰:"元紀己巳,元起旃蒙攝提格之歲,畢娵之月,正月己巳,朔旦立春,日、月、五星皆起營室五度③。"鄭玄曰:"歲在寅曰攝提也。"《樂稽曜嘉》曰:"夏以十三月爲正,《息》卦受《泰》,法物之始,其色尚黑,以平旦爲朔。"宋均曰:"陽用事,月息。息,敏息也。始,始出於地也④。"《樂叶圖徵》⑤:"自艮立春,雷動百里。"宋均曰:"雷震百里,天之分也。"

　　《春秋元命苞》曰:"正朔三而改,夏,白帝之子,金精,法正,故以十三月爲正。物見色黑。"宋均曰:"法正,所法以爲正朔也。見色黑,初見,出見日而黑之也。"《春秋元命苞》曰:"陽道左,故少陽見於寅。寅者,演。宋均曰:"陽氣出池,見於寅,謂泰卦乾一體也成。演,猶生也。"大蔟者,湊未出。"物始生於黄泉,陽隨土湊地⑥,盡出未達也。《春秋考異郵》曰:"獺祭魚,候鴈翔。"宋均曰:"言陽上達,司耕之候。"《春秋潛潭巴》曰:"倉帝始起,斗指寅⑦。"宋均曰:"指寅者,受倉帝使,始王天下也。"精靈威仰。"《孝經鈎命訣》曰⑧:"先立春七日,勑獄吏决辭訟⑨,有罪當入,無罪當

---

① "牡"原誤作"杜",注同。據《詩經》改。
② "四"下原有"時"字,據注文删。
③ "五"原誤作"至",據《玉燭寶典考證》改。
④ "地"下原有"之"字,據文意删。
⑤ "圖"原誤作"圓",徑改。
⑥ "土"原誤作"上",據《玉燭寶典考證》補。
⑦ "指"原誤作"酒",據《玉燭寶典考證》改。
⑧ "訣"原誤作"識","識"下原有"政事"二字,今據宋紹興十六年刻本《事類賦》引删。
⑨ "勑"下原有"賊"字,今據《事類賦》引删。

出。"《國語》曰："農祥晨正①,唐固曰："農祥,房星也。晨正②,晨見南方,謂立春之日也。"日月底乎天廟③,底,至也。天廟,營室。孟春之月,日月合宿乎營室一度,故曰底也。土乃脈發。脈,理也④。《農書》曰："春土冒撅⑤,陳根可拔,耕者急發也。"先時九日,先⑥,先立春九日也。大史告稷曰:'自今至于初吉⑦,初吉謂二月朔日,日在奎,春分中。陽氣俱蒸,土膏其動。'蒸,升也。膏,美也。言土氣美而上升,當發動而耕。稷以告。以大史之辭告於王。王曰:'史帥陽官以奉我司事⑧。'史,大史也。陽官,春官也。司事主農事。曰:'距今九日,土其俱動。'距,至也,至立春日也。先時五日,瞽告有協風至,先時五日,先耕五日也。協風,融風也,融風至則萬物生⑨,得艮之氣也。是日也,瞽師音官以省風土⑩。"是日,耕日也。瞽,大師也。音官,樂官也。省風土,謂大師帥樂官以六律調八風⑪,風和則土氣養。《國語·魯語》曰："古者大寒降,土蟄發,孔晁注云⑫:"大寒下,夏之十二月。蟄虫發,夏之正月之也。"

---

① "祥"原誤作"耕",據下注文改。
② "晨"原誤作"農",蓋涉上"農"字而誤,下"晨"字同。據《士禮居叢書》本《國語》(以下簡稱《國語》)改。
③ "乎",今本作"于"。注文"乎"字同。"底"原誤作"應",注文中"底"字同。"廟"原誤作"廣",注文中"廟"字同,據《國語》改。
④ "理也"下原有"發也"二字,涉正文而衍,據《國語》刪。
⑤ "土"原誤作"立",據《國語》改。
⑥ "先"字原不重,據注文體例及《國語》補。
⑦ "于"原誤作"乎","吉"原誤作"告",據《國語》改。注文中"吉"字同。
⑧ "帥"原誤作"師",據《國語》改。
⑨ "也融風"三字原無,據注文例及《國語》韋昭注補。
⑩ "省"字原無,據《玉燭寶典考證》補,注同。
⑪ "帥"原誤作"師",據《國語》改。
⑫ "云"下原有"曰"字,蓋涉正文"曰"字而衍,今刪。

水虞於是乎講眾罶①，水虞②，掌川澤禁令之官也。講，儀③。眾罶④，皆將以取魚也⑤。取名魚，登川禽，而嘗之廟⑥。名魚，春獻鮪。川禽，鼈蜃之屬也。行諸國，助宣氣。”言國人皆行此令，所以宣時氣也⑦。

《爾雅》曰：“正月爲陬。”音騶。李巡曰：“正月，万物萌牙，陬隅欲出，日陬陬出之也。”⑧《楚辭·騷經》曰：“攝提貞于孟陬。”王逸曰：“太歲在寅曰攝提。孟，始也。貞，正也。于，於也。正月爲陬也。”《尚書大傳》曰：“古者帝王躬率有司百執事，而以正月朝迎日于東郊，所以爲万物先，而尊事天也。祀上帝于南郊⑨，所以報天德也。迎日之辭曰：‘維某年月上日⑩，明光于上下，勤施于四方，旁作穆穆，維予一人。’其敬拜，迎日于東郊。”鄭玄曰：“《堯典》曰‘寅賓出日也’，此謂也。”《尚書大傳》曰：“夏以孟春爲正，殷以季冬爲正，周以仲冬爲正。孟春爲正，其貴刑也。”《史記·律書》曰：“大蔟者，言万物蔟生也。”

《史記·樂書》曰：“漢家常以正月上辛祠太一甘泉，以昏時夜祠，到明而終⑪。常有流星徑於祠壇上⑫。”《史記·天官書》曰：“正月旦決八風，從南方來，大旱。西南，小旱。西方，有兵。西北，戎菽爲。孟康曰：“戎菽，胡豆。爲，猶成。”小雨，趣兵。北方，爲中

---

① “虞”原誤作“寒”，“眾”字原脱，據《國語》改補。
② “水”字原脱，據正文補。
③ 韋昭注云：“講，習也。”
④ “眾罶”原誤作“畏留”，據正文改。
⑤ “皆”原誤作“骨”，“魚”原誤作“魯”，徑改。
⑥ “廟”上《國語》有“寢”字，王引之以有“寢”字者非，是書所引與王說正合。
⑦ “氣”下原有“之”字，今删。
⑧ 此條爲李巡《爾雅》注逸文，不見文獻徵引，後半句訛脱難讀，姑且存疑。
⑨ “祀”原作“禮”，據《四部叢刊》本《尚書大傳》（以下簡稱《尚書大傳》）改。
⑩ “維”原誤作“雖”，下“維”字同。“某年”二字原無。據《尚書大傳》改補。
⑪ “終”字原脱，據中華書局點校本《史記》補。
⑫ “於”字原脱，據中華書局點校本《史記》補。

歲①。東北②，爲上歲。韋照曰："歲大穰。"東方，大水。東南，民有疾疫，歲惡。《史記·天官書》曰："正月上，甲風從東方，宜蠶。"《列子》曰："邯鄲之民以正月之旦獻鳩於簡子，簡子大愧③，厚賞。問其故，簡子曰：'正旦放生，示有恩也。'答曰：'民知君欲放之，故競而捕之。競而捕之④，死有衆矣。君若欲生之⑤，不若禁民勿捕，捕而放之，恩過不相補矣。'簡子曰：'善。'"《史記·天官書》曰："正月上，甲風從東方⑥，宜蠶。"⑦《淮南子·時則》曰："孟春之日，招搖指寅。高誘曰："招搖，斗建也。"服八風水，爨箕燧火⑧，取銅盤中水服之⑨，八方風所吹也。取箕木燧之火炊之⑩。箕，讀"該備"之"該"。今案《史記·周本紀》曰⑪："檿弧箕服⑫。"韋照曰："山桑曰檿。箕，木名。"《國語》一本"箕"作"核"。唐固曰："核，木名也，出上谷。"《蒼頡篇》曰："核，木皮篋也，出上谷。姑才反。"《説文》曰："核，蠻夷以木皮爲篋也，狀如籈尊⑬。從木亥聲。"《字林》曰："核木，蠻夷以核皮爲篋，狀如薂。工升反⑭。"核自是木名⑮，如唐固所説，一名箕，其皮可以枯弓，厚者亦任屈

---

①　"爲"字原無，據中華書局點校本《史記》補。
②　"北"原誤作"方"，據中華書局點校本《史記》改。
③　"愧"，今本《列子》作"悦"。以簡子答語逆之，"愧"字爲勝。
④　"競而捕之"四字，今本《列子》不重。
⑤　"若"下原有"知"字，蓋涉上文"民知君欲放之"之"知"字而衍，今刪。"若"，今本《列子》作"如"，誤。
⑥　"甲"原誤作"申"，據中華書局點校本《史記》改。
⑦　此條與上引《史記》文重複，當爲衍文。
⑧　"火"字原脱，據何寧《淮南子集釋》補。
⑨　"銅"下、"中"下原有"路"字，據何寧《淮南子集釋》刪。
⑩　"箕"原作"其"，"燧"原作"隧"，據何寧《淮南子集釋》改。
⑪　"曰"原誤作"因"，徑改。
⑫　"弧"原誤作"旅"，據中華書局點校本《史記》改。
⑬　"籈遵"原作"藍尊"，據中華書局影印孫星衍刻本《説文解字》改。
⑭　"升"，依田利用作"才"。
⑮　"是"原誤作"且之"，蓋一字分爲二，徑改。森立之父子校本、《古逸叢書》本皆作"且之"，亦誤。

爲器篋。今并州、上黨、太原以北諸山尤多此木，常以五月采，故土人語云①："欲剥核，五月來。"諸家因以爲篋名，失之矣也②。**東宮御女青色，衣青采，鼓琴瑟，**春王東方③，故處東宮。琴瑟，木也，春木王④，故鼓之也。**其兵矛⑤，**矛有鋒鋭⑥，似万物鑽地而生者也。**其畜羊。**羊，土木之母也，故畜之也。**正月官司空，其樹楊。**司空主土⑦，春土受稼穡，故官司空也⑧。《爾雅》曰："楊，蒲柳。"楊，春木，先春生⑨，故其樹楊。《孔藂》曰："邯鄲民以正月旦獻雀於趙王⑩，而綴以五采，王大悦。申叔告子順曰：'王何以爲也？'對曰：'正旦放之，求有生也。'子順曰：'此委巷之鄙事，非先王之法，且又不令⑪。'申叔曰：'何謂不令。'曰：'夫雀者，取名則宜受之於上，不宜取之於下，下人非所得制爵也⑫。今以一國之王受民雀⑬，將何悦哉？'"

　　《前漢書・禮樂志》曰："武帝以正月上辛用事甘泉圓丘，使童男女七十人俱歌⑭，昏祠至明⑮。夜常有神光如流星，止集于祠壇，天子自竹宮而望拜。韋昭曰："以竹爲宫，天子居中也。"百官侍祠者數

---

① "土"原誤作"立"，徑改。
② "失之"原誤作"告"，據《玉燭寶典考證》改。
③ 馬宗霍云："依書例當作'木王東方'。"
④ "王"原誤作"生"，據何寧《淮南子集釋》高誘注改。
⑤ "其"字原脱，據何寧《淮南子集釋》補。
⑥ "矛"字原脱，蓋涉正文"矛"字而奪，據何寧《淮南子集釋》補。
⑦ "土"字原脱，據何寧《淮南子集釋》高誘注補。
⑧ "空"字原脱，據正文補。
⑨ 此句何寧《淮南子集釋》高誘注作"楊木春光"，於義不辭，此處所引正可補今本之訛脱。
⑩ "雀"原作"爵"，據《孔叢子校釋》改。下"雀"字同。"爵"、"雀"，一聲之轉。
⑪ "又"原誤作"人"，據《孔叢子校釋》改。
⑫ "下"字原脱，涉上"下"字而奪，據《孔叢子校釋》補。
⑬ "王"，冢田虎《冢注孔叢子》云當作"主"。"雀"原作"爵"，據《孔叢子校釋》改。
⑭ "使"字原脱，據中華書局點校本《史記》補。
⑮ "昏"原誤作"民"，據中華書局點校本《史記》改。

百人①，皆肅然動心焉。"《漢官・典職儀》曰："正月旦，天子幸德
陽，臨軒，公、卿、將、大夫、百官，各陪位朝賀，蠻、貊、胡、羌朝貢
畢②，見屬郡計吏，皆陛覲。"《白虎通》曰："正月律謂之太蔟何③？
太者，大也。蔟者，湊也。萬物始大④，湊地而出。"《漢雜事》曰：
"正月，朝賀，三公奉璧上殿，向御坐北面。大常贊曰⑤：'皇帝爲
君興。'三公伏，皇帝坐，乃前進璧⑥。古語曰'御坐則起'，此之謂
也。"《京房占》曰："立春，艮王，條風用事，人君當正境界，修田
疇，治封壇，在東北。"《京房占》曰："正月建寅，律大蔟，鷄雉挐
尾⑦，招搖生聚，少陽解凍，其氣溫柔，逆之則寒。"《續漢書・禮儀
志》曰："立春之日，夜漏未盡五刻，京都百官皆衣青，都國縣道官
下至斗食令史皆服青幘⑧，立青幡，施土牛耕人于門外，以示兆
民⑨，至立夏。唯武官否。"

《續漢書・禮儀志》曰："立春之日，下《寬大書》曰：'制詔三
公，方春東作，敬始慎微，動作從之，罪非殊死，且勿案驗，皆須麥
秋，退貪殘，進茙良，下當用者，如故事⑩。'"《續漢書・禮儀志》
曰："百官賀正月旦，二千石以上上殿稱万歲，舉觴御食⑪。司空

---

① "侍"原誤作"時"，據中華書局點校本《史記》改。
② "朝"字原無，據《平津館叢書》本《漢官六種》補。
③ "太"原誤作"大"，據淮南書局本《白虎通疏證》改。下"太"字同。
④ "始"字原無，據淮南書局本《白虎通疏證》補。
⑤ "常"字下《藝文類聚》所引有"使"字。
⑥ "璧"原誤作"辟"，據《藝文類聚》卷四引《漢雜事》改。
⑦ "尾"原誤作"挐"，蓋涉上"挐"字而誤重，據《藝文類聚》卷三引《京房占》改。
⑧ "幘"字原脫，據中華書局點校本《後漢書》補。
⑨ "兆"原誤作"非"，據中華書局點校本《後漢書》改。
⑩ "故"原作"上"，據中華書局點校本《後漢書》改。
⑪ "食"，今本《後漢書》作"坐前"。

奉羹,大司農奉飯,奏舉食之樂①。"《魏名臣奏》:"司空王朗奏曰:'故事:正月朝賀,殿下設兩百華燈,樹二階之間;端門之内,則設庭燎火炬;端門之外,則設五尺高燈。星曜月照,雖霄猶晝。'"裴玄《新言》曰②:"正旦③,縣官煞羊,縣其頭於門,又磔雞以副之,俗説以厭厲氣。玄以問河南伏君,伏君曰④:'是月土氣上升,草木萌動,羊齧百草,雞啄五穀,故煞之以助生氣。'"

　　崔寔《四民月令》曰:"正月之旦,是謂正日,躬率妻孥,孥,子也。今案《歸藏・鄭母經》云:"昔者起射羿而殘其家⑤,久有其奴。"注:"起,羿臣之名。奴,子也。"《尚書・湯誓》:"予則孥戮汝⑥。"孔注:"父子兄弟,罪不相及,今云'孥戮汝'⑦,權以脅之。"《詩・小雅》:"樂尔妻孥。"毛傳⑧:"孥,子也。"《春秋》文六年傳:"賈季奔狄宣子,使申騂送其孥。"賈逵注云:"子孫曰孥。"鄭衆注:"孥,妻子家眷者也⑨。"絜祀祖禰。祖,祖父。禰,父也。前期三日,家長及執事皆致齊焉。《禮》:將祀,散齊七日⑩,致齊三日,家人苦多務,故俱致齊也。及祀日,進酒降神。畢,乃家室尊卑,無小無大,以次列坐先祖之前,子、婦、孫、曾,子,直謂子。婦,子之妻。各上椒酒於其家長,稱觴舉壽,欣欣如也。謁賀君、師、故將、宗人、父兄、父友、友、親、鄉黨、耆老⑪。是月也,擇元日可以冠子。元,善也。《禮》:年十九,見正而冠也。百卉萌

動，蟄蟲啓户，乃以上丁①，祀祖于門。祖，道神。黃帝之子曰累祖，好遠遊，死道路，故祀以爲道神。正月，草木可遊，蟄蟲將出，因此祭之以求道路之福也。道陽出滯，祈福祥焉。又②以上亥祠先穡先穡，謂先農之徒，始造稼穡者之也。及祖、禰，以祈豐年。旦之日并復祀先祖也。祈，求也。上除若十五日，合諸膏、小草續命丸、法藥及馬舌下散③。農事未起，命成童以上謂年十五以上至卅。入大學，學五經，師法求備，勿讀書傳。硯冰釋④，命幼童謂十歲以上至十四。入小學，學書、篇、章。謂《六甲》、《九九》、《急就》、《三倉》。命紅今案《史記》漢文帝遺詔："大紅十五日，小紅十四日。"服虔曰："皆當言大功⑤、小功，布也。"此據工巧之女。古字多假借，義固取《韓詩外傳》，曰："繭之性爲絲⑥，弗得工女燀以沸湯⑦，抽其統理⑧，不成爲絲。"《禮·子張問入官》曰："工女必自擇絲麻⑨。"即其義也。女趣織布。自朔暨晦，暨，及。可移諸樹：竹、漆、桐、梓、松、雜木，唯有菓實者，及望而止⑩。望，謂十五日也。過十五日菓少實也。雨水中，地氣上騰，土長冒橛，橛，弋也。《農書》曰："杵二尺橛於地，令地出二寸。正月水解，土墳起，没橛之也。"陳根可拔，此周雒京師之法，其奠州遠郡，各以其寒暑早晏，不拘於此也。急菑今案《尚書·大誥》曰："厥父菑，厥子乃不肯播，矧肯穫⑪。"王肅注云："菑，反草也。"又《爾雅》曰："一歲曰

---

① "丁"原誤作"下"，據石聲漢《四民月令校注》改。

② 段首"崔寔《四民月令》"至此處，底本原闕，據《古逸叢書》本補。

③ "法"原誤作"注"，據《四部叢刊》本《齊民要術》（以下簡稱《齊民要術》）卷三引《四民月令》補正。

④ "硯冰"原作"研凍"，據《齊民要術》卷三引《四民月令》改。

⑤ "皆"原誤作"當"，據中華書局點校本《漢書》改。

⑥ "繭"原誤作"璽"，"絲"原誤作"絶"，下"絲"字同。據《韓詩外傳集釋》改。

⑦ "燀以湯"三字原無，據《韓詩外傳集釋》補。

⑧ "抽其統理"原誤作"神識理"，據《韓詩外傳集釋》改。

⑨ "絲"原誤作"經"，據《大戴禮記解詁》改。

⑩ "止"原誤作"上"，據《齊民要術》卷四引《四民月令》改。

⑪ "矧"原作"殤"，據孫星衍《尚書今古文注疏》改。

畬。”孫炎注云：“始畬煞其草木。”郭璞云：“今江東呼新耕地反草爲畬也①。”强土黑
壚今案《説文》曰：“壚，剛土也。從土盧聲。”《字林》曰：“剛黑土也②。”之田③。可
種春麥蝱豆④，今案《倉頡篇》曰：“蝱，蠅屬。”《字林》曰：“蝱，嚙牛虫。方迷反。”
盡二月止⑤。可種苽、瓠、芥、葵、薤、大小葱、夏葱曰小，冬葱曰大。
蓼、蘇、牧宿子及雜蒜、芋，今案《説文》曰：“芋，大葉實根，驚人者也⑥，故謂之
芋。從草于聲⑦。”《字林》曰：“芋，荸也。王句反。”《史記》：“卓王孫曰：‘岷山之下沃
野⑧，有蹲鴟⑨。’”注曰：“供有嘉菜，於是日滿⑩。”孔晁注云：“嘉，善也。謂薑、芋之
屬。”“牧宿”或作“苜宿”⑪，亦作“目宿”，今古字並通也。可別薑、芥，糞田疇。
疇，麻田也。上辛日⑫，掃除韭畦中枯葉。是月盡二月，可枝剒今案
《通俗文》曰：“序各反。去節。”樹木⑬，命典饋，釀春酒，必躬親絜敬，以
供夏至至初伏之祀，可作諸醬，上旬䴷今案《倉頡篇》曰：“䴷，熬也。創小
反。”王逸《九思》云：“我心兮煎熬⑭。”《字訓》作爐，亦云熬也，側繞反。兩通之。豆，
中旬煮之⑮。以碎豆作末都。至六七月之交⑯，分以藏瓜。可以

---

① “草”字原脱，據石聲漢《四民月令校注》補。

② “土”下原有“之”字，今删。

③ 此四字原爲注文，今據《齊民要術》卷一引《四民月令》移入正文。

④ “蝱”原作“蜫”，據依田利用説改。《齊民要術》卷二引《四民月令》作“䘆”。

⑤ “止”原誤作“上”，據石漢聲《四民月令校注》改。

⑥ “人”原誤作“大”，據中華書局影印孫星衍刻本《説文解字》改。

⑦ “于”原誤作“芋”，據中華書局影印孫星衍刻本《説文解字》改。

⑧ “沃”原作“浽”，據中華書局點校本《史記》改。

⑨ “有”原在“沃”上，無“蹲鴟”二字，據《四部叢刊》本《六臣注文選》補正。

⑩ “注云”云云爲《逸周書·糴匡解》正文，非《史記》注文。

⑪ “宿”原誤作“曾”，據《玉燭寶典考證》改。

⑫ “日”字原無，據《齊民要術》卷三引《四民月令》改。

⑬ “枝剒”，《齊民要術》卷三引《四民月令》作“剖”，石聲漢以“剒”當作“剗”。

⑭ “煎”原誤作“並”，“熬”字漫漶不清，據《玉燭寶典考證》補正。

⑮ “旬”原作“庚”，據《齊民要術》卷八引《四民月令》改。

⑯ “七”字原無，據《齊民要術》補。

作魚醬、宍醬、清醬。自是月以終季夏①，不可以伐竹木，伐竹木必生蠹蟲②。收白犬，可及肝血③，可以合法藥④。末都者，醬屬也。

正説曰：夏殷及周，正朔既别，凡是行事，多據夏時。唯《周官》所云正月之吉者，注爲周正，建子之月，當爲歳首，志在自新，恐誤後學，皆略不取。

獻鳩與雀，乃云放生⑤，列子、孔叢詰而未盡。案《地理記》滎陽有勉井⑥，沛公避項羽於此井，雙鳩集井上，羽以爲無人，得勉，因名。漢朝正旦放鳩，蓋爲此也。若趙時已禁，於漢更行。《風俗通》云："俗説高祖敗於京索⑦，遁藁薄中，羽追求之時，鳩正鳴其上，追者以爲必無人，遂得脱。及即位，異此鳥，故作鳩杖以扶老⑧。案少昊官五鳩，鳩者，聚，聚民也。《周禮》'羅氏獻鳩養老'，漢無羅氏，故作鳩杖以扶老。"董勳《問禮俗》云："鳩杖取聚義、安義，言能安聚人民，使至老也。"《續漢書·禮儀志》⑨："三老五更授之以玉杖⑩，八十九十賜玉杖，長尺九，端以鳩爲餙。鳩者，不噎之鳥，欲令老人不噎。"《古樂府》云："東家公字仲春柱一鳩杖⑪，憾屑。"即其故事。

---

① "自"、"月"二字原脱，據《齊民要術》補。
② "伐竹木"三字原不重，據依田利用説補。
③ 依田利用云："'可'疑'肉'字之訛。"
④ "法"原誤作"注"。依田利用云："'注'恐當作'法'。"據《齊民要術》改。
⑤ "放"原誤作"故"，據《孔叢子校釋》改。
⑥ 《續漢書·地理志》注引張氏《地理記》，《史記索隱》引張敖《地理記》，此蓋其書也。依田利用以爲"勉"當作"免"。
⑦ "説"字原脱，"索"原誤作"素"，據《水經注》卷七引《風俗通》補正。
⑧ "故作"二字原無，據《水經注》卷七引《風俗通》補。
⑨ "禮儀"原互倒，"志"字原無，今正補。
⑩ "授之以"三字原無，據《玉燭寶典考證》補。
⑪ "字"疑當作"于"。

　　又雀，爵也，取其嘉名正，云放生猶其本。董勳《問禮俗》云：
"正歲，上爵銘云：'受而放之，禄祚靡已。誠能慈道，尅隆生和，
襀物太平之世，天下無爲。'時同擊壤，民稱此屋便應。魚鮪不
同，鳥鵲可窺，蝘蠕庶類，咸得其所，豈鳩雀小鳥力能致乎？何待
捕獲而更放也！"《万歲歷》云："晉成帝咸康三年，詔：除正旦，煞
鷄与雀。"蓋亦因此縣羊磔鷄，以助生氣。含血之類，重於穀草，
害命助生，殊爲駮①，此並俗誤，不足踵行。

　　附説曰：正月者，《古文尚書》云一月也，杜預《春秋傳》注云：
"人君即位，欲其體元以居正，故不言一年一月。"《史記》謂爲端
月②。《漢書》表亦云一月，鷄鳴而起。《春秋傳》曰："履端於
始③。"服虔注云："履，踐。端，極也。謂治歷必踐紀立正於元。
始謂太極上元，天統之始。"

　　其一日爲元日者，元者，善之辰也，先王體元以居正。又元者，原也，始也，
一也，首也。亦云上日，亦云正朝，亦云三元，歲之元、時之元、月之元。亦
云三朔。《尚書大傳》云："夏以平明爲朔，殷以鷄鳴爲朔，周以夜半爲朔④。"供養
三德爲善⑤，合三體之原，三統合爲一元。歲始朝賀之事，諸書論
之詳矣，此外雜事猶多。《荆楚記》云："先於庭前爆音豹。竹，以
辟山臊惡鬼⑥，帖畫鷄⑦，或斲鏤五采及土鷄於戶上。"《莊子》
云："斲鷄於戶，懸韋炭於其上，插桃其旁，連灰其下而鬼畏之。"

──────────

　　①　"駮"上原重"殊"字，蓋涉上"殊"字而衍，今刪。
　　②　"記"原誤作"書"，據《寶顔堂秘笈》本《荆楚歲時記》（以下簡稱《荆楚歲時記》）
引《史記》改。
　　③　"履"上原衍"云"字，涉上"曰"字而衍，今刪。
　　④　"元者善之長也"至"夜半爲朔"原無，據《初學記》卷四引《玉燭寶典》補。
　　⑤　《春秋左傳》云："供養三德爲善，非此三者弗當。"今據以補"爲"字。
　　⑥　"辟山臊惡鬼"五字原無，據《初學記》補。
　　⑦　"帖畫"原誤作"怗畫"，據《玉燭寶典考證》改。

《括地圖》云："桃都山有大桃樹①，槃屈三千里，上有金雞②，《玄中記》云天雞。日初出光照此木③，雞則鳴，於是群雞悉鳴④。下有二神，一名欝，一名壘，《玄中記》云："左名隆，右名窔也⑤。"並執葦索，以伺不祥之鬼，得而煞之。"《玄中記》云："今人正朔作兩桃人立門旁⑥，以雄雞毛置索中⑦。"又此像也。《風俗通》云："有桃梗葦茭畫虎設門者⑧。"案《黃帝書》：上古之時，有荼與欝壘，昆弟二人，性能執鬼，住度朔山上桃樹上下⑨，萬閱百鬼。鬼無理，妄爲人禍，荼與欝壘執以食虎。懸官常以臘、除夕飾桃人⑩，垂葦茭，畫虎於門。皆追效前事，畏獸之聲，有如曝竹。"《神異經》云："西方深山中有人焉，名曰山臊，其長尺餘，性不畏人，犯之則令人寒熱⑪，以竹著火中⑫，㷸音卦⑬。煏有聲⑭，音必⑮。而山臊敬憚。"《玄黃經》謂之爲鬼是也。

又進椒栢酒，飲桃湯，服却鬼丸。董勳《問禮俗》則云："歲首

---

① "樹"字原無，據《初學記》補。

② "有"字原無，據《初學記》補。

③ "日初出光照此木"原作"日照八此"，據《齊民要術》卷六引《玄中記》改。

④ "於"下原有"此"字，蓋涉上"此"字而衍，據《齊民要術》卷六引《玄中記》刪。"群"原誤作"農"，據《玉燭寶典考證》改。

⑤ "也"上原衍"之"字，今刪。

⑥ "朔"原誤作"朝"，據《玉燭寶典考證》改。

⑦ "毛"字原無，據《四部叢刊》影宋本《太平御覽》（以下簡稱《太平御覽》）補。

⑧ "梗"原誤作"便"，"設門者"三字原無，據《事類賦》卷二十引《風俗通》改補。

⑨ "住"字原無，據《玉燭寶典考證》補。

⑩ "桃人"二字原無，據《藝文類聚》卷八十六引《風俗通》補。

⑪ "令"原誤作"含"，據《荊楚歲時記注》改。

⑫ "竹著"原互倒，據《荊楚歲時記注》乙正。

⑬ "音卦"原互倒，徑改。

⑭ "有聲"二字原脱，據《荊楚歲時記注》補。

⑮ "音必"原互倒，徑改。

用椒酒，又松栢燼火①。"《白澤圖》云："鬼桃湯栢葉，故以桃爲湯、栢爲符爲酒也。"崔寔《月令》云："各上椒酒。"成公綏《正旦柳花銘》則云："正月元日，厥味惟新，蠲除百疾。"劉臻妻陳氏《正旦獻椒花頌》云②："旋穹周迴，三朝肇建。青陽散暉③，澄景載焕。美兹靈葩，爰采獻爱。聖客映之，永壽於万。"《典術》云："桃者，五行之精，厭伏邪氣，剒百鬼，故作桃板著户④，謂之仙木。"《風土記》云："月正元日，百禮兼，崇毆魅，宿或⑤，奉始送終，乃有鷄子五薰⑥，練形祈表⑦。"注云："歲名毆魅⑧，厲之鬼。嚴潔宿，爲戒明朝新旦也。此旦皆當生吞雞子，謂之練形。又當迎晨啖五辛菜，以助發五藏氣而求福之中。"《莊子》云："游鳧問雄黃曰⑨：'今逐疫出魅⑩，擊鼓呼噪，何也？'曰：'昔黔首多疾，黄帝氏立巫咸⑪，教黔首，使之沐浴齋戒，以通九竅。鳴鼓振鐸，以動其心，勞形趍步，以發陰陽之氣。春月毗巷⑫，飲酒茹葱，以通五藏。夫擊鼓呼噪，非以逐疫出魅，黔首不知，以爲魅祟也。'"遂疫事在往年十二月。爲茹葱，相連列也。《大醫方》序云："有姓劉者，見鬼以正旦至市，見一書生入市，衆鬼悉避。劉謂書生有何術以至於此，書生云：'出山

---

① 依田利用云："'燼'疑當作'炳'。"
② "氏"字原無，今補。
③ "暉"原誤作"草"，據《太平御覽》引《椒花頌》改。
④ "著"原誤作"暑"，據《初學記》卷四引《玉燭寶典》改。
⑤ 依田利用云："'或'疑'戒'字之訛。"是。
⑥ "薰"原作"董"，據《太平御覽》引《風土記》改。
⑦ "形"原作"刑"，據《太平御覽》引《風土記》改。下"形"字同。
⑧ 依田利用云："'歲名'疑有訛脱。"
⑨ "鳧"原誤作"鳥"，據《四部叢刊三編》本《困學紀聞》（以下簡稱《困學紀聞》）卷十引《莊子》逸文改。
⑩ "疫"原誤作"度"，據《困學紀聞》卷十引《莊子》逸文改。下而"疫"字同。
⑪ "帝"字原無，據《困學紀聞》卷十引《莊子》逸文補。
⑫ 此四字《困學紀聞》引《莊子》無，可補今本之缺。

之日，家師以一丸藥絳囊裹之，令以繫臂，防惡氣耳。’於是借此藥，至見鬼處，諸鬼悉走，所以世俗行之。”

此月俗忌器破。案《漢書》“哀帝時，正旦日食”，鮑宣云：“今日食三陽之始①，小民正月朔旦尚惡敗器物②，況日有歉缺乎？”

立春多在此月之物。亦有人往年十二月者，今據從春位也。俗間悉剪綵爲鷰子③，置之簪楹以戴，帖“宜春”之字。傅咸《鷰賦》云：“四氣代王，敬逆其始。彼應運而方臻，乃設像以迎止④。翬輕翼之岐岐，若將飛而未起，何夫人之工巧，信儀形之有似。銜書青以請時，著宜春之嘉祉⑤，因厥祥以爲餙，並金雀而烈峙，孰有新之不貴，獨擅價於朝市⑥。”劉臻妻陳氏《立春獻春書頌》云⑦：“玄陸降坎，青達升震。陰祇送冬，陽靈迎春。熙哉万類，欣和樂辰。順介福祥，我聖仁⑧。綵鷰春書，便有舊事⑨。”《風俗通》云：“俗說：正月長子解浣衣被，令人死亡。”謹案《論語》：“死生有命，富貴在天。”補更小事，何乃成灾？源其所以，正月之時，天甫凄栗。里語：“大暑在七，大寒在一。”一謂正月也，人家不能贏袍異裳，脫著身之衣，便爲風寒所中，以生疹疾，疹疾不瘳，死亡必矣。或說正月臣存其君，子朝其父，九族州閭，禮貢當周，長子務於告虔，故未以解浣也。諺曰：“正月樹，二月初，自憘妃女煞丈夫，不

---

① “陽”原誤作“朝”，據《藝文類聚》卷四引《漢書》改。
② “旦”原誤作“日”，據《藝文類聚》卷四引《漢書》改。
③ “間”原誤作“同”，據《玉燭寶典考證》、《古逸叢書》本改正。
④ “止”原作“上”，據《玉燭寶典考證》改。
⑤ “祉”原作“禮”，據《荆楚歲時記》引傅咸《燕賦》改。
⑥ “擅”原作“檀”，徑改。
⑦ “氏”字原無，徑補。
⑧ “仁”下當有脫文。
⑨ 此條諸書不見徵引，當爲逸文。

著潔衣①。"爾後大有俗節戲咲②。

　　七日名爲人日,家家翦綵,或鏤金薄爲人,以帖屏風,亦戴之頭鬢,今世多刻爲花勝,像瑞圖金勝之形③。《釋名》云:"花象草木花也,勝言人形容政等④,著之則勝。"賈充李夫人《典誡》云:"每見時人月旦問信到户,至花勝交相遺与,爲之煩心勞倦者,即是其稱人日者。"董勳《問禮俗》云:"正月一日爲雞,二日爲狗,三日爲猪,四日爲羊,五日爲馬,六日爲人。"未之聞也,似億語耳⑤,經傳無依據。

　　其登高,則經史不載,唯《老子》云⑥:"如登春臺⑦。"既無定月,豈拘早晚,或可初春。"郭璞詩云:"青陽暢和氣,谷風和以温。高臺臨迅流,四座列王孫。"江通詩云:"通渠運春流,幽谷涣泮冰⑧。盪穢出新泉,遊望登重陵。"此猶言冰,似是孟月。桓温參軍張望則指注《正月七日登高作詩》⑨,内云:"玄陰毅夕煞,青陽舒朝愖。熙哉陵塹娱,眺盱肆迥目。"後代《安仁峰銘》云⑩:"正月元七,厥日惟人,策我良駟⑪,陟彼安民。"王廙《春可樂》云⑫:"春可樂兮,樂孟月之初陽。"下云"翠債借以登倉",亦有登臨之義,

---

①　依田利用云:"此句恐有訛脱。"
②　依田利用云:"'大'恐作'又'。"
③　"形"原誤作"刑",據《荆楚歲時記》引《典戒》改。
④　"勝"字原脱,"形容"原誤作"刑客",據王先謙《釋名疏證補》改正。
⑤　"億"當作"臆"。
⑥　"老"原誤作"孝",徑改。
⑦　"如"字原無,據《帛書老子校注》補。
⑧　"泮"字原脱,據《中國古典文學基本叢書》本《江文通集彙注》補。
⑨　"則指注"三字,《荆楚歲時記》作"亦有"。
⑩　"仁"原誤作"民",據《藝文類聚》卷四引李充《登安仁峰銘》改。
⑪　"良"下原脱"駟"字,據《藝文類聚》卷四引李充《登安仁峰銘》補。
⑫　"春"字原無,據《藝文類聚》卷三引《春可樂》補。

頗似承籍，非爲創爾。

其月十五日，則作膏糜以祠門户。《續齊諧記》云：《莊子》云："齊諧者，志怪也。"注云："人姓名。"疏音曰：黄帝時史也。 吳縣張成夜起，見一婦人立宅東南角，招成曰：'此地是君蠶室，我即地神。明年正月半①，宜作白粥泛膏於上祭我，必當令君蠶桑日百倍。'言絶，失所在。成如言，爲作膏粥，年年大得蠶。"今人正月作膏糜像此。《荆楚記》云陳氏②。案《月令》孟春"其祀户"，或可因而行之，非必爲蠶。

其夜則迎紫姑以下。此間云紫女也。 劉敬叔《異苑》云："紫女本人家妾，爲大婦所妬，正月十五日，感激而死，故世人作其形於廁迎之。呪云'子胥不在，云是其夫。曹夫人以行③，云是其姑。小姑可出。'南方多名婦人爲姑。仙有麻姑，云東海三爲桑田④。《古樂府》云："黄姑織女遥相見。"吳云："淑女總角時唤作小姑子。《續齊諧記》有青溪姑。平昌孟氏常以此日迎之，遂穿屋而去，自爾正著以敗衣⑤，蓋爲此也。"《洞覽》云："帝嚳女之將死，遺言：'我生平好遊樂，正月可以衣見迎。'"又其事也。

俗云廁溷之間，必須清淨，然後能降紫女。《白澤圖》云："廁神名倚衣。"《雜五行書》云後帝，《異苑》："陶侃如廁，見人自稱後帝⑥，著單衣、平上幘，謂侃曰：'君莫説，貴不可言。'將後帝之靈，

---

① "年"原誤作"日"，據《玉燭寶典考證》改。
② 依田利用云："今本《荆楚歲時記》無，《御覽》引《齊諧記》云'正月半有神降陳氏之宅'云云。"
③ "夫人"二字原爲合文，作"夫"。
④ "桑田"下原有"古桑田"三字，蓋涉上"桑田"與下"古樂府"而衍，森立之亦以爲衍文。
⑤ "爾正"原誤作"示心"，據《太平御覽》引《異苑》改。
⑥ "人"下原有"曰"字，據《荆楚歲時記》引《異苑》改。

憑紫姑而言也①。"

　　元日至于月晦，民並爲醑食渡水，士女悉湔裳，酹酒於水湄，以爲度厄。<small>今世唯晦日臨河解除，婦女或湔裙也②。</small>近代晦日則駕出汎舟，指南車相風豹北次③，如在陸路，宴賓乃以爲常。案《禮》孟春無臨汎之事，唯季春天子乘舟，疑因周正建子④，以寅爲季，人冰泮滿⑤，遂入此月。

玉燭寶典卷第一　一月

---

① "而"原誤作"見女"，據《荆楚歲時記注》改。

② "湔裙"原誤作"並禄"，據《初學記》改。

③ 依田利用云："'豹北次'未詳，疑有舛差。《荆楚歲時記》亦云：'元日至於月晦，並爲醑聚飲食，士女泛舟，或臨水宴樂。'"

④ "建"原誤作"達"，徑改。

⑤ 依田利用云："此句疑有訛。"案疑"人"爲"入"之訛。

玉燭寶典卷第二

二月仲春第二

《禮·月令》曰："仲春之月，日在奎，昏弧中，旦建星中。鄭玄曰："仲，中也。仲春者，日月會於降婁，而斗建卯之辰也。弧在輿鬼南，建星在斗上也。"律中夾鐘，仲春氣至，則夾鐘之律應。高誘曰："是月萬物去陰而生①，故竹管音中夾鐘也。"始雨水，桃始華，倉庚鳴，鷹化爲鳩。倉庚，離黃也。鳩，博穀也。漢始以雨水爲二月節。《吕氏春秋》、《淮南子·時則》皆云"桃李華"。今案《爾雅》曰："尸鳩，鴶鵴。鴶音戛，鵴音菊②。"郭璞注云："今之布穀也，江東呼獲穀。"《方言》曰③："布穀，周、魏謂之擊穀。"《古樂府》曰："布穀鳴，農人驚，便農者常候，故因名也。"

天子居青陽太廟④，太廟，東堂，當太室者⑤。擇元日，命民社。社，后土也，使民祀焉，神其農業也⑥。祀社日用甲也⑦。命有司省囹圄，去桎梏，毋肆掠⑧，止獄訟。順陽寬也。省，減也。囹圄，所以禁守繫者，如今别獄矣。桎梏，今械也。在手曰梏，在足曰桎⑨。肆謂死刑暴尸也。《周禮》曰："肆之三日。"掠，謂

① "去陰"下何寧《淮南子集釋》高誘注有"夾陽聚地"四字。
② "菊"下原衍"華"字，依田利用以"華"字衍，是。據刪。
③ "方言"二字原重，今刪。
④ "廟"原誤作"府"，據《禮記正義》改。
⑤ 依田利用云："注疏本無'者'字，《考文》云古本有'者也'二字，足利本有'者'字。"
⑥ "農"原誤作"曲民"，蓋"農"字先誤爲"曲辰"，"辰"字又訛作"民"，據《禮記正義》改。
⑦ "社"字原脱，據《禮記正義》補。
⑧ "掠"原誤作"諒"，據《禮記正義》改。注文中"掠"字同。
⑨ "在足曰桎"，《禮記正義》在"在手曰梏"之上。

捶治人。庾蔚之曰：“漢之別獄，即今之光禄外部守繫而已，無鞠掠之事也。”今《風俗通》曰：“三王始有獄，周曰圜圄者，全也。圜，舉也，言人幽閉思僭改惡善原之①。今縣官録囚，皆言舉也。”《春秋元命苞》曰：“犬斗精以度立法也，不言斗，以犬設其朴，故兩犬夾言爲獄。”宋均曰：“犬斗精，別氣也。作獄字不可以天文，故取其精。犬能別善惡，且臥蟠屈象斗運，取其質朴，言治獄貴知情而已也。”**玄鳥至。至之日，以大牢祠于高禖②，天子親往。**玄鳥，燕也，燕以施生時來，巢人堂宇而孚乳③，嫁娶之象也。媒氏之官以爲候。高辛氏之世，玄鳥遺卵，娀簡吞之生契，後王以爲禖官嘉祥，立其祀。變“媒”言“禖”，神之也。盧植曰：“玄鳥從所蟄來至也，玄鳥至時④，陰陽中，萬物生，故於是以三牲請子於高禖之神君明顯之處，故謂之高。因其求子，故曰禖。蓋古者有禖氏之官，仲春令合男女，因以爲神也。”**后妃帥九嬪御⑤。**御謂從往侍祠⑥，獨言帥九嬪⑦，舉中言之。**乃禮天子之所御，帶以弓韣，授以弓矢，于高禖之前。**天子所御，謂今有娠者。帶以弓韣，授以弓矢，求男之祥也。《王居明堂禮》曰：“帶以弓韣，禮之媒下，其子必得天杖。”王肅曰：“百二十官皆侍御於天子，以求廣子姓者也，故皆禮之高禖，以求吉祥。玄鳥期而復來，人道十月而生子，故有子因求男者也。”**日夜分，靁乃發聲，始電，蟄蟲咸動，啓户始出。先靁三日，奮木鐸以令兆民曰⑧：‘靁將發聲，有不戒其容止者，生子不備，必有凶灾。’**主戒婦人有娠者也。容止，猶動靜也。**日夜分，則同度、量，鈞衡、石，角斗、甬，正權、概。**尺丈曰度⑨，斗斛曰量。三十斤曰鈞，稱上曰衡，百廿斤曰石。甬，今斛也。稱錘曰權。概，平斗斛也。”**耕者少舍，乃修**

---

① 依田利用云：“此三字疑有訛脱。”
② “禖”原誤作“祺”，據《禮記正義》改。
③ “人”字原無，據《禮記正義》補。
④ “玄鳥至”三字原無，“時”下原有“祥”字，據《續漢書·禮儀志》引補删。
⑤ “帥”原誤作“師”，據《禮記正義》改。下“師”字同。
⑥ “侍”字原無，據《禮記正義》補。
⑦ “言”原誤作“玄”，據《禮記正義》改。
⑧ “木”字原脱，據《禮記正義》補。
⑨ “尺丈”，《禮記正義》作“丈尺”。

闔扇，寢、廟畢備。用木曰闔，用竹葦曰扇。凡廟，前曰廟，後曰寢也。毋作大事以妨農事。大事，兵役之屬。毋竭川澤①，毋漉陂池，毋焚山林。順陽養物也。蓄水曰陂。穿地通水曰池也。天子乃鮮羔開冰，先薦寢、廟。鮮當爲"獻"聲之誤也。獻羔，謂祭司寒也。祭司寒而出冰。薦於宗廟，乃後賦也。上丁，命樂正習舞釋菜。樂正，樂官之長也。命舞者順萬物，如出地鼓舞也。將舞，必釋菜於先師以禮之。天子乃帥三公②、九卿、諸侯、大夫親往視之。順時達物。仲丁，又命樂正入學習樂。爲季春將大合樂也。習樂者，習歌与八音。祀不用犧牲，用珪璧更皮幣。爲季春將選而合騰之也。更，猶易也。

仲春行秋令，則其國大水，寒氣總至，西之氣乘之也。八月宿值昂、畢，畢好雨。寇戎來征；金氣動也。畢又爲邊兵也。行冬令，則陽氣不勝，麥乃不熟，子之氣乘之。十一月爲大陰也。民多相掠；陰姦衆也。行夏令，則國乃大旱，煖氣蚤來，午之氣乘之也。蟲螟爲害。"暑氣所生，爲災害也③。

蔡雍仲春章句曰："中，衷也，時三月，故次孟爲衷也。'昏弧中，旦建星中。'弧，南方；建星，北方：皆星名也。《甄燿度》及《魯曆》：二十八宿，南方有狼、弧，無東井、輿鬼④；北方有建星，無斗。《天官》：'石氏：距弧星西入斗四度，井、斗度皆長，弧建度短，故以正昏明也。'今歷中春雨水節日在壁八度，昏明中星，皆去日九十七度，井十七度中而昏，斗初中而明，始雨水。孟春解凍，則水雪雜下，是月《息》卦爲《大壯》，斗陽至四，雪得雨而消醳⑤，故至

---

① "竭"原誤作"端"，據《禮記正義》改。
② "帥"原誤作"師"，據《禮記正義》改。
③ "害"原作"之"，据《禮記正義》改。
④ "輿"原誤作"舉"，徑改。
⑤ "得雨"原誤作"兩得"。依田利用云："'兩得'恐當作'得雨'。"據改。

此乃始雨水也。‘鷹化爲鳩。’鷹，鳥名，鳩屬也。鳩有五種，鷹爲爽鳩，應陽而變噣，必柔，蓋仁而不鷙①。《傳》曰②：‘爽鳩氏，司寇也，明春夏無爲秋冬用事也。’‘天子居青陽太廟。’大廟，卯上之堂也。‘安萌牙。’萌牙③，謂懷任者也。始化曰兆，其次曰萌，其次曰牙萌④。孟春無亂人之紀，男女必有施化之端，故至是月而安之也。《漢令》：‘二月，家長詣鄉，受胎養穀，所以安之也。’養幼少萌牙，以見安生。而幼少須父母者，又養之也。《漢令》：‘民生子復父母勿筭⑤，二歲有産兩子給乳母一⑥，産三子給乳母二，存諸孤特也⑦。’存者，在也。視有無而賜之也。無妻曰鰥，無夫曰寡，幼無父母曰孤，老無子曰獨，取其特立，總謂之孤。諸者，非一之辭也。《漢令》曰：‘方春和時，草木群生之物皆有以樂，而吾百姓鰥寡孤獨窮困之人或阽今案《楚辭·離騷經》曰："阽余身而危死。"注云："阽，猶危也。音丁念反。"《説文》曰："阽，壁危也。從阜占聲。"《字林》同曰："壁危。音弋欠反⑧。"又曰："久毛餤⑨。音小廉反也。"於死已，而莫之省憂。其議所以振餽之，此之謂也。’’‘省囹圄，去桎梏。’省，損也，損其守備也。囹，牢也。圄，所以正出入。皆罪人所舍也。去，藏也。手曰桎，足曰梏。官謂之盜械，所以執罪人也。‘無肆掠⑩。’肆，陳也，謂

---

①　"蓋"原誤作"孟"，依田利用云："'孟'疑'蓋'字之訛。"據改。

②　《傳》指《春秋傳》，引文爲杜預注，末句不見於今本。

③　"萌芽"下原重"萌芽"二字，今刪。

④　疑"萌"字爲衍文，蓋涉上"萌"字而衍。

⑤　依田利用《玉燭寶典考證》作"筭"，云："'筭'疑當作'筆'。"

⑥　"兩"原誤作"雨"，徑改。

⑦　依田利用云："舊不重'孤'字，今以意增。"案下文"取其特立，總謂之孤"云云，則其説誤，今不從。

⑧　"欠"原誤作"久"，據陶方琦《字林考逸補本》改。

⑨　"久"字當誤。

⑩　"掠"原作"椋"，徑改。下"掠"字同。

暴人於市道也。《論語》曰[①]:'肆諸市朝。'掠,笞也。嫌但止囹圄、挃梏,可以暴掠人於市道,故發禁也。'止獄訟。'獄,争罪也。訟,争辭也。他月則當聽不直者罪,是月不刑人,故豫止之。'玄鳥至。'玄鳥[②],燕也。至者,至人室。人室,屋也。常以春分至,秋分歸,故少昊氏鳥名百官。玄鳥氏,司分也。'至之日,以太牢祀于高禖。'三牲具曰太宰。高禖,祀名。高,猶尊也。禖,媒也,吉事先見之象也。盖謂之人先所以祈子孫之祀也,玄鳥感陽而至集人室屋。其來,主爲孈今案《方言》:"抱孈,耦也[③]。"註云:"耦亦匹也[④],互見其義耳[⑤],孈音赴。"《蒼頡篇》曰:"孈,子出。音妨万反。一音赴。"《通俗文》曰:"匹万一時出也。"《韻集》曰:"孈,生子齊也。"乳蕃滋,故重至日[⑥],因以用事[⑦]。'后妃率九嬪御。'后者,天子適妻也。妃,合也。嬪,婦也。御,妾也。《周禮》:天子一后、三妃、九嬪、二十七世婦、八十一御妾。今案《月令問答》:"問者曰[⑧]:'《周禮》八十一御妻[⑨],子又曰御妾,何也?'答曰:'妻者,齊也,唯一適人稱妻,其餘皆妾,八十一妾,位最在下,是以知不得言妻也。'"以應外朝公、卿、大夫、士之數也。世婦不見,卑者文略,御妾皆行,世婦可知也。'醴天子所御[⑩],帶以弓韣。'天子所御,謂后妃以下至御妾,孕任有萌牙者也。韣,弓衣也。祝以高禖之命,飲以醴

① "語"字原脱,今補。

② "玄鳥"上原重"玄鳥至"三字,涉正文而衍,今删。

③ "耦"原誤作"禍",據《廣雅書局叢書》本《方言箋疏》(以下簡稱《方言箋疏》)改。《方言》盧文弨校本以"耦亦匹也,互見其義耳"當入《方言》"臺敵"條下。

④ "匹"原誤作"逅",據《方言箋疏》改。下"匹"字同。

⑤ "互"原誤作"廣",據《方言箋疏》改。

⑥ 《通典》卷五十五引蔡邕《月令章句》"重"下有"其"字。

⑦ "因"原誤作"同",據中華書局點校本《通典》卷五十五引蔡邕《月令章句》改。

⑧ "問"字原脱,今補。

⑨ "一"下原有"妾"字,涉上《周禮》文而衍,今删。

⑩ "醴",今本《禮記·月令》作"禮"。

酒，帶以弓衣，尚使得男也。《禮》：'士、庶人男子生，桑弧蓬矢六，射天地四方。'天子尊，故未生有豫求之禮。'日夜分。'日者，晝也。分者，晝夜漏剋之數等也。其晝漏五十六剋，夜漏四十四剋，考中星昏明者，當見星度，故昏明入夜各三剋，其以平旦日入爲節，則當損晝還夜六剋，則晝夜各五十剋，故日夜分也。'雷乃發聲。'雷者，隆陰，下迎陽陰起，陽氣用事，故上薄之發而爲聲者也。其氣季冬始動於地之中，則雉應而雊。孟春動於地之上，則蟄虫應而振。至此升而動於天下，其聲發楊①。不曰始，言其升有漸漸者，孟春已應，故記發記始也。《易傳》曰：'太陽黿古"鼃"字也。出地上，少陽得並而雷聲徵，謂孟春太陽一二以上自雷。雷聲盛，謂此月及季春也，故曰發聲始電。電與雷同氣發而爲先者也，迅雷風列，孔子必變。'《玉藻》注曰②：'迅雷、甚雨，則必變③，雖夜必興，衣服冠而坐④，所以畏天威也。小民不畏天威，懈慢藝黷⑤，或至夫婦交接，君子制法，不可指斥言之⑥，故曰"有不戒其容止"，言於此時夫婦交接，生子枝節，情性必不備，其父母必有凶災。'《玄女房中經》曰：'雷電之子，必病顛狂，晝夜中，則陰陽平，燥濕均，故可以同度、量。'同者，齊也。度者，所以數長短也。量者，所以數多少也。十分爲寸，十寸爲尺，十尺爲丈，十丈爲引，是爲五度。十龠爲合，十合爲升，十升爲斗，十斗爲斛，是爲五量。鈞衡、石鈞亦齊也，爲衡所以平輕重，載斤兩之數也。推

---

① "聲"下原有"登"字，抄手點去。
② "注"原作"記"，據《禮記正義》改。
③ "則必變"三字原無，據《禮記正義》補。
④ "衣服"二字原無，據《禮記正義》補。
⑤ "黷"，《禮記正義》作"瀆"。
⑥ "之"字原無，據《禮記正義》補。

與物齊,則衡平矣。石,重名也。二十四銖爲兩,十六兩爲斤,三十斤爲鈞,今案《春秋傳》曰:"顏高之弓六鈞。"服虔注云:"卅斤爲一鈞,六鈞,百八十斤,是爲弓力一石五斗也。"四鈞爲石,是爲五稱。'捔斗、甬。'捔,挍也。十六斗曰角。'正權、概。'權,錘也,所以起物而平衡也。概,直木也,所以平升斛也。"寢、廟畢備①。"人君之居也,前有朝,後有寢,終則前制廟以象朝,後制寢以象寢。廟以威主四時享祀,寢以象生有衣冠几杖。《詩》云'寢廟弈弈'②,言相連也。漢承亡秦壞禮之後,廟在邑中,寢在園陵,雖失其處,名號猶在。器械上食之禮,皆象生而制古寢之意也。'無作大事,以妨農事。'以耕者少休,調利閭扇,得爲小事,嫌奢泰之君,因是修飭宮室,興造大事,以妨農業,故發禁也。'無漏陂池,焚山林。'隄障曰陂。大水旁小水曰池。縱火曰焚。《周禮》:'中春教振旅,遂以搜田。'搜索其不孕任者,以供宗廟之事,嫌人君服樂遊田,因是竭水縱火,以盡生物,故發禁也。'天子乃獻羔啓冰。'獻,進也。羔,稺羊也。'上丁,命樂正習舞,釋菜。'上丁者,上旬之丁日也。釋者,量也。菜者,豳也。欝人香草,釀以秬黍。今案《周官》欝人職鄭玄注:"欝,金香草,宜以和酒。"下文"和欝豳以實尊彝"注云:"采欝金煮之,以和豳酒。"鄭司農云:"欝爲草,若蘭。"豳人職鄭注云:"豳,釀秬爲酒,芬香條暢於上下者。"秬如黑黍,一稃二米。萬震《南州異物志》云:"欝金香,唯罽賓國人種之,先取以上佛寺,積日萎熇③,乃董去之④,然後賈人取之。欝金色正黃而細,与扶容襄披蓮者相似,可以香禮酒⑤。"欝,花也。後漢朱穆,南陽宛人,《欝金賦》乃云:"歲朱明之首,

---

① "寢廟畢備"四字原無,據蔡邕《月令章句》註釋體例補。
② "弈"字原不重,今補。
③ "萎熇"二字原無,據《太平御覽》卷九八二引《南州異物志》補。
④ "董",《太平御覽》引作"載"。
⑤ "可"原誤作"所",據《太平御覽》卷九八二引《南州異物志》補。《太平御覽》卷九八二引《南州異物志》無"禮"字。

月步南園以廻眺，覽草木之紛葩，美斯花之英妙。”韋曜《雲陽賦》云：“草則欎金、勺藥①。”然則南方自有此草，非是爲秬必闕賓。左九嬪《欎金頌》云：“越自殊城，厥珍來尋。”亦據在遠也。是爲秬鬯，所以禮先聖師也。‘祀不用犧牲’者②，言是月生養之時，故不用也。圭璧③，玉器也。更，代也。以圭璧代之。‘民多相掠。’冬爲收藏，其氣貪得，故民心感化，多相掠奪。相者④，交辭也，言非獨甲掠乙，乙亦掠甲也。‘其國大旱⑤。’少陽已壯，復行大陽之政，兩陽相兼，以抑陰氣，故大旱也。旱者⑥，乾也，万物傷於乾也。‘虫螟爲害。’虫，總名。螟，其別也。食心曰螟，今案《爾雅》犍爲舍人注云：“食苗心者名螟，言冥冥然難知⑦。”李巡曰：“食禾心爲螟，言其奸冥難知。”《音義》曰：“即今子蚄也。”食葉曰螣，今案《爾雅音》⑧：“貸，一音螣。”李巡曰：“食禾葉者，言其假貸無厭，故曰螣。”孫炎曰：“言以假貸爲名，因取之。”《音義》曰：“蝗類。”食節曰賊。今案《爾雅》樊光注云：“言其貪狼急疾。”李巡曰：“食其節，言其貪狼，故曰賊。”孫炎曰：“言其貪酷取之也。”

右章句爲釋月令。

《詩·邵南》曰：“厭浥行露，豈不夙夜，謂行多露。”鄭箋云：“夙，早。厭浥然濕，道中始有露，二月之中嫁娶之時，我豈不知？當早夜成婚禮与，謂道中之露太多，故不行也。”《詩·豳風》曰：“四之日舉正。”毛傳曰：“四之日，周之四月，民無不舉足而耕者也。”又曰：“四之日其蚤，古“早”字。獻羔祭

---

① “勺”原誤作“夕”，徑改。
② “祀”、“用”二字原無，據《禮記·月令》補。
③ “圭”原誤作“主”，徑改。下“圭”字同。
④ “相”字原脱，據《玉燭寶典考證》補。
⑤ 案《禮記·月令》之文。“其”當作“則”。
⑥ “旱”字原脱，據蔡邕《月令章句》注釋體例補。
⑦ “冥冥”原誤作“螟言螟”，“難”作“不”，據郝懿行《爾雅義疏》補正。
⑧ 《隋書·經籍志》著録江灌撰《爾雅音》八卷，當是此書。

韭①。"鄭箋云:"古者日在北陸而藏冰西陸,朝覲而出之,祭司寒而藏之②,獻羔而啓之。"《月令》仲春:"天子乃獻羔啓冰,先薦寢廟也。"《尚書·堯典》曰:"分命羲仲,宅嵎夷,曰暘谷,孔安國曰:"東表之地稱嵎夷。暘,明也。日出於暘谷而天下明,故稱暘谷。暘谷、嵎夷一也。"平秩東作。秩③,序也。歲起於東而始就耕,謂之東作④。東方之官敬導出日,平均次序東作之事,以務農也⑤。日中,星鳥,以殷中春。日中,謂春分之日。鳥,南方朱鳥七宿也。春分之昏,鳥星畢見,以正中春之氣也。鳥獸孳字尾⑥。"乳化曰孳,交接曰尾。

《尚書·舜典》曰:"歲二月,東巡守,至于岱宗,柴,孔安國曰:"巡守者,巡行諸侯所守岱宗太山。祭山曰柴⑦,積柴加牲其上而燔也。"王肅曰:"守謂諸侯爲天子守土,故時往巡行之也。"望秩于山川,秩者,如其次秩而祭之也。肆覲東后。以次見東方之君也。修五禮、吉、凶、賓、軍、嘉也。五玉、五等諸侯瑞,圭璧。三帛、玄、纁、黃也,三孤所執。王肅曰:"附庸與諸侯適子、公之孤執皮帛繼子男。或曰孤執玄,諸侯適子執纁,附庸執黃。"二牲、羔、鴈。卿執羔,大夫執鴈。一死贄⑧。"雉也,士之所執。《周官·天官》下曰⑨:"内宰,仲春詔后率外内,命婦始蠶于北郊,以爲祭服。"《周官·地官》下曰:"媒氏,仲春之月,令會男女。鄭玄曰:"成婚禮也。"於是時也,奔者不禁。"《周官·春官》下曰:"籥章掌仲春,畫擊土⑩,鼓吹豳詩以逆暑。"鄭玄曰:"《豳風·七月》也,吹之者以龠爲之聲也。迎暑,以畫求之陽也。

---

① "韭"原誤作"菲",據《毛詩正義》改。
② "祭"上原有"而"字,據《毛詩正義》删。
③ "秩"原誤作"禄",徑改。
④ "耕謂之東"四字原脱,據《尚書正義》補。
⑤ "敬導"至"務農"十五字原脱,據《尚書正義》補。
⑥ "字"上當有脱誤。
⑦ "柴"原誤作"此",據《尚書正義》改。
⑧ "贄"字原脱,據《周禮注疏》補。
⑨ "下"原誤作"不",徑改。
⑩ "土"原誤作"士",據《周禮注疏》改。

　　《周官·夏官》上曰："大司馬掌仲春教振旅①，司馬以旗致民，平列陳，如戰之陳，鄭玄曰："以旗者立旗②，期民於其下也。兵者，守國之備，爲事不可空設，因搜狩而習之。凡師出曰治兵，入曰振旅，皆習戰也。"辨鼓、鐸、今案《周官》大司馬職"以金鐸通鼓③"，鄭注云："鐸，大鈴也。"鐲、今案《周官》大司馬職"以金鐲節鼓"，鄭注云："鐲，鉦也，形如小鍾也④。"鐃、今案《周官》大司馬職"以金鐃止鼓"，鄭注云："鐃如鈴，無舌，有二柄⑤，執而鳴之⑥，以止擊鼓。"《蒼頡篇》："音喧曉也。"之用⑦。以教坐、作、進、退、疾、徐、疏數之節，遂以搜田。有司表貉，莫駕反也。誓民，鼓，遂圍焚。火弊，獻禽以祭社。"春田爲搜。表貉，立表而貉祭也⑧。誓民，誓以犯田法之罰也。火弊，火止也。春田用火，因焚菜陳草也⑨，皆煞而火止。獻，猶致也，屬也⑩。田止，虞人植旌，衆皆獻其所獲禽焉。春田主祭社者，土方施生也⑪。《周官·夏官》上曰："羅氏仲春羅春鳥⑫，獻鳩以養國老，因行羽物⑬。"鄭玄曰："春鳥蟄而始出者，若今南郡黄雀之屬。是時鷹化爲鳩，鳩与春鳥變舊爲新，宜以養老助生氣也。"《周官·夏官》下曰："牧師仲春通淫。"鄭玄曰："仲春，陰陽交、萬物生之時⑭，可以令馬之於牝牡也⑮。"

---

①　"振"字原脱，據《周禮注疏》補。
②　下"旗"原誤作"稱"，據《周禮注疏》改。
③　"金鐸"下原有"大鈴"二字，蓋涉鄭玄注而衍，據《周禮注疏》改。
④　"形"原誤作"刑"，據《周禮注疏》改。
⑤　"二"字今本《周禮注疏》無，未知孰是。
⑥　"鳴"原誤作"鳥"字，蓋"鳴"字脱去"口"字，故有此訛。據《周禮注疏》改。
⑦　"辨"原誤作"辯"，據《周禮注疏》改。
⑧　"立表而貉"四字原脱，據《周禮注疏》補。
⑨　"陳"字原脱，據《周禮注疏》補。
⑩　"也"字原脱，據《周禮注疏》補。
⑪　"土"原誤作"士"，據《周禮注疏》改。
⑫　"春鳥"原互倒，據《周禮注疏》乙正。
⑬　"因"字《周禮注疏》無。
⑭　"萬"原誤作"方"字，據《周禮注疏》改。
⑮　此句《周禮注疏》作"可以合馬之牝牡也"。

《周官·秋官》下曰："司烜氏掌仲春，以木鐸修火禁于國中。"鄭玄曰："爲季春將出火也。禁，謂用火之處及備風燥①。"《禮·王制》曰："歲二月，東巡守，至于岱宗，鄭玄曰："岱宗，東嶽。"柴而望祀山川，柴，祭天告至也。覲諸侯。覲，見也。問百年者就見之，就見老人。命大師陳詩，以觀民風。陳詩，謂采其詩而視之也。命市納賈，以觀民之所好惡，志淫好僻。市，典市者也。賈，謂萬物貴賤厚薄也②。質則用物貴，淫則侈物貴。民之志淫邪，則其所好者不正也。命典禮，考時月，定日、同、律、禮、樂、制度、衣服，正之。同，陰律也。山川神祇有不舉者爲不敬，不敬者君削以地。舉，猶祭也。宗廟有不順者爲不孝，不孝者君絀以爵。不順者，謂若逆昭穆。變禮易樂者爲不從③，不從者君流。流，放也。革制度衣服者爲叛，叛者君討。討，誅也。有功德於民者加地進律。"律，法也。《周書·時訓》曰："驚蟄之日，桃始華。又五日，倉庚鳴。又五日，鷹化爲鳩。桃不始花是謂陽否④，倉庚不鳴⑤，臣不主□⑥。鷹不變化⑦，寇賊數起。春分之日，玄鳥至。又五日，雷乃發聲。又五日，始電。玄鳥不至，婦人不妊⑧。"《禮·夏小正》曰："二月，初後羔，助厥母粥。後者，大羔也。粥者，養也。言大羔能食草木而不食其母也。綏多士女。綏，安也，冠子取婦之時也。丁亥，萬用入學。丁亥者，吉日也。萬者，干戚舞也。入學，

---

① 依田利用云："舊無'火'字。"此尊經閣本有"火"字，則依田氏校勘底本當別有所本。

② "萬"字《周禮注疏》無。

③ "禮"字原無，據《禮記正義》補。

④ "陽"字原脱，據《四部叢刊》本《逸周書》補。

⑤ "倉庚"原互倒，今乙正。

⑥ 此缺字今本《逸周書》亦無。

⑦ "變化"，《四部叢刊》本《逸周書》作"化鳩"。

⑧ "不妊"二字原無，據《玉燭寶典考證》補。

太學也。謂今時太舍菜也。祭鮪。鮪之至有時，美物也。今案《爾雅》："鮥，叔鮪。"孫炎注云："海濱謂之鮥，河洛謂之鮪。"郭璞云："今宜都郡自荆州以上，江中通多鱣鮪之魚①，有一魚狀似鱣而小，建平人謂之鮥子，即此魚也者。洛，一本云王鮪也，似鱣，口在腹下。"《音義》云："《周禮》'春獻王鮪'，鱣屬，其大者爲王鮪，小者爲叔鮪②。或曰鮪即鱏也，以鮪魚亦長鼻③，體無遺連甲④。鱏音淫，鮥音格。"《詩魚蟲疏》云⑤："鱣鮪出江海，三月從河下頭來上⑥。鱣身形似龍，銳頭，口在頷下⑦，背上腹下皆有甲，從廣四寸⑧。今於孟津東石磧上⑨，釣取之大者千餘斤，可蒸爲臛⑩，又可爲鮓⑪，其子可作醬。今鞏縣東渡，沿東北崖上山⑫，腹有大穴，舊説此穴与江湖通，鱣鮪從此穴來，北入河西，上至龍門⑬，故張衡賦云'王鮪岫居'，山穴爲岫，謂此穴也。鮪似鱣而色青黑，頭小而尖⑭，如鐵兜鍪⑮，口亦在頷下，其甲可以蓙薑⑯，大者不過七八尺，今東萊⑰、遼東謂之蔚魚。或謂仲明者，樂浪尉也，溺死海中，化爲此魚，云亦鮪之形狀，及出本名曰⑱。"誠如所論。但《禮運》云"魚鮪不淰及"，《月令》"鷹鮪寢廟"，

---

① "多"，《爾雅注疏》作"作"。

② "叔"字原無，據《毛詩正義》引陸璣《毛詩草木蟲魚疏》補。

③ 依田利用云："'鮪'上疑脱'王'字。"

④ 依田利用云："'遺'字恐衍。"是。

⑤ "疏"字原無，此即陸璣《毛詩草木蟲魚疏》。下文二月、六月引陸璣《毛詩草木蟲魚疏》數條，皆作"蟲魚"，唯此處作"魚蟲"。

⑥ "月"下《毛詩正義》引陸疏有"中"字。

⑦ "頷"原誤作"頭"，涉上"頭"字而誤，據《毛詩正義》引陸璣《毛詩草木蟲魚疏》改。

⑧ "四"下《毛詩正義》引陸璣《毛詩草木蟲魚疏》有"五"字。

⑨ "今於"原互倒，據《毛詩正義》引陸璣《毛詩草木蟲魚疏》乙正。

⑩ "可"、"爲"二字原無，"臛"又誤作"曜"，據《毛詩正義》引陸璣《毛詩草木蟲魚疏》補正。

⑪ "又"原誤作"人"，"爲"下原有"作"字，涉下"作"字而衍，據《毛詩正義》引陸璣《毛詩草木蟲魚疏》改删。

⑫ "上山"原互倒，據《毛詩正義》引陸璣《毛詩草木蟲魚疏》乙正。

⑬ "龍門"下《毛詩正義》引陸璣《毛詩草木蟲魚疏》有"入漆沮"三字。

⑭ "小而尖"原作"大小"，據《毛詩正義》引陸璣《毛詩草木蟲魚疏》改。

⑮ "鍪"原作"牟"，據《毛詩正義》引陸璣《毛詩草木蟲魚疏》改。

⑯ "蓙"，《毛詩正義》引陸璣《毛詩草木蟲魚疏》作"磨"。

⑰ "萊"原誤作"莞"，據《毛詩正義》引陸璣《毛詩草木蟲魚疏》改。

⑱ "及出本名曰"當有訛脱，不見傳世文獻徵引，存疑俟考。

《詩·周頌》"猗與漆沮，潛有多魚，有鱣有鮪"①，有鮪便似餘水亦有此魚，非必江海河洛，備異聞②。鮪者，魚之先至者③。榮菫今案《爾雅》："木之謂花，草謂之榮。"采芑④。今案《毛詩草木疏》："芑，蘆也，葉似苦采，莖青白色⑤，摘其葉，白汁出，甘脆⑥可生食，亦可蒸爲茹。青州謂之芑，西河、鴈門蘆尤美，胡人戀之，不能出塞⑦。"菫，菜也⑧。繁，由胡。由胡者，繁毋也。繁毋⑨，方勃也。今案《爾雅》："繁，皤蒿也⑩。"《詩草木疏》云："凡艾白色爲皤。今蒿也者始生，及秋香，可生食，又可蒸。一名遊胡。北海人謂之旁悖。方、旁今古字也。"皆豆實也。昆小蟲，抵蚔⑪。抵⑫，治夷反也。猶推也。蚔，蟻卵也⑬，爲祭醢也。今案《禮·內則》云："腶修，蚔醢。"注云："蚔蜉子也。"《爾雅》："蚍蜉，大蟻，小者蟻。"《國語·魯語》曰⑭："虫舍蚔蝝。"唐固："蝁，蟻子也，可以爲醬也⑮。"取之則必推之。來降燕，乃睇。燕，乙也。今案《爾雅》："燕，燕乙。"注云："一名玄鳥，齊人呼乙。"降者，下也。言來者何？莫能見其始出也，故曰來降。言乃睇何？睇者，眂也⑯。眂者，視可爲室也。百鳥皆曰橑，突穴菆今案《禮·保傅篇》曰："古之爲路車也，盖圓以像天，廿八橑以象列星。"《說文》曰："橑也，從木象

---

① "有"字原脱，"鱣"又誤作"鮪"，據《毛詩正義》補正。
② "備"上當脱"以"字。
③ "之先"原互倒，今乙正。
④ "芑"原誤作"芑"。下"芑"字同。據正文改。
⑤ "色"字原脱，據《毛詩正義》引陸璣《毛詩草木蟲魚疏》補。
⑥ "甘脆"，《毛詩正義》引陸璣《毛詩草木蟲魚疏》作"肥"，當作"甘脆"爲是。
⑦ "塞"原誤作"寒"，據《毛詩正義》引陸璣《毛詩草木蟲魚疏》改。
⑧ "菫"、"也"二字原脱，"菜"又誤作"采"，據《大戴禮記解詁》補正。
⑨ "毋"字原脱，據《大戴禮記解詁》補。
⑩ "皤"字原脱，據《爾雅注疏》補。
⑪ "昆小蟲抵蚔"五字原無，據《大戴禮記解詁》補，否則下文註釋無所屬。
⑫ "抵"原誤作"柢"，據《大戴禮記解詁》改。
⑬ "蟻"，《大戴禮記解詁》作"蝗"。
⑭ "魯"原誤作"魚"，徑改。
⑮ "醬"，《國語集解》作"醢"。
⑯ "也"字原無，據《大戴禮記解詁》補。

聲。"《字林》曰："橑,椽也。又音力到反。"《韻集》曰："橑,檼也。"此則並巢穴之義,或可上古別有此名。《通俗文》曰："菆音又數反①,雞科也。"《字林》曰："菆,蓐。又句反。"計與百鳥所居義通也②。**與之室,何？操泥而就家,入人内也③。剥**
鼂,古"鼂"字。**以爲鼓也④。**今案《詩·大雅》曰："鼂鼓逢逢。"《魚虫疏》云："鼂形似水蜥蜴,四足,長尺餘,生卵大如鶩,卵甲如鎧甲,今合藥鼂魚甲者是也⑤。其皮至厚,宜爲鼓。"又《廣雅》曰："鼂魚長六七尺,有四足,高尺餘,有尾如蝘蜓而大⑥,或如狗聲,或如牛吼,南方嫁娶,當必得之也。"**有鳴倉庚。食庚,商庚也。商庚**
者,長股也⑦。今案《爾雅》:"皇⑧,黄鳥⑨。"郭璞注云:"俗呼黄離留,亦名摶黍。"又曰:"倉庚,商庚。"注云:"即鵹黄。"又曰:"鵹黄,楚雀。"注云:"即倉庚。"又曰:"倉庚,鵹黄。"注云:"其色鵹黑而黄,因名云。"《字詁》曰:"鵹,今鸝。"注云:"楚雀也。"《方言》云:"鸝黄,自關而東謂之倉庚⑩,自關而西謂之鸝黄,或謂之黄鳥,或謂之楚雀。"《毛詩鳥獸疏》云:"黄鳥⑪,黄鸝留也⑫。或謂黄栗留,幽州人謂之黄鶯⑬。或謂之黄鳥,一名倉庚,一名商庚,一名鵹黄,一名楚雀。齊人謂之摶黍。關西謂之黄鳥⑭,常椹熟時來,在桑間,故里語曰:'黄栗留者,我麥黄椹熟不⑮',皆是應節趣時之鳥也。自此以下,《詩》言黄鳥皆是也,或謂之黄袍。鵹、鸝、麗並通鸝,假借字。"《爾雅》黄鳥、倉庚既

---

① "反"原誤作"又",涉上"又"字而誤,徑改。
② 依田利用以此句有訛脱。
③ "入"原誤作"人",據《大戴禮記解詁》改。
④ "也"字原脱,據《大戴禮記解詁》補。
⑤ "也"字原無,據《毛詩正義》引陸璣《毛詩草木蟲魚疏》補。
⑥ "蜓"字原無,據清嘉慶元年刻本《廣雅疏證》補。
⑦ "也"字原無,據《大戴禮記解詁》補。
⑧ "皇"字原無,據《爾雅注疏》補。
⑨ "黄"原誤作"莫",據《爾雅注疏》改。
⑩ "而"字原脱,據《微波榭叢書》本《方言疏證》補。
⑪ "黄鳥"二字原無,據《寶顔堂秘笈》本《毛詩草木蟲魚疏》補。
⑫ "也"字原無,據《寶顔堂秘笈》本《毛詩草木蟲魚疏》補。
⑬ "鶯",《寶顔堂秘笈》本《毛詩草木蟲魚疏》作"鶚"。
⑭ "關西"原誤作"聞而",據《寶顔堂秘笈》本《毛詩草木蟲魚疏》改。
⑮ "麥"原誤作"妻",據《毛詩正義》引陸璣《毛詩鳥獸草木蟲魚疏》改。又《毛詩正義》所引無"不"字。

別文解釋，且倉、黃二色便是不同。《方言》、《詩疏》總爲一鳥，當以其相類也。榮芸，時有見黃①，今案《詩·邶風》曰："自牧歸荑。"毛傳云："牧，田官。荑，茅之始生也②，本之於荑，取其有始有終③。"鄭箋云："茅④，潔白之物也⑤。"《衞風》曰："手如柔荑⑥。"毛傳曰："如荑之新生也。"《草木疏》："正月始生，其心似麥，欲秀，其中正白，長數寸，食之甘美，幽州人謂之甘滋⑦。或謂之茹子。比其秀出，謂之白茆也⑧。"始牧荑也者⑨，所以爲豆實也。"《禮·虞載德》曰⑩："天子以歲二月，爲壇于東郊，建五色，設五兵，具五味，陳六律，奏五聲，抗大侯，規鵠，今案《儀禮·大射》："遂命量人巾車張三侯⑪，大侯之崇見鵠。"鄭玄云："鵠，所射之主也。鵠之言較，較直射者，所以宜己志也。或曰：鵠，鳥名也，射之難中，中之爲雋⑫，是以所射於侯取名也。"《周官·考工記》云："皮侯棲鵠。"《天官》下司裘注云："鄭司農云：'鵠，鵠毛，方十尺曰侯，四尺曰鵠也。'"豎物⑬。九卿佐三公，三公佐天子，天子踐位⑭，諸侯各以其屬就位⑮。執弓挾矢⑯，履物以射。"《易通卦驗》曰："驚蟄雷電，候鴈北。鄭玄曰："電者，雷之光。雷有光

---

① "荑"原誤作"第"，據《玉燭寶典考證》改。注文中"荑"字同。
② "茅"、"也"二字原脫，據《毛詩正義》補。
③ "有始"二字原無，據《毛詩正義》補。
④ "茅"原誤作"第"，據《毛詩正義》改。
⑤ "也"原誤作"人"，據《毛詩正義》改。
⑥ "柔荑"原誤作"弟第"，據《毛詩正義》改。
⑦ "州"原誤作"洲"，徑改。
⑧ 此條不見於今本陸璣《毛詩鳥獸草木蟲魚疏》，可補其闕。
⑨ "牧"，《大戴禮記解詁》作"收"。莊述祖《夏小正經傳考釋》以今本"收"當作"牧"。"荑"原誤作"第"，據《大戴禮記解詁》改。
⑩ "載"原作"戴"，依田利用以爲二字同。
⑪ "遂"原誤作"三"，據《儀禮注疏》改。
⑫ "雋"，今本《儀禮》作"俊"。
⑬ "豎"原誤作"望"，據《儀禮注疏》改。
⑭ "天子"原脫，據《大戴禮記解詁》補。
⑮ "屬"原誤作"局"，據《儀禮注疏》改。
⑯ "執"，《儀禮注疏》作"挾"。

而未發聲。"晷長八尺二寸①，赤陽雲出翼，南赤北白②。驚蟄於坎值上六，上六得巳氣③，巳，火也，故南赤。又得巽氣，故北白。春分，明庶風至，雷雨行，桃始華④，日月同道。明庶，昭達庶物之風。雷雨，所以解釋孚甲。日月一分，則同道也。晷長七尺二寸四分，正陽雲出張，如積白鵠⑤。"春分於震值初九，初九，辰在子⑥，震爻也，如積鵠之像也⑦。《易通卦驗》曰："震，東方也，主春分，日出青氣，出直震，此正氣也。氣出右，萬物半死。氣出左，蛟龍出。"鄭玄曰："春分之右，雨水之地。左⑧，清明之地。雨水之時，物未可盡生，故半死。辰爲龍，震氣前，故見蛟龍之類矣⑨。"《詩紀歷樞》曰："卯者，質也，陰質陽。"《詩推度灾》曰："節分於天保，微陽改刑。"宋均："節分，謂春分也。揄荚落，故曰改刑也。"

　　《尚書考靈曜》曰："以仲春、仲秋晝夜分之時，光條照四極，周經凡八十二萬七千里，日光接，故曰分寸之晷，代天氣生。"鄭玄曰："晷以分寸增減陰陽修而消息生萬物也。"《尚書考靈曜》曰："仲春一日，日出於卯，入於西，柳星一度中而昏，斗星十三度中而明。"

　　《春秋元命苞》曰："壯於卯，卯者，茂也。宋均曰："至卯益壯茂也。"夾鍾者始俠，謂遊俠之俠，言壯健之也。"《春秋元命苞》曰："木生火，火爲子，子爲父侯，故《書》曰：'日中星鳥，以殷仲春。'宋均曰："鳥，朱鳥也，火宿也，火爲木子，主候時，故木用事而朱鳥昏中也。殷猶當也。仲春，

---

①　"晷"原誤作"略"，據《周禮注疏》引《易通卦驗》改。下"晷"字同。

②　"白"字原脱，據趙在翰《七緯》輯本補。

③　"上六"二字原不重，據趙在翰《七緯》輯本補。

④　"始"字原無，據趙在翰《七緯》輯本補。

⑤　"積"下原有"如"字，涉上"如"字而衍，據趙在翰《七緯》輯本删。

⑥　"初九辰在子"原誤作"初在辰"，據趙在翰《七緯》輯本補正。

⑦　"象也"原誤作"震邑"，據趙在翰《七緯》輯本改。

⑧　"左"原誤作"在"，據趙在翰《七緯》輯本改。

⑨　"之"字原無，"矣"作"者"，據趙在翰《七緯》輯本補正。

春分之月。"木之爲言觸也，氣動躍，故其立字八推十者爲木，八者陰①，合十者，陽數足，言陰含陽起十之法。"含，猶備也，極也，故風八而周。陽起於一至十而五行陰陽成，故曰足。既備人足，故能觸土出物，共成木用事之法也。《春秋説題辭》曰："禾者生於仲春，以八月成嘉禾②，得陰陽之宜③，適三時節和，陽精汁性，得秋之宜。"宋均曰："春，春分之時，謂二月也。八月，秋分時也。春分種，至秋分而成嘉禾，故曰得陰陽之宜也。三時者，歷夏也。陽斗性④，言法陽成於三也，得秋之宜，得收成之氣而成之者也。"《春秋潛潭巴》曰⑤："鳥星昏中，以殷中春，宋均曰："時候然也。殷，猶當也。"精靈威仰。"

《春秋佐助期》曰："恒星者，列星也。周四月，夏二月也。昏鳥星中，夏宿注張，位爲春候。"宋均曰："爲春候，故仲春而鳥星中也。"

《孝經援神契》曰："春分，榮華出。"宋均曰："木謂之華，草謂之榮。"《孝經援神契》曰："斗指卯，鳥星中，春分序，趣種禾，事墾黍。"宋均曰："鳥星，注張也。序，序列用事。黍生於夏春，豫墾和其田。"

《爾雅》曰："二月爲如。"李巡曰："二月，万物載甲負芽，其性自如也，故曰如。"孫炎曰："万物皆生如其性也。"《尚書大傳》曰："元祀岱太山，貢兩伯之樂焉⑥。鄭玄曰："元，始也。歲二月，東巡狩，始祭岱，柴於太山。東稱岱，《書》曰：'至於岱宗，柴。'"東嶽⑦，陽伯之樂，舞《株離》⑧，其歌聲比余

---

① "陰"下原有"之"字，據趙在翰《七緯》輯本刪。
② "月"、"禾"二字原脱，據下文宋均注補。
③ "之"字原脱，據下文宋均注補。
④ 據正文此處當作"陽精汁性"，疑有訛脱。
⑤ "潭"原誤作"澤"，逕改。
⑥ "兩伯"原誤作"雨佰"，據《尚書大傳》改。下二"伯"字同。
⑦ 此二字《尚書大傳》無。
⑧ "株"原誤作"林"，據《尚書大傳》及注文改。

謠，名曰《皙陽》①。陽伯，猶言春伯，春官秩宗也，伯夷掌之。《株離》，舞曲名也，言象物生離根株也。徒歌謂之謠②，其聲清濁比余謠，然後應律。皙當爲析③，春厥民析。《皙陽》④，樂正所定名也⑤。　儀伯之樂，舞《饔刀張反也。哉》⑥，其歌聲比大謠⑦，名曰《南陽》。”儀當爲義伯⑧、羲仲之後。饔，動貌也⑨。哉，始也，言象應雷而動，始出南任也⑩。《史記·律書》曰：“夾鍾，言陰陽相夾廁。”《淮南子·時則》曰：“仲春之月，招搖指卯。二月官倉，其樹杏。”高誘曰：“二月興農播穀，故官倉也。杏有竅在中，象陰在内、陽在外也，是月陽氣布散在上⑪，故樹杏。《淮南子》曰：“二月之夕，女夷鼓歌⑫，高誘曰：“女夷，天帝之女，下司時知春陽嘉樂⑬，故鼓樂。以司天和，以長百穀、禽獸⑭、草木。”《淮南子·主術》曰：“先王之制⑮，四海之雲至而修封壇，高誘曰：“春分之後，四海出雲。”許慎曰：“海雲至二月也。”⑯蝦蟇鳴、鷰降而通路除道矣⑰。”許慎曰：“鷰降二月也。”《白虎通》曰：“二月，律謂之夾鍾何？夾

① “皙”原誤作“哲”，據《尚書大傳》改。下“皙”字同。
② “徒”原誤作“從”，據《尚書大傳》改。
③ “析”原誤作“折”，據《尚書大傳》改。下“析”字同。
④ “皙”字原脱，“陽”又誤作“楊”，據《尚書大傳》補正。
⑤ “名”字原無，據《尚書大傳》補。
⑥ “舞”字原無，依上文“舞株離”例之，當有“舞”字，今據以補。
⑦ “大”原誤作“夫”，據《尚書大傳》改。
⑧ “義”原誤作“羲”，據《尚書大傳》改。
⑨ “貌”原誤作“狼”，據《尚書大傳》改。
⑩ “任”原誤作“住”，據《尚書大傳》改。
⑪ “象陰”至“在上”，今本多有脱誤，作“象陰布散在上”，可補何寧《淮南子集釋》注之訛脱。
⑫ “歌”原作“哥”，據何寧《淮南子集釋》改。
⑬ “知”，《太平御覽·時序部》引作“和”。
⑭ “禽獸”，何寧《淮南子集釋》作“禽鳥”，《玉燭寶典》所引爲是，王念孫亦云“禽鳥”當作“禽獸”。
⑮ “制”，何寧《淮南子集釋》作“政”，古二字互用。
⑯ 此條爲《淮南子》許慎注逸文。
⑰ “通”，何寧《淮南子集釋》作“達”。

者，孚甲也①，言万物孚甲②，種類分之也。”

《異物志》曰：“魚高跳躍③，則蜥蜴從草中下，稍相依近，便共浮水上而相合，事竟，魚還水底，蜥蜴還草中。常以二月共合。食魚昭則煞人④，稟蜥蜴之氣。”⑤今案《爾雅》蜥蜴在《釋魚篇》，當以其種類交合也。

崔寔《四民月令》曰：“二月祠太社之日，薦韭卵于祖禰⑥。前期齊饌，掃滌，如正祀焉。其夕又案冢簿⑦，饌祠具。厥明，於冢上薦之。其非冢良日⑧，若有君命他急，菫釋冢祀日。是月也，擇元日⑨，可結婚，順陽習射，以備不虞。虞，度也，度猶意，以備寇賊不意之變。陰凍畢澤，可菑美田、緩土及河渚小處⑩，勸農使者氾勝之法。可種植禾、大豆、苴麻、麻之有實者爲苴也。胡麻。春分中，雷且發聲，先後各五日。寢別外内。《月令》曰：“雷且發聲，有不戒其容止者，生子不備。”蠶事未起，命縫人浣冬衣，徹複爲裌。今案《字林》曰：“裌，衣無絮也。工洽反。”其有贏帛，遂爲秋製⑪。是月也，揄莢成，及青收，乾以爲

---

① “孚甲也”三字原脱，據光緒元年淮南書局刻本陳立《白虎通疏證》補。
② “言”、“甲”二字原脱，據光緒元年淮南書局刻本陳立《白虎通疏證》補。
③ 依田利用云：“此句上似有闕文。”
④ 依田利用云：“‘昭’疑‘腸’字之訛。”
⑤ 此條爲《異物志》逸文。
⑥ “禰”原作“禬”，據《初學記》卷三引《四民月令》改。
⑦ “冢簿”原誤作“家薄”，據石聲漢《四民月令校注》改。
⑧ “冢”原誤作“家”，據石聲漢《四民月令校注》改。下“冢”字同。
⑨ “擇”原誤作“掃”，徑改。
⑩ “土”原誤作“士”，據《齊民要術》卷一引《四民月令》改。
⑪ “遂爲秋製”，《齊民要術》卷三引《四民月令》作“遂供秋服”。注云：“凡浣故帛，用灰汁，則色黄而且脆。擣小豆爲末，下絹簁，投湯中以洗之，潔白而柔肕勝皂莢矣。”

旨蓄。旨，美也①。蓄，積也。司部收青英小蒸之，曝之②，至冬至以釀羹，滑香宜養老。色變白將落③，可收爲醬音牟。醬④、醅音須。醬，皆榆醬者。随節早晏，勿失其適。自是月盡三月，可掩樹枝⑤，埋樹根枝土中⑥，令生；二歲以上，可移種之。可種地黄，及采桃花、茜，及括樓土瓜根⑦。其濱山可采鳥頭、天雄、天門冬。可糶粟、黍、大小豆、麻、麥子，收薪炭。玄鳥巢，刻塗墙。"茜，染絳草也。音倩。

正説曰：案《爾雅》："榮螈，蜥蜴。蠑蜓，守宫。"《音義》云："螈音原，或作蚖，兩通。蠑音焉典反。蜓音彌。"犍爲舍人注"螈"字下長加一"鼀"字，釋云："榮螈名鼀，蜥蜴。蜥蜴，又名蠑蜓。蠑蜓，又名守宫也。"李巡云："榮蚖一名蜥蜴，蜥蜴一名蠑蜓，蠑蜓一名守宫，皆分别一物二名也。"唯轉螈爲蚖。孫炎云："别四名。"一本云："轉相解博異語。"《史記》："龍漦夏庭⑧，卜藏於櫝，周厲王發而觀之，化爲玄鼀。"《史記》、《國語》皆作"鼀"字，計鼀黿之鼀，非入宫之物，常以爲疑。唯韋昭所注《國語》一本云"化爲玄蚖"，昭解云："蜥蜴類。"楊子《法言》云："龍蟠于泥，蚖其肆矣。"即是此虫。李軌《同異志》云："或作鼀。"鼀、蚖音義無異，

---

① "也"字原脱，據注文例補。

② "曝之"原誤作"異去"，據《齊民要術》卷五、《藝文類聚》卷八十八引《四民月令》改。

③ "白"原誤作"自"，據《齊民要術》卷五、《藝文類聚》卷八十八引《四民月令》改。

④ "醬"原誤作"眢"，據《齊民要術》卷五引《四民月令》改。

⑤ "三"原誤作"二"，"樹"字原重，據《齊民要術》卷四引《四民月令》改删。

⑥ "埋"原誤作"理"，據石聲漢《四民月令校注》改。

⑦ "土"，原誤作"士"，據《玉燭寶典考證》改。

⑧ 此四字不見於今本《史記》。《史記》云："龍亡而漦在櫝而去之，夏亡傳此器殷，殷亡又傳此器周，比三代莫敢發之。至厲王之末，發而觀之，漦流于庭，不可除，厲王使婦人裸而譟之，漦化爲玄鼀，以入王後宫。"

復似兩通①。《詩·小雅》:"哀今之人,胡爲虺蜴。"毛傳云:"蜴,
螈也。"劉歆《爾雅注》"榮螈"下云:"龍豢化爲玄螈。"并引《詩》
"胡爲虺蜴"傳解。既云蜴螈,明有單呼虺者,便以上字爲虺。劉
向《五行論》云:"豢化爲玄蜮,入王後宮②。豢,蓋血也③。豢及玄
蜮似龍虵之孽。"引《詩》"惟蜮惟虵,女子之祥"。案《爾雅》:"蜮,
蛹。"犍爲舍人注云:"蜮名蛹,今蠶也。"李巡云:"蠶蛹一名蜮。"
郭璞亦云:"蠶踊,蜮,音竈,一音潰。"便不相干。《詩》内"虺"字
乃無虫旁加鬼,未詳劉氏據何文證歆、向父子舊有異同之論,蜮、
虺二義,莫知所從。且《爾雅》别有"蝮虺",《詩》本悉作"虺"字,
不得强變爲虺。歆《列女傳·褒姒傳》"化爲玄蚖"④,復作"蚖"
字,与《五行論》不同,曹大家猶依"黿"字而解。《方言》:"秦、晉、
西夏謂之守宫⑤,或謂之盧螈⑥,或謂之蜥蜴⑦。在澤中者謂之易
蜴⑧,音析。南楚謂之虵醫,東齊謂之蠑螈⑨。"郭注云:"似蜥蜴而
大,有鱗,今所在通言虵醫耳。斯侯兩音。""北燕謂之祝蜓。桂
林之中守宫大者能鳴,謂之鴒解。"郭注:"似蛇醫而短⑩,身有鱗

---

① "兩"原誤作"雨",徑改。
② "入"原誤作"人",徑改。
③ "血",依田利用《玉燭寶典考證》作"孟"。
④ "列"字原脱,"褒姒"又誤作"哀似"。
⑤ "西"字原脱,據《微波榭叢書》本《方言疏證》補。
⑥ "盧螈",今本《方言》作"蠦蠸"。
⑦ "蜥"原誤作"蜮",據《微波榭叢書》本《方言考證》改。
⑧ "蜴"原在"易"字上,據《微波榭叢書》本《方言疏證》乙正。
⑨ "螈"原誤作"蚖",據《微波榭叢書》本《方言疏證》改。
⑩ "似蛇醫而"四字原脱,"短"又誤作"桓",據《微波榭叢書》本《方言疏證》補正。

采，屈尾①。江東人呼爲蛤蚖，音頭頷②，汝潁人直名爲鴣鷈③，音懈④，聲誤也。"《考工記》以"匈鳴者，小虫之屬"，鄭注："匈鳴，榮螈屬。"有似能鳴。《説文》釋"蚖"云："榮蚖，虵醫，以注鳴者，從虫元聲。"釋"蝘蜓"云："在壁曰蝘蜓，從虫匽聲，從虫延聲。在草曰蜥蜴。"又釋"易"云："易，蜥易，蟺蜓⑤。蟺蜓，守宫也。象形。凡易之屬，皆從易。"《本草經》："石龍子，一名蜥蜴，一名山龍子，一名守宫，一名蝘。"《集注》又云："其類有四種，既以大小形色爲異，故復增多。"雖則淺近，頗有據驗。總諸家可説⑥，韋昭爲得之。大體實是一類之虫，但在人家及在田野微異，故許慎有壁草之殊。《毛詩魚虫疏》云："鼉，形似水蜥蜴。"然則又有在水者。《周官》正文以"匈鳴者，榮螈屬"，"以注鳴者，精列屬"。許慎乃形於"蚖"下引"以注鳴"⑦，是其忘誤。今驗此虫在家者身廉而短，走遲，北人呼爲蠍虎，即是守宫。在野者，身細而長，走無疾，南土名爲虵師，即是蜥蜴。東方朔《射覆》云："非守宫即析蜴。"當據此爲異耳。《淮南萬畢術》云："取守宫，食以丹，陰乾，傅女身，有陰陽事則脱，故曰守宫。"《爾雅》已有此名，便其來已久。《説文》作"蟺蜓"，又作"蝘蜓"⑧，似與祝蜓相扶⑨，竟無"蜓"字。

---

①　"屈尾"二字今本《方言》無。
②　"頷"原誤作"領"，據《微波榭叢書》本《方言疏證》改。
③　"名"字原無，據《微波榭叢書》本《方言疏證》補。
④　"鴣鷈"至"音懈"原作"頷音郭鶉鷈言解"，訛脱難讀，據《微波榭叢書》本《方言疏證》改。
⑤　"蟺"，中華書局影印孫星衍刻本《説文解字》作"蝘"。
⑥　"可"字疑誤。
⑦　"形"字疑誤。
⑧　"蝘"原誤作"蟺"，徑改。
⑨　"扶"疑當作"似"。

還案《説文》："蟺，宛蟺也。從虫亶聲。"《字林》："蜿蟺，丘蚓也。音善。蚰蜒入耳也。"自是別虫，非關所云蜥蜴。方俗不同，物名平起。蜥、析古今雜體①，二字並通。榮螈，或宜稱螈，異本作"蚖"。蜥蜴，或宜稱蜴，象形爲易。雖繁省單複不同，其義一也。案虫旁易字兼有兩音②，《毛詩》"虺蜴"及《方言》"蜥蜴"下並作"錫"音，《爾雅》"蜥蜴"乃作"易"音。《説文》單易象形，蓋得其大體，後人加之以虫，遂同一字耳。

附説曰：《孔子内備經》云："震爻動，則知有佛。"《大涅盤》云："如旃檀林，栴檀圍繞。如師子王，師子圍繞。"又云："稽首佛足，百千万迎。"今人以此月八日巡城，蓋其遺法矣。魏代踵前，於此尤盛，其七日晚，所司預奏，早開城門，過半夜便内外俱起，遍滿四墎。

《大涅槃》又云："諸香木上懸五色幡，柔軟微妙③，猶如天衣。種種名華，_{外書"花"字。}以散樹間④。四方風神，吹諸樹上，時非時華散雙樹間。"《法花經》云："或以歡憶心，歌唄頌佛德。"又云："雨旃檀流香⑤，繽紛而亂墜，如鳥飛空下，供養於諸佛。衆寶妙香鑪，燒無價之香。"《華嚴經》云："雨天衆寶花，而芬芬如雪下。"是日尊儀輦輿並出，香火竟路，幡花引前。寺別僧尼，讚唄随後。此時花樹未甚開敷，去聖久遠，力非感降其花道，俗唯刻鏤錦綵爲之。漢王符爲《潛夫論》已言花綵之費。晉《范汪集·新野四

居別傳》云：“家以剪佛華爲業①。”其來蓋久②。《荆楚記》云：“謝靈運孫名玆藻者，爲荆府諮議，云今世新花，並其祖靈運所制。”似是花樹之色。南北異俗，或不必同，圍繞乃是常事。

八日獨行者，當以佛云：“劫後三月，吾當涅盤，將欲滅度。”涅盤時到，戀慕特深。《菩薩處胎經》云：“佛以二月八日生，轉法輪、降魔、涅盤。”皆同此日。《過去現在因果經》亦云：“佛以二月八日生。”或復由此。其命民社。案《三禮圖》：“社皆有樹。”《莊子》云：“匠石之齊，至於曲轅③，見櫟社樹，其大蔽牛。”《博物志》云：“子路与子貢至一社④，其樹有鳥，子路搏而取之，社神牽攣不得去。子貢說之，乃止。”晉世阮宣子云：“若社爲樹，伐樹則社亡。”張華《朽社賦序》曰⑤：“高栢槁南大道旁，有古社槐樹，蓋數百年木也。余少居近之，後行路過之，則已朽株，齊士槁柴棄路，聊爲賦，述盛衰之理⑥。其賦曰：‘伊玆槐之挺殖⑦，于京洛之東隅。得託尊于田主，據爽塏以高居。’”王廙《春可樂》云：“吉辰兮上戊明，靈兮惟社⑧。百室兮必集，祈社兮樹下⑨。”並其事也。

此月民並種戒火草於屋上。《白澤圖》云：“火精爲宋無忌。”《春秋》謂之回禄，《黃石記》則曰許咸池。《廣志·薈草》有戒火草。四

———————

① “業”原誤作“葉”，徑改。
② “久”原誤作“又”，徑改。
③ “至於曲轅”四字原無，據今本《莊子》補。
④ “貢”原作“夏”，據《指海》本《博物志》改。“至一社”，《指海》本《博物志》作“過鄭神社”。
⑤ “華”原誤作“花”，徑改。
⑥ “株”至“述”，《藝文類聚》卷三十九引《朽社賦》作“意有緬然輒爲之賦因以言”。
⑦ “殖”，《藝文類聚》卷三十九引《朽社賦》作“植”。
⑧ “兮”原誤作“子”，據《太平御覽》卷五三二引《春可樂》改。
⑨ “兮”原誤作“子”，據《太平御覽》卷五三二引《春可樂》改。

時皆須戒火，獨於此月種草者，《周官》司烜氏仲春"以木鐸循火禁于國中"，注云："爲季春將出火。"又以種殖之時，今世名慎火草，不須根，唯摘心而種便生，故云生或在垣墉。鷰始來。《小正》云："降鷰，古字多作"燕"，不著鳥也。乃睇。"《周書》云："春分之日，玄鳥不至，婦人不震。"《月令》云："玄鳥至之日，以大牢祀于高禖①。"鄭玄注云："鷰以施生時來，巢人堂宇而孚乳②，嫁娶之像也。媒氏之官，以爲候。高辛氏之世，玄鳥遺卵，娀簡吞之而生契③，後王以爲禖官嘉祥，立其祀④。"案《呂氏春秋》："有娀氏有二佚女，爲之九成之臺，飲食必以鼓。帝令鷰往視之⑤，鳴若嗌嗌⑥，二女愛而爭搏之⑦，覆以玉筐，發而視之，鷰遺二卵，北飛⑧，遂不反。二女作歌一終，曰：'鷰鷰往飛'⑨，實始爲北音。"《列女傳》云："簡狄者，帝嚳次妃，有娀之女，与其妹娣浴於玄丘之水⑩，有玄鳥銜卵過而墜之⑪，五色甚好，相与競往取之⑫，簡狄得而含之，誤而吞之⑬，遂生契。"京房《易占》云："見白鷰于邑，其君宜得貴女⑭。"《荊楚記》云："婦

---

① "禖"原誤作"祺"，據《禮記正義》改。下"禖"字同。
② "人"字原無，據《禮記正義》補。
③ "而"字原無，據《禮記正義》補。
④ "祀"，《禮記正義》作"祠"。
⑤ "視"原誤作"夜"，又脫"之"字，據《四部叢刊》本《呂氏春秋》補正。
⑥ "若"字原無，據《四部叢刊》本《呂氏春秋》補。又"嗌嗌"，《四部叢刊》本《呂氏春秋》作"隘隘"。
⑦ "搏"，《四部叢刊》本《呂氏春秋》作"搏"。
⑧ "北"字原無，據《四部叢刊》本《呂氏春秋》補。
⑨ "鷰"字原不重，據《四部叢刊》本《呂氏春秋》補。
⑩ "其"字原無，據嘉慶刻後印本王照圓《烈女傳補注》補。
⑪ "過"、"之"二字原無，據嘉慶刻後印本王照圓《烈女傳補注》補。
⑫ "往"字原無，據嘉慶刻後印本王照圓《烈女傳補注》補。
⑬ "含之誤而"四字原無，據嘉慶刻後印本王照圓《烈女傳補注》補。
⑭ "宜"原誤作"且"字，據《事類賦》卷十九引京房《易占》改。

人以一雙竹箸擲之,以爲令人有子①。"蓋其遺俗。《古今注》云:"鴞,一名天女。"傅咸《鴞賦》云:"有言鴞今年巢此,明歲後來者,於此其將逝,剪爪識之,其後果至。"盧諶《鴞賦》云:"斗建午而子指,日在戊而後愬。雖羽毛之光澤,匪死用於珍②。雖肌膚之絜鮮,匪備味於俎案。虞人見而收羅,鷙鳥覩而斂翰,在於才不才之間,處於用無用之畔,頗亦有異衆鳥。"

其婚,《禮・小正》云"綏多女士","冠子取婦之時",《周官》仲春"令會男女",鄭玄唯應據此爲義,而《聖證論》云:"鄭氏以二月爲嫁娶之時,謬也。"詳尋其時,古人皆以秋冬。《詩》曰③:"東門之楊,其葉牂牂。"毛曰:"男女失時,不逮秋冬也。"孫卿曰:"霜降逆女④,冰泮殺止。"董仲舒曰:"聖人以男女陰陽其道同類天道,向秋冬而陰氣來,向春夏而陰氣去,故古人霜降而送女,冰泮而殺止,與陰俱近,與陽遠也。"《詩》云:"將子無怒,秋以爲期。"《周官》:"仲春,令會男女之無夫家者。於是時也,奔者不禁。"則婚姻之期盡此月矣,故急期會也。董勳《問禮俗》云:《周禮》仲春'奔者不禁',謂不備禮而行,非謂淫泆奔者,如姪娣不娉之例⑤。"《家語》曰:"霜降而婦功成,婚娶者行焉。冰泮而農桑起⑥,女禮殺於此焉。"束皙《論婚姻時》云:"鄭氏以爲必以仲春,王氏以爲秋冬。案《春秋》魯女出嫁,夫人來歸,自正月至十二月,悉不以失時爲褒貶,則婚姻通年之事,何限仲春?何繼季秋而各守

---

① 此條爲《荆楚記》逸文。

② "珍"字下依田利用疑脱"玩"字,不見傳世文獻徵引,姑且存疑俟考。

③ "詩曰"原誤作"時日",徑改。

④ "逆"原誤作"送",據王先謙《荀子集解》改。

⑤ "娉",依田利用疑當作"聘"。

⑥ "桑",《毛詩正義》引《家語》作"事"。

一隅，以相非哉？《桃夭篇》序蓋謂盛壯之時而非日月之時也，故灼灼其花，喻以革盛。毛、鄭皆用桃夭之月，其次章云‘有蕡其實，之子于歸’，此豈復在仲春乎？注曰：‘夏之向晚，待冰未泮，正月以前也。草虫喓喓，未秋之時也。《周禮》仲春‘會男女’，蓋一切相配之合而非常女之節也。”

去冬至一百五日，謂爲寒食之節。《荊楚記》云：“疾風甚雨①，今亦不必然也。”《魏武明罰令》云：“聞太原、上黨、西河、鴈門冬至後一百有五日，皆絕火寒食，云爲介子推。夫子推，晉之下士，無高世之德；子胥以直亮沉水，吳人未有絕水之事；至於子推獨爲寒食，豈不偏號②。云有癈者，乃致雹雪之灾，不復願，不寒食，鄉亦有之也。漢武時，京師雹如馬頭，寧當坐不寒食乎？且北方泮冱寒之地，老小羸弱將有不堪之患。令書到，民一不得寒食，若有犯者，家長半歲刑，主吏百日刑，令長奪俸一月。”范曄《後漢書》云：“周舉遷并州刺史，太原一郡，舊俗以介子推焚骸，有龍忌之禁，至其亡月③，咸言神靈不樂舉火④，移書於子推廟，乃言：‘冬中寒食一月，老小不堪，今則三日而已。’”今世常於清明節前二日斷火。《琴操》云：“晉重耳与介子綏推、綏，聲相近也。俱遁山野，重耳大有飢色，綏割其腓股以啖重耳。重耳復國，子綏獨無所得，甚怨恨，乃書作《龍虵》之歌以感之。曰：‘有龍矯矯遭天譴怒，惓逃鱗甲來道于

---

① “雨”原誤作“兩”，徑改。
② “号”疑當作“乎”。
③ “王”原誤作“正”，據中華書局點校本《後漢書》改。
④ “樂”原誤作“聽”，“火”下原衍“舉”字，涉上“舉”字而衍，據中華書局點校本《後漢書》改刪。

下①。志願不得与妣同伍，龍妣俱行，周遍山野②，龍遭飢餓，妣割腓股。龍行升天，安其房户。妣獨抑崔沉滯泥土③，仰天怨望④，惆悵悲苦⑤，非樂龍位，悾不盻願。’文公驚寤，即遣追求，得於荆山之中，使者奉節迎之⑥，終不肯聽⑦。文公曰：‘燔左右，木熱當自出。’乃燔之。子綏遂抱木而燒死，文公流淚交頸，令民五月五日不得發火。”諸書皆言冬至後百有五日，此獨云五月五日，意以爲疑。孫楚《祭子推文公》：“楚即太原人，字子荆。黍飯一槃，或作米飯。醴酪二盂，清泉白水⑧，充君之廚。”陸翽《鄴中記》云：“并州之俗，以冬至後百五日爲介子推斷火冷食三日⑨，作干粥，是今糗也。中國以爲寒食又作醴酪。醴，煮粳米，或大麥作之。酪，擣杏子仁煮作粥⑩。”今世悉作大麥粥，研杏仁爲酪，別煮錫沃之也⑪。《晉太康地記》云⑫：“河東汾陰縣介山在南，介子推匿此山，又號介山也。”案《史記》介子推自隱：“文公賞從己，推不言禄，禄亦不及，從者憐之，乃縣書宫門曰：‘龍欲上天，五妣爲輔，龍已升雲，四妣各入其守，一妣

---

① “惓逃鱗”，《平津館叢書》本《琴操》作“捲排角”。
② “周遍山野”，《平津館叢書》本《琴操》作“身辨山墅”。
③ “滯泥土”三字原無，據《平津館叢書》本《琴操》補。又“崔”，《平津館叢書》本《琴操》作“推”。
④ “仰”字原脱，據《平津館叢書》本《琴操》補。
⑤ “惆悵”，《平津館叢書》本《琴操》作“綢繆”。
⑥ “迎”原誤作“還”，據《平津館叢書》本《琴操》改。
⑦ “聽”，《平津館叢書》本《琴操》作“出”。
⑧ 依田利用云：“《海録碎事》‘白’作‘甘’。”
⑨ “爲”原誤作“有”，據《武英殿聚珍版叢書》本《鄴中記》改。
⑩ “仁煮”原作“人渚”，據《武英殿聚珍版叢書》本《鄴中記》改。下“人”字同。《初學記》引《鄴中記》此段文字與《玉燭寶典》所引多有不同。
⑪ “煮錫”原誤作“者一錫”，據《玉燭寶典考證》改。
⑫ “康”原誤作“庚”，徑改。

獨怨，終不見處所知^①。'文公出，見其書曰：'此介子推也。'吾方
憂王室^②，未圖其功。'使人召之，則亡。遂求所在，聞其入綿上山
中。於是環綿上山中而封之，以爲介子推田，號曰介山。"《春秋
傳》云："'且出怨言，不食其食。'其母曰：'亦使知之，若何？'推
曰：'言，身之文也。身將隱，焉用文之？'其母曰：'能如是乎？与
汝皆隱。'遂隱而死。晉侯求之不得，以綿上爲之田。曰：'以志
吾過，且旌善人。'"並無割股被燔之事。《離騷·九章》云："介子
忠而立枯兮^③，文君寤而追求。"王逸注云："文公出奔，介子推從
行，道乏糧，介子割脾以食文公。後文公得國，賞諸從行者，失忘
子推，子推遂逃隱介山^④。文公覺寤，追而求之，遂不肯出^⑤。文
公因燒其山，子推抱樹燒而死^⑥，故言立枯也。"又"封介山而爲之
禁兮^⑦，報大德之優遊。思久故之親身兮，因縞素而哭之"注云：
"文公遂以介山之民封子推，使祭祠之^⑧。又禁民不得有言燒
死^⑨，以報其德，優遊其魂靈^⑩。思子推親自割其身^⑪，恩義尤篤。
因爲變服，悲而哭之。"《七諫》云："推割肉而食君^⑫，德日忘而怨
深。"《列仙傳》云："介推与母入介山，文公遣數千人以玉帛禮之，

---

① "所"下今諸書所引無"知"字，當爲衍文。
② "吾"原誤作"五"，森立之父子校本不誤，據改。
③ "忠"原誤作"正"，又脫"兮"字，據汲古閣本《楚辭補注》改補。
④ "隱介山"，《四部叢刊》本《楚辭》王逸注作"介山隱"。
⑤ "遂"上《四部叢刊》本《楚辭》王逸注有"子推"二字。
⑥ "燒"字原無，據《四部叢刊》本《楚辭》補。
⑦ "兮"字原脫，據《四部叢刊》本《楚辭》補。下"兮"字同。
⑧ "祠"，《四部叢刊》本《楚辭》王逸注作"祀"。
⑨ "民"原誤作"正"，據《四部叢刊》本《楚辭》王逸注改。
⑩ "魂靈"，《四部叢刊》本《楚辭》作"靈魂"。
⑪ "自"字原無，據《四部叢刊》本《楚辭》王逸注補。
⑫ "割肉"，今本《七諫》作"自割"。"食"作"飤"。王逸注云："一云：推自割而食
君兮。"與王説"一云"正合。

不出。後世見在東海邊賣扇，復數十年，便似不死。"《異苑》云：
"子推不出，文公求之，終抱木燒死。公撫木哀歌，伐而制屐，每
懷割股之恩，輒流涕視屐曰①：'悲乎足下。''悲乎足下'之言將起
於此乎？"亦未知所據。

　　案《禮》春有韭卵之饋，因寒食絕纂，遂供膳著此節。城市尤
多鬭雞卵之戲②，《左傳》有季郈雞鬭③，延及魯邦④。魏陳思王有
《鬭雞表》，云："預列雞場。"後代文人又有鬭雞詩賦。古之豪家
食稱盡卵⑤，今世猶染藍蒨雜色，仍加雕鏤，遞相餉遺，或置槃俎。
《管子》云："雕燎，然後灼之。雕卵，然後瀹之。所以發積藏散万
物。"夏侯湛《梁田賦》云："熬荼瀹卵。"嵇含《雞賦》云：既春卵之
腐修。"便是滋味補益。《山海・大荒西經》云："有沃之國，沃人
是處。沃之野，鳳鳥之卵是食。"或當靈異所産。《括地圖》云：
"羽民有羽⑥，飛不遠，多鸞鳥，食其卵。"与鳳義同。崔駰《七依》
云："丹山鳳卵。"劉楨《清慮賦》云⑦："瀹鳳卵。"此非平常可得之
物，皆恐作者大言。《韓詩章句》云："夏如沸羹。夏祭日沸羹，爔
麥祭也。"《字訓》云："瀹，熟菜也。弋灼反。"是則煮⑧、孰通有瀹

---

　　① "每"原誤作"無"，據津逮秘書本《異苑》改。
　　② "雞"下原有"鬭"字，涉上"鬭"字而衍，據《初學記》卷四引《玉燭寶典》刪。《白
氏六帖》、《事類賦》、《荆楚歲時記注》均無"鬭"字。
　　③ "左傳有"原作"春秋"，據《初學記》卷四引《玉燭寶典》改。
　　④ "延及魯邦"，《初學記》卷四、《太平御覽》卷三十、《荆楚歲時記注》均作"其來
遠矣"。
　　⑤ "家"原誤作"冢"，據《玉燭寶典考證》改正。
　　⑥ "羽民有"三字原無，據《太平御覽》引卷九一六引《括地圖》補。
　　⑦ "楨"原誤作"損"。依田利用云："按《隋志》'《京口記》二卷，宋太常卿劉損
撰'，《唐志》作'劉損之'，《藝文類聚》引作'劉楨'……《文選注》作'劉楨'，此蓋其人
也。"今案《北堂書鈔》、《太平御覽》引倶作"劉楨清慮賦"。
　　⑧ "煮"原誤作"渚"。

名。其字或草下，或水旁，或火旁，皆依書本。其鬭卵，則莫知所出。董仲舒書云："心如宿卵，爲體内藏，似據其剛[1]。"髣髴鬭理。《淮南萬畢術》云："二月上壬日，取道中土井華水和塗蠶屋四角，則宜蠶。神名苑窳[2]。"《搜神記》："舊説太古時有人遠征，家有一女，并馬一匹。女思父，乃戲馬云[3]：'爾能爲我迎父，吾將嫁汝。'馬乃絶僵而去，迎父[4]，父乘之而還，女以告父，射煞馬，曝皮於庭，女足蹙之曰：'爾馬而欲人爲婦，自取屠剥，何如言?'未竟，皮起，卷女而行。後大樹枝間得女及皮，盡化爲蠶，績於樹上[5]，世謂蠶爲女兒，古之遺語也[6]。"《山海·海外北經》云："歐絲之野在大踵東，一女子方跪樹歐絲[7]。"郭注云："噉桑而吐絲，蓋蠶類也[8]。"或當因此受名也。

玉燭寶典卷第二　二月

---

① "似"，《荆楚歲時記注》、《初學記》卷四并引作"以"。
② 依田利用以"窳"當重"蠶"字。
③ "云"字原無，據《齊民要術》卷五引《搜神記》補。
④ 依田利用云："'父'上恐當有'迎'字。"今從其説補。
⑤ "績"原作"積"，據《齊民要術》卷五引《搜神記》改。
⑥ "之"字原無，據《齊民要術》卷五引《搜神記》補。
⑦ "方"字今本《山海經》無。
⑧ "也"字原無，據《四部叢刊》本《山海經傳》郭璞注補。

玉燭寶典卷第三

三月季春第三

《禮・月令》曰："季春之月，日在胃，昏七星中①，旦牽牛中。鄭玄曰："季，少也。季春者，日月會於大梁②，而斗建辰之辰也③。"律中沽洗。季春氣至，則沽洗之律應。高誘曰："沽，故也。洗，新也。是月陽氣養生，去故就新。"桐始華，田鼠化爲鴽，虹始見，萍始生。鴽，母無也④。螮蝀謂之虹。萍，蓱也，其大者曰蘋。高誘曰："萍，水藻也。"今案《詩義問》曰："虹見有青赤之色⑤，青在上者陰棄陽，故君子知以爲戒。"《文子》曰："天二氣，即成虹也。"

天子居青陽右个。青陽右个，東堂南偏也⑥。是月也，天子乃薦鞠衣于先帝。爲將蠶，求福祥之助也。鞠衣，黃桑衣之服也。先帝，大皞之屬。命舟牧覆舟，五覆五反，乃告'舟備具'于天子焉，舟牧，主舟之官也。覆反舟者，備傾漏也。天子始乘舟，薦鮪于寢廟。進時美物。乃爲麥祈實。於含秀求其成。生氣方盛，陽氣發泄，勾者畢出，萌者盡達，不可以內。時可宣出，不可收斂也。勾，屈生者也。芒而直曰萌。天子布德行惠，命有司發倉稟，賜貧窮，振乏絕；振，猶救也。開府庫，出幣帛，周天下，勉諸侯，聘名士，禮賢者。周，謂給不足也。勉，猶勸也。聘，問也，名士，不仕

---

① "星"字原脱，據《禮記正義》補。
② "日"字原脱，據《禮記正義》補。
③ "之"字原脱，據《禮記正義》補。
④ "母無"，今本《禮記正義》作"鵪母"，山井鼎《七經孟子考文》云古本作"母無"，足利學校藏《禮記正義》正作"母無"。則《玉燭寶典》猶存《禮記》古本面貌。
⑤ "有青"原互倒，據《玉燭寶典考證》乙正。
⑥ 依田利用云："注疏本無'也'字，《考文》引古本有。"

者也①。命司空曰：'時雨將降，下水上騰，循行國邑，周視原野，修利隄坊，道達溝瀆，開通道路，無有鄣塞。'廣平曰原。國也，邑也，平野也，溝瀆與道路皆不得不通，所以除水潦也。田獵罝罘②、音浮。羅罔、畢翳、餧於爲反③。獸之藥，無出九門。'爲鳥獸方孚乳，傷之逆天時也。獸罔爲罝罘④，鳥罔曰羅網。小而柄長謂之畢。翳，射者所以自隱也⑤。謂罔及毒藥禁其出九門，明其常有，有者時不得用耳⑥。天子九門者，路門也，應門也，雉門也，庫門也⑦，皋門也，國門也⑧，近郊門也，遠郊門也，關門也⑨。今《月令》无罘，翳爲戈。命野虞毋伐桑柘。愛蠶食也⑩。野虞，謂主田及山川之官也⑪。鳴鳩拂其羽，戴勝降于桑。蠶將生之候也。鳩鳴飛且翼相擊，趣農急也。戴勝，趣織紝之鳥也⑫，是時恒在桑。言降者，若時始自天來，重之也⑬。高誘曰："鳴鳩，斑鳩也。是月拂擊其羽，直刺上飛數十丈乃復者是也⑭。"摯虞《槐賦》曰⑮："春栖教農之⑯。"且、曲、植、除吏反。簾、音舉。筐，皆所以養蠶之器也⑰。曲，薄也。植，槌也。高誘曰："圓底曰簾，方底曰筐，皆受桑器也。"今案《方言》曰："薄謂之曲，楚謂之蓬槌。"郭璞注曰："懸

---

① "者"字原無，據《禮記正義》補。
② "田獵罝"三字原脱，據《禮記正義》補。
③ "爲"，《禮記正義》作"僞"。
④ "罔"，《禮記正義》作"罟"。下"罔"字同。
⑤ "以"字原無，據《禮記正義》補。
⑥ "用"原誤作"困"，據《禮記正義》改正。
⑦ "雉門也庫門也"六字原無，據《禮記正義》補。
⑧ "國"，《禮記正義》作"城"。
⑨ "也"字原脱，據《禮記正義》補。
⑩ "愛"原誤作"受"，據《禮記正義》改。
⑪ "川"，《禮記正義》作"林"。
⑫ "趣"字今本《禮記正義》無，山井鼎《七經孟子考文》云古本有，足利學校藏《禮記正義》有"趣"字，則《玉燭寶典》猶存《禮記》鄭玄注古本面貌。
⑬ "也"字原脱，據《禮記正義》補。
⑭ "直刺"原誤作"宜判"，又脱"也"字，據《吕氏春秋》高誘注改補。
⑮ "摯"原誤作"擊"，徑改。
⑯ 依田利用云："'之'字似衍。"案"之"疑爲"兮"字之訛。
⑰ "皆"，《禮記正義》作"時"，無"之"字，山井鼎《七經孟子考文》引古本同此。

蠶薄柱。音度畏反。齊部謂之持①，音丁革反。䔖，古莒字，汾②、代之間謂之篗③，音弓弢。淇、衛之間謂之牛筐也。"**后妃齋戒，親東嚮躬桑。禁婦女毋觀。省婦使，以勸蠶事。**后妃親采桑④，示帥先天下也⑤。東向者，向時氣。婦，謂世婦及諸臣之妻。毋觀去，客飾也。婦使，絳綿組紃之事⑥。《先蠶儀注》曰⑦："皇后采桑壇在宮西南，惟宮中門之外，外門之內，當所采桑之西，壇高五尺方三丈，爲四出，陛廣八尺，拜人妻有行義者六人爲蠶母，著青衣、青襦裙、青屨，給使六人。"《皇后親蠶儀注》曰："皇后躬桑，始得將一條⑧。執筐受桑，將三條。母尚書跪曰⑨：'可止。'執筐者以桑授蠶母，蠶母以桑適蠶室。"楊泉《蠶賦》曰："農者，天文之洪業。桑者，地母之盛事。寢則頡口，頭如明珠，玄眉，朱目，紅喙，素軀。"《東方朔別傳》："朔爲漢武所使，上天，天帝問朔：'人何衣。'答云：'衣蠶。'帝問其狀，朔云：'色色以人口，駠駠以馬也。'⑩"**蠶事既登，分繭稱絲效功，以供郊廟之服，無有敢惰⑪。**登，成。**命工師令百工審五庫之量，金、鐵、皮、革、筋，角、齒，羽、箭、幹，脂、膠、丹、漆，無或不良。**工師，司空之屬官也。五庫，藏此諸物之舍也。量，謂物善惡之舊法也。幹，器之木也。凡輮幹有當用脂者⑫。良，善也。**百工咸**

---

①　"部"疑當作"鄭"。

②　"汾"，今本《方言》郭璞注作"趙"。

③　"篗"原誤作"笛"，據《微波榭叢書》本《方言疏證》改。

④　"親妃"二字原脫，據《禮記正義》補。

⑤　"帥"原誤作"師"，據《禮記正義》改。

⑥　"絳綿"，《禮記正義》作"縫線"。

⑦　依田利用云："《初學記》、《藝文類聚》引梁《五禮先蠶儀注》，此蓋其書也。"

⑧　依田利用云："《初學記》、《藝文類聚》無'得'字。案得、將字形相近而誤重。"案《太平御覽》引《皇后親蠶儀注》亦無"得"字。"將"，《農政全書》卷三一引《後妃親蠶儀》作"捋"，下"將"字同。

⑨　"母"，《太平御覽》卷八二五引《皇后親蠶儀注》、《農政全書》卷三一引《後妃親蠶儀》皆作"女"。

⑩　"色色"以下《藝文類聚》卷八一作"蟲喙顏顏類馬色邪邪類虎"。依田利用云："此當作'色邪邪似虎，口顏顏似馬'。"

⑪　"惰"，"惰"之俗體。

⑫　"者"字《禮記正義》無，山井鼎《七經孟子考文》云古本有，足利學校藏《禮記正義》有"者"字，與此正合。

理，監工日號，毋悖于時，毋或作爲淫巧，以蕩上心。咸，皆也。於百工皆治理其事之時，工師則監之，日號令之，戒之以此二事。悖，猶逆也。百工作器物各有時，逆之則功不善。淫巧，謂爲飾不如法者。蕩，謂動之使生奢泰也①。是月之末，擇吉日，大合樂，天子乃帥三公②、九卿、諸侯、大夫親往視之。大合樂者，所以必助陽達物③，風化天下也。乃合累牛、騰馬游牝于牧。累、騰，皆乘疋之名也。是月所合牛馬，謂繫在廄者也。其牝欲遊，則就牧之牡而合之也④。犧牲駒犢，舉書其數。已在牧而校數書之⑤，明出時無他故。至秋當録内，且以知生息之多少也。命國難，乃何反。九門磔都格反。攘，以畢春氣。此難，難陰氣也。陰氣右行，此月之中，日行歷昴，有大陵積尸之氣⑥。氣失⑦，則厲鬼随而出行，命方相氏帥百隸索室殿疫以逐之。又磔牲以攘於四方之神⑧，所以畢春氣而止其灾也⑨。

　　季春行冬令，則寒氣時發，草木皆肅，丑之氣乘之也。肅⑩，謂枝葉縮栗之。國有大恐。以水訛相驚。行夏令，則人多疾疫，時雨不降，未之氣乘之也。六月，宿值輿鬼，輿鬼爲天尸，時又有大暑⑪。山陵不收。行秋令，則天多沉陰，淫雨蚤降，戌之氣乘之也。九月多陰。淫，霖也⑫，雨三日以

---

① "泰"原誤作"秦"，據《禮記正義》改。
② "帥"原誤作"師"，據《禮記正義》改。
③ 依田利用云："注疏本無'必'字。案'以'、'必'字形近而誤重。"
④ 依田利用云："注疏本'牡'作'牝'，《考文》云古本作'牡'，宋板同。"
⑤ "已"，《禮記正義》作"以"，山井鼎《七經孟子考文》云古本作"已"。
⑥ "有"上《禮記正義》重"昴"字。
⑦ "失"，《禮記正義》作"佚"。
⑧ "以"原誤作"之"，據《禮記正義》改。
⑨ 依田利用云："注疏本無'春氣'二字，係脱。《考文》云古本作'所以畢春氣而除止其災也'，足利本同此。"
⑩ "肅"字原脱，據《禮記正義》補。
⑪ "輿"原誤作"與"，據《禮記正義》改。
⑫ "霖"原作"淋"，據《禮記正義》改。

上爲霖也。兵革並起。金氣勝也①。

　　蔡雍季春章句曰："季，末也。時有三月，至此而盡，故謂之末也。今歷季春清明節，日在胃一度，昏明中星，去日百六度七星四度中而昏，斗二十一度半中而明。'桐始華。'桐木，名木之後華者也。'田鼠化爲鴽。'田鼠，䶂鼠也。鴽，鳥名，鶉鷃之屬也。氣蓋盛蒸變含西②，使毛者爲羽，走者能飛，候之尤著者也。化者，後爲田鼠。'虹始見。'螮音帶。蝀音董③。也。今案《爾雅》："螮蝀謂之雩④。螮蝀，虹也。"孫炎曰："別三名。"郭璞曰："俗名爲美人也。"陰陽交接之氣著於形色，雄曰虹，雌曰蜺。虹常依陰陽雲而出於日衝⑤，無雲不見。蜺常依濁蒙見於日旁，凡見日旁者，四時常有之。唯雄虹起是月，見，至孟冬乃藏⑥。'萍始生。'萍，草名，浮生於水上，今案《詩草木疏》："蓱，水上浮萍是也。其粗大者謂之蘋，少者謂之萍⑦。季春始生，可糝蒸以爲茹⑧，又可用苦酒淹以就酒也⑨。"起是浸多，故曰始也。'天子居青陽右个。'右个，辰上之室。'天子乃薦鞠衣于先帝。'鞠衣，衣名，春服也，蓋菊華之色，其制度未之聞也。今案《周官》內司服職有鞠衣，鄭玄注云："黃桑服也⑩，色如鞠塵，象桑葉始生也。"進於先帝者，進於廟也。舟

---

① "金"，《禮記正義》作"陰"，山井鼎《七經孟子考文》云古本作"金"，與此正合。"勝"原作"胲"，據《禮記正義》改。
② "含西"二字疑誤。
③ "董"原誤作"薰"，徑改。
④ "雩"原誤作"丁"，據《爾雅注疏》改。
⑤ "陽"字《初學記》、《藝文類聚》、《太平御覽》諸書所引蔡邕《月令章句》皆無。
⑥ "至孟"二字原無，據《太平御覽》卷十四引蔡邕《月令章句》補。
⑦ "謂"原誤作"爲"，據《寶顏堂秘笈》本《毛詩草木蟲魚疏》改。
⑧ "糝"原誤作"燥"，又脫"以"字，據《寶顏堂秘笈》本《毛詩草木蟲魚疏》改補。
⑨ "用"字原無，據《寶顏堂秘笈》本《毛詩草木蟲魚疏》補。
⑩ "黃"字原脫，據《禮記正義》補。

牧，典舟官也，乘舟至危①，故審之也。必覆五覆以視表，五反以視裏②，慎之至也。'天子始乘舟。'陽氣和煖，鮪魚於是時至也，將取以薦，故因是乘舟，浮於名川。《論語》曰：'暮春者，春服既成，冠者五六人③，童子六七人④，浴乎沂，風乎舞雩。'古有此禮，今三月上巳袚今案《漢書音義》："音廢。"於水濱，蓋出於此。'薦鮪于寢廟。'鮪，魚名，大於衆魚者也。'句者畢出⑤。'句者，蓋也，言凡覆蓋者盡出命。'有司發倉廩，賜貧窮，振乏絶。'穀藏曰倉，米藏曰廩，無賊曰貧，無親曰窮，暫無曰乏，不繼曰絶⑥。'修利隄防，導達溝瀆。'水行地上，積土雨旁曰隄，所以障衝曰防。行水地中曰溝瀆。'田獵，罘罝⑦、羅網、畢戈、餧獸之藥，無出九門。'天子之城，旁三門，東方，盛德所在，獵者不得出，嫌餘三方得行，故曰無出九門。'鳴鳩拂其羽，戴鵀降於桑。'鳩先是時鳴，故稱鳴鳩。拂，猶搏也，陽氣所感，故搏羽下桑以勸人事也。'合累牛、孕馬⑧，遊牝于牧。'累、重、孕、任，皆懷之名也，謂六累。懷胎曰重，田外曰牧。爲牝馬牛當重孕，故放之於牧地，就牡以定之。"

右章句爲釋月令。

《歸藏易·啓筮經》曰："有一星出千顯山之野，三月鳥出，必以風雨。"《詩·陳風》曰："東門之楊，其葉牂牂。"鄭箋云："陽葉牂牂

---

① "危"原誤作"色"，徑改。
② "五反"二字原重，徑刪。
③ "五六人"三字原無，據今本《論語》補。
④ "六七人"三字原無，據今本《論語》補。
⑤ "句"原誤作"區"，據《禮記·月令》正文改。下"句"字同。
⑥ "繼"，《禮記正義》作"續"。
⑦ "罘"字原脱，"罝"又誤作"置"，據《禮記·月令》正文補正。
⑧ "孕"，《禮記·月令》正文作"騰"。

然,三月之中也。"《周官·夏官》上曰:"司爟工煥反。掌季春出火①,人咸從之②。"鄭玄曰:"火,所以用陶冶也③。鄭司農云:'以三月本時昏心星見辰上,使人出火也。'"《禮·祭義》曰:"古者天子諸侯必有公桑蠶室,近川而爲之,筑宮仞有三尺,棘墻而外閉之。及大昕之朝,君皮弁素積,卜三宮之夫人世婦之吉者,使入蠶於蠶室④,奉種浴于川,桑于公桑,風戾以食之。鄭玄曰:"大昕,季春朔日之朝也⑤。諸侯夫人三宮,半王后也⑥。風戾之者,及蚤涼脆采之⑦,風戾之⑧,使露氣燥,乃以養蠶,蠶性惡溫也。"歲既單矣⑨,世婦卒蠶,奉繭以示于君,遂獻繭于夫人。曰⑩:'此所以爲君服與。'遂副褘而受之⑪,因少宰以禮之。"歲單,謂三月月盡之後也。言歲者,蠶,歲之大功,事畢於此也。

　　《論語·先進》曰:"暮春者,春服既成,冠者五六人,童子六七人,浴于沂,風于舞雩,詠而饋。"鄭玄曰:"暮春者,季春⑫。所制作衣服,衣服已成⑬,謂雩祭之服。雩者,祀上公祈穀實。四月龍星見而爲之,故季春成其服。五、六⑭、七者,雩祭儺者之數。風晞,儺雩者浴於沂水上自潔清⑮,身晞而衣此服以儺

---

① "火"原誤作"大",據《周禮注疏》改。下"火"字同。
② "人",《周禮注疏》作"民",避李世民諱。
③ "以"字原無,據《周禮注疏》補。
④ "於蠶"二字原無,據《禮記正義》補。
⑤ "季春"原互倒,據《禮記正義》乙正。
⑥ "后"原誤作"舌",據《禮記正義》改。
⑦ "脆"原誤作"晚",據《禮記正義》改。
⑧ "戾"字原脱,據《禮記正義》補。
⑨ "單"下原有"于"字,據《禮記正義》删。
⑩ "曰"上《禮記正義》重"夫人"二字。
⑪ "褘"原誤作"禱",據《禮記正義》改。
⑫ 依田利用云:"案包咸注此,下有'三月也'三字,此蓋脱。"
⑬ "衣服"二字當爲衍文。
⑭ "六"字下依田利用重"六"字。
⑮ "於沂"原互倒,據文意改。

雩，且詠而饋之。禮此禮者①，憂人之本，故《論語》作'詠而歸'②。包氏曰③：'詠先王之道，歸夫子之門也。'"

《韓詩章句》曰："溱與洧，方洹洹兮④，謂三月桃華水下之時，鄭國之俗三月上巳之日，此兩水上招魂續魄，拂除不祥⑤。"《周書·時訓》曰："清明之日，桐始華。又五日，田鼠化爲駕⑥。又五日⑦，虹始見。桐不始華，歲有大寒。田鼠不化，國多貪殘。虹不始見，婦人苞亂。穀雨之日，萍始生。又五日，鳴鳩拂有羽⑧。又五日，戴勝降于桑。萍不始生，陰氣憤盈。鳴鳩不拂羽，國不治兵。戴勝不降桑，政教不平。"《禮·夏小正》曰："三月，參則伏。攝桑。桑攝而記之，急桑也。羋音偉。羊。羊有相還之時，其類羋羋然，記變爾。或曰：羋，羝也⑨。螜則鳴。螜，天螻也。今案《爾雅注》云："天螻，螻蛄也。螜音斛。"頒冰。頒冰也者⑩，分冰以授大夫。妾子始蠶。先妾而後子，何也⑪？曰：事有漸也，言事自卑者始⑫。執養宮事。執，操也。養，長。越有小旱。越，于也⑬。記是時恒

---

① 上"禮"字依田利用以爲衍文。
② 依田利用云："按'故'當作'古'。陸《釋文》云：'鄭本作饋。饋，酒食也。魯讀饋爲歸。今從古。"
③ "包"原誤作"苞"，徑改。
④ 此句《毛詩》作"方渙渙兮"，陸德明《經典釋文》云："渙，《韓詩》作'洹'。"
⑤ "拂"，《初學記》、《白氏六帖》、《通典》、《事類賦》諸書所引《韓詩章句》作"祓"，二字古音相近。
⑥ "駕"原誤作"鴐"，徑改。
⑦ "五"原誤作"必"，徑改。
⑧ "拂"原作"柫"，徑改。
⑨ "羝"原作"矩"，據《大戴禮記解詁》改。
⑩ "冰也"二字原無，據《大戴禮記解詁》補。
⑪ "也"字原無，據《大戴禮記解詁》補。
⑫ "自卑"二字原無，據《大戴禮記解詁》補。
⑬ "于"原誤作"干"，據《大戴禮記解詁》改。

有小旱。田鼠化爲鴽①。鴽，鶉也。古“鷃”字。今案《爾雅》：“鴽，牟母。”郭璞注云：“鶉也，青州呼牟母。”劉氏曰：“牟鴽，鶉也。”《蒼頡篇》曰：“鷃，鶉屬也②。”馬融《上林頌》曰：“鶉鷃如煙。”乃作“鴳”字，高誘《淮南子注》又在鳥旁音③。《字詁》云：“鷃，今鷃。”注：“鴽也。”然則鴽④、鶉、鷃、鴳四字同音一鳥，唯字有今古耳也。拂桐葩⑤。拂也者⑥，拂也。桐葩之時也。或曰：言桐葩始生貌拂然⑦。鳴鳩。言始相命也⑧。先鳴而後鳩者，何也⑨？鳩者鳴，而後知其鳩也⑩。”

《易通卦驗》曰：“清明，雷鳴雨下。清明風至，玄鳥來。鄭玄曰：“清明，清明清潔之風。玄鳥，陽氣和乃至也。”晷長六尺二寸八分，白陽雲出注，南白北黄。清明於震值六二，六二，辰在酉，得兌氣爲南白。互體有艮，故北黄。穀雨，田鼠化爲鴽。鴽，麋母。《禮》注云⑪：“母無。”《爾雅》云：“牟母。”此云麋母，聲相涉亂也。晷長五尺三寸二分，大陽雲出張，上如車蓋，下如薄。”穀雨於震值六三，六三，辰在亥，得乾氣，形似車蓋，震爲萑葦，故下如薄也。

《詩紀歷樞》曰：“辰者，震也，雷電起而萬物震。”宋均曰：“震，動。”《春秋元命苞》曰：“衰於辰，辰者，震也。宋均曰：“震懼，懼於衰老，形消去也。三月榆莢應此變也。”沽洗者，陳去新來，少陽至辰，氣爍易

---

① “鴽”原誤作“茹”，又脱下“鴽”字，據《大戴禮記解詁》改補。
② “鷃”原誤作“郭”，徑改。
③ “音”下疑有脱文。
④ “鴽”字原脱，據上文補。
⑤ “柎”原作“拂”，據《大戴禮記解詁》改。下三“拂”字同。
⑥ “也”字原無，據《大戴禮記解詁》補。“桐葩之時也”之“也”字同。
⑦ “貌”原誤作“狠”，據《大戴禮記解詁》改。
⑧ “始”字原無，據《大戴禮記解詁》補。
⑨ “何也”二字原無，據《大戴禮記解詁》補。下“鳩者”二字同。
⑩ “也”字原脱，據《大戴禮記解詁》補。
⑪ 依田利用云：“疑‘禮’上當有‘今案’二字。”

蒙。"沽，猶槁也，即陽也，蒙幹也。《春秋元命苞》曰："至辰，氣礫，季月榆消、鍼鍛死。"宋均曰："礫，消。消爍也①。木行盡，故榆莢落以應節。鍼鍛，未聞也。隆冬凜冰，款東鍼凍鍛而出華②，三月則死，蓋款東一名鍼鍛乎也。"《春秋元命苞》曰："氣相漸，錯以云糺，故三月榆芙落。"宋均曰："錯。雜也。云，彌也。糺，轉相。糺纏氣漸雜相入，彌相糺纏，故物或洧落，或轉而明也。"《國語·魯語》曰："鳥獸孕，水虫成，孔晁曰："孕，懷。成，長，季春時也。"獸虞於是乎禁罝羅，獸虞，掌山林禁。今兔罟曰罝③，鳥罟曰羅。稸今案《字林》曰："稸，矛屬。又曰反也。"魚鱉以爲夏槁，助生阜④。"稸，又取之也。槁，腊也。禁罝羅，所以助生阜者也⑤。

　　《爾雅》曰："三月爲柄⑥。"李巡曰⑦："三月陰氣在上，陽氣未壯，万物微弱，故曰柄。柄，微弱也。本作病。"孫炎曰："物已絕，地有莖柄也。"《莊子》曰："槐之生也，入季五日而菀目，十日而鼠耳。"⑧《史記·律書》曰："沽洗者，言万物洗生也。"《前漢書·文紀》曰⑨："詔賜民酺《周官》："音蒲。"五日。"蘇林曰："陳留俗，三月上巳，水上飲食爲酺之。"⑩《淮南子·時則》曰："季春之月，招摇指辰。三月官卿，其樹李。"高誘曰："三月料人户口⑪，故官卿也。李

---

① "消"字原爲缺文，據《玉燭寶典考證》補。

② "華"字原缺筆，疑此句有錯亂。

③ "兔"原誤作"勉"，據《國語》改。

④ "阜"下《國語》有"也"字。

⑤ "阜"原誤作"隼"，據《國語》改。

⑥ "柄"，《爾雅注疏》作"病"。

⑦ "李"原誤作"季"，徑改。

⑧ 此當爲《莊子》逸文，依田利用亦云。今案《初學記》卷二十八亦引作此，《太平御覽》卷九五五引作："《淮南子》曰："槐之生也，入季春五日而兔目，十日而鼠耳。"

⑨ "紀"原作"記"，徑改。

⑩ 此蘇林注今本《漢書》無。

⑪ "料"原誤作"折"，何寧《淮南子集釋》高誘注作"科"，孫詒讓以"科"當作"料"。《國語·周語》云："乃料民於太原。"韋昭注云："料，數也。"又"人"，何寧《淮南子集釋》高誘注原作"民"，避李世民諱。

亦有竅①，説与杏同②。李後杏熟，故三月李也。"《淮南子·天文》曰："季春三月，豐隆乃出，以將搈其雨③。"許慎曰："豐隆，雷神④。"《淮南子·主術》曰："昏張中，即務樹穀⑤。"許慎曰："大火昏中，三月也。"《白虎通》曰："三月律謂之沽洗何？沽者，故也。洗者，鮮也。言万物皆去故就新⑥，莫不鮮明也。"《續漢書·禮儀志》曰⑦："三月上巳，官人皆潔於東流水上⑧，自洗濯拔除⑨，去宿垢疢爲大潔⑩。潔者，言陽氣布暢，万物訖出，始潔之也。"《雜五行書》曰："欲知蠶美惡⑪，常以三月三日，天陰如無日，不見雨，蠶大善。"

　　崔寔《四民月令》曰⑫："三月三日，可種瓜。是日以及上除，可采艾、烏韭、瞿麥、柳絮。柳絮，治瘡痛也⑬。清明節，命蠶妾治蠶室，塗隙、穴，具槌、栟、薄、籠⑭。節後十日，封生薑。至立夏後，

<hr />

① "亦"原誤作"之"，據何寧《淮南子集釋》高誘注改。

② "説"原誤作"言"，蓋"説"字脱落。又脱"同"字，據何寧《淮南子集釋》高誘注改補。

③ "搈"字何寧《淮南子集釋》無。"搈"同"扼"。疑古本如此。

④ "雷神"，今本作"雷也"。

⑤ "即"，何寧《淮南子集釋》作"則"，"樹"作"種"。

⑥ "新"上清光緒元年淮南書局刻本《白虎通疏證》有"其"字。

⑦ "禮"字原脱，徑補。

⑧ "人"避李世民諱。

⑨ "自"，今本《後漢書》作"曰"。

⑩ "疢"字原無，據中華書局點校本《後漢書》補。

⑪ "知"字原脱，據《齊民要術》卷五、《藝文類聚》卷七引《雜五行書》補。又"美"，《齊民要術》卷五、《藝文類聚》卷七引《雜五行書》作"善"。

⑫ "人"避李世民諱。

⑬ "治瘡痛"原誤作"上創穴"，據《齊民要術》卷三、《藝文類聚》卷八十二、《初學記》卷三、《太平御覽》卷九五七引《四民月令》改。又《藝文類聚》卷八九引作"柳絮可以愈瘡"。

⑭ "薄"，《齊民要術》卷五、《初學記》卷三引《四民月令》作"箔"，屬後起新字。

蠶大食①,牙出②,可種之。穀雨中,蠶畢生,乃同婦子,以勸其事。無或務他,以亂本業。有不順命,罰之無疑③。是月也,杏華盛,可菑沙、白、輕土之田④。氾勝之曰:"杏華如何?可耕白沙也⑤。"時雨降,可種秔稻⑥,今案《蒼頡篇》:"秔,稻之不黏者。音庚也。"及積禾⑦、苴麻、胡豆、胡麻,別小蔥。昏參夕,桑椹赤⑧,可種大豆也,謂之上時。楡莢落,可種藍。是月也,冬穀或盡,椹麥未孰;乃順陽布德,振贍遺乏⑨,務先九族⑩,自親者始。罄家無或蘊財⑪,蘊,積。忍人之窮;無或利名,罄家繼富;罄,謁也。度入爲出⑫,處厥中焉。農事尚閑,可利溝瀆,葺治墻屋以待雨⑬;繕修門户,警設守備,以禦饑春草竊之寇⑭。自是月盡夏至⑮,煖氣將盛,日烈暵,暵,燥也。今案《周

---

① "蠶大食"三字原無,據《齊民要術》卷三引《四民月令》補。

② "出",《齊民要術》卷三引《四民月令》作"生"。

③ "穀雨中"至"無疑",不見諸書徵引,當爲《四民月令》逸文。

④ "菑"字原闕壞,"輕"原作"輊",據《齊民要術》卷一、《藝文類聚》卷八十七、《太平御覽》卷九六八引《四民月令》改。

⑤ "可耕白"三字原脱,據《藝文類聚》卷八七、《太平御覽》卷九六八、《事類賦》卷二六引《氾勝之書》補。

⑥ "秔稻"原互倒,據《初學記》卷二七引《四民月令》乙正。又"秔",《齊民要術》卷二引《四民月令》作"粳",同"秔"。

⑦ "積"原誤作"植",據《太平御覽》卷八三九引《四民月令》改。《齊民要術》卷一作"植"。

⑧ "椹"原誤作"堪",據石聲漢《四民月令校注》改。

⑨ "贍"原誤作"瞻","乏"原誤作"之",據《齊民要術》卷三引《四民月令》改。

⑩ "族"原誤作"挨",據《齊民要術》卷三引《四民月令》改。又《齊民要術》"先"作"施"。

⑪ "罄"字《齊民要術》卷三引《四民月令》無。

⑫ "入"原誤作"人",據《齊民要術》卷三引《四民月令》改。

⑬ "以待雨"三字《齊民要術》卷三引《四民月令》無。

⑭ "備以"原互倒,據《齊民要術》卷三引《四民月令》乙正。《齊民要術》卷三引《四民月令》"饑春"作"春饑"。

⑮ "月"原誤作"日",據石聲漢《四民月令校注》改。

官·春官》下女巫"旱暵則舞雩"。暵音旱也。利以染油①，作諸日煎藥②。可糴黍，買布。"

正説曰：陽和之節，登臨爲美，季月婉晚，良又甚焉。老君古之體道理忘執，著説上、下經，尚云"衆人熙熙，若登春臺而饗太宰"，足驗當騁目③，世所忻樂。《詩》云："春日遲遲，春日載陽。"皆其義也。《論語》云："春服既成，浴乎沂，詠而饋。"時雖不雨，未爲旱灾④，似因候望豫修牢禮。《周官》："女巫⑤，掌歲時祓除釁浴⑥。"鄭注："今三月上巳，如水上之類⑦。"《韓詩章句》云："三月桃花水下之時⑧，鄭俗上巳溱洧兩水之上，招魂續魄，秉蘭拂除。"是則遠經編録，焕於墳典。

《續齊諧記》："晉武帝問尚書郎摯仲治⑨：'三日曲水，其義何旨⑩。'答曰：'漢章帝時，平原徐肇以三月初生三女，至三日而俱亡，一村以爲恠，乃相攜之水邊盥洗⑪，遂因流水以濫觴，曲水起此。'帝曰：'若如所談，便非嘉事。'尚書郎束晳曰：'仲治小生⑫，不足以知此，臣請説其始。昔周公卜城洛邑，因流水以汎酒，故

———

① "利以染油"《齊民要術》卷三引《四民月令》作"利用漆油"。
② "作"原誤作"征"，據《齊民要術》卷三引《四民月令》改。
③ "騁"，《玉燭寶典考證》作"觸"，非。
④ "未"，《玉燭寶典考證》作"者"，非。
⑤ "巫"下原有"常"字，涉下"掌"字而衍，據《周禮注疏》删。
⑥ "祓"原誤作"秋"，"浴"原誤作"俗"，據《周禮注疏》改。
⑦ "如"字原無，據《周禮注疏》補。
⑧ "水下"原互倒，據《初學記》卷三、《北堂書鈔》卷一五五、《太平御覽》卷十八引《韓詩》乙正。
⑨ "郎"字原無，據《説郛》本《續齊諧記》補。
⑩ "何旨"原誤作"仁捐"，據《説郛》本《續齊諧記》改。又"旨"又有作"指"者。
⑪ "邊"，《四部叢刊》本《六臣注文選》、《藝文類聚》卷四作"濱"。
⑫ "仲治"，諸書所引作"摯虞"。

《逸詩》云“羽觴随波流”。又秦昭王三月上巳置酒河曲①,有金人自淵而出,奉水心劍,曰②:“令君制有西夏。”此乃其處,因立爲曲水。二漢相法,皆爲盛集。'帝曰:'善。'賜金五十斤,左遷仲冶爲陽城令。漢高亦以三月祓於灞上。”《字林》云:“祓,除惡祭也。方吠反。”馬融《梁冀西第賦》云:“西北戌亥③,玄石承輸。蝦蟇吐寫,庚辛之域。”即曲水之象也④。董勳《問禮俗》云:“今三月上巳,於水上祓除洗浴⑤。”郭緣生《述征記》云⑥:“洛陽城廣陽門北是魏明帝流杯池,猶有處所。”戴延之《西征記》云:“天淵之南有東西溝承御溝水⑦,水之北有積石爲壇,云三月三日御坐流杯處。”一本“魏明帝天淵池南設流杯石溝”。陸機《洛陽記》:“藥殿,華光殿之西也,流水經其前過,又作積石,瀨禊堂。三月三日,帳幔跨此水御坐處。”⑧溝、瀨、壇、堂小異,曲水流杯義同,便有帝王故事,非唯黎庶而已。程咸平吳後⑨,三月三日從華林園作詩云:“皇帝升龍舟,待握十二人⑩。天吳奏安流,水伯衛帝津。”陸機《櫂歌行》亦云⑪:“元吉降初巳,濯穢遊黄河。龍舟浮鴻首,羽旗垂藻葩。采

① “月”原誤作“日”,據《藝文類聚》卷四、《初學記》卷四、《北堂書鈔》卷五八、《太平御覽》卷三十引《續齊諧記》改。
② “曰”字原無,據《藝文類聚》卷四、《初學記》卷四、《北堂書鈔》卷五八、《太平御覽》卷三十引《續齊諧記》補。
③ “戌”原誤作“戒”,據《南齊書·禮志》引《梁冀西第賦》改。
④ “之象”二字原無,據《南齊書·禮志》引《梁冀西第賦》補。
⑤ “上水”原作“水上”,依田利用云:“‘上水’疑當乙轉。”今以文意乙正。
⑥ “緣”原誤作“綠”,徑改。
⑦ “淵”,《初學記》卷四引《西征記》作“泉”。“溝”字原重,“水”字不重,據《初學記》卷四引《西征記》刪補。
⑧ 此條爲陸機《洛陽記》逸文,不見諸書徵引。
⑨ “程”原誤作“裎”,據《玉燭寶典考證》改。
⑩ 依田利用云:“‘待握’疑當作‘侍幄’。”此條爲程咸逸文。
⑪ “櫂”原誤作“擢”,據《四部叢刊》本《陸士衡文集》卷八改。

風宣飛景，逍遙戲中波。"此即依古今舟牧"五覆五反，天子始乘舟"之義。李元《春遊賦》云："老氏發登臺之詠，曾子敘臨沂之歡。府臨滄浪，則可以流滌靈府①。仰望蕭條，則可以興寄神氣。"積習稍文，咸以爲常。但止取三日，不復用巳耳。杜篤《祓禊賦》云②："巫咸之倫③，秉火祈福。浮棗絳水，衍散昌礫④。"徐幹《齊都賦》云："傾杯白水，沉者如京。"張協《洛禊賦》云："布椒醑鷹柔嘉⑤，浮素卵以蔽水，灑玄醪於中河。"潘尼《三日洛水詩》云："羽觴縈波進⑥，素卵随流歸。"王廙《春可樂》云："浮盤兮流爵，接飲兮相娱。"此又所用不同，事物增廣矣。蓋車馬弗馳，唐風與刺，百泉斯往，京野作歌，一遊一豫，於是乎在談議之士，俾無尤兮。《風土記》云："壽星乘次元巳，首辰祓醜虞之遐穢，濯東朝之清川。"⑦注云："漢末，郭虞以三月土辰上巳生三女並亡，時俗迄今，以爲大忌，是日皆適東流水上，祈祓潔濯。"《宋》、《齊志》引爲故事，此言不經，未足可采。

玉燭寶典卷第三　三月

---

① "以"字原無，以下文"仰望蕭條，則可以興寄神氣"例之，當有"以"字。此條爲李元逸文。

② "杜篤祓"原誤作"社蔦秇"，徑改。

③ "倫"，《續漢書・禮儀志》注引《祓禊賦》作"徒"。

④ 《藝文類聚》卷四引杜篤《祓禊賦》曰："王侯公主，暨乎富商，用事伊雒，帷幔玄黄，於是旨酒嘉肴，方丈盈前，浮棗絳水，酹酒醲川。若乃窈窕淑女，美腰艷姝，戴翡翠，珥明珠……""衍散昌礫"不見諸書徵引，當爲逸文。

⑤ "醑"原作"精"，據《初學記》卷四、《北堂書鈔》卷一五五引張協《洛禊賦》改。

⑥ "縈"，《藝文類聚》卷四引潘尼《三日洛水詩》作"乘"。下"卵"字作"俎"。

⑦ 此條不見諸書徵引，當爲《風土記》逸文。

玉燭寶典卷第四

四月孟夏第四

《禮·月令》曰："孟夏之月，日在畢，昏翼中，旦婺女中。鄭玄曰："孟夏者，日月會於實沉，而斗建巳之辰者①。"其日丙丁，丙之言炳也，萬物皆炳然著見而强大。其帝炎帝，其神祝融，此赤精之君，火官之臣也。炎帝，大庭氏也②。祝融③，顓頊氏之子，曰藜，爲火官者也④。其蟲羽，象物從風鼓葉，飛鳥之屬。其音徵，三分宮，去一以生徵，徵數五十四。屬火者，以其微清⑤，事之象。律中中呂。孟夏氣至，則中呂之律應。高誘曰："陽散也在外，陰實在中，所以襄陽成功也⑥，故曰中呂。"其數七，火，生數二⑦，成數七。但言七者，亦舉成其者也。其味苦，其臭焦，其祀竈，祭先肺。夏，陽氣盛，熱於外，祀之於竈，從熱類也。祀之先祭肺者，陽位在上⑧，肺亦在上，肺爲尊也。螻蟈鳴，丘蚓出，王瓜生，苦菜秀。螻蟈，蛙也。王瓜，萆挈也⑨。今《月令》"王萯生"，《夏小正》云"王萯秀"，未聞孰是也。高誘曰："螻蟈，蝦蟇也。"蔡邕曰："螻，螻蛄也。蟈，蟲蠅之屬。蚓引，蟲而無足，豸屬也⑩。"今案《周官·秋官》下曰："蟈氏掌去鼃黽。"鄭玄注云："齊、魯之間

---

① 依田利用云："注疏本無'者'字，《考文》云古本有'也'字。"
② "大"原誤作"天"，據《禮記正義》改。
③ "祝"字原脱，據《禮記正義》補。
④ 依田利用云："注疏本無'者也'二字，《考文》引古本有'者也'二字，與此正合。"
⑤ "微"原作"徵"，據《禮記正義》改。
⑥ "襄"，何寧《淮南子集釋》高誘注作"旅"。
⑦ "二"原誤作"三"，據《禮記正義》改。
⑧ "上"字原脱，據《禮記正義》補。
⑨ "萆挈"原作"弊窊挈"，據《禮記正義》改。
⑩ "豸"原誤作"象"，徑改。

謂靁爲蝳。靁,耿靁也。蝳与耿靁尤怒鳴,爲聒人耳,故云之也。"

天子居明堂左个,乘朱路,駕赤駵,載赤旂,衣朱衣,服赤玉,食菽與雞①,其器高以粗。明堂左个,大寝南堂東偏也。菽實有孚甲堅合,屬水。雞,木畜也,時熱食之,亦以安性也。粗,猶大也。器高大者,象物盛長。是月也,以立夏。先立夏三日②,大史謁之天子曰:'某日立夏,盛德在火。'天子乃齊。立夏之日,天子親帥三公③、九卿、大夫以迎夏於南郊。還反,行賞,封諸侯,慶賜遂行④,無不欣説。迎夏者⑤,祭赤帝熛怒於南郊之兆⑥。不言帥諸侯而云封諸侯,諸侯或時無在京師者⑦,空其文也。乃命樂師習合禮樂。爲將飲酎。命太尉贊桀俊,遂賢良,舉長太。助長氣也。贊,猶出也。桀後,能者。遂,進也。三王之官有司馬⑧,無太尉,秦則有太尉。今俗人皆云"周公作《月令》",未通於古之者也⑨。行爵出禄,必當其位。繼長增高,謂草木盛蕃廡也。毋有壞隳,爲逆時氣。毋起土功,毋發大衆,爲妨鹽農之事。毋伐大樹。天子始絺。初服暑服。命野虞出行田原,爲天子勞農勸民,毋或失時。命司徒巡行縣、鄙,命農勉作⑩,毋然于都。急趣農也。縣⑪、鄙,鄉遂之屬,主民者也。《王居明堂禮》曰:"毋宿于國。"《月令》"然"爲"伏"。案《釋名》曰:"縣,懸也,懸於郡也。"駈古"駈"字。獸毋害五穀,毋大田獵。農乃登麥。天子乃以彘今案《孝經援神契》曰:"彘,水

---

① "菽"原作"叔",據《禮記正義》改。下"菽"字同。
② "先立夏"三字原脱,據《禮記正義》補。
③ "帥"原誤作"師",據《禮記正義》改。下"帥"字同。
④ "遂行"二字原脱,據《禮記正義》補。
⑤ "者"字原無,據《禮記正義》補。
⑥ "熛"上《禮記正義》有"赤"字。依田利用云:"《考文》引古本無,與此正合。"
⑦ "或時"《禮記正義》作"時或"。
⑧ "三王"原互倒,據《禮記正義》乙正。
⑨ "之者也"三字《禮記正義》無。
⑩ "作"原作"位",據《禮記正義》改。
⑪ "縣"下原有"郡"字,據《禮記正義》删。

伏,故無脈。"注云:"蝟,太陰之物,閉藏氣脈不通,故可無脈。以其好水,使以鼻動象水蟲焉①。"《方言》曰:"豬,關東西或謂之蝟。"《漢書‧貨殖傳》曰:"澤中千足蝟,与千戶侯等。"《爾雅》曰:"豕子②,豬。"郭璞注云:"今亦曰蝟,江東呼豨,皆通名耳。"《埤雅》曰:"豕,蝟也。"《字林》曰:"豕後蹄廢謂之蝟。大例反。"**嘗麥,先薦寢廟**。登,進也。麥之氣尤盛③,以蝟食之,散其熱也。蝟,水畜也。**聚蓄百藥**。蕃廡之時④,毒氣盛也。**靡草死,麥秋至。斷薄刑,決小罪**,舊說云:"靡草,薺、亭歷之屬也⑤。"《祭統》曰"草艾則墨"⑥,謂立秋後也。形無輕於墨者,今以純陽之月斷形決罪,与"毋有壞墮"自相違,似非。《春秋元命苞》曰:"形者,佴也。以刀守井⑦,井飲人,人入井,陷於淵⑧,乃守之,割其情也。"宋均曰:"井飲人,則人樂之。樂不已,則自陷於淵。故人加刀謂之刑,欲人畏慎以全節也。"**出繫輕**。崇寬。**蠶事畢,后妃獻繭。乃收繭稅,以桑爲均,貴賤長幼如一,以給郊廟之服**。后妃獻繭者,内命婦獻繭於后妃也。收繭稅者,牧於外命婦也。外命婦雖就公桑蠶室而蠶,其夫亦當有祭服以助祭,收以近郊之稅也。**天子飲酎,用禮樂**。酎之言醇也。謂重醸之酒。春酒至此始成,与群臣以禮樂飲之於廟⑨,正尊卑⑩。今案《吕氏春秋》此下云:"行之是令,而甘雨至三旬。"高誘曰:"行之是令,行是令也。旬,十日也。十日一雨,三旬三雨也。"《字林》曰:"酎,三重醸酒也。"

　　孟夏行秋令,則苦雨數來,五穀不滋。申之氣乘之也⑪。苦雨,白露之類也。**四鄙入保**。金氣爲害也。鄙,界上之邑也。小城曰保也。**行冬令,則**

---

① "焉"原作"鳥"。依田利用云當作"焉",今從其說改。
② "子"字原無,據《爾雅注疏》補。
③ "氣"上《禮記正義》有"新"字。
④ "蕃"原誤作"藥",涉正文"藥"字而訛,據《禮記正義》改。
⑤ 依田利用云:"注疏本'亭歷'作'葶藶',《考文》云宋板作'亭歷',足利本同。正與此合。"
⑥ "草艾"原互倒,據《禮記正義》乙正。
⑦ "以"字原無,據《一切經音義》引《春秋元命苞》補。
⑧ "淵"原誤作"揪",《一切經音義》引《春秋元命苞》引作"泉",避李淵諱。
⑨ "廟",《禮記正義》作"朝"。
⑩ "卑"下《禮記正義》有"也"。
⑪ "申"原誤作"甲",據《禮記正義》改。

草木蚤枯，長日促也①。後乃大水，敗其城郭；亥之氣乘之也。行春令，則蝗蟲爲災，暴風來格，寅之氣乘之也，必以蝗虫爲災。寅，陽也，有啓蟄之氣行於初暑②，則當蟄者大出矣。格，至也。秀草不實。"氣更生之，不得成也。蔡邕曰："春主秀也，夏主實。夏行春令，故草秀不實。秀草，苦菜、薺屬也。"

　　蔡雍孟夏章句曰："夏，假也。假，太也。'其虫羽。'南方朱鳥，羽虫之長，故凡羽屬夏也。'祭先肺。'火神祀於竈，肺金藏，以金養火，食其所勝也。'螻蟈鳴。'螻，螻蛄③。蟈，虫黽之屬也。'蚯蚓出。'蚯蚓④，虫而無足⑤，豸屬也。今案《爾雅》："有足謂之虫，無足謂之豸。"《字林》云："豸獸長春行曰豸。大爾反。"'王蓓生⑥。'王蓓，草名，生於陵陸，草之後生者也。'苦菜秀。'苦菜，荼也。不榮而實謂之秀。荼與薺麥俱以秋生，少陰之物，成於大陽，故夏而秀。'天子居明堂左个。'明者，陽也，光也。鄉陽受光，故曰明。三面，闕前曰堂。四周有户曰室。左个，明堂之東，巳上之堂。'命大尉讚桀後。'大尉者，鄉官也。讚美桀後，皆材兼人者也。《禮辨名》曰⑦：'千人曰選，倍選曰後，萬人曰桀。''遂賢良。'遂，成也。材，千人曰英，倍英曰賢。良，善也。《禮辨名》曰：'大尉典爵，故爵禄之事皆命之。''驅獸無害五穀。'獸，麋鹿之屬，食穀苗穗者也。'畜聚百藥。'藥者，草木之有滋味物力，所以攻百疾者也。是月草木盛，剛柔適，物力盛，故畜聚之也。神農躬嘗，別草木之味，蓋一日七十餘毒，於是得穀以養民，

---

① "促"原作"足"，據《禮記正義》改。
② "蟄"原誤作"執"，據《禮記正義》改。
③ "螻"原誤作"蠳"。上文引蔡邕曰："螻，螻蛄也。蟈，蟲黽之屬。"今據以改。
④ "蚯蚓"二字原脱，上文引蔡邕曰："蚯引，蟲而無足，豸屬也。"今據以補。
⑤ "無"字原脱，據上文引蔡邕注補。
⑥ "蓓"同"葟"，鄭玄云：今《月令》云"王葟生"。
⑦ "辨"原作"變"，逕改。

得藥以攻疾。'靡草死。'靡,細也,亭歷、薺芥之屬,以秋生者,得大陽成而死也①。百穀各以其初生爲春,熟爲秋,故麥以孟夏爲秋也。'天子飲酎②。'酎,酒名也。飲者進之宗廟,而後飲於廟中也。各釀酒,至此而成,故進之四鄙。'入保。'保,小城,在邊野也。'暴風來格。'日出而風曰暴。'秀草不實③。'秀草,苦菜、薺屬也。春主秀,夏主實,夏而行春令,故草秀不實。"

右章句爲釋月令。

《禮·鄉飲酒義》曰:"南方者夏,夏之爲言假也④,養之,長之,假之,仁也。"鄭玄曰:"假,大也。"《尚書大傳》曰:"南方者何也?任方也。任方也者,物之方任。何以謂之夏?夏者,假也。假也者,吁荼万物而養之外也⑤,故曰南方夏也。"鄭玄曰:"吁荼讀曰噓舒也。"《釋名》曰:"夏,假也。寬假萬物,使生長也。"

右總釋夏名。

《皇覽·逸禮》曰⑥:"夏則衣赤衣,佩赤玉,乘赤輅,駕赤駵,載赤旗,以迎夏於南郊。其祭先黍與雞⑦。居明堂正廟,啓南戶。"《詩紀歷樞》曰:"丙者,柄也。丁者,亭也⑧。"宋均:"亭,猶止。陽氣著止而止也。"《詩含神霧》曰⑨:"其南赤帝坐,神名熛怒。"宋均曰:"熛

---

① "大"原作"太",徑改。
② "天子飲酎"四字原無,據蔡邕註釋體例補。
③ "秀草不實"四字原無,據蔡邕註釋體例補。
④ "也"字原無,據《禮記正義》補。下"也"字同。
⑤ "外也"二字原無,據《尚書大傳》補。
⑥ "覽"原誤作"賢",徑改。
⑦ "其"下原有"戶"字,據《藝文類聚》卷三、《初學記》卷三、《太平御覽》卷二一引《皇覽·逸禮》删。
⑧ "也"字原無,據宋均註釋體例補。
⑨ "霧"原誤作"務",徑改。

怒者,取火性蛊楊成怒,以自名也。"《尚書考靈曜》曰①:"氣在於初夏②,其紀熒惑,是謂發氣之陽,可以毀消金銅,與氣同光③。鄭玄曰:"火星出,可用火也④。"使民備火,皆盛以甕,天地火俱用事爲燧,故盛之也。是謂敬天之明必勿行武,與季夏相輔。初夏之時,衣赤,與季夏同期⑤,如是則熒惑順行⑥,甘雨時矣。"

　　《春秋元命苞》曰:"其日丙丁。丙者,物炳明。丁者,强。宋均曰:"時物炳然且丁强,因以爲日名也。"時爲夏,夏者,物滿縱,夏,大也。大故滿縱也。位在南方,南方者,任長。任,含任之任也。其帝祝融。祝融者,屬續也。不言其帝炎而言祝融者,義取屬續也。今儒家皆以祝融於古帝顓頊氏之子,曰黎,爲火官者也,此与上帝感五精之帝而生者自相違。今案《元始上真衆仙説記》云⑦:"祝融氏爲赤,治衡、霍山。"便同此説之也⑧。其神朱芒,朱芒者,注芒也。升火神爲帝,則芒宜伐,爲神朱赤也。但未知朱芒何家之子耳。注芒者⑨,注春所物産,使生芒。《山海·海外南經》曰:"南方祝融,獸身人面,乘兩龍。"郭璞曰:"火神之也⑩。"其精赤鳥。赤,朱也。朱鳥,鶉火也。《爾雅》曰:"夏爲昊天,李巡曰:"夏,万物盛壯,其氣昊昊。"孫炎曰:"夏天長物,氣體昊大,故曰昊天。"⑪

---

　　①　"耀"原作"燿",徑改。

　　②　"初"字原無,據文淵閣《四庫全書》本《開元占經》(以下簡稱《開元占經》)引《尚書考靈曜》補。

　　③　依田利用云:"舊'與'上有'舉'字,《占經》無。蓋'舉'、'與'字形相近而誤重,今删去。"今從其説删。

　　④　"也"原誤作"之",據依田利用説改。

　　⑤　"夏"字原無,據《開元占經》引《尚書考靈曜》補。

　　⑥　"如"原作"而",據《開元占經》引《尚書考靈曜》補。

　　⑦　"説"字今本無,當爲涉"記"字而誤訛。

　　⑧　"便同",森立之父子校本、《玉燭寶典考證》均誤作"使周"。又"之"字當爲衍文。

　　⑨　"注"原誤作"住",據上文改。

　　⑩　"之"字依田利用《玉燭寶典考證》以爲衍文,删去。

　　⑪　孫炎注文不見諸書徵引,當爲逸文。

郭璞曰："言氣晧旰也。"夏爲朱明，孫炎曰："夏氣赤而光明也。"夏爲長嬴①。"
《史記·律書》曰："丙者，言陽道著明。丁者，言万物之丁壯
也②。"《白虎通》曰："其音徵。徵者，止也。陽度極也③。"《白虎
通》曰："火味所以苦何？南方者主長養，苦者所以養育之④，猶五味
得苦可以養也⑤。其臭焦何？南方者火盛，陽烝動，故其臭焦也。"

右總釋夏時。

《詩·豳風》曰："四月秀葽。"鄭箋云："《夏小正》曰：'四月王萯秀葽。'
其是乎。"今案《詩草木疏》云："《夏小正》'四月秀幽'⑥，幽、葽同耳，即今爲荼也。遼東
謂荼爲幽荼。又魏文侯引：'幽荼，秀之生也似禾。'幽爲秀，明矣。《小正》既云'荼幽'，
又云'王萯秀'，此自二草，而鄭君横引'王萯'爲誤矣。"幽、葽或如《詩疏》所論，但四月
荼猶未秀，恐是別草之⑦。《春秋傳》曰："龍見而雩。"服虔曰："龍，角、亢也，
謂四月昏龍星體畢見也。"《春秋經》庄七年："夏四月辛卯夜，恒星不見，
夜中星隕如雨。"賈逵曰⑧："恒星，北斗也。一説南方朱鳥星也。"⑨《傳》：
"夏，恒星不見，夜明也。服虔曰："恒，常也。天官列宿，常見之星也，言夜明
甚，常見大星皆不見也。"星隕如雨，與雨偕。"星隕，隕星如雨。如，而也。偕，俱
也，言隕如雨，與雨俱下也。《春秋公羊傳》：四月以下與上同。"如雨者何？
如雨者，非雨也⑩。《不修春秋》曰：'雨星不及地尺而復。'何休曰：
"《不修春秋》謂史記，古者謂史記爲春秋也。"君子修之曰'星隕如雨'。"明其

---

① "嬴"原誤作"贏"，據《爾雅注疏》改。
② "言"、"丁"二字原無，據中華書局點校本《史記》補。
③ "陽"原誤作"楊"，"度極"原互倒，據淮南書局本陳立《白虎通疏證》改補。
④ "養育之"，今本《白虎通》作"長養也"。
⑤ "得"，今本《白虎通》作"須"。
⑥ "正"字原脱，據《寶顔堂秘笈》本《毛詩草木蟲魚疏》補。
⑦ "之"字當衍。
⑧ "逵"原誤作"達"，徑改。
⑨ 此條不見諸書徵引，爲賈逵注《春秋》逸文。
⑩ "何如雨者"、"也"諸字原無，據《春秋穀梁傳注疏》補。

狀似雨，不當言雨星也。《春秋穀梁傳》曰："四月辛卯，昔，恒星不見。恒星者，經星也[①]。范寧曰："經，常，謂常列宿。"日入至於星出，謂之昔。"今案紀瞻《遠遊賦》云："陽曜促兮[②]，秋昔涼也。"《韓詩章句》曰："四月秀葽，葽草如出穗。"《周書·時訓》曰："立夏之日，螻蟈鳴。又五日，丘蚓出。又五日，王瓜生。螻蟈不鳴，水潦淫漫。丘蚓不出，臣奪后命[③]。王苽不生，害于百姓。小滿之日，苦菜秀。又五日，靡草死。又五日，小暑至。苦菜不秀，仁人潛伏。靡草不死，國縱盜賊。小暑不至，是謂陰慝。"《周書·嘗麥解》曰："惟四月王初祈禱于宗，一本云天宗。乃嘗麥于太祖。"《禮·夏小正》曰："四月，昴則見。初昏，南門正。南門者，星也。歲再見。壹正，蓋大正所法也[④]。鳴札[⑤]。札者，寧懸也。鳴而後知之，故云故先鳴而後札[⑥]。囿有見杏。囿者，山之燕者也。鳴蜮。蜮也者[⑦]，或曰屈造之屬也。王萯秀。取荼。荼者，以爲君薦蔣也。秀幽[⑧]。越有大旱[⑨]。執陟攻駒。執陟者，始執駒。執駒者，祚之去毋也[⑩]。執而升之君也，故攻駒者[⑪]，教之服車數舍之。"《易通卦驗》曰："立夏，清明風至而暑，鵠鳴聲，博穀萬。古"飛"字也。電見早出，龍升

---

① "也"字原無，據《春秋穀梁傳注疏》補。
② "兮"原誤作"子"，徑改。
③ "后"，今本《周書》作"嬖"。
④ "大"原誤作"火"，又"蓋"字下原有"取荼荼者以爲君薦蔣也秀幽"十二字，當屬下文"王萯秀"下，今據《大戴禮記解詁》改正。
⑤ "札"原誤作"禮"，據《大戴禮記解詁》改正。
⑥ "故云"二字《大戴禮記解詁》無，當衍。
⑦ "蜮"原誤作"蟻"，據《玉燭寶典考證》改。
⑧ "取荼荼者以爲君薦蔣也秀幽"十二字原在上文"壹正蓋"下，據《大戴禮記解詁》調正。
⑨ "旱"原誤作"早"，又在"執"字下，據《大戴禮記解詁》乙正。
⑩ "祚"，《大戴禮記解詁》作"離"。
⑪ "攻"字原脱，據《大戴禮記解詁》補。

天。鄭玄曰："電見者，自驚蟄始候，至而著[①]。早出，未聞。龍，心星。《詩》云：'綢繆束薪，三星在天外。'謂此時之也。"晷長四尺三寸六分，常陽雲出觜，紫赤如珠，立夏於震在九四，九四，辰在午，爲火互體，故氣相亂。觜紫赤如珠者，如連珠之也。小滿小雨[②]，雀子蜚，螻蛄鳴。於此更言雀子蜚者，鳴類已有光大。晷長三尺四寸，上陽雲出七星，赤而饒饒。"小滿於震值六五[③]，辰在卯[④]，与震同位[⑤]，木可曲直。六五，離爻也，亦有互體坎，坎爲弓輪也[⑥]。饒饒，言其形紆曲者也[⑦]。《易通卦驗》曰："巽，東南也，主立夏，食時青氣出，直巽，此正氣也。氣出右，風橛木。出左，萬物傷，人民疾温[⑧]。"鄭玄曰："立夏之右，穀雨之地。左，小滿之地[⑨]，有震趹蹘之氣也[⑩]，而巽氣見焉，故橛木。風者，授養萬物，今失其位，故爲傷物之風也。"《詩推度災》曰："立火於嘉魚，万物成文。"宋均曰："立火，立夏火用事。成文，時物鮮潔有文餝也。"

《詩紀歷樞》曰："巳者，已也。陽氣已出，陰氣已藏，万物出，成文章。"《春秋元命苞》曰："大陽見於巳。巳者，物畢起。律中中吕。中吕者，大踊。"宋均曰："中，猶應也[⑪]。相應而吕出，故曰中吕者大踊也[⑫]。"《春秋説題辭》曰："蠶羽絲有，四月孟夏，戴紝出，以任氣成

---

① "至"下依田利用疑脱"蟄"字。
② "小雨"二字趙在翰《七緯》輯本無。
③ "六"原誤作"云"，據趙在翰《七緯》輯本改。
④ "卯"上原有"震"字，據趙在翰《七緯》輯本删。
⑤ "震"下趙在翰《七緯》輯本有"木"字。
⑥ "輪也"原作"輪輪"，據趙在翰《七緯》輯本改。
⑦ "言其"二字原無，"形"誤作"列"，據趙在翰《七緯》輯本補改。
⑧ "温"，趙在翰《七緯》輯本作"濕"。
⑨ "在"原誤作"左"，據趙在翰《七緯》輯本改。
⑩ "趹蹘"，趙在翰《七緯》輯本作"趹躁"。
⑪ "應"字原脱，據下文"相應而吕出"補。
⑫ "中吕"二字原脱，據正文補。

天律。"宋均曰:"任而戴之①,明當趣時急也。任②,猶吐也。律,法也。"《春秋考異郵》曰:"孟夏,戴紝降。"宋均曰:"戴勝也。孟夏則織紝止以趣蠶,故各因時要物。紝,以明其所爲戴之而已,言不施也。"《國語·魯語》曰:"鳥獸成,水虫孕,孔晁曰:"立夏時也。"水虞於是乎禁罜麗。"罜麗,小魚罟也。

　　《爾雅》曰:"四月爲余。"③《史記·律書》曰:"中吕,言万物盡旅而西行也。"又曰:"巳者,言陽氣之已盡也。"《淮南子·時則》曰:"孟夏之月,招搖指巳。爨柘燧火④,南宮御女赤色,衣赤采,吹竽笙。高誘曰:"火王南方,故處南宮也。竽笙,空中象陽,故吹之也。"其兵戟⑤。戟有枝幹,象陽布散也。"戟"或作"弩"也。四月官田,其樹桃。"四月勉農事⑥,故官田也⑦。桃説与杏同,後李熟,故四月桃也。《淮南子·天文》曰:"孟夏之月,以熟穀禾,雄鳩長鳴,爲帝候歲。"高誘曰:"雄鳩,蓋布穀。"《淮南子·主術》曰:"大火中,則種黍叔⑧。"許慎曰:"大火昏中,四月也。"《京房占》曰:"立夏,巽王,清明風用事,人君當出幣帛,使諸侯聘賢良,在東南。"《白虎通》曰:"四月律謂之仲吕何⑨? 言陽氣將極⑩,故復中,難之也。"《牟子》曰:"或問曰:'佛從何生所出⑪?

---

① "戴",森立之父子合校本、《玉燭寶典考證》、《古逸叢書》本《玉燭寶典》俱作"載",二字古通。

② "任"原誤作"珥",據上文改。

③ "爾雅曰四月爲余"七字原無,據此書體例,先引《詩紀歷樞》、《春秋元命苞》諸書釋日名,次"爾雅曰某月爲某"云云,次引《史記·律書》釋律名,今補於此。又,據此書體例,"七"字下當有李巡、孫炎諸人小注。

④ "火"字原脱,據《淮南子集釋》補。

⑤ "兵"原誤作"丘",據何寧《淮南子集釋》改。

⑥ "勉"原誤作"免",據何寧《淮南子集釋》改。

⑦ "田"原誤作"由",據何寧《淮南子集釋》改。

⑧ "則種"原誤作"即禮",據何寧《淮南子集釋》改。

⑨ "仲"原作"中",脱"吕"字,據淮南書局本陳立《白虎通疏證》改補。

⑩ "將極",今本《白虎通》作"極將微"。

⑪ "生"字依田利用以爲當作"土",是。

寧有先祖？及國邑皆何？施狀何類？牟子曰①：臨得佛，將猶天
竺，假形王家父名白淨，夫人曰：'妙。'四月八日從母右脇生，娶
鄰國之女六年，男字曰羅，云父王珍重太子，甚於日月。到年十
九，四月八日夜半，戚若不樂，遂飛而起，頓於王田，然於樹下。
明日，王及吏民莫不噓晞，千乘万騎出城而追。日出方盛，光曜
弈弈，樹爲低枝，不令身炙。太子入出山入六年，思道不食，皮骨
相連，四月八日，遂成佛焉。因四月八日過世泥洹而志。"②

　　崔寔《四民月令》曰："立夏節後蠶大食③，可種生薑④，取鮦子
作醬。今案《爾雅》"鱧魚"，郭璞注云："鮦也。"又曰："鰹，大鮦⑤。鰹音固。鮦音腸
冢反。"劉歆《列女傳》⑥："臧文仲書曰：'食我以鮦魚。'公及大夫莫能知之，人有言：'臧
孫母者，世家子也。'於是召而語之母曰：'鮦魚者，其文錯⑦。錯者，所以治鋸。鋸者，
所以治木也。是有木治，繫於獄矣。"曹大家注云："魚鱗有錯文。"蠶入蔟，時雨
降，可種黍禾，謂之上時，及大小豆、胡麻。是月四日，可作醢。
繭既入蔟⑧，趣繰。剖綿，具機杼，敬經絡⑨。收蕪菁及芥、亭歷、
冬葵、莨菪子。布穀鳴，收小蒜，草始茂。可燒灰。是月也，可作
棗糒，今案《蒼頡篇》："糒，糗也。音備也。"以御賓客。可糶糲及大麥、弊
絮，別小蒸。"大麥之無皮毛者曰糲也。

　　正説曰：夜明星隕，《春秋》上書爲異國讖⑩，及言齊侯小白將

---

① "牟"原誤作"平"，徑改。
② 此處所引《牟子》多有舛誤，存疑俟考。
③ "大"原誤作"火"，據《齊民要術》引《四民月令》改。
④ "可"上《齊民要術》有"芽生"二字。
⑤ "鮦"原誤作"鰹"，據《爾雅校箋》改。
⑥ "列"字原脱，徑補。
⑦ "文"原誤作"父"，據《玉燭寶典考證》改。
⑧ "蔟"字原脱，據石聲漢《四民月令校注》補。
⑨ "絡"字原無，據石聲漢《四民月令校注》補。
⑩ "國"原誤作"圖"，據《古逸叢書》本、《玉燭寶典考證》改。

霸之徵，又云“恒星息曜陰雨，慎于翼，虫禍出”，注云：“當慎羽翼之臣，死後禍成，至於虫流出户。”此則儒家所載，善惡不離齊桓①。

內典記錄，別證佛生之始，廣加推驗，信有由緣。《涅槃經》云：“所有種種異論、咒術、言語、文字，皆是佛説，非外道説。”計儒、玄二教，本無彼此之殊。《華嚴》云：“將下閻浮，先遣衆聖。”明曰古帝王皆佛之所先遣。《天地經》云：“寶應聲菩薩吉祥，菩薩練七寶，造日月星辰。”應聲號稱伏羲吉祥，即是女媧。《易坤靈圖》云：“至德之萌，五星若連璧。”《是類謀》云提含珠。《尚書考靈曜》云：“日月如合璧，五星若編珠。”《論語陰嬉讖》云②：“聖人用機之數順七寶。”注云：“七寶，北斗七星。珠璧兼有寶名，得成練寶之義。”《清淨法行經》：“天竺東北真丹，人民多不信敬③，造罪者甚衆④。吾今先遣弟子三聖，悉是菩薩，往彼示現行化⑤。摩訶迦葉彼稱老子，光淨童子彼名仲尼，明月儒童彼號顔淵⑥。孔顔師諮講論五經、詩傳、禮典、威儀、法則，以漸誘化，然後佛經當往。彼所法没盡經真丹國，老子、關子、大項、菩薩等皆宣我法。其土人咸生煞，好祠迦葉菩薩。載《道德經》化以止路，老子是也。尋古來今，删正同異，孔子是也。幼而叡悟，大項是也。然後佛經乃生信身。”《道元皇曆》云：“吾聞天道，太上正真出於自然，是謂爲佛無爲之君。又竺乾國，竺乾，天竺異名。有古皇先生

---

① “桓”原誤作“恒”，據《玉燭寶典考證》改。
② “陰嬉讖”原誤作“隆嬉效”，據趙在翰《七緯》輯本改。
③ “不”原誤作“木”，又脱“敬”字，據趙城藏本《歷代法寶記》改補。
④ “造者甚衆”四字原無，據趙城藏本《歷代法寶記》補。
⑤ “行化”二字原無，據趙城藏本《歷代法寶記》補。
⑥ “明月”原互倒，據趙城藏本《歷代法寶記》乙正。

善泥洹，不始不終，永存綿綿。吾受學於佛，自然得道。"《關令内傳》："老了語罽賓國王[①]：'吾師號爲佛，佛學一切民者也。先生教者之稱。'"又云：""吾師泥洹，即是涅盤。"兼言得道，還據老君，教迹弟子，彌驗關、孔，語聲訛謬，終是仲尼、大項。顏淵非無小舛，俱曰聖童，或可互出。顏氏好學，簞瓢志道，設稱天喪，寔元師諮其大項。唯《史記》甘羅云"大項橐七歲爲孔子師"。《論語》"達巷黨人"者，鄭注："達巷，黨名。"董仲舒《對册》云："良王不琢，無異於大巷黨人，不學而自知。"注云："大項橐也。"嵇康《高士傳》乃言："大項橐与孔子俱學於老子，俄而大項爲童子，推蒲車而戲孔子。候之，遇而不識，問大項居何在。曰：'萬流屋是也[②]。'到家而知向是項子也。友之，與之談。"除此，五經家語更無出家，故指陳幼叡以樹其美。

案《宿命本起經》："四月七日，夫人出遊，過流民樹，衆花開花[③]。明星出時，夫人攀樹枝，便從右脇生，天地大動，三千大千刹土莫不大明，龍王兄弟左雨溫水，右雨冷泉。還宮，天降瑞應，風霽雲除，空中清明，天爲四面細雨澤香，日月星辰皆住不行，沸星下見，侍太子生，其刹土大明，空中清明。"並与《春秋左氏》"夜明"義合。其"冷泉"、"溫水"及"四面澤香"之[④]，又是"星隕而雨，與雨偕也"。凡夫薄福，唯見其雨，安知得溫冷之異？不覺本是澤香。其星出時，即與《穀梁》"日入至於星出"理同。其"沸星下見"文與《公羊》"雨星"相似，梁時特進沉約難言[⑤]，既不知外國曆

---

① "賓"原誤作"寶"，逕改。

② "也"字原無，據《四部叢刊》本《六臣注文選》引《高士傳》補。

③ "花"原誤作"化"，據下文其'衆花開花'，似當周之四月"改。

④ "之"當作"也"。

⑤ "沉"原誤作"流"，據《玉燭寶典考證》改。沉約即梁代沈約，特進即特予晉升。

法，何用知魯庄之四月是外國之四月？若用周正，則辛卯《長曆》是五日，了非八日。用殷正也，周之四月，殷之三月。用夏正也，周之四月，夏之二月。都不与佛家四月八日同也。杜預《春秋》注云："辛卯四月五日，月光尚微。"蓋時無雲，日光不以民没。約引《長曆》，即杜所造。至如賈、服所用法，更不同。文元年閏三月非禮，襄廿七年十有二月乙卯日蝕[①]，《傳》云："十一月辰在申[②]，司曆過也[③]，再失閏矣[④]。"《春秋》十二公中史失非一，盈縮動至旬晦，豈直五日、八日之閏？且《菩薩處胎經》"二月八日成佛"，"二月八日轉法輪"，"二月八日降魔"，"二月八日入般涅槃"。《過去現在因果經》："夫人往毗藍尼園，二月八日，日初出，時見元憂花，舉右手摘，從右脇生。"《佛所行讚經》："二月八日，時清和，適齊戒，修淨德，菩薩右脇生。"《灌頂經》云："十方諸佛皆用：四月八日夜半，明星出時生；四月八日夜半，明星出時出家；四月八日夜半，明星出時得道；四月八日夜半，明星出時般涅槃。"《灌佛經》云："如來初生，得道泥洹，皆四月八日者何？春夏之際，殃羅悉畢，万物並生，毒氣未行，時節和適。"

《善見律》云："於拘尸那未羅王林，二月十五日入無餘涅槃。"《經》云："二月十五日，臨涅槃時，後品二月爲破常心世間樂，故十五日日月無虧盈。"諸經自多舛駁，非唯三代而已。其"衆花開花"，似當周之四月。但《經》中自道"百億日月，百億閻浮，此方見半，餘方見滿，亦可百億。辛卯，百億夜明"，神力不可

---

① "卯"原誤作"亥"，據《春秋左傳正義》改。
② "申"原誤作"甲"，據《春秋左傳正義》改。
③ "也"字原無，據《春秋左傳正義》補。
④ "失"原誤作"先"，據《春秋左傳正義》改。

思議，未足徵以文字。

　　其“尼父立教，多會慈悲”。《論語》云：“子在齊，聞《韶》，三月不知肉味①。”《樂動聲儀》云：“《韶》之爲樂，穆穆蕩蕩，溫潤以和，似南風之至，万物壯長。”《古文尚書》②：“大禹曰：‘好生之德，洽於民心。’”此據舜樂生養，故孔忘肉味。鄭玄思之深者③，理則未弘。《論語》又云：“釣而不剛，弋不射宿。”《大戴禮》云：“見其生，不食其死。聞其聲，不嘗其肉。遠庖廚，所以長恩，且明有仁也。”雖未及遠，蓋其漸法。

　　《寺塔記》云：“佛四月八日夜生，爾夕沸星下侍。《春秋》書‘恒星不見’，佛出世矣。”三藏道人云：“彼之佛星④，此之恒星也。”佛泥洹後，阿育王起八万四千塔，應是周敬王時立。《春秋》昭十七年“有星箒於大辰”⑤，服注：“有星，彗星也，其形箒箒，故曰箒。”⑥《易坤靈圖》云：“黃星箒于北斗。”是則經中“沸”字即外書之“箒”也。大都當後四月辛卯，佛出爲定。但衆生葉力，機感万殊，宜於夏時見者，便言孟夏。宜以君春中見者⑦，便言仲春。若未堪奉持，唯覿光明之相，或已能敬信，即聞微妙之音。後人每二月八日巡城圍繞，四月八日行像供養，並其遺化，無廢兩存。

　　《雜鬼恠志》云：“漢武帝鑿昆明池，悉是灰墨，問東方朔，曰：‘非臣所知，可訪西城胡人。’”漢成帝時，劉向刪《列仙傳》得一百

① “肉”原誤作“完”，據《論語注疏》改。下“完”字同。
② “尚書”下原衍“大傳”二字，據孫星衍《尚書今古文注疏》刪。
③ “深”原誤作“染”。依田利用云：“‘染’疑當作‘深’，此可補《古經解鉤沉》。”今從其説改。
④ “佛”，據上文所言當作“沸”。
⑤ “箒”，《春秋左傳正義》作“字”。
⑥ 依田利用云：“此亦可以補《古經解鉤沉》。”
⑦ “君”當涉下“春”字而衍。

卌六人[①]，其七十四人已見佛經，餘七十二爲《列仙傳》。《抱朴子》云："劉向博學，則究微極妙，經深涉遠[②]。思理則足以清澄真僞[③]，研覈有無。其所撰《列仙傳》仙人七十有餘[④]，誠無其事，其妄造何爲乎？"又云："向撰《列仙傳》自删，秦大史阮倉書中出之[⑤]，或所親見，然後記之，非妄造也。"《卌二章經序》云："漢明帝夢見神人，身體金色，頂有日光[⑥]，龍在殿前。有通人傅毅而釋夢曰：'天竺有得道者，其名爲佛，輕舉能飛，體真金色，將其神也。'帝即遣至大月支焉。"此《經》，《三秦記》云[⑦]："遣使至西域，使還，云天竺有仙。"山謙之《丹陽記》云[⑧]："即《山海經》所言北海之隅，天毒國也。初，漢武鑿昆明池極深，悉是灰墨，無土，當時恠惋，以問東方朔。朔曰：'臣不足以知之，可試問西域胡人[⑨]。'帝以朔且不知，不復覈訪。至是有憶朔語者，以問胡沙門。沙門據經劫燒年答之，乃驗朔言有旨焉。"《牟子》云："洛陽城西雍門外起白馬寺，壁上作朝廷千乘万騎遶塔。又南宫清涼臺上及開陽門所造陵名顯節，悉於上畫作佛像。"沙門釋法顯所記[⑩]，考其年，則佛生於殷末，道成於周初[⑪]，泥洹已來一千五百廿八年，則宜是周成

---

① 依田利用云："'删'疑字之訛。"案此説誤，"删"字不誤，與班固所云"今删其要，以備篇籍"之"删"同義。

② "涉"原誤作"妙"，涉上"妙"字而誤，據王明《抱朴子内篇校釋》改。

③ "足以"二字今本《抱朴子内篇》無。

④ "列仙傳"三字原無，據王明《抱朴子内篇校釋》補。

⑤ "史"，今本《抱朴子内篇》作"夫"。

⑥ "頂"原誤作"項"，據《玉燭寶典考證》改。

⑦ 依田利用云："'等'疑當作'三'。"是，今從其説改。

⑧ "之"字原脱，"陽"又誤作"楊"，今改。

⑨ "人"字原脱，據上文引《雜鬼恠志》補。

⑩ 即《法顯記》。

⑪ "成"原誤作"行"，據《四部叢刊》影宋本《太平御覽》卷六五三引《法顯記》改。

王十二月也①。泥洹後三百許年，至平王時，經律始還新頭②。新頭河③，張騫所不至也。又八百許年，而漢明帝夢見大人，白是一家，但内外無據。若如《法顯傳》師子國繫鼓唱言佛般泥洹以來一千四百九十七年勘校，佛出乃至殷武乙七年。案《世本》、《史記》，武乙生太丁④，太丁生帝乙，於紂爲曾祖，但懸承彼國之言，推其年歲，更無據引質正，頗所致疑。

或以佛出周時，經教即應流布，踰秦越漢，過爲淹久。蓋佛法興顯始於西域鄰王，及民尚未委審，摩竭稱爲帝。釋洴沙門是何神？須達長者家在舍衛，初聞佛名，身毛皆豎，尋復問言："何等名佛況王問葱嶺遠隔華戎，身熱頭痛，載離難險，自非甘露法雨，香山善根，何能廣拔沙塵？"遥示州渚，半月漸開，方期轉深之論，優花難值，終獲圓滿之功。《牟子》又云："佛者，號謚也，猶若三皇五帝就俗而談。"亦有斯理，内經多言稽首佛足，《春秋》知武子云："天子在而君辱稽首。"佛爲天中之尊。天子，人之中尊，當以至敬無父，同歸化極，深衣振錫，不窺洙泗之典，縫掖函丈，靡聞菴楱之説。道家異學，拘執尤甚，遂使人懷物我，扃向未融。故内外斷簡，總明甚要，優而柔之，是知津矣。

玉燭寶典卷第四　　四月

---

① "月"當作"年"。

② "還"，《四部叢刊》影宋本《太平御覽》卷六五三引《法顯記》作"到"。

③ 《水經注》卷一引釋法顯曰："下有水，名新頭河，昔人有鑿石通路施旁梯者，凡度七百梯。度已，躡懸絙過河，河兩岸相去咸八十步。九驛所絶，漢之張騫、甘英皆不至也。"

④ "太"原作"父"，據《史記·殷本紀》改。

玉燭寶典卷第五

五月仲夏第五

《禮·月令》曰："仲夏之月，日在東井，昏亢中，旦危中。鄭玄曰："仲夏者，日月會於鶉首，而斗建午之辰①。"律中蕤賓②。仲夏氣至，則蕤賓之律應。高誘曰："是月陰氣萎蕤在下，象主人，陽氣在上，象賓客。"小暑至，螳蜋生，鵙始鳴，反舌無聲③。螳蜋，蟭蛸母也。鵙，伯勞。反舌，百舌鳥也。高誘曰："螳蜋，世謂之天馬④，一名齕疣，兗、豫謂之臣斧。是月陰作於下，陽散於上⑤，伯勞夏至後應陰而鳴殺蚳⑥，磔之棘上而始鳴也。反舌，百舌鳥也⑦，變易其聲，效百鳥之鳴，故謂之百舌也。"

天子居堂大廟，養壯佼。助長氣也。命樂師修鞉⑧、鞞、鼓，均琴、瑟、管、簫，執干、戚、戈、羽，調竽、笙、篪、簧，飾鐘、鼓、柷、敔。爲將大雩帝，習樂也。修、均、執、調、飾者，治其器物，習其事之言也。今案《蒼頡篇》曰："鼖，馬上鼓也。"鞞、鼖字兩通也。命有司爲民祈祀山川百源⑨，大雩

---

①　"辰"下原重"建午之辰"，涉鄭玄注而衍。其中"建"爲正文，"午之辰"爲雙行小注。
②　"律"原誤作"健"，據《禮記正義》改。
③　"反"原誤作"万"，據《禮記正義》及下注文改。
④　"馬"原誤作"鳥"，據何寧《淮南子集釋》改。
⑤　"散"，《呂氏春秋》高誘注作"發"。
⑥　"勞"原誤作"謗"，據王利器《呂氏春秋注疏》改。
⑦　"鳥"字原無，據何寧《淮南子集釋》補。又，此句下《四部叢刊》本《呂氏春秋》有"能變反其舌"五字。
⑧　"鞉"原誤作"靴"，據《禮記正義》改。下"鞉"字同。
⑨　"司"下原有"馬"字，據《禮記正義》刪。

帝，用盛樂。乃命百縣雩祀百群卿士有益於民者，以祈穀實。陽氣盛而恒旱，山川百源，能興雲雨者也。衆水所始出爲百源①。必先祭其本乃雩。雩②，吁嗟求雨之祭也③。雩帝，謂爲壇南郊之旁④，雩五精之帝，配以先帝。自韠、鞸至祝、敁皆作⑤，曰盛樂。雩者，天子於上帝，諸侯以下於上公⑥。周冬以及春夏雖旱⑦，禮有禱無雩也。農乃登黍。登，進也。是月也，天子乃以雛嘗黍，羞以含桃，先薦寢廟。此嘗雄也⑧。而云以嘗黍，不以牲主穀也。必以黍者，黍，火穀，氣之主也。含桃，今謂之櫻桃⑨。高誘曰："含桃，鸎桃也。鸎鳥所含食，故言含桃。"顧氏問："登麥、登穀，皆新熟也。仲夏黍未熟，何以登之乎？若以嘗雛起者，下更言是月，非共言也。櫻桃若是朱櫻，將不太晚。"庚蔚之曰："蔡邕、王肅皆云仲夏所登，謂之蟬鳴，黍今猶有之。鄭云此當雞，非也。朱櫻，據今櫻桃，殊爲太晚，立氣所産，或不必同。"今案《史記》："漢惠帝春出遊離宮，叔孫生曰：'古者有春嘗果，方今櫻桃熟，可獻，願陛下出⑩，因取櫻桃獻宗廟。'上許之。左思《蜀都賦》亦云"朱櫻春熟"⑪，計其初熟者，唯似夏前，但惠帝出遊而獻，乃非正禮，此爲雛黍之羞⑫，或以盛，以盛時兼鷹之者也⑬。令民毋艾藍以染，爲傷長氣也。此月藍始可別也。毋燒灰，爲傷火氣也。火之氣於是爲盛，火之滅者爲灰也。毋暴布。不以陰功干太

---

① "源"原作"原"，據正文改。

② "雩"字原不重，據《禮記正義》補。

③ "吁嗟"原誤作"妤差"，據《禮記正義》改。

④ "郊"原誤作"效"，"旁"誤作"南"，據《禮記正義》改。

⑤ 依田利用云舊無"鞸"，尊經閣文庫本有，則依田利用所據爲別本。

⑥ "上公"原互倒，據《禮記正義》乙正。

⑦ "周"下原衍"公"字，"今"又誤作"春"，據《禮記正義》刪改。

⑧ "雄"，《禮記正義》作"雛"。

⑨ 依田利用云："注疏本無'今謂之'三字，《考文》引古本、足利本有，正與此合。"

⑩ "陛下出"三字原無，據《史記》叔孫通本傳補。

⑪ "惠"原誤作"思"，逕改。"熟"原誤作"就"，據左思《蜀都賦》改。

⑫ 依田利用云："舊'雛'作'難'，今改。"尊經閣文庫本作"雛"，依田利用所據爲別本。

⑬ "兼鷹"，依田利用《玉燭寶典考證》誤作"衆廟"。

陽之事者也①。門閭無閉，關市無索。順陽敷縱②，不難物。挺重囚，益其食。挺，猶寬也。游牝別群，孕妊之類③，欲止之也。則執騰駒，爲其牡氣有餘④，相蹄齧者也。班馬政。馬政，謂養馬之政教。日長至，陰陽爭，死生分。爭者，陽方盛，陰欲起。分，猶半也。君子齊戒，處必掩身，無躁，掩，猶隱蔽。躁，猶動也。止聲色，毋或進，進，謂御見也⑤。聲，謂樂也。《春秋説》云⑥："夏至，人主與群臣從八能之士，作樂五日。"今止之，非其道。薄滋味，毋致和，爲其氣暴⑦，此時傷人也。節嗜欲，定心氣。微陰扶精，不可散也。百官靜事無刑，今《月令》"刑"爲"徑"也⑧。以定晏陰之所成。晏，安也。陰稱安。鹿角解，蟬始鳴，半夏生，木堇榮也。又記時候也。半夏，藥草也。木堇，王蒸也。今案《爾雅》"椴，木堇；櫬，木堇"，劉歆注云："別三名，其樹如字，其華朝生暮落。"《詩草木疏》曰⑨："舜華一名木堇，一名日及，齊、魯謂之王蒸。今朝生暮落者是也⑩，五月始生華，至暮輒落。明日一復生。如此至八月乃爲子，子如葵子，大華可蒸鬻爲茹⑪，滑美如堇，亦可苦酒淹食。虀子《朝華賦》曰'朝華麗木也'，即《詩》所謂舜英者也。《爾雅》曰'木堇'，《月令》仲夏'木堇榮'⑫，論時則同此木也⑬。"《爾雅》在《釋草

---

①　"事"下原有"之"字，據《禮記正義》刪。

②　"敷"字原脱，據《禮記正義》補。

③　"妊"原作"任"，據《禮記正義》改。又依田利用云："舊'孕妊'作'乃任'。"案此説誤，尊經閣文庫本作"孕"，唯字有闕壞，脱去下半。

④　依田利用云："注疏本'牡'作'牝'，《考文》云古本作'壯'，北宋板、足利本同。'牡'亦當'壯'字之訛。"

⑤　"御"字原闕，據《禮記正義》補。

⑥　依田利用云："注疏本無'云'字，《考文》引古本、足利本同此。"

⑦　"暴"，《禮記正義》作"異"。

⑧　"今"原誤作"令"，據《禮記正義》改。

⑨　"木"字原無，今補。

⑩　"者"、"也"二字原無，據《寶顔堂秘笈》本《毛詩草木蟲魚疏》補。

⑪　"大"原誤作"太"，徑改。

⑫　"仲"原作"中"，徑改。

⑬　"至暮輒落"至"論時則同此木也"，今本《毛詩草木蟲魚疏》無。

篇》,以此爲疑,樊光以爲與草同氣①,故同之於釋草②。成公綏《日及賦》曰:"禮紀時於木菫,詩詠色於舜英。"且事美而難究,故稱而繁名也③。毋用火南方。陽氣盛,又用火於其方,害微陰也。可以居高明,可以遠望④,可以升山陵,可以處臺榭。順陽在上也。高明,謂樓觀也。其有室者謂之臺,有木謂之榭。今案《倉頡篇》曰:"榭,今當堂皇也⑤。"

仲夏行冬令,則雹凍傷穀,子之氣乘之。陽爲雨,陰起脅之,凝爲雹也。道路不通,暴兵來至;盜賊攻劫⑥,亦雹之類。行春令,則五穀晚熟,卯之氣乘之。生日長也⑦。百螣時起,其國乃飢;螣,蝗之屬。言百者⑧,明衆類並爲害也⑨。行秋令,則草木零落,酉之氣乘之⑩。八月宿值昴畢,昴爲天獄,主殺之者⑪。菓實蚤成,生日短也。民殃於疫。"大陵之氣來爲害也。

蔡雍仲夏章句曰:"'小暑至。'暑者,煖氣之著者也,於小季夏之暑⑫。'堂蜋生⑬。'螳蜋,虫名也,食蟬煞虫也。是月陰始升⑭,煞虫應而生也。'鵙始鳴。'鵙,伯勞鳥,一名曰伯趙,應陰而鳴,爲陰候者也。常以夏至鳴,冬至止,故《傳》曰'伯趙氏,司至

---

① "與"字原脱,據《毛詩正義》、《爾雅注疏》引樊光《爾雅注》補。
② "故同之於釋草"《毛詩正義》、《爾雅注疏》引樊光《爾雅注》作"故在草中"。
③ 依田利用云:"'故'下疑有脱字。"
④ "望"上《禮記正義》有"眺"字。
⑤ "皇",《禮記正義》卷十六引作"埠"。
⑥ "賊"原誤作"賦",據《禮記正義》改。
⑦ "生"原誤作"主",據《禮記正義》改。
⑧ "言"字原重,據《禮記正義》刪。
⑨ "衆類"原互倒,據《禮記正義》乙正。
⑩ "之"下《禮記正義》有"也"字。
⑪ "天"字原無,據《禮記正義》補。
⑫ 依田利用云:"'於小'疑當乙轉。"是。
⑬ "堂蜋生"三字原無,據蔡邕《月令章句》體例補。
⑭ "陰始升"原作"升陰始",據文意乙正。

也①’。‘反舌無聲。’反舌，虫名，鼃之屬也，今謂之蝦蟇②，其舌本前著口側而末内鄉③，故謂之反舌。‘天子居明堂大廟。’大廟，午上堂。鞀，小鼓，有柄。鞞，大鞞也④。‘祈祀山川丘源⑤。’源，水首也。‘雩祀⑥。’雩，遠也，遠求之意。‘農乃登黍。’中夏而熟，黍之先成者，謂之蟬鳴黍。‘是月也，天子以雛嘗黍。’雛，稺雞也。‘遊牝別群，則縶孕駒⑦，頒馬正。’縶，絆。頒，賦。馬正，馬官之長也。季春遊于牧，至此積三月，孕任者足以定，定則別之於群，絆而授馬長，所以全其駒。‘日長至。’日，晝也⑧。長者，漏刻之數長也。至者，極也。夏至，五月之中，其晝漏六十五刻，先之四日、後之四日漏六十四刻有分，唯是日及先後各三日獨全五刻，故曰‘日長至’。‘薄滋味。’薑椒桂蘭之屬曰滋，甘酸魚肉之屬曰味。‘節嗜欲，定心氣。’口曰耆，心曰欲。心，四藏之主。氣所以實志。‘百官靜事。’無傜役，易也⑨。言諸官皆靜，皆重慎不輕易也。‘鹿角解。’鹿，獸名也。角，兵象也。解⑩，墮也⑪。凡角皆筋而鹿角獨骨，兵象之剛者也。夏日至⑫，陰始微起，氣弱，不可以

----

① “至”下《春秋左傳正義》有“者”字。

② “今”原誤作“令”，徑改。

③ 依田利用云：“‘著’作‘者’。”當據別本，非尊經閣文庫本。

④ “鞞”，鄭玄注《詩經》云：“小鼓在大鼓旁，應鞞之屬也。”劉熙《釋名》云：“鞞，裨也，裨助鼓節。”此處疑有訛脱。

⑤ “丘”，《禮記·月令》作“百”。

⑥ “雩祀”二字原無，據蔡邕註釋體例補。

⑦ “孕”，《禮記·月令》作“騰”。

⑧ “晝”原誤作“盡”，徑改。下“晝”字同。

⑨ 依田利用云：“‘易’字恐衍。”

⑩ “解”字原重，據文刪。

⑪ “墮”原誤作“隨”，據文意改。下“墮”字同。

⑫ “夏”原誤作“憂”，徑改。

動兵行武,故天示其象①,鹿角應而墮,爲時候。'半夏生。'半夏,藥草名②。當夏半而生,因以爲名。"

右章句爲釋月令。

《詩·豳風》曰:"五月鳴蜩。"毛傳曰③:"蜩,螗也④。"又曰:"五月斯螽動股。"斯螽,蚣蝑。《尚書·堯典》曰:"申命羲叔⑤,宅南交。孔安國曰:"申,重也。南交,言夏与春交也。"王肅注本作"郊"也。平秩南訛,五和反。訛,化也。掌夏之禮官,平序南方化育之事也。日永,星火,以正中夏。永,長。謂夏至之日。火,倉龍之中星。舉中則七星見可知也。鳥獸希革。"時毛羽希少改易。革,改也。《尚書·堯典》曰:"五月,南巡守,至于南岳,如岱禮。"孔安國曰:"南岳⑥,衡山之也⑦。"《周官·地官》上曰:"大司徒之職,掌土圭之法,測土深,正日景,求地中。日至之景⑧,尺有五寸,謂之地中。"鄭司農云:"土圭長尺五寸,以夏至日立八尺表,其景適與土圭等,謂之地中。穎川陽城地爲然之者也⑨。"《周官·地官⑩》下曰:"山虞掌仲夏斬陰木⑪。"鄭司農云:"陰木,秋冬生者,松栢之屬。"鄭玄曰:"陰木,生山北⑫。"《春官》下曰:"大司樂以靈鼓、靈鼗⑬,孫竹之管,空桑之琴瑟,《咸

---

① "示"原誤作"不",據《玉燭寶典考證》改。
② "藥"原在"草名"下,《禮記·月令》鄭玄注云:"半夏,藥草也。"今據以改。
③ "傳"原誤作"詩",徑改。
④ "螗"原誤作"蜋",據《毛詩正義》改。
⑤ "申"原誤作"中",據《尚書正義》改。
⑥ "岳"原誤作"丘",據《尚書正義》改。
⑦ "之"字當衍。
⑧ "之"字原無,據《周禮注疏》補。
⑨ "穎"原誤作"潁",又脫"地"字,據《周禮注疏》補。《周禮注疏》無"之"字。
⑩ "官"字原無,今補。
⑪ "掌"原誤作"常",據《周禮注疏》改。
⑫ "北"下《周禮注疏》有"者"字。
⑬ "鼗"原誤作"兆鼓",一字而誤分爲二,據《周禮注疏》改。

池》之舞。夏日至，於澤中之方丘奏之，若樂八變①，則地祇出，可得而禮。"鄭玄曰："地祇，主崑崙之神也。靈鼓、靈鼗，六面。孫竹，竹枝根之末生者。空桑，山石。"《周官·春官》下曰："凡以神仕者，掌以夏日至致地祇物魅。"鄭玄曰："地、物，陰也，陰氣升而祭地祇，鼓物魅於墠壇，蓋祭天地之明日也②。"《周官·夏官》上曰："大司馬掌仲夏③，教茇舍，如振旅之陳；群吏撰車徒，讀書契，辨號名之用；百官各象其事，以辨軍之夜事。鄭玄曰："茇舍，草止也，軍有草止之法。'撰'讀曰'算'，算車徒④，謂數擇之⑤。夜事，戒守之事也⑥。草止者慎於夜之⑦。"遂以苗田，如搜之法。車弊，獻禽以享礿。"夏田爲苗，擇取不孕任者。若治苗，去不秀實者。車弊，驅獸之事止。夏田主用車，示所取物希⑧，皆殺而車止。礿，宗廟之夏祭。冬夏田主祭宗廟者，陰陽始起，象神之在内也⑨。《周官·秋官》下曰："柞祖格反也。氏掌政草木及林麓⑩，夏日至，令刊陽木而火之。"鄭玄曰："木生山南，爲陽木也。"《周官·秋官》下曰："薙遲計反。又聽帝反⑪。氏掌煞草，春始生而萌之，夏日至而夷之。"杜子春云⑫："謂耕反其萌牙⑬。"鄭玄曰："萌之者⑭，以兹基斫其生者。夷之，以鈎鐮迫地芟之，若今取茭矣。"《禮·王制》曰："五月，南巡

① "若樂"二字原脱，據《周禮注疏》補。
② "蓋"下《周禮注疏》有"用"字。
③ "仲"原作"中"，據《周禮注疏》改。
④ "算"字原不重，據《周禮注疏》補。
⑤ "擇"原誤作"釋"，據《周禮注疏》改。
⑥ "戒"下《周禮注疏》有"夜"字。
⑦ "之"當作"也"。
⑧ "物希"二字原脱，據《周禮注疏》補。
⑨ "之"字原誤作"也"，據《周禮注疏》改。
⑩ "柞"原誤作"袏"，據《周禮注疏》改。
⑪ "反"字原脱，今補。
⑫ "杜"原誤作"莊"，徑改。
⑬ "反"原誤作"及"，據《周禮注疏》改。
⑭ "萌"原誤作"前"，據《周禮注疏》改。

守，至于南岳，如東巡守之禮。"《韓詩章句》曰："七月鳴鵙，夏之五月，陰氣始動於下，鳴鵙破物於上，應陰氣而煞也。"《周書·時訓》曰："芒種之日，螳蜋生。又五日，鵙始鳴。又五日，反舌無聲。螳蜋不生，是謂陰息。鵙不始鳴，號令壅偪①。反舌有聲，佞人在側。夏至之日，鹿角解。又五日，蜩始鳴②。又五日，半夏生。鹿角不解，兵革不息。蜩不始鳴③，貴臣放逸。半夏不生，民多厲疾。"《禮·夏小正》曰："五月，參則見。浮游有殷。殷，眾也。浮游者，渠略也，朝生而暮死。今案《禮·易本命》曰④："蜉不飲不食。"《淮南子》曰："蜉蝣不過三日⑤。"虫旁字亦通。時有養日。養，長也，乃瓜⑥。乃者⑦，急瓜之辭⑧，始食瓜也。良蜩鳴。良蜩鳴者，五采具⑨。啓灌藍蓼。啓者，別也，陶而疏之也。灌者，聚生也。鳩爲鷹，唐蜩鳴。唐蜩鳴者⑩，匽也。今案《方言》有"匽戟"，音偃也。初昏大火中。大火者，心也。心中，種黍菽糜時⑪，今案《倉頡篇》曰："糜，稼也。"《字林》："音巳皮反。"煮梅爲豆實⑫，蓄蘭爲沐浴。"

---

① "號"原誤作"踶"，據《四部叢刊》本《逸周書》改。
② 此六字原脱，據《四部叢刊》本《逸周書》補。
③ "不"字原脱，據《四部叢刊》本《逸周書》補。
④ "案"原作"安"，徑改。"易"字原脱，"命"又誤作"爾"，據今本《大戴禮記》補正。
⑤ "蝣"字原脱，"過"字闕文，據何寧《淮南子集釋》補。
⑥ "瓜"原誤作"爪"，據《大戴禮記解詁》改。
⑦ "乃"原誤作"爪"，據《大戴禮記解詁》改。
⑧ "瓜"字原脱，據《大戴禮記解詁》補。
⑨ "具"原誤作"其"，據《大戴禮記解詁》改。
⑩ "匽"，《玉燭寶典考證》作"遷"，依田利用云："孔廣森《大戴禮記補注》云'者'上宋本衍'鳴'字，然則宋以前有'鳴'字，而郭璞《爾雅注》引作'蜻蜩者螇'則古無'鳴'字可知。今姑仍舊，不敢刪去。本書'遷'作'匽'，《爾雅注》亦作'螇'，則此誤無疑。"
⑪ "菽"原誤作"叔"，據《大戴禮記解詁》改。
⑫ "煮梅"原誤作"渚悔"，據《大戴禮記解詁》改。

　　《易通卦驗》曰："夏日至如冬日至之禮,儛八樂,皆以肅敬爲戒①。"鄭玄曰:"八樂,《雲門》②、《五英》、《六莖》③、《大卷》、《大韶》④、《大夏》、《大護》、《大武》。"《易通卦驗》曰:"夏日至,成地理。鄭玄曰:"地理者,五土也以虫万物養人民,夏至而功定,於是時祭而成之⑤,所以報也。"鼓用黄牛皮⑥,鼓員倳五尺七寸。瑟用桑木⑦,長五尺七寸。間者以簫⑧,長尺四寸。"鼓必用黄牛皮者,夏至,離氣也,離爲黄牛。瑟用桑木者⑨,柳,醜絛,取其垂象氣下。《易通卦驗》曰:"離,南方也,主夏至。日中,赤氣出,直離,此正氣也。氣出右,萬物半死。氣出左,赤地千里。"鄭玄曰:"夏至之左,芒種之地;右,小暑之地也。芒種之時,可稼澤地。離者燠物,而見於芒種之地,則澤嫁獨生,陵陸死矣。赤地千里,言旱甚且廣千里⑩,穿井乃得泉也⑪。"《易通卦驗》曰:"芒種,丘蚓出,晷長二尺四寸分,長陽雲出⑫,雜赤如曼曼。鄭玄⑬:"芒種於震值上六,上六,辰在巳,又得巽氣,故雜赤不純。巽又爲長,故曼也。"夏至,景風至,暑且濕,蟬始鳴⑭,螳螂生,鹿角解,木堇榮,景風,長大万物之風。晷長尺四寸八分,少陰雲出,如水波崇崇。"夏至,離

---

　　① "以"字原重,據趙在翰《七緯》輯本刪。
　　② "雲"原誤作"堂",據趙在翰《七緯》輯本改。
　　③ "六"下原有"之"字,據趙在翰《七緯》輯本刪。
　　④ "大韶"原誤作"六欹",據趙在翰《七緯》輯本改。
　　⑤ "祭"原誤作"參",據趙在翰《七緯》輯本改。
　　⑥ "黄"字原脱,據趙下文注語及趙在翰《七緯》輯本補。下"黄"字同。
　　⑦ "木"字原無,據趙在翰《七緯》輯本補。
　　⑧ "簫"下原有"補簫"二字,墨海金壺本《古微書》、趙在翰《七緯》輯本並無"補簫"二字,今據以刪。
　　⑨ "木者"二字原無,據趙在翰《七緯》輯本補。
　　⑩ "旱"原誤作"早",據趙在翰《七緯》輯本改。
　　⑪ "井"字趙在翰《七緯》輯本重。
　　⑫ "出"下墨海金壺本《古微書》有"斗"字,下"雜"字作"維",參鄭玄注,當以"雜"字爲是。
　　⑬ "玄"原誤作"畜",徑改。
　　⑭ "始"字原脱,據《初學記》卷三引《易通卦驗》補。

始用事，位值初九，初九，辰在子，故如水波崇崇，微輪轉出也①。《詩紀歷樞》曰②："午，仵也，陽氣極於上，陰氣起於下，陰爲政，時有武，故其立字十在人下爲午。"宋均曰："午，仵也，適也，皆相敵之言也。"《尚書考靈曜》曰："夏至日，日在東井廿三度有九十六分之九十三。求昏中者，取十二頃加三旁③，蠡順除之④；求明中者，取十二頃加三旁⑤，蠡却除之⑥。"鄭玄曰："長日晝行廿四頃⑦，中正而分之⑧，左右十二頃也⑨，通十二頃三旁，得百四十二度有四百分之二百八十三也。此日昏明時上當四表之刻，与正南中相去教也。"《音義》曰："蠡，羅列耳也。"《尚書考靈曜》曰："仲夏一月⑩，日出於寅，入於戌，心星五度中而昏，營室十度中而明。"《尚書考靈曜》曰："長日出於寅，行廿四頃，入於戌，行十二頃。"鄭玄曰："長日，夏至時也。夏至之日，出入天正東西中之北廿四度，天地入北六度於四表，凡卅度也。左右各三頃，并南北十八頃爲二十四頃。日出，晝所行也。其北十二頃日入，夜所行也。"《尚書考靈曜》曰："主夏者，心星，昏如中⑪，可以種黍菽矣⑫。"《春秋元命苞》曰："夏至百八十日，秋冬相援⑬。"宋均

① "轉"字原脱，據趙在翰《七緯》輯本補。
② "歷樞"原互倒，今乙正。
③ "頃"原誤作"須"，據《玉燭寶典考證》改。下"頃"字同。
④ "順"原誤作"頃"，據《四部叢刊》本《六臣注文選》卷五十六引《尚書考靈曜》改。
⑤ "三"字原脱，據《玉燭寶典考證》補。
⑥ "求明中者取十二須加旁蠡却除之"原爲雙行小注，今移入正文。
⑦ "晝"原誤作"盡"，據《玉燭寶典考證》改。
⑧ "而"原誤作"南"，據《四部叢刊》本《六臣注文選》卷五十六引《尚書考靈曜》改。
⑨ "右"字原脱，《四部叢刊》本《六臣注文選》卷五十六引《尚書考靈曜》云："中正而分之，左右各六項。"則當補"右"字。又，文中"頃"字，《四部叢刊》本《六臣注文選》卷五十六引作"項"。
⑩ "仲夏"原互倒，今乙正。
⑪ "如"字《禮記正義》、《大戴禮記》俱無，有"如"字勝。
⑫ "以"字原無，"黍菽"原作"半夏之叔"，《禮記正義》云："主夏者，心星，昏中，可以種黍。"今據以改。
⑬ "相援"，《北堂書鈔》卷一五三引《春秋元命苞》作"成"。

曰:“陰起於夏至,用事如陽月數而終也。或言:爰,丘成相也。”《春秋元命苞》曰:“盛於午。午者,物滿長。宋均曰:“午,五也。五陽所立,故應而謂滿長也。”律中蕤賓。蕤賓者,委賓。”委,猶予也。賓,見歸予也。此陽用事而謂之賓者,時陰在下,爲主尊奉之,故變陽云賓,南方爲禮,万物相見,立賓主以相承事,取此之義①。

　《春秋考異郵》曰:“日夏至,水泉躍。”宋均曰:“日夏至,陰氣起,故泉水躍以應之,流濕之義。”《春秋漢含孳》曰:“仲夏,陰作綿綿,更起,威盛相。”宋均曰:“作,起也。綿綿,微意爍消也。言陰集,陽有漸升,綿綿微如暑,因時稍起,用事至放。相,消滅也。”《春秋説題辭》曰:“黍者,緒也。若仲夏物並長,故縱酒。人衆聚,厥象也。”宋均曰:“‘緒’當作‘序’,言使人尊卑有次序,黍稷散布而相牽連,此又衆集會,有次序列居之象也。”《孝經援神契》曰:“夏至,陰始動也②。”《孝經援神契》曰:“仲夏,火星中,布穀降,野穫麥鉏穢,別苗秀,蠶任統,戴紝下③,繭始出,作婦女。”宋均曰:“戴紝,戴勝也。下,謂伏息。《月令》孟夏‘蠶事畢’,今仲夏甫出,舉四仲爲候,以苞一時也。”

　《爾雅》:“五月爲皋④。”李巡曰:“五月,万物盛壯,故曰皋。皋,大也。”孫炎曰:“皋,物長之貌。”《管子》曰:“以春日至始數九十二日⑤,謂之夏至,夏而麥熟,天子祀於大宗,其盛以麥。麥者,穀之始也。宗者,族之始也。”《吕氏春秋》曰⑥:“夏至日,行近道,乃參于上,當樞之下無晝夜。”高誘曰:“近道,内道也。乃參倍于上,夏日高也。當施樞之

---

① “之義”原互倒,今乙正。
② “陰”下《白虎通》引有“氣”字。
③ “紝”原誤作“維”,今改。注文“紝”字同。
④ “皋”原作“睪”,據《爾雅注疏》改。注文“皋”字同。
⑤ “以春日”原作“冬”,據黎翔鳳《管子校注》改。
⑥ “吕氏”與“春秋”原互倒,今乙正。

下①，不明不冥②，曜統一也③，故曰無晝夜也。"《尚書大傳》曰："中祀大交霍山，貢雨伯之樂焉。鄭玄曰："中，仲也，古字通④。春爲元，夏爲仲，五月南巡，守仲，祭大交之氣於霍山也⑤。南交稱大交⑥，《書》曰'宅南交'也⑦。"夏伯之樂，舞《謾彧》⑧，其歌聲比中謠，名曰《初慮》⑨。夏伯，《夏官》司馬棄掌之。謾，猶蔓也。彧，長根。言象物之葇蔓彧然。初慮⑩，陽上極陰，始謀之也。羲伯之樂⑪，舞《將陽》，其歌聲比大謠，名曰《朱竿》。"羲伯，羲叔之後。舞《將陽》，言象物之秀實動搖也⑫。竿，大。《尚書大傳》曰："撞蕤賓之鐘⑬，左五鐘皆應。鄭玄曰："蕤賓在陰，東五鍾在陽，君將入，故以靜告動，動者則亦皆和也⑭。"蕤賓有聲，狗吠⑮，虒鳴，及睍介之虫皆莫不延頸聽蕤賓⑯。皆守物及陰之類也。在內者皆玉色，在外者皆金聲。"玉色，反其正性也。金聲，其事煞矣也⑰。《史記·律書》曰："蕤賓者，陰氣幼少，故曰蕤；痿陽不用事，故曰賓；午者，陰陽交，故曰午。"《淮南子·時則》曰："仲夏之月，招搖指午。五月官相，其樹榆。"高誘曰："是月陽氣長

① "施"字《四部叢刊》本《呂氏春秋》無，依田利用云疑當作"於"。
② "不明不冥"，《四部叢刊》本《呂氏春秋》作"分明不實"。
③ "統"字原無，據王利器《呂氏春秋注疏》補。
④ "通"字原脱，據皮錫瑞《尚書文傳疏證》（以下簡稱《尚書大傳》）補。
⑤ "祭"原誤作"蔡"，又脱"大"字，據《尚書大傳》補。
⑥ "交"字原脱，據《尚書大傳》補。
⑦ "宅"原誤作"度"，據《尚書正義》、《尚書大傳》改。
⑧ "彧"原誤作"或"，據《尚書大傳》改。注文中"彧"字同。
⑨ "初慮"原誤作"雷初"，據《尚書大傳》改。
⑩ "慮"原誤作"雷"，據《尚書大傳》改。
⑪ "羲"原誤作"儀"，據《尚書大傳》改。下"羲"字同。
⑫ "實"原誤作"貴"，據《尚書大傳》改。
⑬ "撞"原誤作"種"，據《尚書大傳》改。
⑭ "和"原誤作"知"，據《尚書大傳》改。
⑮ "狗"原誤作"拘"，據《尚書大傳》改。
⑯ "延"原誤作"近"，據《尚書大傳》改。
⑰ "矣也"二字《尚書大傳》無。

養，故官相佐也。楡，説未聞之也。"《淮南子·天文》曰："夏至則斗南中繩，陽氣極，陰氣萌，故曰夏至爲刑。陽氣極，則南至南極，上至朱天，故不可以夷丘上屋。①"許慎曰："夷，平也。"又曰："日夏至流黄澤②，石精出，高誘曰："流黄，土之精也，陰氣作下，故流澤而出。石精，五石之精。"蟬始鳴，半夏生，与《月令》同。蝨蝱不食駒犢，鷙鳥不搏黄口，五月微陰在下，未成駒犢③，黄口肌脆弱未成，故蝨蝱、鷙鳥應陰，不食不搏之也。八尺之柱④，修尺五寸。柱修即陰氣勝⑤，短即陽氣勝。陰氣勝即爲水，陽氣勝即爲旱。"又曰："五月小刑⑥，薺、麥、亭歷枯⑦，冬生草木畢死⑧。"《京房占》曰："夏至，離王，景風用事，人君當爵有德，封有功，正在南方。"《白虎通》曰："五月律謂之蕤賓何？蕤者也，下。賓者，敬也。言陽氣上極，陰氣始起，故賓敬之。"

　　《鄭記》曰："《禮》注云'反舌，百舌鳥'，糜信難曰：'案《易説》：反舌，蝦蟆也。昔於長安与諸生共至城北水中取蝦蟆，割視之，其舌成反向⑨。'蟜夙答曰：'蝦蟆五月中始得水，當聒人耳，何云無聲？'是知蝦蟆非反舌鳥。春始鳴，至五月稍止，爲時候。"⑩今案《易通

---

① 　案此爲許慎注本，"陽氣極，則南至南極，上至朱天，故不可以夷丘上屋"，何寧《淮南子集釋》作"陰氣極，則北至北極，下至黄泉，故不可以鑿地穿井"。疑許慎與高誘所注本均脱落彼之所引。

②　"至"下何寧《淮南子集釋》有"而"字。

③　"未成"二字何寧《淮南子集釋》無。

④　"柱"，何寧《淮南子集釋》作"景"。下同。

⑤　"即"，何寧《淮南子集釋》作"則"。下同。

⑥　"月"下何寧《淮南子集釋》有"爲"字。

⑦　"枯"字原脱，據何寧《淮南子集釋》補。

⑧　"畢"，何寧《淮南子集釋》作"必"。

⑨　"向"下《禮記正義》卷十六引《通卦驗》有"后鄭君得不通乎"七字。

⑩　"是知"至"時候"《禮記正義》卷十六引《通卦驗》多有異文。

卦驗》玄曰①：“反舌者，反舌鳥也②，能反覆其舌，隨百鳥之音。”《風土記》曰：“祝鳩③，反舌也。”據此，明反舌別是鳥名④。且蝦蟇無聲，乃小暑節後。《易說》與《月令》時候自多不同，無妨各爲一事。《淮南子》曰：“人有多言者，猶百舌之聲也。”許慎曰：“白舌，鳥名，能變易其舌，效百鳥之聲，故曰百舌。”《春秋保乾圖》曰：“江充之害，其前交喙⑤，反舌鳥入殿。”宋均注云：“交喙、反舌，百舌鳥也。”《孔叢子・明鏡》曰⑥：“國臣謀，反舌鳥入宮也。”陳思王《令禽惡鳥論》曰：“伯勞以五月鳴⑦，應陰氣之動。陽爲仁養⑧，陰爲殘賊，伯勞蓋賊害之鳥也⑨。屈原云：‘恐題鴂之先鳴兮。’其聲鴂鴂，故以音名云⑩。”

《風土記》曰：“仲夏端五，方伯協極，烹鶩用角黍⑪，龜鱗順德。”注云：“端，始也，謂五月初五也。四仲爲方伯，俗重之⑫，五月五日与夏至同。鴟春孚雛，到夏至月，皆任噉也。俗先二節日⑬，又以菰葉裹黏米，雜以粟，以淳濃灰汁煮之，令爛熟⑭，二節日所尚噉也⑮。又煮肥龜，令極熟，擘擇去骨，加鹽、豉、苦酒、蘇

---

① “曰”原誤作“口”，徑改。此條爲鄭玄《易通卦驗》注文。

② “舌”字原無，據《藝文類聚》卷九十二引《易通卦驗》補。

③ “鳩”原誤作“煩”，據《藝文類聚》卷九十二引《易通卦驗》補。

④ “反”原誤作“及”，徑改。

⑤ “前”，《藝文類聚》卷九十二引《春秋保乾圖》作“萌”，無“交喙”二字。“其前”《太平御覽》卷九二三引《春秋保乾圖》作“太子”。

⑥ “叢”字原無，據《玉燭寶典考證》補。此條不見今本《孔叢子》。

⑦ “勞”原誤作“謗”，又脫“鳴”字，據《爾雅注疏》卷十引《惡鳥論》。

⑧ “仁”上《爾雅注疏》卷十引《惡鳥論》有“生”字，下“殘”上有“殺”字。

⑨ “害”原誤作“完”，據《爾雅注疏》卷十引《惡鳥論》改。

⑩ 上“鴂”字原不重，“名云”誤作“白名”，據《爾雅注疏》卷十引《惡鳥論》補正。

⑪ “烹鶩”原誤作“享鷔”，據《初學記》卷四、《藝文類聚》卷四、《歲時廣記》卷二十一引《風土記》改。又“用”字當涉下“角”字而衍，諸書所引皆無“用”字。

⑫ “之”字原無，據《玉燭寶典考證》補。

⑬ “俗先”原誤作“先此”，“日”上原有“一”字，據《齊民要術》卷九引《風土記》注改删。

⑭ “爛”字原脫，據《齊民要術》卷九引《風土記》注補。

⑮ 此句《齊民要術》卷九引《風土記》注作“於五月五日、夏至噉之”。

蓼，名爲葅龜，并以薤蒸，用爲朝食，所以應節氣。裹黏米，一名糉，_{子弄反也。}一名角黍，蓋取陰陽尚相苞裹，未分散之象也。龜骨表肉裹，外陽内陰之形，鮑魚又夏出冬蟄，皆所以依像而放，將氣養和輔，贊時節者也^①。"黍葅龜蒸鮑，南方妨食水族耳，非内地所行。"鼅"与"鴨"，"鮑"與"蟬"字並通。

崔寔《四民月令》曰^②："五月，芒種節後，陽氣始虧，陰慝將萌^③，_{慝，惡也。陰主殺，故謂之慝。}夏至，姤卦用事^④，陰起於初，濕氣升而靈虫生矣。煖氣始盛，虫蠹並興。乃弛角弓弩^⑤，解其徽弦，張竹木弓弩^⑥，弛其弦^⑦，以灰藏旃裘、毛毳之物及箭羽，以竿掛油衣^⑧，勿襞藏。_{爲得暑濕相著也^⑨。}是月五日，可作醴，合止利黄連丸^⑩、霍亂丸，采葸耳，取蟾諸，_{蟾諸，京師謂之蝦蟇，北州謂之去角，或謂苦蠪^⑪，就可以合惡疽創藥也。}可合創藥^⑫，及東行螻蛄^⑬。_{螻蛄去刺，治産婦難^⑭，兒衣不出。}夏至之日，薦麥魚于祖禰。厥明，祠。前期一日，饌具齊，掃滌，

---

① "贊"原誤作"替"，據《玉燭寶典考證》改。

② "民"字原脱，徑補。

③ "萌"原誤作"前"，據石聲漢《四民月令校注》改。

④ "姤"原誤作"始"，徑改。

⑤ "弛"原誤作"施"，據《齊民要術》卷三引《四民月令》改。下"弛"字同。

⑥ "弩"字原脱，據《齊民要術》卷三引《四民月令》補。

⑦ "其"字原脱，據《齊民要術》卷三引《四民月令》補。

⑧ "竿掛"原誤作"芋桂"，又脱"以"字，據《四部叢刊》本《齊民要術》卷三引《四民月令》改補。

⑨ "暑濕"原誤作"煮温黏"，據《齊民要術》卷三引《四民月令》改。又《齊民要術》引無"爲得"二字。

⑩ "利"通"痢"，下"利"字同。

⑪ "苦蠪"原誤作"苔就"，據石聲漢《四民月令校注》改。

⑫ "可"原誤作"廿"，據《藝文類聚》卷四引《四民月令》改。《齊民要術》卷三作"以"。

⑬ "螻蛄"下《藝文類聚》卷四引《四民月令》有"治婦難産"四字，此處當脱去。

⑭ "難"下《齊民要術》卷三有"生"字，無下"兒"字。

如薦韭卵時。雨降，可種胡麻。先後各五日①，可種禾及牡麻。牡麻，有花無實②。先後各二日，可種黍。是月也，可別稻及藍。至後廿日，可菑麥田，刈芟葛③。麥既入，多作糒，以供出入之糧④。淋雨將降，儲米穀薪炭，以備道路陷淖今案《春秋》成十六年《傳》"晉、楚過於鄢陵，有淖於前"，服虔注云："淖，下澤洿泥也。音從較反。又乃孝反⑤。"不通。是月也，陰陽爭，血氣散。先後日至各五日，寢別外內，陰氣入，藏腹中塞，不能化膩。先後日至各十日，薄滋味，毋多食肥醲。距立秋，毋食煮餅及水溲餅。夏日飲水時，此二餅得水即強剛不消，不幸便為宿食作傷寒矣。誠以此餅置水中，即見驗。唯酒溲餅入水蘭之也⑥。是月也，可作醬醬及醃醬，糶大小豆、胡麻，糴麷、大小麥，收弊絮及布。日至後，可糶犛䵃，暴乾，置兜中，密封塗之，則不生虫。至冬，可以養馬。"犛音敷，䵃音撰。《考靈曜》曰："仲夏一日，日出於寅，入於戌，心星五度中而昏，營室十度中而明。"⑦

附說曰：此月夏至及五日，俗法備擬甚多。案《禮》有"織紝組紃"⑧，《詩‧鄭風》稱"執轡如組"，鄭箋云："如織組之為。"《鄘風》"素絲紕之"，毛傳云："紕所以織組，總紕於此，成文於彼。"《爾雅》："綸似綸⑨，組似組，東海有之。"明織組之興，其來尚矣。

四月蠶事畢，五月方可治絲，故《孝經援神契》曰："仲夏蠶始

---

① "後"下原有"日"字，據《齊民要術》卷二引崔寔《四民月令》刪。
② "有花無實"原誤作"有卜氣無氣實"，據《齊民要術》卷二引崔寔《四民月令》改。
③ "芟"原誤作"英"，據石聲漢《四民月令校注》改。
④ "出入"原互倒，據《齊民要術》卷九引《四民月令》乙正。
⑤ "乃"原誤作"巧"，又脫"反"字，據《經典釋文》改補。
⑥ "之"字當衍。
⑦ 依田利用以此引《考靈曜》複出而刪除，今仍存其舊。
⑧ "紝"原誤作"維"，據《禮記正義》改。
⑨ "似"原誤作"以"，據《爾雅注疏》改。

出，作婦女。練染既成，咸有作務。"《風俗通》云："夏至五月五日，著五采辟兵，題'野鬼遊光'①。俗説：五采以厭五兵。遊光，厲鬼，知其名②，令人不病疫温。"《續漢·禮儀志》云："夏至，陰氣萌作，恐物不楙，其禮以朱索連葷菜③，錘以桃卯，長六寸，方三寸，以施門户，代以所尚爲飾，漢並用之，故以五月五日朱索五色，即爲門户飾，以難止惡氣。"裴玄《新言》云："五色繒，謂之辟兵。"服君云："襞方以綴腹前，示養蠶之切也。又織麥菵，同日俱成，以懸於門彰，收麥也，謂爲辟兵，聲之誤。"董勳《問禮俗》云："夏至，上長命縷④。"

陸翽《鄴中記》云："俗人以介子推五月五日燒死，世人甚忌，故不舉火食，非也。北方五月五日自作飲食，祠神廟，及五色縷、五色花相問遺，不爲子推也。"《荆楚記》云："民斬新竹筍爲筒粽，練葉插頭五采縷投江，以爲辟火厄，士女或取練葉插頭綵絲繫臂⑤，謂爲長命縷⑥。"沈約《宋書》云："元嘉四年，禁斷夏至日五絲⑦、長命縷之屬。"即止來五日者。《吳歌》云："朱絲係腕繩，腕如白雪凝。"皆因女功而起，廣其名目。

《續齊諧》云："屈原五月五日自投汨羅而死，楚人哀之，每至此日，輒以竹筒貯米投水祭之。漢建武年，長沙嘔迴忽見士人自

---

①　"題"下《太平御覽》卷二三引《風俗通》有"曰"字，卷八一四又作"綵曰"。

②　"知"上原有"光"字，據《太平御覽》卷二三、卷八一四、《事類賦》卷四引《風俗通》删。

③　"索"原誤作"素"，據中華書局點校本《後漢書》改。下"索"字同。

④　"長命"原互倒，《荆楚歲時記》引周處《風土記》云："人並以新竹爲筒粽，楝葉插五綵繫臂，謂爲長命縷。"今據以乙正。

⑤　"臂"原作"辟"，據《荆楚歲時記》引周處《風土記》改。

⑥　"縷投江"至"綵絲"十八字，今本《荆楚歲時記》無，可補其闕。

⑦　"禁"原誤作"楚"，據中華書局點校本《宋書》改。

稱三閭大夫，謂迴見祭甚善，但恒蛟龍所竊，可以練葉塞上，以綵絲縛之①，二物蛟龍所畏。迴依其言②。世人五日作粽③，并帶練葉五綵，皆汨羅之遺風。"《吳歌》云："五月節菰生四五尺，縛作九子糉。"或作"稯"，亦作"糉"，今古字並通。計止南方之事，遂復遠流北土。

又有爲日月星辰鳥獸之狀者④，或至文繡金縷帖畫⑤，貢獻所尊。古詩云："繞臂雙條達。"案《尚書》"古人之象日月星辰，乃據衣服"，除此更無出處，意謂此日建午。《詩記歷樞》云："午者，忤也。"宋均注云："午，忤也，適也，皆相對敵之稱。"《春秋元命苞》曰："盛於午，午者，物滿長。"注云："午，五也。五陽所立，故應而滿成也⑥。"《史記·律書》曰："午者，陰陽交，故曰午。"《援神契音義》云⑦："五者，亦數之一極，日月並當極數，名爲二五。"《歸藏易》云："離處彼南方，与日月同鄉。"張衡《逍遙賦》云："以日月爲嚮牖。"摯虞《思遊》云："日月燒炫晃而曖映蓋。"《聖賢冢墓記》云："天體如車有蓋，日月懸著焉，故因此節模成合璧之像。"劉臻妻陳氏《五時畫扇頌》云⑧："炎后飛軌⑨，引曜丹逵⑩。蕤賓應律，

---

① "縛"原誤作"練"，據《北堂書鈔》卷一四七、《太平御覽》卷八五一引《續齊諧記》改。

② "依其言"原作"言依二日"，據《玉燭寶典考證》改。

③ "人"原誤作"又"，據《北堂書鈔》卷一四七、《太平御覽》卷八五一引《續齊諧記》改。

④ "星辰鳥獸之狀"六字原無，據《初學記》卷四引《玉燭寶典》補。

⑤ "繡"原作"綃"，"帖畫"誤作"怗盡"，據《初學記》卷四引《玉燭寶典》改。

⑥ "成也"二字原無，依田利用依正文補，今從其說補。

⑦ 依田利用云："'音義'二字疑衍，不然則'援神契'字有訛。"

⑧ "氏"字原無，徑補。

⑨ "軌"原作"軏"，森立之父子校本、依田利用所據本皆作"乾"，則所據爲別本。據《藝文類聚》卷六十九、《初學記》卷二十五引《五時畫扇頌》改。

⑩ "逵"原作"遠"，據《藝文類聚》卷六十九、《初學記》卷二十五引《五時畫扇頌》改。

融精協曦①。”明是五月。下云：“日月澄曜②，仙僮來儀。永錫難考，与時推移。”抑亦其義，欲人如日之升，如月之恒③。近代又加咒文，其願無戲威。

《荆楚》：“四民並蹋百草④，采艾以爲人⑤，懸門户之上，以禳毒氣⑥。”《師曠占》云⑦：“歲多病，則艾草先生。”《吴歌》云⑧：“陽春二月三月，相將蹋百草，人人駐出者，揚聲皆言好。”于時草淺，容出騁望。此月草深多露，非複遊行人之時⑨，正應爲采艾耳。

又取蘭草以備沐浴⑩。習鑿齒《与褚常侍書》云：“家舅見迎，南達夏口白故府渚下，見法曰：‘与足下及江州，五月五日共澡浴戲處，感想平生，追尋宿眷，髮鬒玉儀，心實悲矣。’”《夏小正》云：“五月，蓄蘭爲沐浴。”《離騷》亦云“洛蘭湯兮沐芳”⑪，非無往事。又云⑫：“以百種草合擣爲汁，石灰和之，曝燥，塗瘡即愈。又燒繁縷菜爲灰，以治疥癬。”《爾雅·釋草》云：“菽⑬，蔜蔜⑭。”郭璞注云：“今繁縷，或名雞腸。”《本草經》作：“繁蔞，味酸、平，無毒，主

---

① “曦”原誤作“義”，據《藝文類聚》卷六十九、《初學記》卷二十五引《五時畫扇頌》改。
② “曜”，《藝文類聚》卷六十九、《初學記》卷二十五引《五時畫扇頌》作“暉”。
③ “恒”原作“組”，《詩經·小雅·天保》云：“如月之恒，如日之升。”今據以改。
④ “蹋”原誤作“踚”，據《荆楚歲時記》改。下“蹋”字同。
⑤ “人”字原脱，據《荆楚歲時記》補。
⑥ “禳”原誤作“振”，據《荆楚歲時記》改。
⑦ “占”字原無，據《玉燭寶典考證》補。
⑧ “歌”原誤作“歆”，徑改。
⑨ “人”字依田利用以爲衍文。
⑩ “沐”誤作“渗”，據《玉燭寶典考證》改。下“沐”字同。
⑪ 此句出自《九歌》，非《離騷》。
⑫ “又云”上疑有脱文。
⑬ “菽”原誤作“葒”，據《爾雅注疏》改。
⑭ “蔜”原作“縷”，據《爾雅注疏》改。

積年瘡惡不愈。五月五日中，采子用之。"注云："此菜人以作羹，五日采，曝乾，燒作屑，治雞瘡有效。"亦雜百草取之，不必一種。

崔寔云："此日取蟾諸以合瘡藥。"《文子》則云："蟾蜍，辟兵，壽在五月望。"《淮南萬畢術》云："五月十五日，取蟾蜍剝之，以血塗新布，方員一尺，向東，半以布蒙頭，百鬼、牛、羊、虎、狼皆來坐，視之勿動，須臾皆去①。"非止五日也。《抱朴子》云："蟾蜍万歲者，頭上有角，頷下有丹書八字再重②，五月五日中時取之，陰乾百日③，以其左足畫地④，即爲流水。"《玄中記》云⑤："千歲蟾蜍，頭生角者⑥，食之⑦，壽千歲。"《淮南術》亦云："五月五日，取蝦蟆喉下有八字者，反縛，陰乾百日，兢作屑，五綵囊盛，著頭上，縛則自解。"蟾諸、蟾蜍聲相近⑧，兩通，即蝦蟆。

南方民又競渡，世謂屈原投汨羅之日⑨，故命舟檝以拯之⑩，在北舳艫既少，罕有此事。《月令》："仲夏可以居高明，可以遠望⑪。"《春秋考異郵》云："夏至，水泉躍，或以開懷娛目，乘水臨風，爲一時下爲之賞，非必拯溺。"董勳《問禮俗》云："五月望，禮有乘高爲良日。"即其義也。

世稱惡月者，《月令》仲夏"陰陽爭，死生分，君子齊戒，止聲

---

① "去"原誤作"云"，據《玉燭寶典考證》改。
② "書"原誤作"畫"，據王明《抱朴子內篇校釋》改。
③ "乾"字原無，據王明《抱朴子內篇校釋》補。
④ "左"字原無，據王明《抱朴子內篇校釋》補。
⑤ "玄"原誤作"立"，今改。
⑥ "者"字原無，據《爾雅注疏》引《玄中記》補。
⑦ "食"原誤作"倉"，上又有"得"字，據《爾雅注疏》引《玄中記》改删。
⑧ "近"原誤作"洗"，據《玉燭寶典考證》改。
⑨ "原投"二字原脱，據《荆楚歲時記注》補。
⑩ "故命舟檝以拯之"原作"並撤拯之"，據《荆楚歲時記注》改補。
⑪ "望"上《禮記正義》有"眺"字。

色,節嗜欲"。案《異苑》:"新野庾寔家常以五月曝薦①,忽見一小兒死於席上,俄失所在,其後寔女子遂亡,故相傳稱以爲忌,俗多六齊放生②。"齊竟陵王蕭子良《後湖放生詩》云:"釋焚曾林下,解網平湖邊③。遲翾摶清漢,輕鱗浮紫淵。"《異苑》云:"五月五日,剪鸜鵒舌亦能學人語。"案《周禮·考工記》④:"鸜鵒不踰濟,貉踰汶則死,此地氣然也⑤。"鄭司農云:"不踰濟耳,無妨中國有之。"《春秋》昭廿五年"有鸜鵒來巢"⑥,《左氏傳》曰:"書所無也。"《公羊傳》曰:"何以書記異也?何異爾⑦?非中國之禽也。宜穴又巢。"何休注云:"鸜鵒,猶權欲⑧。宜穴又巢⑨,此權臣欲自下居上之徵。"《山海經》作"鸜鵒"。《禮稽命徵》云⑩:"孔子謂子夏曰:'鸜鵒至,非中國之禽也。'"宋均注云⑪:"穴處之鳥而來巢,去安就危,俞昭公將去國周流也。"此與《公羊》同説。今則處處皆有。《淮南萬畢術》云:"寒臯斷舌,可使語言⑫。"注云:"取寒臯斷其舌即語,寒臯⑬,一名雛鵒⑭。"今世字多作"雛"。王逸《九思》云:"雛欲鳴兮聒余。"王浮鐮夫人《四言詩》云

---

① 依田利用云:"《初學記》、《白六帖》、《荆楚歲時記注》'薦'作'席'。"
② "俗"字原脱,據《初學記》卷四、《太平御覽》卷二二引《問禮俗》補。
③ "網"原誤作"細",據《玉燭寶典考證》改。
④ "禮"字原無,今補。
⑤ "也"原誤作"孚",據《周禮注疏》改。
⑥ "昭"原誤作"照",徑改。
⑦ "何異爾"三字原無,據《春秋公羊傳注疏》補。
⑧ "猶"原誤作"田","欲"誤作"鵒",據《春秋公羊傳注疏》改。
⑨ "宜穴又巢"四字原無,據《春秋公羊傳注疏》補。
⑩ "禮"上原衍"宋均注"三字,涉下文而衍,今删。
⑪ "均"原誤作"故",徑改。
⑫ "可"原誤作"耳",據《玉燭寶典考證》改。
⑬ "斷其舌即語寒臯"七字原脱,據《太平御覽》卷九二三引《淮南萬畢術》補。
⑭ "鵒"原誤作"欲",據《太平御覽》卷九二三引《淮南萬畢術》改。

"雛鴿戴飛"之也①。

　　有得斲木鳥，以此月貨之，云治齒痛。關内號鴷鳥。《爾雅》云："鴷，斲木。"劉歆注："斲，音中木反。啄樹蠹而食之。"郭璞注云："口如錐②，長數寸，好斲樹食蠹③，因名云。"《音義》曰："今斲木亦有兩三種，在山中者大而有赤毛冠。"范汪《治淋方》云④："灰赤斲木鳥食之一頓，令盡，不過數枚便愈。"是則別有赤色者。又治淋病。《古異傳》云："本是雷公采藥吏，化爲鳥。"《淮南子》云："嗃木愈齲⑤。"《抱朴子》云："啄木之護齲齒。"其義則同。《古樂府》云："啄木高飛乍位仰，博拊林藪著榆桑，位足頭啄劘如劘⑥，飛鳴相驟聲如篁。"《字林》云："劘，斫也。竹足反。劘、斲字兩通。雖書本字異，終是一鳥。"案《詩·小雅》"黃鳥黃鳥，無啄我粟"，"交交桑扈，率場啄粟"，皆作"啄"字。今"斲"或"嗃"者⑦，異室所傳。《字林》云："嗃、啄，亦作竺适反之也⑧。"

　　《風俗通》云："俗説五月蓋屋，令人頭禿⑨。"謹案《月易令》⑩："五月純陽，姤卦用事，薺麥始死⑪。夫政趣民收獲，如冠盜之至，与時覺也。"又云："除黍、稷、三豆，當下農功最務。"間不容息，何得晏然，覆蓋室寓乎，令天下諸郭皆諱禿，豈復家家五月蓋屋耶？

---

① "之"當作"是"。
② "口"原誤作"舌"，據《爾雅注疏》改。
③ "蠹"原誤作"中蟲"，據《爾雅注疏》改。
④ "汪"原誤作"注"，徑改。
⑤ "嗃"，何寧《淮南子集釋》作"斲"。
⑥ "劘"原誤作"劇"，依田利用疑此"劇"當作"劘"，《古逸叢書》本作"劘"，今改。
⑦ "嗃"原誤作"蜀"，據下文改。
⑧ "作"原誤作"吃"，據《古逸叢書》本改。又"之"字當衍。
⑨ "人"下原衍"文"字，據《四部叢刊》本《風俗通義》刪。
⑩ "月令易"三字當有訛誤。《古逸叢書》本作"易月令"。
⑪ "薺"原誤作"齊"，徑改。

俗化擾擾，動成訛謬，尼父猶云從衆難，復縷陳之也。

　　　　　　　　　玉燭寶典卷第五　　五月

　　　　　　　嘉保三年六月七日書寫并校畢。

玉燭寶典卷第六

六月季夏第六

《禮·月令》曰："季夏之月，日在柳，昏火中，旦奎中。鄭玄曰："季夏者，日月會於鶉火，而斗建未之辰。律中林鍾。季夏氣至，則林鍾之律應也。溫風始至，蟋蟀居壁，今案《爾雅》曰："蝛，蟋蟀。"①劉歆注云："謂蜻蛚也。"孫炎云："梁國謂之曰蝛。"郭璞云："今趣織也，曰蝛音邛②。"《音義》云："或作蛬③。"《方言》曰："蜻蛚，楚謂之蟋蟀，或謂之蝛，南楚之間謂之王孫。"《詩魚虫疏》云："蟋蟀似蝗而小④，正黑有光澤如漆⑤，有角翅⑥，一名蝛，一名蜻蜸。幽州人謂之趣織，趣謂督促之言，里語曰'趣織鳴，嬾婦驚'也。"鷹乃學習，腐草爲熒。鷹學習，謂攫搏也⑦。熒，飛虫，熒火。今案《爾雅》："熒火即炤。"犍爲舍人注云："熒火，名即炤，夜飛有火虫也。"李巡云："熒火夜飛，腹下如火，故曰即炤。"《毛詩傳》云⑧："熠燿⑨，燐。燐，熒火也。"潘岳《熒火賦》曰："熠熠耀耀，若丹英之照葩⑩。飄飄穎穎⑪，若流金之在沙矣也。"

---

① 依田利用云："今本《爾雅》作'蟋蟀，蝛'。案《詩疏》引李巡注云'蝛，一名蟋蟀'，然則古作'蝛，蟋蟀'可知。"

② "邛"原誤作"切"，依田利用疑當作"邛"，今從其說改。

③ "蛬"原誤作"蝛"，據下文改。

④ "似"原誤作"以"，上又衍"或"字，據《寶顏堂秘笈》本《毛詩草木蟲魚疏》改刪。

⑤ "漆"原誤作"津"，據《寶顏堂秘笈》本《毛詩草木蟲魚疏》改。

⑥ "角翅"原互倒，據《寶顏堂秘笈》本《毛詩草木蟲魚疏》乙正。

⑦ "攫"原誤作"攉"，據《禮記正義》改。

⑧ "傳"下原衍"詩"字，今刪。

⑨ "熠"字原脫，據《毛詩正義》補。

⑩ "丹"原誤作"升"，"照"原誤作"始"，據《初學記》卷三十、《太平御覽》卷九四五引潘岳《熒火賦》改。

⑪ "穎穎"原誤作"頻頻"，據《初學記》卷三十、《太平御覽》卷九四五引潘岳《熒火賦》改。

天子居明堂右个，明堂右个，南堂西偏。命漁師伐蛟、取鼉、登龜、取黿。四者甲類也，秋乃堅成①。《周禮》曰：“秋獻龜魚。”又曰：“凡取龜，用秋時。”是夏之秋也。作《月令》者以爲此“秋”據周之時也，周之八月，夏之六月也，因書於此，誤也②。蛟言伐者，以其有兵衛也。鼉言登者，尊之也。龜、黿言取，羞物賤也。鼉皮可以冒鼓。王肅曰：“蛟大而難制，故曰伐。龜靈而給尊，故曰升。鼉皮可以爲鼓，黿肉可食，得之易，故曰取。《周官》‘秋獻黿’③，於秋當獻，故於末夏而命。”④命澤人納材葦。蒲葦之屬，此時柔刃，可取作器物也。命四監大合百縣之秩芻，以養犧牲，令民不咸出其力。四監，主山林、川澤之官也。百縣，鄉、遂之屬，地有山林、川澤者也。秩，常也。百縣給國養犧牲之芻也。今《月令》“四”爲“田”也⑤。以供皇天、上帝、名山、大川、四方之神，以祀宗廟社稷之靈，以爲人祈福。皇天，北辰燿魄寶，冬至所祭於圜丘也。上帝，太微五帝也。命婦官染采，黼、黻、文、章必以法故，毋或差忒。婦官，染人也。采，五色也。黑、黃、倉、赤莫不質良，毋敢詐爲，質，正。良，善。以給郊廟祭祀之服，以爲旗章，以別貴賤等級之度。樹木方盛，乃命虞人入山行木，毋有斬伐。爲其未堅刃也。不可以興土功，不可以合諸侯，不可以起兵動衆。土將用事，氣欲靜。毋舉大事，以搖養氣，大事，興徭役以有爲⑥。毋發令而待，以妨神農之事。發令而待，謂出徭役之令以豫驚民也⑦。民驚則心動⑧，是害土神之氣也⑨。土神稱曰神農者，以其主於稼穡。水潦盛昌，神

---

① “堅”原誤作“勁”，據《禮記正義》改。下“堅”字同。
② “誤”上《禮記正義》有“似”字。
③ “周”字原脫，今補。
④ 此引王肅注文不見諸書徵引，當爲逸文。
⑤ “之芻也今月令四爲田也”至“戌之氣乘”原誤入下文《春秋元命苞》注文“宮以之菊”上，“八十一絲爲音故取著明”下，今據《禮記正義》移正。
⑥ “徭”原誤作“淫”，據《禮記正義》改。
⑦ “令”字原脫，據《禮記正義》補。
⑧ “民”字原脫，據《禮記正義》補。
⑨ “土”原誤作“左”，據《禮記正義》改。

農將持功，舉大事則有天殃。言土以受天雨澤，安靜養物爲功，動之則致災害。土潤辱暑①，潤辱，謂塗濕也②。大雨時行，燒薙行水，利以煞草，如以熱湯，薙，謂迫地芟草。此謂欲稼萊地，先薙其草③，草乾燒之。至此月大雨，流水潦畜於其中，則草死不復生，而地美可稼之也。可以糞田疇，可以美土彊。土潤辱，膏澤易行也。糞、美互文耳④。土彊，彊樂之地⑤。

季夏行春令，則穀實鮮落，國多風欬⑥，辰之氣乘之也。未屬巽，辰又在巽位⑦，二氣相亂爲害。民乃遷徒。象風移物。行秋令，則丘隰水潦，戌之氣乘之也。九月宿直奎，奎爲溝瀆，溝瀆與此月大雨并，而高下皆水。禾稼不熟，傷於水也。乃多女災。含任之類敗也。行冬令，則風寒不時，丑之氣乘也⑧。鷹隼蚤鷙，得疾厲之氣也。今案《詩·小雅》曰："鴥彼飛隼。"《鳥獸疏》云："隼，鷂屬也⑨，齊人謂之擊正，或謂題肩，或謂爵鷹，春化爲布穀，此之屬數種，皆爲隼也。"《韓詩章句》曰："隼，鷹也。"《孝經援神契》曰："立秋，鷹擊雀。"舊說即雀是鷹。又案《周易》"射隼高墉"，似非小鳥。《國語·魯語》曰："有隼集于陳候之庭而死。"韋昭注云："隼，鷙鳥⑩，今之鶚也。"《漢書》鄒陽諫吳王曰："鷙鳥累百，不如一鶚。"孟康注："鶚，大鵰也。"左思《蜀都賦》曰："鷗鶚鴟其陰。"注云："鶚形如鵰。"《韻集》曰："鶚，鵰也。"《爾雅》："鷹，隼醜，其飛也翬。"諸家注皆云"翬，疾也"，不釋隼是何鳥。應瑒《西狩

---

① 依田利用云："注疏本作'溽'，《考文》云古本作'辱'，宋板同。"
② "濕"原誤作"温"，據《禮記正義》改。
③ "先"字原無，據《禮記正義》補。又上"菜"字，注疏本作"萊"。
④ "互"原誤作"身"，據《禮記正義》改。
⑤ "樂"原作"剛"，據《禮記正義》改。
⑥ "欬"原誤作"災"，據《禮記正義》改。
⑦ "巽"原誤作"選"，據《禮記正義》改。
⑧ "丑"原誤作"田"，"也"下原有"風寒也"三字，據《禮記正義》改刪。
⑨ "鷂"原誤作"雞"，又脱"屬"字，據《寶顔堂秘笈》本《毛詩草木蟲魚疏》改補。
⑩ "鷙"原誤作"擊"，據《國語》韋昭注改。

賦》曰①:"倉隼煩翼而懸。"據是,亦以鷹爲隼。傅玄《鷹莵賦》云:"我之二兄②,長曰元鶚,次曰仲鵰,吾曰叔鷹,亦好斯武。"《古樂府》云:"鷹即鷂之兄③。"然則鷙鳥同有隼名。《詩疏》所論,還據鷂等數種總而爲語④,足兼小大。韓本或作"隼,旁鳥",亦通。四鄙入保。"象鳥爵之走竄⑤。

蔡雍季夏章句曰:"今歷季夏小暑節日在柳三度,昏明中星⑥,去日百一千七度,尾一度中而昏,奎二度中而明。'温風至。'温者,氣之在風者也,小暑之候。'蟋蟀居壁。'蟋蟀,虫名,斯螽、莎雞之類,世謂之蜻蛚⑦。壁者,嬔乳之處也。其類乳於土中⑧,深埋其卵。是月,嬔者始壯,羽成,尚居其室壁而未出也。不言穴,母不居,獨以藏子。《詩》云'五月斯螽動股,六月莎雞振羽,七月在野,八月在宇,九月在户,十月蟋蟀入我床下',言五月始能動足,六月羽翼成,七月乃出壁在野,八月避寒近人在屋霤,九月就户,十月蟋蟀入我床下而遂蟄,以漸即温之意也。'鷹乃學習。'鷹以中春化爲鳩,中夏陰氣起而復爲鷹,文不見變而之不仁,故不記也。學習者,鷹、鷙擊也,於是罝羅之物出者不禁。'腐草爲蛙。'蛙,虫名也,世謂之馬蛙⑨,盛暑所蒸,陰氣所化,故

① "應"原誤作"鷹",今改。

② 依田利用云"之"下空一字,是本則不空,有"二兄"二字,則依田利用所據爲别本。

③ 依田利用云"之"下空一字,是本則不空,有"兄"字,則依田利用所據爲别本。

④ "鷂"原誤作"雞",據上文改。

⑤ "爵",《毛詩正義》作"雀","雀"、"爵"古通。

⑥ "星"原誤作"旦",徑改。

⑦ "蜻"原誤作"精",據《藝文類聚》、《太平御覽》引《月令章句》改。

⑧ "土"字原脱,下"卵"字又誤作"耶",據《玉燭寶典考證》補正。

⑨ 依田利用云:"案'蛙'與'蚈'同,《吕覽》、《淮南》俱作'蚈'。高誘注《淮南》云:'蚈,馬蚿也,一曰熒火。'《説文》引《明堂月令》作'蠲',許解亦云'蠲,馬蠲',與此正合。古'开'、'圭'聲相近,故字旁假借耳,猶《五行大義》所云'蟾或爲鼃,鼃字復作蟬'是也,其非鼃黽之屬,杜臺卿已詳辨之矣。"

朽腐之物變而成虫也。不言化，不復爲腐草也。‘天子居明堂右个。’右个，未上堂也。‘命婦官染采。’絲帛之功既訖，藍蒨之屬亦成，故以染色也。”

右章句爲釋月令。

《詩・豳風》曰：“六月沙雞振羽。”毛傳曰：“沙雞羽成振訊之①。”今案《魚虫疏》云：“莎雞，如蝗而班色，翅數重，下翅正赤。或謂之天雞。六月中，飛而振羽，索索作聲，幽州人謂之蒲錯②。”《韓詩章句》曰：“莎雞，昆鷄也。沙沙聲相近，故二字並存也。”又曰：“六月食欎及奥。”欎，棣屬。奥，嬰奥。今案《爾雅》“唐棣，栘③。嘗來反，又嘗犂反④”，郭璞注云：“今白栘也，似白楊樹，江東呼爲夫栘。又曰“常棣，棣”，郭云：“今關西有棣樹，子似櫻桃，可啖。”《蒼頡篇》：“欎，車下李也。”別有棣、栘二字，令似異木⑤。《詩・邵南》：“何彼穠矣，唐棣之華。”毛傳云：“唐棣，栘也。”《詩・小雅・常棣》⑥：“常棣之華，鄂不韡韡。”毛傳亦云“常棣，栘也”。《詩草木疏》云：“唐棣，馬季長云奥李也，一名爵楳，今人或謂之欎。《豳詩》云‘食欎及奥’，或謂之車下李，所在山澤皆有，其華有赤有白，高者不過四尺，子六月中熟，大如小李，正赤，有恬有酢，率多澀，少有美者。復似一類，名有不同，或當家蘭及山澤所生小異耳之也。”

《詩・小雅・出車》曰：“昔我往矣，黍稷方華。”鄭箋云：“黍稷方華，朔方之地，六月時也⑦。”《詩・小雅・四月》曰：“六月徂暑。”毛傳云：“徂⑧，往也。六月，火星中，暑盛而往矣也。”《周書・時訓》曰：“小暑之日，溫風至。又五日，蟋蟀居壁。又五日，鷹乃學習。溫風不至，國無完教。蟋蟀不居壁，急恒之暴。鷹不學習，不備戎盜。大暑之

---

① “訊”原誤作“説”，據《毛詩正義》改。
② “謂之”原無，據《寶顏堂秘笈》本《毛詩草木蟲魚疏》補。
③ “栘”原誤作“移”，據《爾雅注疏》改。下“栘”字同。
④ “反”字原脱，今補。
⑤ “令”依田利用疑爲“全”之訛。
⑥ “常棣”下原有“之華”二字，今刪。
⑦ “也”原誤作“云”，據《毛詩正義》改。
⑧ “徂”上原有“且”字，今刪。

日，腐草爲蛙。又五日，土潤辱暑。又五日，大雨時行。腐草不爲蛙①，穀實鮮落。土潤不辱暑②，急應之罰。大雨不時行③，國無恩澤。”《禮·夏小正》曰：“六月初昏，斗枋正在上，煮桃。桃也者，枇桃。枇桃也者④，山桃也。煮以爲豆實。鷹始鷙而言之何？諱煞之辭。”《易通卦驗》曰：“小暑，雲五色出，伯勞鳴，蝦蟇無聲。鄭玄曰：“雲五色出，蓋象雄。”晷長二尺四寸四分⑤，黑陰雲出，南黃北黑。小暑於離值六二，六二，離爻也，爲南黃。互體巽⑥，巽爲黑，故北黑也。大暑，暑雨而温，半夏生，晷長三尺四寸，陰雲出，南赤北倉。”大暑於離在九三，九三，辰在辰，得巽氣離爲火⑦，故南赤。巽木，故北倉。

　　《詩紀歷樞》曰：“未者，昧也。昧者，盛也。”宋均曰：“昧者，昧昧事衆多之貌，故曰盛也。”《尚書考靈曜》曰：“氣在季夏，其紀填星，是謂大靜，無立兵。立兵命曰犯命，奪人一畝，償以千里⑧；煞人不當，償以長子。鄭玄曰：“用兵所奪土地，可煞民人也。”不可起土功，是謂觸天犯地之常，滅德之光。可以居正殿安處，舉有道之人，與之慮國家，以順式時利⑨，以布大德，修禮義。不可以行武事，可以大赦罪人，與德相應⑩，其禮衣黃，是謂順陰陽，奉天之常，而主德中央，而是則填星得度，地無灾⑪，近者視，遠者來矣。”《春秋元命苞》

---

① “腐”字原脱，據上文補。
② “暑”原誤作“著”，又脱“辱”字，據上文補正。
③ “大”字原脱，據上文補。
④ “桃”字原無，據《禮記正義》補。
⑤ “晷”原誤作“暑”，據趙在翰《七緯》輯本改。
⑥ “互”原誤作“身”，據趙在翰《七緯》輯本改。
⑦ “得”字原無，據趙在翰《七緯》輯本補。
⑧ “里”趙在翰《七緯》輯本作“金”。
⑨ “式”原誤作“盛”，又重“時”字，據《開元占經》引《尚書考靈曜》改删。
⑩ “與德相應”四字原無，依田利用據《開元占經》引補入，今從其説補。
⑪ “地”上《開元占經》引有“其”字。

曰:"衰於未。未者,昧也。宋均曰:"昧,朦昧,明少狠也。"律中林鍾。林鍾者,引入陰。"林,猶禁也,禁林而内之也。

《爾雅》曰:"六月爲且。"李巡曰:"六月陰氣將盛,万物將衰,故曰且,將也①。"孫炎曰:"且之言㐬,物㐬大。"《鄒子》曰:"季夏取桑柘之火。"中央土,既寄王四季,又位在未下,故附此月,以季夏受名,專等一時之首也。《史記·律書》曰:"林鍾,言万物就死,氣林林然②。"又曰:"未者,言万物皆成,有滋味也。"《淮南子·時則》曰:"季夏之月,招摇指未,天子衣苑黄,中宫御女黄色,衣黄采,其兵劍,高誘曰:"季夏,中央也。劍有兩刃,喻無所生。一日:喻無所不主③,皆主之④。"其畜牛。六月官少内,其樹梓。"六月,稼穡成熟,故官少内也。梓,説未聞。《白虎通》曰:"六月律謂之林鍾何? 林者,衆也。万物成熟,種類衆多。"《風土記》曰:"濯林盪川⑤,長風扇暑。"注云:"時斗建未,到月節常有大雨,名爲濯枝⑥。又東南常風,風六日止,俗名曰黄雀,長風於是時,海魚變爲黄雀鳥也。"

崔寔《四民月令》曰:"六月初伏,薦麥、瓜于祖禰,齊饌,掃滌,如薦麥、魚。是月也,趣耘耡⑦,毋失時。命女紅織縑縛⑧。《詩》"八月載績",織也。云周八月,今六月也。縛音升絹反,紗縠之屬也。今案《禮》曰"賄用束紡",鄭注云:"紡,紡絲爲之,今之縛。"《説文》曰:"縛,白鮮支也,從絲專聲也。"

---

① "將",森立之父子校本、《玉燭寶典考證》均誤作"時"。
② "林"字原有三個,據何寧《淮南子集釋》删其一。
③ "不"字何寧《淮南子集釋》高誘注無。
④ "之"原誤作"人",據何寧《淮南子集釋》改。
⑤ "林",依田利用所據本作"枝"。
⑥ "枝"依正文當作"林"。
⑦ "耘"原誤作"私",據石聲漢《四民月令校注》改。
⑧ "女紅"原互倒,據石聲漢《四民月令校注》改。

是月六日，可種葵。中伏後七日①，可種冬葵，可種蕪菁、冬藍、小蒜，別大蔥。可燒灰染青、紺古闇反②。今案《論語·鄉黨》曰："君子不以紺緅飾，紅紫不以爲褻服。"鄭注云："紺、緅、紫者，玄類。紅者，纁類。紺緅石染③，紅紫草染。"《說文》曰："紺，帛深青楊赤色④，從絲甘聲也。"諸雜色。大暑中伏後⑤，可畜瓟藏瓜，收芥子，盡七月。是月廿日，可搗擇小麥磑今案《方言》曰："磑，謂之䃺。"郭璞注云："即摩也。䃺音錯碓反⑥。"《字苑》曰："䃺，磨也，魯班作。五鎧反也。"之。至廿八日溲，寢臥之。至七月七日，當以作麴。起六反。凡臥寢之下，日不能十日，六日、七日亦可。必躬親潔靜⑦，以供禘祀。禘潔。一歲之用，隨家豐約，多少無常。可糶大豆，糴穬、小麥，收縑縳。"

中央土。《禮·月令》曰："中央土，鄭玄曰："火休而盛德在土⑧。""其日戊己，戊之言茂也，己之言起也。日之行四時之間，從黃道，月爲之佐，至此萬物皆枝葉茂盛，其含秀者抑屈而起也。其帝黃帝，其神后土，此黃精之君，土官之臣。黃帝，軒轅氏。后土，亦顓頊氏之子，曰黎，爲土官。其蟲倮，象物露見，不隱藏也⑨。虎豹之屬⑩，恒淺毛者也。其音宮，聲始於宮，宮數八十一，屬土者，以其冣濁，君之象也。律中黃鍾之宮。黃鍾之宮，律最長者也⑪。十二律轉相生，五聲

---

①　"七日"二字原無，據《齊民要術》引《四民月令》補。
②　"闇"原誤作"門"，據依田利用《玉燭寶典考證》改。
③　"石"，《論語義疏》作"木"。
④　"深"原誤作"染"，據中華書局影印孫星衍刻本《說文解字》改。
⑤　"伏"字原無，據《齊民要術》引《四民月令》補。
⑥　"碓"原誤作"雄"，據依田利用《玉燭寶典考證》改。
⑦　"必"原誤作"名"，據石聲漢《四民月令校注》改。
⑧　"休"原誤作"然"，據《禮記正義》改。
⑨　"隱"原誤作"德"，據《禮記正義》改。
⑩　"豹"原誤作"物"，又脱"之"字，據《禮記正義》改補。
⑪　依田利用云："注疏本無'律'、'者'二字，《考文》云古本作'黃鍾之宮，律最長者也'，足利本同。與此正合。"

具，則終於十二焉。季夏之氣至，則黃鍾之律應也①。其數五，土生數五，成數十。而言五者，土以生爲大②。其味甘，其臭香，其祀中霤，祭先心。中霤，猶中室也。土主中央而神在室，古者複穴③，是以名室爲霤云。祀之先祭心者，五藏之次，心次肺，至此，心爲尊也。天子居大廟大室，乘大路，駕黃騮，載黃旂，衣黃衣，服黃玉，食稷與牛，其器圜以閎。"大廟大室，中央室也。大路，殷路也，車如殷路之制而飾之以黃。稷，五穀之長。牛，土畜也。器圜者，象土周币於四時也。閎讀如紘，紘謂中寬，象土含物也。

　　蔡雍中央章句曰："'中央土。'央者，方也，外曰方，內曰央。土者，純陰之體，五行別名也。水火金木，各主一時而統四方。土行之主，位在中央而寄四季。春木用事，終土。以穀雨前三月受之於辰。季夏之日，火土交際之時也。火生土，土生金，季夏之未在金火之間。土之正位，故土令次季夏也。'其虫倮。'天地之性人爲貴，故不與鱗羽列於五方也。今案《禮·本命》曰："倮之虫三百六十，而聖人爲之長也。"天文中官，有大角軒轅④，皆土精。故大角生麒，軒轅生麟，是以天五獸，麒麟在中，然則麒麟與人合德獸之尊者也。'律中黃鍾之宮。'⑤黃鍾之宮，清宮也，土音也，黃鍾主十一月，土在林鍾、夷則之間，各有分主，不可假借，故引黃鍾之清宮以爲土律。其鍾半黃鍾之大，其管半黃鍾九寸之數⑥，管長四寸五分⑦。'天子居大廟大室。'大廟者，明堂總名。大室，九室之大者也。位在正中，其大与四方堂同。'食麥稷與牛。'麥以秋種

---

① "律應"原互倒，據《禮記正義》乙正。
② "大"，《禮記正義》作"本"，《考文》云足利本"本"作"大"。
③ "古"原誤作"右"，據《禮記正義》改。
④ "有"字原無，"角"作"用"，據《玉燭寶典考證》補改。
⑤ "律中黃鍾之宮"六字原無，據蔡邕《月令章句》註釋體例補。
⑥ "九寸"、"數"三字原無，據《禮記正義》引《月令章句》補。
⑦ "管"字原無，據《禮記正義》引《月令章句》補。

夏熟，歷四時，備陰陽，穀之貴者。'其器圜以宏①。'應規曰圜，小口曰宏。土位在中，稟受八方，無所親疏，方則有近有遠，故圜也。厚德載物，容受苞藏，故宏也。不言物類草木昆虫之候，事在四季之月也，政令所行亦如之。不言迎之於郊，無立節，故文不見其禮。迎於南郊②，去邑五里，以禮黃帝后土之神，玉用黃琮，《周官》大宗伯職曰："以黃琮禮地。"注云："琮，八方象地③。音徂冬反也。"牲幣各放其色。"

《詩推度災》曰："戊己正居魁，中爲黃地。"宋均曰："爲黃地者，著中央爲土立也。"《詩紀歷樞》曰："戊者，貿也，陰貿陽，柔變剛也。宋均曰："貿，易也。"己者，紀也，陰陽造化，臣子成道。"紀，綜④。《詩含神務》曰："其中黃帝坐，神名含樞紐。"宋均曰："含樞，機之綱紐也。"《詩含神務》曰："鄭，代己之地也，位在中宮而治四方，養連相錯，八風氣通。"《樂稽曜嘉》曰："用聲和樂於中郊，爲黃帝之氣、后土之音，歌《黃裳》、《從客》，致和散靈。"宋均曰："《黃裳》、《從容》，樂篇也。散靈，使暢於四水。"《樂叶圖徵》曰："土所以無位在於四季者，地之別名，土於五行最尊，故不自居部。"《春秋元命苞》曰："土無位而道在，故大一不興化⑤，人主不任部也。"

《春秋元命苞》曰："其日戊己⑥，戊者，茂也。己者，抑詘而起。宋均曰："此陽物盡盛。抑詘者猶起，故曰以爲日名焉。"其音宮，宮者，中也，精明。宮以八十一絲爲音，故取著明。其味甘，甘者，食嘗。"土吐万物，

---

① "其"字原無，"宏"誤作"奔"，今補正。下"宏"字同。
② "南"原誤作"赤"，據《玉燭寶典考證》改。
③ "八"字原脱，據《周禮注疏》補。
④ "綜"原誤作"琮"，今改。
⑤ "故"字原無，據《藝文類聚》引《春秋元命苞》補。
⑥ "戊己"二字原無，據上文補。

不以爲勞，性甘安之，故其味甘。《白虎通》曰：“土味所以甘何？中央者，中和也①，故甘由五味②，以甘爲主。其臭香何？中央者土，主養，故其臭香。”

　　正説曰：案《爾雅》“蚿，馬蠲”，《音義》云：“蚿音閑③，蠲音棧④。”郭璞注云：“馬蠲也，俗呼馬蚿。”又案《莊子》“蚿謂蚰曰：‘吾以衆足行而不及子之無足，何也？’”又曰：“夔憐蚿⑤。”司馬彪注云：“馬蚿也，皆取足多之義。”《説文》曰：“蠲也，從虫從目，益聲。”仍引《月令》曰：“腐草爲蠲。”《易説》：“腐草化爲熒嗌。”鄭注：“舊説，腐草爲蝎⑥，今言嗌，其物異名乎⑦。”《穀梁傳》云：“嗌不容粒。”注云：“嗌，喉嗌。”《方言》：“音惡介反。”《字林》：“音一鬲反。”《韻集》曰：“嗌，咽也。”並從“咽”而解，恐非虫類，似取益聲，還爲蠲之别體。《方言》云：“馬蚿音弦，北燕謂之蛆蝶，其大者謂之馬蚰⑧，音逐。”郭注：“今關西云馬蚿⑨。”《博物志》：“馬蚿，一名百足，中斷，頭尾各異行而去⑩。”《字林》：“蚿⑪，馬蠲，音閑。蠲，馬蠲，工玄反。蚿，馬蚿，下千反。”是則蚿、蚿、嗌⑫、蠲總是一

---

①　“中”字原無，據淮南書局本陳立《白虎通疏證》補。
②　“由”，今本《白虎通》作“猶”。
③　“閑”原誤作“用”，據《爾雅注疏》改。
④　“棧”下原衍“閑”字，蓋涉原“用”字而衍，據《爾雅注疏》删。
⑤　“夔”原誤作“憂”，據今本《莊子》改。
⑥　“腐”字原脱，據趙在翰《七緯》輯本補。
⑦　“乎”字原無，據趙在翰《七緯》輯本補。
⑧　“蚰”原作“袖”，據《微波榭叢書》本《方言疏證》改。
⑨　周祖謨《方言校箋》云：“日本釋中算《妙法蓮花經釋文》卷中譬喻品百足條引麻杲《切韻》云：‘《博物志》云：馬蚿一名百足。郭璞注《方言》云：關西謂之馬蚿。據此，今本郭注‘關西云’下疑脱‘馬蚿’二字。”據以補。
⑩　“而”字原重，“去”誤作“志”，據《微波榭叢書》本《方言疏證》删改。
⑪　“蚿”原誤作“蚙”，據《爾雅注疏》改。
⑫　“嗌”原誤作“蠋”，據上文改。

虫，随其鄉俗所名。或因語聲訛謬，故爲異字。

《月令》本皆作“腐草爲熒”，即今之熒火。《吕氏春秋》、《淮南子·時則》並云“腐草爲蚈”[①]，高誘注云：“蚈，馬蚿也，幽、冀謂之秦渠。”《爾雅》：“發皇，蚈，音瓶。”郭注云：“甲虫也，如虎豆，緑色，今江東呼黄蚈。”又非蚿矣。誘云“馬蚿”者，當别有所據。

《周書·時訓》及蔡雍《章句》乃作“腐草爲蛙”，蔡云：“蛙，虫名，世謂之馬蛙，盛暑所蒸，陰氣所化，故朽腐之物變而成虫。”即上文所稱蚳[②]、蚿也。其水虫者，正體應爲鼀字，俗呼青蛙，或與此同字，故《字詁》云：“鼀，今蛙。”注：“蝷也。”然理不相關，當是鼀與熒、蚿、蚳等言聲相近，亦可古字假借爲蛙。今世久雨，爛草濕地多生馬蚿虫，即古化腐之驗。熒以六月始出，亦言腐草所爲。《易説》既兼熒、嗌兩字，或可二虫俱爾。束晳《發矇記》又云：“腐木爲熒火。”注云：“熒火生爛木。”草木雖異，腐義則同。

附説曰：《史記》：“秦德公始爲伏祠。”孟康注云：“六月伏日是也。”《漢書》：“東方朔爲郎，武帝嘗以伏日詔賜諸郎肉，朔獨拔劍割肉，謂其同官，伏日當早歸，遺細君。即懷肉去。上問朔曰：‘歸遺細君，又何仁也[③]。’”陳思王《大暑賦序》云：“季夏三伏。”潘岳詩云：“初伏啓新節。”蓋言初伏、中伏、後伏爲三伏[④]。案《曆忌》釋云：“伏者，何也？金氣伏藏之日也。四時代謝，皆以相生。立春，木代水，水生木。立夏，火代木，木生火。立冬，水代金，金生水。至於立秋，以金代火，金畏於火，故至庚日必伏。庚者，金

---

① “蚈”原誤作“蚈”，據《吕氏春秋》、《淮南子集釋》改。
② “文”原誤作“來”，徑改。
③ “又”原誤作“人”，據中華書局點校本《漢書》改。
④ “三伏”二字原脱，據《古逸叢書》本補。

也，故曰伏日①。"程曉詩云："平生三伏時，道路無行車。閉門避暑臥，出入不相過。"復似不許遊歷。《老子》云："靜勝暑②。"當爲此不行，更無餘忌。張良家每伏臘祠黃石公，《漢書》楊惲亦言"歲時伏臘"，則以爲節矣。《世說》："郗嘉賓嘗三伏之月詣謝公③，雖復當風交扇，猶沾汗流離。謝著故絹裓，進熱白粥。"又其事也。

《荊楚記》云："伏日並作湯餅，名爲辟惡。"案束皙《餅賦》云："玄冬猛寒，清晨云會。涕凍鼻中，霜成中外。充虛解戰，湯餅爲最。"然則此非其時，當以麥熟嘗新，因言辟惡耳。今世人多下水內，別取椒薑末和酢而食之，名爲冷餅。

此月熱盛，古禮則有頒冰。《周官》凌人職云："春始治鑑，凡內外饗之膳羞鑑焉④，祭祀供冰鑑。"鄭玄注云："鑑如甄⑤，大口，以盛冰，置食物于中，以禦溫氣。鑑音胡監反⑥。"干寶注云："鑑，金器，成飲食物以置冰室，使不凍餒也。"案《尚書·禹貢》⑦："楊州貢金之品。"孔安國注云："金、銀、銅也。"《春秋傳》："鄭伯始朝于楚，楚子賜之金，既而悔之，與之盟曰：'無以鑄兵。'"服虔注云："楚金利，故不欲令以鑄兵。"又曰："故以鑄三鍾。"注云："古者以銅爲兵。"《荊楚記》："或沈飲食于井，亦謂之鑑。"户監反也。魏文帝《與吳質書》云："浮甘苽於清泉，沈朱李於寒水。"亦有水

① "曰伏日"三字原脱，上"也"字原在"故"字下，據《史記正義》引補正。
② "暑"，今本《老子》作"熱"。
③ "郗"原誤作"部"，"三"誤作"公"，"月"誤作"日"，據《世說新語校箋》改補。
④ "羞"字原無，據《周禮注疏》補。
⑤ "甄"原誤作"虬"，據《周禮注疏》改。
⑥ "鑑"原誤作"鏗"，據《周禮注疏》補。
⑦ "尚"原誤作"金"，徑改。

内加冰者，又有陰泠自受冰名。劉公幹《大暑賦》曰："實冰漿於玉醆。"庾儵《冰井賦》曰："仰瞻重搆，俯臨陰穴。餘寒嚴悴，凄若霜雪。"孫楚《井賦》云："沉黄李，浮朱柰。"夏侯湛《梁田賦》曰①："入菓林，造瓜田。落蔕離母，清於寒泉②。"《古樂府》云："後園鑒井銀作床，金蚪素綆汲寒漿。"《吳歌》云："六月節，三伏熱如火，銅瓶盛蜜漿。"非無據驗。此月之時，必有時雨，《穀梁傳》云"六月雨，憙雨也"，《月令》云"大雨時行"，《風土記》云"濯枝雨"，猶是一義。

玉燭寶典卷第六　六月

貞和四年八月八日書寫畢

---

① "梁田賦"，《太平御覽》卷九七八引作"瓜賦"。
② "清於"原誤作"之漬"，據《太平御覽》卷九七八引改。

玉燭寶典卷第七

七月孟秋第七

《禮·月令》曰:"孟秋之月,日在翼①,昏建星中,旦畢中。鄭玄曰:"孟秋者,日月會於鶉尾,而斗建申之辰也。"其日庚辛,庚之言更也,辛之言新也。日之行秋,西從白道,成熟萬物②,月爲之佐③,萬物皆肅然改更④,秀實新成。其帝少皞,其神蓐收。此白精之君,金官之臣。少皞,金天氏也。蓐收,少皞氏之子,曰該⑤,爲金官者也。其蟲毛,象物應涼氣而備寒⑥。狐貉之屬,生旃毛也。其音商,三分徵,益一以生商,商數七十二。屬金者,以其濁次宮,臣之象也。律中夷則。孟秋氣至,則夷則之律應。高誘曰:"太陽氣衰,大陰氣發,萬物雕傷,應法成性也。"其數九,金,生數四,成數九,但言九者,亦舉其成數也⑦。其味辛,其臭腥,金之味臭也,凡辛腥者皆屬焉。其祀門,祭先肝。秋,陰氣出,祀之於門,外陰也。祀先祭肝者,秋爲陰中,於藏直肝,肝爲尊之也。祀門之禮,北面設主于門左樞,乃制肝及肺心爲俎,奠于主南。又設祭于俎東,其他皆如祭竈之禮。涼風至,白露降,寒蟬鳴,鷹乃祭鳥,用始行戮。寒蟬,寒蜩,謂蜺也。鷹祭鳥者,將食之,示有先也。既祭

---

① "在"下原衍"羽"字,據《禮記正義》刪。
② "物"下原有"之"字,據《禮記正義》刪。
③ "月"上原衍"之"字,涉下"之"字而衍,據《禮記正義》刪。
④ "改"原誤作"故",據《禮記正義》改。
⑤ "該"原誤作"說",據《禮記正義》改。
⑥ "而"上原有"孤"字,涉下"狐"字而衍,據《禮記正義》刪。
⑦ "數"字原脫,據《禮記正義》補。

之後，其煞鳥不必盡食①。若人君行刑②，戮之而已。今案《爾雅》"蜺，寒蜩"，郭璞注云："寒螿也，似蟬而小，青色③。"《方言》曰："蟪謂之寒蜩。寒蜩，闉蜩也。"郭璞云："案《爾雅》以蜺爲寒蜩，《月令》亦曰'寒蟬鳴'，知寒蜩非闉也④，此謂蟬名通出《爾雅》而多駁錯，未可詳據。蟪音應。"陸雲《蟬賦》曰："昔人稱雞有五德而作者賦焉，至於寒蟬才齊，其美頭上有緌，則其文也。含氣飲露，則其清也。黍稷不享，則其廉也。處不巢居，則其儉也。應候守常，則其信也。其賦曰：雕以金采，圖我嘉容⑤。"又曰："綴以玄菟，增成首餝之也⑥。"

天子居總章左个，乘戎路，駕白駱，載白旂，衣白衣，服白玉，食麻與犬，其器廉以深。總章左个，太寢西堂南偏也。戎路，兵車也，制如周之革路而飾之以白。白馬黑鬛尾曰駱⑦。麻實有文理，屬金。犬，金畜也。器廉以深，象金傷害，物入藏也。高誘曰："西方總成，萬物章明之，故曰總章之也⑧。"是月也，以立秋。先立秋三日，太史謁之天子曰：'其日立秋，盛德在金。'天子乃齊。立秋之日，天子親帥三公、九卿、諸侯、大夫以迎秋於西郊，還反，賞軍帥、武人於朝。迎秋者，祭白帝招拒於西郊之兆也。軍帥，諸將也。武人，謂環人之屬，有勇力也⑨。天子乃命將帥選士厲兵，簡練桀俊，專任有功，以征不義，征之言正，伐也。詰誅暴慢，以明好惡，順彼遠方。詰，謂問其罪，窮治之也。順，猶服也。命有司循法制，繕囹圄，具

---

①　"其煞鳥"三字注疏本無。足利本有。

②　"刑"原誤作"戒"，據《禮記正義》改。

③　"色"原誤作"赤"，據《爾雅注疏》改。森立之父子校本、《玉燭寶典考證》皆誤作"亦"。

④　"寒"字原脱，據《方言箋疏》補。

⑤　"嘉容"原誤作"卜客"，據《玉燭寶典考證》改。

⑥　"之也"二字當衍。

⑦　"鬛"原誤作"毫"，據《禮記正義》改。

⑧　此條高誘注兩"之"字當衍。

⑨　"勇"原誤作"象"，據《禮記正義》改。

桎梏，禁止姦，慎罪邪①，務搏執。慎秋氣②，政尚嚴者也。命大理瞻傷③、察創、視折、理，治獄官也，有虞氏曰士，夏曰大理，周曰大司寇。④創之淺者曰傷之也。審斷，決獄訟必端平⑤，端，猶正也。戮有罪，嚴斷刑。天地始肅，不可以贏⑥。肅，嚴急之言也。贏，猶緩也。農乃登穀，天子嘗新，先薦寢廟。黍稷之屬，於是始熟。命百官始收斂，順秋氣，收斂物。完隄防，謹壅塞，以備水潦，備者，備八月也，八月宿直畢，畢好雨也⑦。修宮室，坏薄來反也。土牆垣⑧，補城郭。象秋收斂，物當藏也。毋以封諸侯，立大官，毋以割地，行大使，出大幣。古者於嘗出田邑⑨，此其月也。而禁封諸侯、割地，失其義矣。《淮南子·時則》此下云："行是月令，涼風至三旬也⑩。"

　　孟秋行冬令，則陰氣大勝，未之氣乘之也⑪。介蟲敗穀，介，甲也。甲蟲屬冬。敗穀者，稻蟹之屬也。今案《國語·越語》曰："稻蟹不遺種，其可乎?"韋照注云："蟹食，稻耳也。"戎兵乃來。十月宿值營室，營室之氣爲害也，營室主武士也⑫。行春令，則其國乃旱，寅之氣乘之也。雲雨以風除也。陽氣復還，五穀無實。陽氣能生，不能成也⑬。行夏令，則國多大災，巳之氣乘之也。寒熱不節，民多瘧疾。"瘧疾，寒熱所爲也。今《月令》"瘧疾"爲"疫疾"。

---

① "罪"字原脱，據《禮記正義》補。

② "慎"，《禮記正義》作"順"。

③ 依田利用云："注疏本無'大'字，《考文》云古本有，足利本同。"

④ "大理周曰"四字原脱，據《禮記正義》補。

⑤ "決"字下段蔡邕《月令章句》屬上讀。

⑥ "贏"原誤作"贏"，據《禮記正義》改。下"贏"字同。

⑦ "畢"原誤作"之"，蓋重文符號誤作"之"，據《禮記正義》改。

⑧ "土"原誤作"士"，據《玉燭寶典考證》改。依田利用："注疏本無'土'，《考文》引足利本有。"

⑨ "嘗"原誤作"堂"，據注疏本改。

⑩ "旬"原誤作"勾"，據何寧《淮南子集釋》改。

⑪ "未"，《禮記正義》作"亥"。

⑫ "士"原誤作"王"，據《禮記正義》改。依田利用云："《考文》云古本'事'作'士'，宋板同。'王'蓋'士'字之訛。"

⑬ "生"、"成"二字原互易，據注疏本移正。

　　蔡雍孟秋章句曰："今歷孟秋立秋節日在張，十二度昏中，星去日百一十三度，箕九度中而昏，胃九度中而明，其數九。《洪範經》曰：'四日，西方有金之四，有土之五，故其數九。''白露降。'露者，陰液也[①]，醳爲露，凝爲霜，春夏清，冬濁而白[②]。'天子居總章左个。'西曰總章。總[③]，合也。章，商也。和金氣之意也。左个，申上室。'命理瞻傷、察創、視折、審斷決。'皮曰傷，肉曰創，骨曰折，骨、肉皆絕曰斷。言民鬭辨而不死者，當以傷創折斷深淺大小，正其罪之輕重。'戮有罪'者，刑而辱之也，鞭朴以上皆戮。《傳》曰：'夷之搜，賈季戮臾駢。其後，臾駢之人欲報賈氏。駢曰不可。'《漢律》：'吏歐人斂錢曰戮辱賦强。'然則戮生文者，民多疫厲。厲，惡鬼也。氣病曰疫，鬼病曰厲。五行之性，以所畏爲鬼。《傳》曰：'鬼有所歸，乃不爲厲。'"

　　右章句爲釋月令。

　　《禮·鄉飲酒義》曰："西方者秋，秋之爲言愁也[④]，愁之以時察守義者也。"鄭玄曰："愁讀爲揫[⑤]，揫，斂。察猶察，察嚴煞之貌[⑥]。"《春秋元命苞》曰："秋，愁也，物愁。"《春秋繁露》曰："秋之爲言猶湫也。湫者，憂悲之狀也。"《尸子》曰："秋，肅也，万物莫不肅敬。"《前漢書》曰："秋，雜也，如淳曰："雜音淰。郡道縣也。"物雜斂，乃成熟也[⑦]。"

---

　　① "露"字原脱，"陰"又誤作"降"，據《北堂書鈔》卷一五二、《太平御覽》卷十二、《事類賦》卷三引蔡邕《月令章句》補正。

　　② "冬"上當有"秋"字。

　　③ "總"字原脱，徑補。

　　④ "也"字原無，據注疏本補。下"也"字同。

　　⑤ "愁"原誤作"秋"，"揫"原誤作"愁"，據注疏本改。下"揫"字同。

　　⑥ "貌"原誤作"者"，據《禮記正義》改。

　　⑦ "乃"原誤作"西"，據中華書局點校本《漢書》改。又，上引如淳注不見今本《漢書》。

《説文》曰："天地反物爲秋①，從禾火聲也。"《釋名》曰："秋，緧
也②，緧迫品物，使得時成也③。"

右總釋秋名。

《皇覽·逸禮》曰："秋則衣白衣④，佩白玉，乘白路，駕白駱，
載白旗，以迎秋于西郊。其祭先稷與狗，居明堂右廟，啓西户。"
《詩紀歷樞》曰："庚者，更也，陰代陽也。辛者，新也，万物成熟，
始嘗新也。"宋均曰："新，既辛螫且兼物新成者也。"《詩含神務》曰："其西
白帝坐，神名柘柜。"宋均曰："爲柘⑤，舉也。柜，法也。西方義，舉法理也。"
《尚書考靈曜》曰："氣在於秋，其紀太白，是謂大武。用時治兵，
是謂得功。非時治兵，其令不昌。鄭玄曰："出曰治兵，入曰振旅也⑥。"禁
民無得毀消金銅，是謂犯陰之則。當秋之時，使太白不明，秋以
起土功，與氣俱彊，煞猛獸事欲急，猛獸，熊羆之屬者也。以順秋金衣
白之時，而是則太白出入當五穀成熟，民人昌矣。"

《春秋元命苞》曰："其日庚辛者，物色更辛者，陰治成。宋均曰：
"於是物更而成，故因以爲日名之也⑦。"時爲秋，秋者物愁。愁，猶遒也⑧，物至此
而遒熟。名爲西方，西方者，遷；方者，旁也。物已成熟，可遷移。方者，言物
雖遷不離其旁側也。其帝少暭者，少斂。物至此不斂者少，故以號其帝明之也⑨。
其神蓐收者，紉收也。物結紉而彊也，彊故七十二糸以次宫也。其味辛，辛

---

① "天"字原無，"反"作"及"，據《太平御覽》卷二四引《説文》補正。
② "緧"原誤作"猶"，據《經訓堂叢書》本《釋名疏證補》改。
③ "得"字原無，據《經訓堂叢書》本《釋名疏證補》補。
④ "白衣"二字原無，據《藝文類聚》卷三引《皇覽》補。
⑤ "爲"字疑衍。
⑥ "也"下原重"禁民"二字，涉下文而衍，徑删。
⑦ "之"字當衍。
⑧ "遒"原誤作"道"，據《玉燭寶典考證》改。下"遒"字同。
⑨ "之"字當衍。

者陰，螫人持度自辛以固精。”陽主生，陰煞戮，必施毒①，故其尚爲味也。尚行毒法以自辛，則人無敢犯之者。志得辛，故所行既櫐且精審者也。《山海經·外西經》曰：“西方蓐收，左耳有蛇，乘兩龍。”郭璞曰：“金神也，人面，虎爪，白毛，執鉞②。見《外傳》之也③。”《爾雅》曰：“秋爲旻天，李巡曰：“秋万物成熟，皆有文章。旻，文也。”孫炎曰：“秋天成物，使有文，以故曰旻天。”郭璞曰：“昊，猶愍，万物彫落。”《音義》曰：“《詩敘》云‘旻，閔也’，即其義者耳也。”秋爲白藏，孫炎曰：“秋氣白而收藏也。”秋爲收成。”《尚書大傳》曰：“西方者何也？鮮方。或曰鮮方者，諄諄之方也。諄諄者，始入之貌④。始入，則何以謂之秋？秋者，愁也。愁者也，物方愁而入也，故曰西方者秋也。”鄭玄曰：“秋，收斂貌⑤。”《白虎通》曰：“其音商，商者彊。”《白虎通》曰：“金味所以辛何？西方者，煞傷成万物⑥。辛者，所以煞傷之，猶五味乃萎地死⑦。其臭腥何？西方，金也，万物成熟始傷落，故其臭腥。”

右總釋秋時。

《詩·豳風》曰：“七月流火。”毛傳曰：“火，大火。流，下。”《鄭箋》云：“大火，寒暑之候，火星中而寒暑退也。”《春秋傳》曰：“始煞而嘗。”服虔曰：“謂七月陰氣始煞，万物可嘗。鷹祭鳥，可嘗祭之也。”《周書·時訓》曰：“立秋之日，涼風至。又五日，白露降。又五日，寒蜩鳴⑧。涼風不至，國無嚴政。白露不降，民多欬病。寒蜩不鳴，人臣力爭。處暑之日，鷹

----

① “必”字原重，今刪。
② “執鉞”原在“人面”下，據嘉慶十四年阮氏琅嬛仙館刻本嘉慶十四年阮氏琅嬛仙館刻本《山海經箋疏》移正。
③ “之”字當衍。
④ “入”原誤作“人”，徑改。
⑤ “貌”原誤作“者之”，蓋原作“皃”，又一字訛爲二字，據《尚書大傳》改。
⑥ “傷”字原無，據淮南書局本《白虎通疏證》補。
⑦ 此句今本《白虎通》作“猶五味得辛乃委殺也”。
⑧ “蜩”，今本《周書》作“蟬”。

乃祭鳥。又五日，天地始肅。又五日，禾乃登。鷹不祭鳥，師旅
無功。天地不肅，君臣乃①。農不登穀②，煖氣爲災。"《禮·夏小
正》曰："七月秀雚葦，未秀，則不爲雚葦，故先言秀。狸子肇肆。
肇，始也。肆，逐也。言始逐。或曰：肆，煞也。湟潦生萍。湟，
下處也，有湟然後有潦，有潦而後有萍草也。萍，秀萍也者，馬
帚。漢案戶。漢案戶。漢，天漢也。案戶者，直戶也，言正南北
也。寒蟬鳴。蟬也者③，蜺音帝。蟉也。今案《方言》："蟪蛄，或謂之蜺
蟉④，音料⑤，似今古字。"孫楚《蟉賦》曰："曾不旬時而容落，固亦輕生之速發。"字雖
異，正是此虫也⑥。初昏，織女正東鄉，時有霖雨。灌荼。灌，聚也。
荼，雚葦之秀也。爲摶褶之也。蓷未秀爲菼，葦未秀爲蘆。斗枋
懸在下，則旦。"《易通卦驗》曰："坤，西南也，主立秋⑦。晡時黃氣
出，直坤，此正氣也⑧。氣出右⑨，萬物半死。氣出左，地動。"鄭玄
曰："立愁之右⑩，大暑之地；左，處暑之地。坤爲地，地主養物而氣見，大暑之地旱，故
物多死。地氣失位，則動者之謂也。"《易通卦驗》曰："立秋，涼風至，白露
下，虎嘯，腐草化爲螢嗌，蜻蚓鳴⑪。鄭玄曰："虎嘯，始盛秋，氣有猛意。舊
說腐草爲蝎⑫，今言螢，其物異名⑬。蜻蚓，蟋蟀也。"晷長四尺三寸六分，濁陰

---

① "乃"下當有脫文，今本亦闕。
② "登"原誤作"祭"，據《四部叢刊》本《逸周書》改。
③ "蟬"字原脫，據《大戴禮記解詁》補。
④ "蜺"字原脫，據《微波榭叢書》本《方言疏證》補。
⑤ "料"原誤作"斷"，據《微波榭叢書》本《方言疏證》改。
⑥ "也"原誤作"之"，徑改。
⑦ "主"字原脫，據趙在翰《七緯》輯本補。
⑧ "也"字原無，據趙在翰《七緯》輯本補。
⑨ "氣"字原無，涉上"氣"字而奪，據下文及《七緯》輯本補。
⑩ "之右"原互倒，據趙在翰《七緯》輯本乙正。又"愁"《七緯》作"秋"。
⑪ "蜻"字原脫，據注文及《七緯》輯本補。
⑫ "腐"字原脫，據正文及《七緯》輯本補。
⑬ "名"下《七緯》輯本有"乎"字。

雲出，上如赤繒，列下黃蘗。立秋於離值九四，九四，辰在午①，又互體巽②，故上如赤繒。列，齊平。立秋值黃色，故名黃蘗者之。處暑，雨水，寒蟬鳴。雨水多而寒也③。晷長五尺三寸二分④，赤陰雲出，南黃北黑。"處暑於離值六五，六五，辰在卯，得震氣，震爲玄黃，故南黃也。

《詩推度災》曰："金立於鴻鴈，陰氣煞，草木改。"宋均曰："金立，立秋金用事也。"《詩紀歷樞》曰："申者，伸也。"宋均曰："陽氣衰，陰氣伸。"《樂叶圖徵》曰："坤主立秋⑤，昆虫首穴欲蟄。"宋均曰："首，向也。蟄，藏也。"《春秋元命苞》曰："上生金，故少陰見於申。宋均曰："積土成，王生焉，故曰生金。"申者，吞也。吞陽所生而成之也。律中夷則⑥，夷則者，易其法。"易法者⑦，陽性仁施而之也。《春秋考異郵》曰："立秋，趣織鳴。"宋均曰："趣織，蟋蟀也。立秋，女功急，故趣之也。"《孝經援神契》曰："立秋，鷹擊爵。"《國語・楚語》曰："夫邊境者，國之尾也，譬之如牛馬處暑之既至，韋昭曰："處暑，在七月節。處，止也⑧。"蟲蟊之既多而不能掉其尾。"大曰蟲，小曰蟊。不能掉尾，蓋重也。今案《説文》曰⑨："蟲，齧人飛虫也⑩。從虫亡聲。"《字林》曰："蟲，大蚊也，音萌。蟊，蜹耳之也。"

《爾雅》曰："七月爲相。"李巡曰："七月，万物勁剛，大小善惡皆可視而相，故曰相也。"孫炎曰："相，糠也，物實生皮之也。"《史記・律書》："夷則，言

---

① "四"字原脱，"午"又誤作"五"，據上文及《七緯》輯本補正。
② "又互"原誤作"人五"，據《七緯》輯本改。
③ "寒"下《七緯》輯本有"蟬秋蟬"三字。
④ "五"字原脱，據《七緯》輯本補。
⑤ "主"字原無，據《知不足齋叢書》本《五行大義》引《樂叶圖徵》補。
⑥ "中夷"原互倒，今乙正。
⑦ "法"原誤作"註"，據正文改。
⑧ "止"原誤作"正"，據《國語集解》改。
⑨ "今"原誤作"金"，徑改。
⑩ "齧人"原誤作"齒入"，據中華書局影印孫星衍刻本《説文解字》改。

陰氣之賊万物也①。"《淮南子·時則》曰:"孟秋之月,招搖指申②。西宫御女白色,衣白采,橦白鍾。高誘曰:"金王西方③,故處西宫也。"其兵戈,其畜狗。七月官庫,其樹楝。"庫,兵府也。秋節愨兵,故官庫也。其樹楝④,楝實,鳳皇所食。今雒城旁有樹⑤,楝實秋熟⑥,故其樹楝。楝,讀練染之練也⑦。"《淮南子·天文》曰:"秋七月,百虫蟄伏,靜居閉户,青女乃出,高誘曰:"青女,天神。青霄玉女司霜雪也⑧。"以降霜露。"《白虎通》曰:"七月律謂之夷則何? 夷者,傷。則者,法也。言万物始傷⑨,被刑法也。"《續漢·禮儀志》曰:"立秋之日,自郊禮畢⑩,始揚威武,斬牲於郊東門,以薦陵廟。其儀乘輿御戎輅,白馬朱鬣⑪,躬執弩射牲,牲以鹿麝⑫。太宰令謁者各一人載獲車⑬,馳駟送陵廟。還宫,遣使者齎束帛以賜武官。武官肆兵,習戰陳之儀。斬牲之禮,名曰貙劉⑭。"

陳思王《九詠》曰:"乘迴風兮浮漢渚,目牽牛兮眺織女,牽牛爲夫,織女爲婦,雖爲匹偶,歲壹會也。交際兮會有期。"織女、牽牛之星,各處河之旁,七月七日得一會同也。《竹林七賢論》曰:"阮咸字仲容,藉兄子也。

① "賊"原誤作"賦",據中華書局點校本《史記》改。
② "招"原作"招",據何寧《淮南子集釋》改。
③ "方"字何寧《淮南子集釋》高誘注脱。
④ "其"、"楝"二字原無,據何寧《淮南子集釋》補。
⑤ "雒"原誤作"碓",據何寧《淮南子集釋》改。
⑥ "樹楝"原互倒,據何寧《淮南子集釋》乙正。
⑦ "楝讀練"三字原脱,"染"又誤作"深",據何寧《淮南子集釋》補正。
⑧ 此句原誤作"青要女青要女司霜",據何寧《淮南子集釋》補正。
⑨ "始"字原無,據淮南書局本《白虎通疏證》補。
⑩ "自"原誤作"白",據中華書局點校本《後漢書》改。
⑪ "鬣"原誤作"膌",據中華書局點校本《後漢書》改。
⑫ "牲"字原無,"鹿"又誤作"薦",據中華書局點校本《後漢書》補改。
⑬ "車"原誤作"東",據中華書局點校本《後漢書》改。
⑭ "貙"原作"樞",據中華書局點校本《後漢書》改。

諸阮前世皆儒學，内足於財，唯藉一家尚道棄事①，好酒而貧。舊俗七月七日法當曬今案《方言》曰：“曬，曝也，秦、晉之間謂之曬②。音霜智反。”衣，諸阮庭中爛然，莫非錦今案《釋名》曰：“錦，金也，作之用功重，其價如金，故制字帛与金也。”綈。今案《漢書音義》：“綈，厚繒也，重二斤者。”咸時總角，乃豎長竿，掛大布犢鼻今案《前漢書》“司馬相如身自著犢鼻褌③，注云：“形似犢鼻，因名也。”於庭中，曰：‘未能免俗，聊復共爾耳。’”傅玄《擬天問》曰：“七月七日，牽牛織女會天河。”《風土記》曰④：“夷則應履曲，七齊河鼓禮。”元吉注云：“七月俗重是日⑤，其夜灑掃於庭，露施机筵，設酒脯時果，散香粉於筵上，熒重爲稻，祈請於河鼓、今案《爾雅》：“河鼓謂之牽牛。”織女，言此二星神當會，守夜者咸懷私願。或云：見天漢中有奕奕正白氣⑥，如地河之波潰而輝輝有光耀五色，以此爲徵應，見者便拜，而願乞富乞壽，無子乞子，唯得乞一，不得兼求，見者三年乃得言之。或云頗有受其祚者⑦。”

崔寔《四民月令》曰：“七月四日，命治麴室，具薄、持、槌，取淨艾。六日，饌治五穀、磨具。七日，遂作麴及磨。是日也，可合藍丸及蜀柒丸，曝經書及衣裳，作乾糗，采蕙耳也。蕙耳，胡蕙子，可作燭。今案《詩草木疏》：“胡蕙，一名趣菜。”《博物志》云：“洛中有人駈羊入蜀⑧，胡葸子著羊毛，蜀人種之，曰羊負來。”是月也，可種蕪菁及芥、牧宿、大小蔥

---

① “家”原誤作“卷”，又脱“尚道”二字，據《世説新語・任誕篇》注、《北堂書鈔》卷一五五、《藝文類聚》卷四、《太平御覽》卷六百九十六引改補。
② “晉”、“謂”二字原脱，據《方言箋疏》補。
③ “身自”原互倒，又脱“著”字，據中華書局點校本《漢書》正補。
④ “記”字原脱，逕補。
⑤ “日”字原脱，據《北堂書鈔》卷一五五引《風俗記》補。
⑥ 上“奕”字原誤作“并”，據《初學記》引改。
⑦ 此注《藝文類聚》卷四作“崔寔《四民月令》”云云。
⑧ “洛中”二字原重，今刪。

子、小蒜、胡葸，別蘫。藏韭菁，刈蒭茭。菑麥田[①]，收栢實。處暑中，向秋節，浣故製新，作袷薄以備始涼。可糶小大豆，糴麥，收縑縳。"

正説曰：《詩·小雅》云："岐彼織女，終日七襄。雖則七襄，不成報章。睆彼牽牛，不以服箱。"此當言星有名無實，未論神遊靈應好合之理。《古樂府》："迢迢牽牛星[②]，皎皎河漢女。纖纖濯素手，札札弄機杼。終日不成章，泣涕零如雨。河漢清且淺，相去詎幾許。盈盈一水間，脈脈不得語。"蓋止陳離隔，都無會期。

《夏小正》云："初昏，織女正東向。"運轉而已。《春秋運斗樞》云："牽牛，神名略緒。"《石氏星經》云："名天開。"《春秋佐助期》云："織女，神名收陰。"《史記·天官書》云："天帝女孫[③]。"所出增廣，猶非良席。王叔之《七日詩序》云："詠言之次，及牛女之事，亦烏識其然否，直情人多感，遂爲之文。"蔡雍《協初賦》云："其在遠也，若披雲掃漢見織女。"假譬而言，未知據何時月。

張華《博物志》："舊説天河与海通[④]，有人乘查，奄至一處，有城郭屋舍[⑤]，望室中多織婦，見一丈夫牽牛渚次飲之，還問嚴君平。君平曰：'某年月日，客星犯牛斗者[⑥]。'"其時乃是八月，非關孟秋，未知七夕之驗從何而始。唯《續齊諧記》："成武丁謂其弟曰：'七月七日，織女當渡河，吾向已被召。'弟問：'織女何事渡

① "菑"原誤作"蓄"，據石聲漢《四民月令校注》改。

② "迢迢"原誤作"茗茗"，據《文選》改。

③ "女孫"原互倒，據中華書局點校本《史記》乙正。又"帝"字《史記》無。

④ "舊"字原無，據《初學記》卷六、《太平御覽》卷六一引《博物志》補。

⑤ "屋舍"二字原無，據《初學記》卷六、《太平御覽》卷六一引《博物志》補。

⑥ "君平曰某年月日"七字原無，據《初學記》卷六、《太平御覽》卷六一引《博物志》補。

河？'答曰：'暫詣牽牛。'至今云七日織女嫁牽牛是也。"《代王傳》云："文帝自代即位，納竇后，少小頭禿，不爲家人所齒。遇七月七日夜，人皆看織女，獨不許后出，并垂脚井中，乃有光照室，爲后之瑞也。"魏晉以後，作者非一，便爲實録，無復疑似。《荆楚記》："南方人家，婦女結綵縷①，穿七孔針，或金銀鍮石爲針，設瓜果於中庭以乞巧，有憙子網其瓜上，則以爲得。"《淮南子》云："豊水十刃，金針投之，即見其形。"乃有舊事。宋孝武《七夕詩》云："秋風發離願，明月照雙心。偕歌有遺調，別歎無殘音。開庭鏡天路，餘光不可臨②。公風披弱縷，迎暉貫玄針。"則非金，又兼用鐵。案《論語》："夫子之言性与天道，不可得聞。"或當由此典誥致闕。

至如《風土》所録，乃有禱祈。孔聖人云："丘之禱久矣。"且子夏云："死生有命，富貴在天。"是則修短榮賤，分定已久，恐非造次之間所能請謁。後之君子，覽者擇焉。

附説曰：案《盂蘭盆經》云："大目健連見其亡母生餓鬼中，皮骨連柱，目連悲哀，即鉢盛餅往餉其母，食未入口，化成火炭，遂不得食，目連大叫，馳還，白佛。佛言：'汝母罪根深重，非汝一人力所奈何，當須十方衆僧威神之力，吾今當説救濟之法。'佛告目連：七月十五日，當爲七世父母厄難中者，具飯、百味五果，盡世甘美以著盆中，供養十方大德，佛勑十方衆僧皆爲施主家咒願七世父母，行禪定意，然後受食③。初受盆時，先安佛塔前，衆僧咒

---

① "人"、"婦女"、"綵"諸字原無，據今本《荆楚歲時記》補。
② "不可"原互倒，據《太平御覽》卷三一引《七夕詩》乙正。
③ "受"字原脱，據《初學記》卷四、《太平御覽》卷三二引《荆楚歲時記》補。

願竟，便自受食。是時目連其母即於是日，得脱一切餓鬼之苦①。目連白佛：'未來世佛弟子行孝順者，亦應奉盂蘭盆供養。'佛言：'大善。'"故今世因此廣爲花飾，乃至刻木剖竹，飴蠟剪綵②，摸華葉之形，極工巧之妙。《春秋》宣四年傳③："子文曰：'鬼猶求食，若敖氏之鬼，不其餒而。'"注云："餒，餓也。"襄廿年傳："甯惠子曰：'猶有鬼神，吾有餒而已不來食矣。'"注亦云："餒，餓也。吾鬼神有如自餓餒也，吾而已不來從汝享食。"《大涅槃經》云："餓鬼衆生，飢渴士所逼④，於百千歲未曾得聞漿水之名，遇斯飢渴即除。"是則儒書内典，餒、餓一義，以佛力能轉，故《雜譬喻經》云："若一法言，消須彌山。"

《大涅槃》又云："恒河清流，實非火也，汝以巔到相，故四月十五日僧衆安居。至此日限滿以後，名爲自恣。"《盆經》云："歡憙日，僧自恣日，以百味餅食安盂蘭盆中，十方自恣僧咒願，便使現在父母壽命百年，無一切苦惱之患，七世父母離餓鬼苦。"《大涅》又云："如秋月十五日夜，清淨圓滿，無諸雲翳，一切衆生無不瞻仰。後品佛爲阿闍世王，八月愛三昧，故於此時發慇重心，求轉障耳。"

玉燭寶典卷第七　七月

---

① "切"原誤作"劫"，據《初學記》卷四、《太平御覽》卷三二引《荆楚歲時記》改。
② "飴"原作"帖"，據《太平御覽》卷三二引《荆楚歲時記》改。
③ "四"原誤作"十"，徑改。
④ "士"字今本《大涅槃經》無。

玉燭寶典卷第八

八月仲秋第八

《禮·月令》曰："仲秋之月，日在角，昏牽牛中，旦觜觿中。鄭玄曰："仲秋者，日月會於壽星，而斗建酉之辰。"律中南呂。仲秋氣至，南呂之律應。高誘曰："陽氣内藏，陰吕於陽，任其成功也。"盲風至，鴻雁來，玄鳥歸，群養羞。盲風至，疾風也。玄鳥，燕也。歸，謂去蟄也。凡鳥随陽者，不以中國爲居也①。羞，謂所食也。《夏小正》："八月，丹鳥羞白鳥。説曰：丹鳥也者，謂丹良也。白鳥也者，謂閩蚋也②。其謂之鳥也，重其養也。有翼者爲鳥。羞也者③，進也④，不盡食也。"二者文異，群鳥、丹良未聞孰是。高誘曰："群鳥養進其毛羽，以禦寒也。"《淮南子·時則》云⑤："群鳥翔。"高誘曰："群鳥肥盛，試其羽翼而高翔。翔者，六翮不動也。"

天子居總章太廟。西堂當太室者。是月也，養衰老，授几杖，行糜粥飲食。助老氣也。行，猶賜也。乃命司服具飾衣裳，文繡有恒，制有大小，度有短長，此謂祭服也。文，謂畫也。祭服之制，畫衣而繡裳。衣服有量，必循其故⑥，此謂朝宴及他服也。冠帶有常。因制衣服而作之也。命有司申嚴百刑，斬殺必當，毋或枉橈。枉橈不當，反受其殃。申，重

---

① "居"原誤作"君"，據《禮記正義》改。
② "蚋"原誤作"蛇"，據《大戴禮記解詁》改。
③ "羞"原誤作"養"，又脱"也者"二字，據《大戴禮記解詁》改補。
④ "進也"二字原脱，據《大戴禮記解詁》補。
⑤ "云"原誤作"玄"，逕改。
⑥ "循"原誤作"修"，據《禮記正義》改。下"循"字同。

也。當，謂值其罪之也①。乃命宰、祝循行犧牲，視全具；案芻豢②，瞻肥瘠；察物色，必比類；量小大，視長短，皆中度。五者備當，上帝其饗。於鳥獸肥充之時，宜省群牲也。養牛羊曰芻，犬豕曰豢。五者謂所視也，所案也，所瞻也，所察也，所量也。王肅曰："草養曰芻，穀養曰豢之也③。"天子乃難④，以達秋氣。此難，難陽氣也。陽暑至此不衰，害亦將及人。所以及人者，陽氣左行，此月宿直昂畢，亦得大陵積尸之氣，氣伏則厲鬼亦隨而行⑤，於是亦命方相氏帥百隸而難之。《王居明堂禮》曰：'仲秋九月，九門磔禳⑥，以發陳氣，禦止疾疫也⑦。'"以犬嘗麻，先薦寢廟。麻始熟也。可以築城郭，建都邑，穿竇窖，修囷倉⑧。爲民將入，物當藏也。穿竇窖者，入地隋者曰竇⑨，方曰窖。《王居明堂禮》："仲秋，命庶民畢入于室，曰：'時煞將至，毋罹其災。'"乃命有司趣民收斂，務蓄菜，多積聚。始爲禦冬之備者也。乃勸種麥，毋或失時。其有失時，行罪毋疑。麥者，接絶續之穀，尤重之也。日夜分，雷乃始收，蟄蟲壞户，煞氣侵盛，陽氣日衰，水始涸。雷始收聲在地中，動内物也。壞，益也。蟄蟲益户，謂稍小之也。涸，竭也。此甫八月中⑩，雨氣未止，而云水竭，非也。《周語》曰："辰角見而雨畢，天根見而水涸。"又曰："雨畢而除道，水涸而成梁。"辰角見，九月本也。天根見，九月末也。《王居明堂禮》："季秋除道置梁，以利農之者也⑪。"日夜分，則同度、量，平權、衡，正鈞、石，角斗、甬。易關市，來商旅，納

---

① "之"字當衍。
② "豢"原誤作"養"，據《禮記正義》改。下"豢"字同。
③ "之"字當衍。
④ "天子乃難"下依田利用所據圖書寮抄本有"爲智是五常之道"至"魯君聞之而致邑焉曾"諸文字，不見於尊經閣本，今按依田利用意見系於"九月"目下。
⑤ "伏"原誤作"失"，據《禮記正義》改。
⑥ "九"字原脱，涉上"九"字而奪，據《禮記正義》補。
⑦ "疫"字原脱，"也"上原有"之者耳"三字，據《禮記正義》補删。
⑧ "囷倉"原誤作"囷食"，據《禮記正義》改。
⑨ "隋"原誤作"墮"，又脱"曰"字，據《禮記正義》改補。
⑩ "八"字原脱，據《禮記正義》補。
⑪ "之"字當衍。

貨賄，以便民事。四方來集，遠鄉皆至，則財不匱①，上無乏用，百事乃遂。易關市，謂輕其稅，使民利之。商旅，賈客也②。匱，亦乏。遂，猶成之也③。凡舉大事，毋逆大數，必順其時，慎因其類④。事謂興土功⑤，合諸侯⑥，舉兵衆也。季夏禁之，孟秋始征伐，此月築城郭，季秋教田獵⑦，是以於中爲之戒之也。

仲秋行春令，則秋雨不降⑧，卯之氣乘之也。卯宿直房心，心爲大火。草木生榮，應陽動也。國乃有恐。以火訛相驚。行夏令，則其國乃旱，蟄虫不藏，五穀復生。午之氣乘之也。行冬令，則風災數起，子之氣乘之也。北風煞物者也。收雷先行，先，猶蚤也。冬主閉藏。草木蚤死。"寒氣盛也⑨。

蔡雍中秋章句曰："今歷中秋白露節日在軫六度，昏明中星，去日百五度，斗廿一度中而昏，參五度中而明。'盲風至。'盲風之恇者也，秦人謂蓼風爲盲風也。今案《淮南子》"八風，西方曰飂風"，注云："兌氣所生，一曰閶闔⑩，即此風之也⑪。"'群鳥養羞。'羞者，進食，此其類也。《夏小正》曰：'丹鳥羞白鳥。'是月陰氣始閉，故《傳》曰'丹鳥氏司閉'也，言丹鳥以是月養羞，故以記閉也。'天子居總章大廟。'大廟者，酉上之堂。'文繡有恒。'織成曰文，刻成曰繡。陽

---

① "匱"原作"遺"，據《禮記正義》改。下"匱"字同。
② "賈"原誤作"賓"，據《禮記正義》改。
③ "之"字當衍。
④ "慎"原誤作"順"，涉上"順"字而誤，據《禮記正義》改。
⑤ "興"字原脫，據《禮記正義》補。
⑥ "合諸侯"原作"令諸使"，據《禮記正義》改。
⑦ "獵"原誤作"臈"，據《禮記正義》改。
⑧ "則"字原脫，據《禮記正義》補。
⑨ "氣"原誤作"之"，據《禮記正義》補。
⑩ "閶闔"原互倒，《淮南子·地形》云："西方曰麗風。"注云："一曰閶闔風。"今據以乙正。
⑪ "之"字當衍。

氣初胎於西，故八月薺、麥應而生也。通四方之財，謂之商旅客也。龜貝金玉之屬曰貨，布帛魚鹽之屬曰脂。"

右章句爲釋月令。

《詩·邶風》曰："匏有苦葉，濟有深涉。毛傳曰："匏謂之瓠①。濟，渡也。"鄭箋云："瓠葉苦而渡處深②，謂八月時陰陽交會，始可以爲婚禮，納采問名之也。"《詩·豳風》曰："八月萑葦。"毛傳曰："薍爲萑，葭爲葦。豫畜萑葦，可以爲曲也。"又曰："八月載績，載玄載黃，我朱孔陽，爲公子裳。載績，絲事畢而麻事起。玄，黑而又赤。朱，深纁。陽，明。祭服，玄衣纁裳。鄭箋云："凡染者，春暴練，夏纁玄，秋染夏。爲公子裳，厚于其所貴爲説之者。"八月其穫，穫，禾可穫。八月剝棗，剝，擊。八月斷壺。"壺，匏。《尚書·堯典》曰："分命和仲，宅西，曰昧谷。孔安國曰："昧，冥也。日入于谷而天下冥，故曰昧谷。此居治西方之官，掌秋天之政也。"平秩西成。秋，西方萬物成，平序其政，助成物也。霄中，星虛，以殷中秋。霄，夜也。春言日，秋言夜，互相備也。虛，玄武之中星，亦言七星，皆以秋分日見，以正三秋者也。鳥獸毛毨。"蘇薺反，又星彌反。毨，理也，毛更生整理。《尚書·堯典》曰："八月，西巡守，至于西岳，如初。"孔安國曰："西岳，花山。"《周官·天官》下曰："司裘，仲秋獻良裘，乃行羽物。"鄭玄曰："良，善也。仲秋鳥獸毛毨，因其良時而用之。羽物，小鳥鶉爵之屬也。"《周官·春官》下曰："籥章掌仲秋夜，迎寒亦如之。"鄭玄曰："迎寒，以夜求諸陰也。上有中春，晝擊土鼓以逆暑，故云亦如之者也。"《周官·夏官》上曰："大司馬掌中秋，教治兵，如振旅之陣，辨旗物之用，各書其事與其號焉，鄭玄曰："書，當爲書事也。號也，皆書以雲氣焉也。"遂以獮田，如搜田之法③，羅弊，致禽以祀祊。"秋田爲獮。獮，煞也。羅弊，罔止

---

① "瓠"原作"匏"，據《毛詩正義》改。下"瓠"字同。
② "苦而"原互倒，據《毛詩正義》乙正。
③ "田"字原脱，據《周禮注疏》補。

也。秋田主用罔,中煞者多也,皆煞而罔止。"祊"當爲"方"聲之誤。秋田主祭四方,報成万物之也①。《禮·王制》曰:"八月,西巡守,至于西岳,如南巡之禮。"《周書·時訓》曰:"白露之日,鴻鴈來。又五日,玄鳥歸。又五日,群鳥養羞。鴻鴈不來,遠人背畔。玄鳥不歸,室家離散。群鳥不養羞②,君臣驕慢。秋分之日,雷乃始收。又五日,蟄虫附户。又五日,水始涸。雷不始收,諸侯淫汏。蟄虫不附,民靡有賴。水不始涸,介虫爲害。"《禮·夏小正》曰:"八月剥瓜,蓄瓜之時也。玄校也。玄也者,黑也。校也者,若緑色然,婦人未嫁者衣之。剥棗。剥也者,取也。栗零。零也者,降也。零而後取之,故不言剥也。丹鳥羞白鳥。丹鳥者,謂丹良。白鳥者,謂閩蚋也。今案《古今虫魚注》云:"熒火,一名丹良,一名丹鳥,腐草爲之也。食蚊蚋也③。"其謂之鳥也,重其養者也。有翼者爲鳥。羞也者,進也,不盡食也。辰則伏。辰也者,謂星也。伏者,入而不見。駕爲鼠。參中則旦。"《易通卦驗》曰:"兑,西方也,主秋分。日入,白氣出,直兑,此正氣也。氣出右,万物不生。氣出左,則虎害人。"鄭玄曰:"秋分之右,白露之地。左,寒露之地也。兑主八月,其所生物唯薺与麥,白露始煞,故使万物不生。寒露氣侵盛,兑氣失位,虎則爲害之也。"《易通卦驗》曰:"白露,雲氣五色,蜻蜓上堂④,鴈祭鳥,鷰子去室,鳥雌雄別。鄭玄曰:"雲氣五色,衆物皆成。盡氣候。蜻蜓上堂,始避寒也。鷹將食鳥,先以祭也。鷰子去室,不復在於巢⑤,習飛騰。鳥雌雄別⑥,生孚之氣止也。"晷長六尺二寸八分,黄陰

---

① "之"字當衍。
② "羞"字原脱,據上文及《四部叢刊》本《逸周書》補。
③ "食"原誤作"今於",據《四部叢刊》本《古今注》卷五蟲魚改。
④ "蜻蜓"原誤作"精引",據趙在翰《七緯》輯本改。下"蜻蜓"同。
⑤ "於巢"原誤作"耕",據趙在翰《七緯》輯本改。
⑥ "雌雄"原互倒,今乙正。

雲出，南黑北黃。白露於離值九三，九三，艮爻，故北黃。辰在戌，得乾氣，乾居上，故南黑也。秋分，風涼慘①，雷始收，鷙鳥擊，玄鳥歸，閶闔風至。收，藏。鷙鳥，鷹鸇之屬。閶闔，藏万物之風也。晷長七尺二寸四分，白陰雲出②，南黃北白。"秋分於兌值初九，初九，震爻，爲南黃，猶兌，故北白之也③。

《詩紀歷樞》曰："酉者，老也，万物衰，枝葉槁。"《尚書考靈曜》曰："仲秋一日，日出於卯④，入於酉，須女四度中而昏，東辟十一度中而明。"《春秋元命苞》⑤："壯於酉。酉者，考也，物收斂。宋均曰："物壯健極則老，老則當斂。"律中南呂。南呂者，任紀。"紀，法也。言物皆任法備成者也。《春秋元命苞》曰："金生水，子爲母候。《書》曰：'霄中，星虛，以殷仲秋。'"宋均曰："水，金之子也，子爲母候，故水精虛當秋分金用事而昏中，□爲將時之表也⑥。霄，夜也，謂秋分爲夜者，以當日入以後故之者⑦。"《孝經援神契》曰："秋分，物類强。"宋均曰："强，猶成。"《孝經援神契》曰："虛星中，秋分效，獲禾報社。"宋均曰："社爲土主，能吐生百穀，祭報其功。"

《爾雅》曰："八月爲壯。"李巡曰："八月，万物成熟，形體剛⑧，故曰壯也。"孫炎曰："物實充壯而勁成也。"《尚書大傳》曰："秋祀柳穀花山，貢雨伯之樂焉。鄭玄曰："八月，西巡狩，祭柳穀之氣于花山⑨。柳，聚也⑩，齊人語也。"秋伯

---

① "風"字原脱，據趙在翰《七緯》輯本補。
② "白"原誤作"自"，據趙在翰《七緯》輯本改。
③ "之"字當衍。
④ "日"字原不重，據《知不足齋叢書》本《五行大義》補。
⑤ "苞"原誤作"命"，"元"下有"日"字，今删改。
⑥ "□"漫漶不清，他本皆作缺字。
⑦ "之者"二字疑當作"也"字。
⑧ "形"原作"對"，徑改。
⑨ "于"字原脱，據《尚書大傳》補。
⑩ "聚"原誤作"歌"，據《尚書大傳》改。

之樂，舞《蔡俶》，其歌聲比小謠，名曰《苓落》①。秋伯，秋官士也，皋陶掌之。蔡，猶衰。俶，始也。言象物之始衰者也②。和伯之樂，舞《玄鵠》，其歌聲比中謠，名曰《歸來》。"和伯，和叔之後。玄鵠，言象物得陽鳥之南也③。歸來，言反其本也④。《史記·律書》曰："南呂，言陽氣之旅入藏也。"《淮南子·時則》曰："仲秋之月，招搖指酉。八月官尉，其樹柘⑤。"高誘曰："尉，戎官也。是月治兵，故官尉。《傳》曰：羊舌大夫爲中軍尉。柘，説未聞也。"《京房占》曰："秋分死，王昌閶風用事，人君當釋鍾鼓之縣，琴瑟不御，正在西方。"《白虎通》曰："八月律謂之南呂何？南者，任也，言陽氣尚有任生薺麥也，故陰拒之。"《風土記》曰："鳴鶴戒露。"注云："白鶴也。此鳥性儆，至八月白露，降流於草葉上，適適有聲，即高鳴相儆，移徙所宿，慮於變害也。"

崔寔《四民月令》曰："八月，莖擇月節後良日⑥，祠歲時常所奉尊神。前期七日，舉家毋到喪家及産乳家。家不長及執事者悉齊，案祠薄，掃滌，務加謹潔。是月也，以祠泰社。祠日薦黍豚于祖禰⑦。厥明祀冢，如薦麥魚。暑小退，命幼童入小學，如正月焉。涼風戒寒，趣練縑帛，染采色。擘綿治絮，制新浣故。及韋履賤好，豫買，以備隆冬栗烈之寒。是月八日，可采車前實、烏頭、天雄及王不留行。今案《本草》："王不留行，味甘平。主治金創，止血。久服輕身，能老，增壽。二月、八月采。"注云："葉似酸漿，子似松子而大，黑色也。"是月

---

① "名"字原脱，下"名"字原誤作"石"，據《尚書大傳》補改。
② "象"字原脱，據《尚書大傳》補。
③ "言"、"物得"三字《尚書大傳》無。
④ "反"原誤作"及"，據《尚書大傳》改。
⑤ "柘"字原脱，據何寧《淮南子集釋》補。
⑥ "莖"上原衍"八月"，據石聲漢《四民月令校注》刪。
⑦ "祠"字原脱，據石聲漢《四民月令校注》補。

也，可納婦。《詩》云："將子無怒，秋以爲期。"案《易》曰："帝乙歸妹。"言陽嫁女。《易》歸妹，八月之時之也①。**可斷弧作蓄**，弧中白膚實②，以養豬，致肥。其瓣以燭，致明者也。**乾地黃，作末都。刈萑葦及蒭茭，收韭菁，作擣齏。**今案《通俗文》曰："淹韭曰齏。祖奚反。"**可乾葵，收豆霍，種大小蒜、芥。凡種小大麥，得白露節，可種薄田。**麥者，陰稼也，忌以日中種之③。其道自然，若燒黍禳則害弧者也。**秋分種中田，後十日種羨田，唯穬早晚無常④。得涼燥可上角弓弩，繕治檠正**，今案《詩·小雅》："騂騂角弓，偏其反矣。"毛傳："騂騂，調和⑤，不善緤檠，乃用，則翩然反之也。"**縛徽弦，遂以習射。施竹木弓及弧。糴種麥及黍⑥。**"木弓謂之弧，音孤也。今案《禮·內則》曰："男子設弧於門左。"注云："示有事於武也。"又曰："射人以桑弧蓬矢六，射天地四方。"注云："男子所有事也。弧即弓之別名之⑦。"

附說曰：世俗八月一日，或以朱墨點小兒額，名爲天灸，以厭疾也。案《黃帝素問》已有《灸經》，《史記·倉公傳》"灸齲齒"，史遊《急就章》云"灸刺和藥"，趙壹《答皇甫規書》云"灸兩膝瘡潰"，王導、伏玄度並有灸詩。灸皆用艾，因循久矣，故《莊子》"牧馬小童謂黃帝曰：'熱艾宛其聚氣。'雄黃亦云：'燔金熱艾，以灸其聚氣。'"令以點爲灸，直取其名。

又《續齊諧記》："弘農鄧紹八月旦入花山采藥，見一童子執五綵囊，承取栢葉上露，露皆如珠滿囊。紹問何用，云：'赤松先

---

① "之"字當衍。

② "白"原誤作"自"，脫"膚"字，據《齊民要術》卷三引《四民月令》改補。

③ "忌以"上原衍"忌也"二字，據石聲漢《四民月令校注》删。

④ "穬"字原無，據《齊民要術》卷二引《四民月令》補。

⑤ "和"原作"利"，據《毛詩正義》改。

⑥ "及"，《齊民要術》引《四民月令》作"糴"，唐鴻學、石聲漢以前《四民月令》諸章例之，認爲作"糴"字是。

⑦ "弧"原誤作"計"，據《古逸叢書》本改。又"之"字當衍。

生取以明目。’言終，便失所在，故今人常以八月旦作明眼囊。”《荆楚記》則云：“以錦綵①，或以金薄爲之，遞相餉遺。”案《詩》“載玄載黄，我朱孔陽”，《月令》“文繡有恒”，皆在此月，或可頼如剪製刀尺殘餘，禮有鑿革鑿絲之事，因爲此物耳。

是月白露雖濃，猶未凝房，故《風土記》云：“流於草葉，適適有聲，每旦恒垂，易爲采取，仙童所向，便覺如珠。”《志恠》則云：“囊似蓮花，内有青鳥直人，於俗亦復府同②，後來乃以拭面，云令肉理柔滑，實驗如此。”

其祠社盛於仲春者，秋物盡盛，故《詩·周頌·良耜》云“秋冬報社稷”。下云“煞時犉牲，有捄其角”③，餘胙悉以貢遺里閭，陳平爲社宰，分肉甚均，即其義也。此會也，擲教於神前，教，以銅爲之，形如小蛤。教者，猶如教令，擲法一令一仰，便成吉徵也。卜來歲豐儉。或折竹筴以占之，《離騷》云：“索瓊茅以筳篿，命靈氛爲余占之④。”王逸注云：“楚人折竹結草以卜，謂爲篿也。”《字林》云：“筳，莚也。大丁反。”漢世賜大臣羊酒以助衰氣，《月令》仲秋“養衰老”，“行糜粥飲食”，又云“陽氣日衰”，故須助耳。

玉燭寶典卷第八　八月

---

① “以”字原無，據《寶顏堂秘笈》本《荆楚歲時記》補。
② “府”，《古逸叢書》本作“符”。
③ “捄其”二字原脱，據《毛詩正義》補。
④ “氛”原誤作“氣”，徑改。

玉燭寶典卷第九

九月季秋第九

（卷九缺）①

爲智是五常之道，不可辨革也。《釋名》曰："德，得也，得事宜者也。"《老子》曰："上德不德，是以有德。下德不失，是以無德。"《毛詩》曰："德輶如毛，民鮮剋舉之。"《左傳》云曰："國家之敗，由官邪也。官之失德，寵賂章也。"《吕氏春秋》曰："宋景公之時，熒惑在心。問子韋。對曰：'禍在君，可移宰相。'公曰：'宰相所與治國家也。'曰：'移於民。'公曰：'民死，誰與爲君？'曰：'移於歲。'公曰：'歲饑，民必死。'子韋北面再拜，曰：'臣敢賀君。天處高而聽卑，君有至德之言三，天必三賞君。'熒惑果徙三舍。"《釋名》曰："義者，宜也。裁製事物，使合宜者也。"《繫辭》曰："理財正辭，禁民爲非曰義。"王弼曰："義猶理也。"太公《六韜》曰："與人同好同惡者，義也。義之所在，天下歸之。"《新序》曰："白公之難，楚人有莊善者，辭其母將往死之，母曰：'棄其親而死其君，可謂義乎？'莊善曰：'吾聞事君者内其禄而外其身，今所以養母者，君之禄也，身安得不死乎？'遂辭而行。比至公門，三廢車中，其僕曰：'子懼矣。曰懼懼，則何不反乎？'莊善曰：'懼者，吾私也。死君，公義也。吾聞君子不以私害公。'遂至公門，刎頸而死。君子聞之曰：'好義乎哉！德義不相離也。'"者爲一善清慎顯著。謂清者，潔也。慎者，謹也。假如楊震闇夜辭金、胡威歸路門娟之類是清。孔光典機不語温樹、樊宏詣闕無謬鐘漏之類是慎。釋曰清慎。《釋名》曰："清者，青也，去濁遠穢，色如青也。"《廣雅》曰："慎，恐也。假令楊震闇夜辭金之類，所謂清也。阮籍口絶臧否之類，所謂慎也。云清

---

① 卷九諸本皆缺，又島田翰稱別有一本，卷子裝，存第九，却佚卷第七後半。但諸家皆未見。參《古文舊書考》、《日本藏漢籍善本書志書目集成》第三册，北京圖書館出版社，2003 年，第 176—177 頁。以下逸文底本亦缺，今據依田利用《玉燭寶典考證》錄入，以備參考。

慎爲事也，其如令釋也，二事相須也，言清者有要慎，但慎者必有清耳。其楊震清慎，相包人也。《□記》云："清慎也，清廉。"《釋名》曰："清，青也，去濁遠穢，色如青也。濁，瀆也。""廉，斂也，自檢斂也。"《左傳》曰："宋人或得玉，以示玉人，玉人以爲寶也，故敢獻之。子罕曰：'我以不貪爲寶爾，以玉爲寶，若以與我皆喪寶也，不若人有其寶。'"《家語》曰："曾子弊衣而耕於魯，魯君聞之而致邑焉。曾。"①

蓐收金行也。慧琳《衆經音義》九十二。

九月九日宴會，未知起於何代，然自漢至宋未改，今北人亦重此節，佩茱萸，食餌，飲菊花酒，云令人長壽，近代皆宴設於臺榭。《荆楚歲時記注》。

食餌者，其時黍秫並收，以因黏米嘉味，觸類嘗新，遂成積習。《周官・籩人職》曰："羞籩之實，糗餌粉餈。"干寶注曰："糗餌者，豆末屑米而烝之，以棗豆之味，今餌餤也。"《方言》："餌，謂之餻，或謂之餈。"《初學記》卷四引。

　　　　　　　　　玉燭寶典卷第九　　九月

---

①　依田利用云："以上舊出仲秋篇'天子乃難'以下，蓋他簡錯雜，無可復考，或是此篇中所有，今姑係此。而斷爛之餘，其湊雜複沓，不可得而知也。"案尊經閣本、森立之父子校本、《古逸叢書》本皆無此段文字，依田利用所據底本當爲圖書寮抄本。今從依田氏之説附於此。

玉燭寶典卷第十

十月孟冬第十

《禮·月令》:"孟冬之月,日在尾,昏危中,旦七星中。鄭玄曰:
"孟冬者,日月會於析木之津,而斗建亥之辰也①。"其日壬癸,壬之言任也。癸之言
揆也。日之行冬,北從黑道,閉藏萬物,月爲之佐,時萬物懷任於下,癸然萌牙之也。
其帝顓頊,其神玄冥,此黑精之君,水官之臣。顓頊,高陽氏也。玄冥,少暤氏
之子,曰修,曰熙,爲水官也。其蟲介,介,甲也,象物閉藏於地中,龜鼈之屬者。其
音羽,三分商,去一以生羽,羽數卌八②。屬水者,以爲最清,物之象。冬氣和,則羽
聲調也。律中應鍾。孟冬氣至,則應鍾之律應。高誘曰:"陰應於陽,轉成其功,萬
物聚藏。"其數六,水,生數一,成數六,但言六者,并舉其成數也③。其味鹹,其
臭朽,水之味氣也,凡鹹、朽者皆屬焉。氣若有若無爲朽。其祀行,祭先腎。
腎,陰氣盛,寒於外,祀之於行,使從辟除之類也。祀之先祭腎者,陰位在下,腎亦在
下,腎爲尊也。行在廟門外之西,爲軷壤,厚二寸,廣五尺,輪四尺。祀之行禮,北面設
主于軷上,乃制腎及脾爲俎,莫于主南,又盛于俎東,祭肉、腎、脾再,其他皆如祀門之
禮④。水始冰,地始凍,雉入大水爲蜃,虹藏不見。大水,淮也。大蛤曰
蜃也。

天子居玄堂左个,乘玄路,駕鐵驪,載玄旂,衣黑衣,服玄

---

① "斗"字原脱,據《禮記正義》補。
② "羽"字原脱,據《禮記正義》補。
③ "數"字原脱,據《禮記正義》補。
④ "禮"原誤作"祀",涉上"祀"字而誤,據《禮記正義》改。

玉①，食黍與彘，其器閎以奄。玄堂左个，大寢北堂西偏也。鐵驪，色如鐵也。黍秀舒散，屬火，寒時食之，亦以安性也。彘，火畜也。器閎而奄，象物閉藏也。今《月令》曰"乘軫路"，似當爲"袗"字之誤也。是月也，以立冬②。先立冬三日，大史謁之天子曰：'某日立冬，盛德在水。'天子乃齋。立冬之日，天子親帥三公、九卿、大夫以迎冬於北郊。還反，賞死事，恤孤寡。迎冬者，祭黑帝叶光紀於北郊之兆也。死事，謂以國事死，若公叔禺人③、顏涿聚者也。孤寡④，其妻子，有以惠賜之。大功加賞焉，此之謂也。命大史釁龜、策，占兆，審卦吉凶，策，蓍也。占兆，龜之文也。《周禮·龜人》"上春釁龜"，謂建寅之月⑤，秦以其歲首使大史釁龜、策，與周異矣。卦吉凶，謂《易》也。審，省録之。而不釁筮，筮短賤於兆也⑥。今《月令》曰"釁祠"，"祠"衍字也。是察阿黨⑦，則罪無有掩蔽。阿黨，謂治獄吏以私恩曲橈相爲。天子始裘。九月授衣，至此可以加裘。命有司曰：'天氣上騰，地氣下降，天地不通，閉塞而成冬⑧。'使有司助閉藏之氣。門户可閉，閉之。窗牖可塞，塞之。命百官謹蓋藏。謂府庫困倉有藏物者也。命司徒循行積聚，毋有不斂。謂芻禾薪蒸之屬也。坏城郭，戒門閭，修鍵閉，慎管籥，封固彊，備邊境，完要塞，謹關梁，塞侯徑。坏，益也。鍵，牡也。閉，牝也。管籥，搏鍵器也。固封彊，謂使有司固修其溝樹，及衆庶之守法也。要塞，邊城要害處也。梁，橋橫也。侯徑，禽獸之道。今《月令》"彊"或爲"壃"。飭喪紀，辨衣裳，審棺槨之薄厚，營丘壟之小大、高卑、薄厚之度，貴賤之等級。此亦閉藏之具，順時勑之也。辨衣裳，謂襲斂

---

① "服玄"二字原脱，據《禮記正義》補。
② "立"字原脱，據《禮記正義》補。
③ "禺"原誤作"寓"，據《禮記正義》改。
④ "寡"原誤作"守果"，蓋一字而誤分爲二，據《禮記正義》改。
⑤ "月"原誤作"日"，據《禮記正義》改。
⑥ 二"筮"字原誤作"衍"，據《禮記正義》改。
⑦ "是"字原脱，據《禮記正義》補。
⑧ "閉"原誤作"門"，據《禮記正義》改。

尊卑所用也。用又有多少者，任之也①。命工師效功，陳祭器，案度程，毋或作淫巧以蕩上心，功致爲上。霜降而百工然，至此物皆成。工師，工官之長也。效功，錄見百工所作器物也②。主於祭器，祭器尊也。度，謂制大小也。程，謂器所容也。淫巧，謂奢僞恠好也。蕩，謂搖動生其奢淫之也③。物勒工名以考其誠，勒，刻也。刻工姓名於其器，以察其信，知不功致也。功有不當，必行其罪以窮其情。功不當者，取材美而器不固也。大飲蒸。十月農功畢，天子諸侯与其群臣飲酒於大學④，以正齒位，謂之大飲，別之於宴。其禮亡⑤，今天子以宴禮、郡國以鄉飲酒代之。蒸，謂有牲體爲俎也。天子乃祈來年于天宗，大割祠于公社及門間，臘先祖五祀，此《周禮》所謂蜡祭也。天宗，謂日月星辰也。大割，大煞郡牲割之也。臘，所謂以田臘所得禽祭也。五祀，門、戶、中霤、竈、行也。或言"祈年"，或言"大割"，或言"臘"，互文也。勞農以休息之。黨正屬民飲酒，正齒位是也⑥。天子乃命帥講武，習射御，角力。爲仲冬將大閱，習之。亦因營室主武士也。凡田之禮，維狩最備。《夏小正》："十一月，王狩之也⑦。"乃命水虞、漁師收水泉池澤之賦，毋或敢侵削衆庶兆民，以爲天子取怨于下。其有若此者，行罪毋赦。因盛德在水，收其稅者也。

孟冬行春令，則凍閉不密，地氣上泄，寅之氣乘之也。民多流亡。象蟄虫動。行夏令，則其國多暴風⑧，方冬不寒，蟄蟲復出。巳之氣乘之也。立夏，異用事，異爲風者。行秋令，則霜雪不時，申之氣乘之也。

---

① "者任之也"四字《禮記正義》無。
② "作"原誤作"位"，又脫"器"字，據《禮記正義》改補。
③ "之"字當衍。
④ "飲"原誤作"飯"，據《禮記正義》改。下"飲"字同。
⑤ "禮"原誤作"祀"，據《禮記正義》改。
⑥ "也"字原脫，據《禮正義》補。
⑦ "之"字當衍。
⑧ "其"字《禮記正義》無，"暴"原誤作"異"，據《禮記正義》改。

小兵時起，土地侵削。"申，陰氣①，尚微也。申值參、伐，參、伐爲兵②，此之謂。

　　蔡雍孟冬章句曰："冬，終也，萬物皆於是終也。今歷孟冬立冬節，日在尾四度，昏明中星，去日八十八度③。危八度中而昏④，張十五度中而明。'雉入大水爲蜃。'雉大於雀，故得大陰乃化，在雀後一月，不言化，不復爲雉也。'天子居玄堂左个⑤。'北曰玄堂，玄者，黑也，其堂嚮玄，故曰玄堂。左个，亥上之堂也⑥。是月秋金用事七十三日，土用事於季秋十八日，至此而盡，水德受之，故冬節至此立也。'天子始裘。'祀上帝，則大裘。天子狐白⑦，諸侯黃，大夫狐倉，士以羔。天宗，日、月、北辰也。日爲陽宗，月爲陰宗，北辰爲星宗。冬五穀畢入，故大烝，遂爲來歲祈於天宗。臘，祭名也，夏曰嘉平，殷曰清祀，周曰大蜡，總謂之臘。《傳》曰：'虞不臘矣。'《郊持性》曰：'蜡者，索也，歲十二月⑧，合聚百物而索饗之⑨。'《周禮》'國祭蜡以息老物'，言因獵大執衆功，烝老物以祭先祖及五祀，勞農以烝息之。"

　　右章句爲釋月令。

　　《禮・鄉飲酒義》曰："北方者冬，冬之爲言中也。中者，藏也。"《尸子》曰："冬爲信，北方爲冬。冬，終也，萬物至此終藏

---

①　"氣"字原無，據《禮正正義》補。

②　"伐"原誤作"代"，徑改。

③　"去日"原互倒，今乙正。

④　"中"字原脱，據下文"張十五度中而明"補。

⑤　"左"原誤作"在"，徑改。

⑥　"堂"原誤作"室"，又誤重"室"字，據上文蔡邕章句改。

⑦　"狐"原誤作"孤"，據《禮記正義》改。下"狐"字同。

⑧　"十"下原有"月"字，涉下"月"字而衍，據《禮記正義》删。

⑨　"饗"原誤作"鬻"，據《禮記正義》改。上"百"字今本作"萬"。

也①。北方,伏方也②。是故万物至冬者皆伏③,貴賤若一,美惡不代,方之至也。"《字林》曰:"冬,四時盡也。"《釋名》曰:"冬,終也,物終成也。"

右總釋冬名。

《皇覽·逸禮》曰:"冬則衣黑衣,佩玄玉,乘玄路,駕鐵驪,載玄旗,以迎冬于北郊。其祭先叔与豕。居明堂後廟,啓北户。"《詩紀歷樞》曰:"壬者,任也。陰任事於上,陽任事於下。陰持爲政④,民不與。陽持爲政,王天下。故其立字壬,似土也。宋均曰:"民不与,則不能王者也。"癸者,揆也,度息陽持法則者也⑤。"度陰當消滅,時可施法則者。《詩含神霧》曰:"其北黑帝坐,神名汁光紀。"宋均曰:"汁,合也,合日月之光以爲數紀也。"《尚書考靈曜》曰:"氣在於冬,其紀辰星⑥,是謂陰明。無發冬氣,使物不藏;無害水道,與氣相葆;物極於陰,復始爲陽。鄭玄曰:"十一月,陽始起於陰中也。"其時衣黑,與氣同則。則,去之也。如是,則辰星宜放,其鄉冬藏不泄,少疾喪矣。"《樂稽曜嘉》曰:"用動和樂於北郊⑦,爲顓頊之氣,玄冥之音,歌《北湊》、《大閏》,致幽明靈。"宋均曰:"動當爲勳。勳,土樂也。《北湊》、《大閏》,樂篇名。北方物所藏,故曰幽明,明即神也。"

《春秋元命苞》曰:"其日壬癸。壬者,陰始任。癸者,有度可揆澤。宋均曰:"壬,始任育,至癸萌漸欲生,可揆尋澤而知,因以爲日名焉。"時爲

---

① "萬物至此終藏也"七字原無,據《知不足齋叢書》本《五行大義》卷一引《尸子》補。

② "伏方"二字原無,據《平津館叢書》本《尸子》補。

③ "故"、"至"二字原無,據《平津館叢書》本《尸子》補。今本無"者"字。

④ "持"字原無,此句當與下文一律,今補。

⑤ "則者"原互倒,據注文乙正。

⑥ "紀"原誤作"亂",據《四部叢刊》本《六臣注文選》卷二十七引《尚書考靈曜》改。

⑦ "北"字原脱,據下文補。

冬，冬者，終也。万物畢入藏无見者，歲時之終，名爲北方。北方者，伏方也，物藏伏，因以爲方名。其帝顓頊，顓頊者，寒縮。時寒縮，因以名其帝。其神玄冥，玄冥，入冥也。亦以物入藏玄冥之中，因以名其神也。其音羽，羽者，舒也，言物始孳。亦因生舒，以名其音者。其味鹹，鹹者，鎌鎌清也，言物始萌，鎌虛以寒。”鎌鎌，寒清難犯，因以名其味者。

《爾雅》曰：“冬爲上天，李巡：“冬，陰氣在上，萬物伏藏①，故曰上天。”孫炎曰：“冬天藏物，物伏於下，天清於上，故曰上天。”郭璞曰：“言時無事，在上臨下而已。”冬爲玄英，孫炎曰：“冬氣玄而物歸中也。”郭璞曰：“物黑而清莫也。”《音義》曰：“四時和祥之美稱也。說者云中央，失之。”冬爲安寧。”

《尚書大傳》曰：“北方者何也？伏方也，萬物之方伏。物之方伏②，則何以謂之冬？冬者，中。中也者，物方藏於中也，故曰北方冬也。”《白虎通》曰：“水味所以鹹何？北方者，藏萬物。鹹者，所以固之③。由五味得鹹乃固。其臭腐何④？北方者水，萬物所幽藏，又水者主受垢濁，故其臭腐。”

右總釋冬時。

《詩·豳風》曰：“十月隕蘀。”毛傳曰：“隕，墜。蘀，落也。”又曰：“十月蟋蟀入我床下。”鄭箋云：“自七月在野，至十月入我床下，皆謂蟋蟀也。”“十月穫稻。”“十月納禾稼，黍稷重穋，禾麻菽麥。”後種曰重，先種曰穋。鄭箋云：“納，內。治於場而內之於囷倉也。”“十月滌場。”滌，掃場，功畢入。《詩·小雅·采薇》曰：“曰歸曰歸，歲亦陽止。”鄭箋云：“十月爲純，坤用事，嫌於無陽，故名此月爲陽⑤。”《春秋傳》曰：“閉蟄而烝。”服虔曰：“謂十月盛陰在上，

---

① “萬”原誤作“方”，蓋原作“万”，後訛爲“方”，徑改。
② 例之上文，“物”上當脱“萬”字。
③ “固”，今本《白虎通》作“堅”，作“固”爲避隋文帝楊堅諱。下“固”字同。
④ “腐”，今本《白虎通》作“朽”，下“腐”字下有“朽”字。
⑤ “名”上《毛詩正義》有“以”字。

物成者衆，故曰烝。"《春秋傳》曰："公父定叔奔衛，三年而復之①，使以十月入，曰是良月也，就盈數焉。"服虔曰："數滿曰十，故曰盈數。"春秋時或可②，周之十月既非節候，但取其盈數，故附於此也。《周書·時訓》曰："立冬之日，水始冰。又五日，地始凍。又五日，雉入大水爲蜃。水不始冰，是謂陰負。地不始凍，災徵之咎③。雉不入大水④，國多淫婦。小雪之日，虹藏不見。又五日，天氣上騰，地氣下降。又五日，閉塞而成。冬虹不收藏，婦不專一。天氣不騰，地氣不降⑤，君臣相嫉。不閉塞而成冬⑥，母后縱佚。"《禮·夏小正》曰："十月，豺祭獸。善其祭而後食之也。初昏，南門見。南門者，星名。黑鳥浴，黑鳥者何？ 烏也。浴也者，飛高乍下也⑦。時有養夜。養者，長也，若日之長。雉入于淮爲蜃⑧。蜃者，蒱蘆也。織女正北鄉，則旦。"《易通卦驗》曰："乾，西北也，主立冬。人定，白氣出，直乾，此正氣也。氣出右，萬物半不生。氣出左，萬物傷。"鄭玄曰："立冬之左⑨，霜降之地。右，小雪之地⑩。霜降，物未偏收，故其災物半不生。小雪，則煞物矣，故其災爲傷也。"《易通卦驗》曰："立冬，不周風至，水始冰⑪，薺麥生，賓爵入水爲蛤。鄭玄曰："立冬，陰用事，陽氣生畢，故不周風至。周達万物之不及時者。"今案高誘《淮南》注"九月鴻鴈來，賓爵入大水爲蛤"，已分

---

① "年"原誤作"羊"，據《春秋左傳正義》改。
② "春秋"上依田利用云當脱"今案"二字，是。
③ "災"原誤作"余"，"咎"原誤作"谷"，據《四部叢刊》本《逸周書》改。
④ "大"字原脱，據《四部叢刊》本《逸周書》補。
⑤ 此句今本《逸周書》作"天氣不上騰，地氣不下降"。
⑥ "塞而"二字原無，據《四部叢刊》本《逸周書》補。
⑦ "高"字原脱，據《大戴禮記解詁》補。
⑧ "雉"上今本《大戴禮記》有"玄"字。
⑨ "左"原誤作"右"，據武英殿聚珍版叢書本《易緯通卦驗》改。
⑩ "右小雪之地"五字原無，據武英殿聚珍版叢書本《易緯通卦驗》補。
⑪ "水"字原無，據《藝文類聚》卷三引《易通卦驗》補。

"賓"字下屬。且張叔《反論》云："賓爵下萃。"又《古今鳥獸注》："爵，一名嘉賓，言栖集人家，亦有賓義，故兩傳焉①。"晷長丈一尺二分②，陰雲出接接。立冬於兌值九四，九四，辰在午③，火性炎上，故接接也。小雪陰寒，熊罷入穴，雉入水爲蜃④。雉入水，氣化爲蜃蛤⑤。晷長丈一尺八分，陰雲出而黑。"小雪於兌值九五⑥，九五，坎爻，得坎氣，故黑也。《詩推度災》曰："水立氣周，剛柔戰德。"宋均曰："水立，冬水用事也。氣周者，周亥復本元也。剛柔，猶陰陽，言相傳薄者也⑦。"

　　《詩紀歷樞》曰："亥者，核也。"《春秋元命苞》曰："鳥獸饒馴，子藏寶物，歸其母，故大陰見於亥。亥者，駭。宋均曰："子爲母主藏寶物，亦還歸其母，出入無畏懼之心，故鳥獸饒馴，不可驚駭也⑧。"律中應鐘⑨，其種。"應種者，應其種也。《國語·楚語》曰："日月會于龍䝮，韋昭曰："䝮，龍尾也，謂周十二月、夏十月也，日月合辰於尾上。"《月令》孟冬，節日在尾也。"土氣合收，合收，收縮萬物合藏之。天明昌作⑩，昌，盛也。作，起也。謂天氣上也。是月純坤用事耳。百嘉備舍，嘉，善也。時物畢成，舍入室也。群神頻行⑪。頻，並也，並行欲求食。國於是乎蒸嘗⑫，家於是乎嘗祀。"蒸，冬祭也。嘗，

---

①　"焉"下原有四"也"字，今刪。
②　"尺"，趙在翰《七緯》輯本作"寸"。下"尺"字同。
③　"辰"上原有"震又"二字，據趙在翰《七緯》輯本刪。
④　"水"字原脫，據趙在翰《七緯》輯本補。
⑤　"氣"，趙在翰《七緯》輯本作"亦"。
⑥　"值"原作"在"，據上文注及《七緯》輯本改。又下"坎"字，《七緯》輯本作"兌"。
⑦　"也"下原衍"也也"二字，今刪。
⑧　"也"下原衍"也也也也"四字，今刪。
⑨　"中"原誤作"口"，蓋抄手忘抄一筆也。
⑩　"作"原誤作"位"，據《國語》改。下"作"字同。
⑪　"頻"原誤作"類"，據《國語》改。下"頻"字同。
⑫　"國"上原有"國語楚語曰日月會于龍䝮類並也並行欲求食也也"諸字，涉上文而重出，今刪。

嘗百物也。《月令》孟冬“大飲蒸”。《傳》曰：“閉蟄而蒸也。”唐固曰：“大夫稱家也①。”

《爾雅》曰：“十月爲陽。”李巡曰：“十月，万物深藏伏而待陽也。”孫炎口：“純陰用事，嫌於無陽，故曰陽。”《史記·律書》曰：“應鍾，言陽氣之應不用事也。”《史記·封禪書》曰：“秦以冬十月爲歲首，故常以十月上宿郊見，李奇曰②：“宿，猶齋戒也。”通權火，張晏曰：“權火，烽火也，狀若井挈皋矣③。其法類稱，故謂之權。欲令光明遠照，通於祀所。漢祀五畤於雍，五十里一烽火。”如淳曰：“權，舉也。”拜於咸陽之旁，其衣上白，其用如經祠云。”服虔曰：“經，常。”“高祖微時，嘗煞大虵，有物曰：‘虵，白帝子也，而煞者赤帝子。’高祖爲沛公，遂以十月至霸上④，平咸陽，立爲漢王，因以十月爲年首，而色上赤。”《前漢書·郊祠志》曰：“丞相張倉好律曆，以爲漢迺水德之時⑤，河決金堤，其符也⑥。年始冬十月，色外黑内赤。”服虔曰：“十月，陰氣在外，故外黑⑦。陽氣尚伏在地，故内赤也。”《淮南子·時則》曰：“孟冬之月，招搖指亥。爨松燧火，北宮御女黑色，衣黑采，擊磬石。高誘曰：“水王北方，故處北宮也。”其兵鍛，其畜彘。鍛者却内，象陰閉也。彘，水畜也。鍛音踶也。十月官司馬，其樹檀。”冬門講武，故官司馬。檀⑧，陰木也。《淮南子·主術》曰⑨：“陰降百泉，則修橋梁⑩。”許慎曰：“陰降百泉⑪，十月也。”《京房占》曰：“立冬，乾王，不

---

① “大”原誤作“夫”，“也”下重“也也也也也也也也也也也”字，作重文符號，今删。
② “奇”原誤作“寄”，逕改。
③ “挈皋”原作“潔睪”，據中華書局點校本《史記》改。
④ “霸”原誤作“霜”，據中華書局點校本《史記》改。
⑤ “之時”二字原無，據中華書局點校本《漢書》補。
⑥ “符”原誤作“荷”，據中華書局點校本《漢書》改。
⑦ “故外”二字原無，據中華書局點校本《漢書》補。
⑧ “檀”原誤作“樹”，又誤重“樹”字，據何寧《淮南子集釋》改删。
⑨ “主”字原脱，逕補。
⑩ “橋”原誤作“槁”，據何寧《淮南子集釋》改。
⑪ “降”原誤作“許”，據上下文改。

周風用事。人君當興邊兵，治城郭，行刑，決疑罪，在西北。"《白虎通》曰："十月律謂之應鐘何？應者，應也。鍾者，動也。言萬物應陽而動下藏也。"

崔寔《四民月令》曰："十月，培築垣、墙，塞向墐户①。北出牖謂之向也。趣納禾稼，毋或在野。可收蕪菁，藏瓜。上辛，命典饋漬麴，麴澤②，釀冬酒，必躬敬親潔，以供冬至、臘、正、祖，薦韭，卵之祠。是月也，作脯腊以供臘祀③。農事畢，命成童以上入大學，如正月焉。五穀既登，家儲畜積④，乃順時令。勅喪紀。同宗有貧窶久喪不葬者，則糾合宗人⑤，共興舉之。以親疏貧富爲差，正心平斂，毋或踰越，務先自竭，以率不隨。是月也，可別大蔥。先冰凍，作涼餳⑥，煮暴飴⑦。可析麻，趣績布縷，作白履、不借。草履之賤者曰不借。賣縑、綿、弊絮。糴粟、大小豆、麻子。收栝樓。"以治虫屬毒也。

　　附說曰：十月，周之蜡節，秦之歲首。《荆楚記》云："朔日，家家爲黍臛。"案《禮》秋有黍豚之饋，先薦祖禰，是月家人方可屬厭，里間自多此食，蓋重厥初。荷蓧丈人止子路，殺鷄爲黍，及田豫爲故民所設桃花源避世要容者，豈必此月？今世則炊乾飯，以麻豆羹渍之，諺云"十月旦，麻豆餍。"音贊也。《字苑》："以羹澆飯⑧。"《字林》同，音子旦反。王逸《九思》云"時混混兮澆餍"，抑

---

① "塞"原誤作"寒"，據《齊民要術》卷三引《四民月令》改。
② 此二字《初學記》卷五引《四民月令》無，《歲時廣記》則承此文。
③ "作"原誤作"位"，"祀"原誤作"禮"，據《初學記》卷五引《四民月令》改。
④ "積"字原無，據石聲漢《四民月令校注》補。
⑤ "糾"原誤作"紀"，據石聲漢《四民月令校注》補。
⑥ "涼餳"原誤作"京錫"，據《齊民要術》卷三引《四民月令》改。
⑦ "煮"原誤作"渚"，據《齊民要術》卷三引《四民月令》改。
⑧ "以"字原無，據中華書局影印孫星衍刻本《說文解字》"餍"字釋義補。

亦其義。晉朝張翰有《豆羹賦》，雖云孟秋，明其來已久。

《豳詩》："九月掇苴，采荼薪樗，食我農夫。"掇，拾也。苴者，麻之有黃。九月預拾，於此月朔乃得食農耳。《顧道士書》云："五月，仙人下。是日道館悉作靈寶齊①。案《抱朴子·內篇》云："《靈寶經》有《正機》、《平衡》②、《飛龜》，凡三篇，皆仙術也。吳王伐石以治宮室，而於合石之中得紫文金簡之書，不能讀之。使問仲尼，曰：吳王間居，有赤雀銜書以置殿前，不知其義。'仲尼視之，曰：'此乃靈寶之方，長生之法，禹之所服，年齊天地，朝乎紫庭者也。禹將仙化，封之名山石函之中，今乃赤雀銜之，殆天授也。'以此論之，是夏禹不死也。而仲尼又知之，安知仲尼不皆密修其道乎？"案諸道經，靈寶齊非止此月，或敘厥初也。

《雜五行書》："剪手脚爪，皆有良日。此月四民多因沐浴剪之，絳裹，埋於户内。"《博物志》云："鵂鶹鳥夜則目明，又截爪棄地。此鳥拾取，知其吉凶，鳴則有疾也。"《纂文》云："鵂鶹，一名忌欺，白日不見人，夜能拾蚤蝨也。蚤、爪音相近，俗人云：'鵂鶹拾，人棄爪，相其吉凶。'妄説也。"復是一家③。犍爲舍人《爾雅注》云："南陽謂鵂鶹爲鉤鵅，玄冬素節或夜至人家。"④《續搜神記》曰"鉤鵅鳴於譙王無忌子婦屋上，謝充作符懸其處"是也。郭璞"鴝鵅圖讚"云："忌欺之鳥，其實鵂鶹。晝瞽其視，盲離其眸。"是則"忌欺"又其名也。

漢世十月五日，以豚酒入靈女廟，擊筑，奏《上玄》之曲，連臂

---

① "作"原誤作"位"，徑改。

② "衡"原誤作"衝"，據《抱朴子內篇校釋》改。

③ "妄"依田利用誤釋爲"焉"，又以"説也"當在"一家"之下。

④ 此條爲犍爲舍人《爾雅注》逸文。

踰地，歌《赤鳳皇來》，蓋巫俗也。今世名《踰蹄餘節》，有月夜，平帝女好爲此戲。《吳歌》云："不復踰蹄又，踰蹄地欲穿。"亦其之事也①。案《樂稽曜嘉》云："和樂於北郊，爲顓頊之氣，玄冥之音，歌《北湊》、《大國》，致幽明靈。"《國語》云："天明昌作，百嘉備舍，群神頻行②。"或其濫觴，咸此節也。鳳稱大鳥，南方之畜，擊轅之歌，有應風雅，故云"赤鳳皇來"。

玉燭寶典卷第十　十月

---

① "之"當衍文。
② "頻"原誤作"類"，據《國語》改。

玉燭寶典卷第十一

十一月仲冬第十一

《禮·月令》曰:"仲冬之月,日在斗,昏東壁中,旦軫中。鄭玄曰:"仲冬者,日月會於星紀,而斗建子之辰。"律中黃鍾。黃鍾者,律中之始也。仲冬氣至,則黃鍾之律應。高誘曰:"陽氣聚於下,陰氣盛於上,黃萌蘗於黃泉下①,故曰黃鍾也②。"冰益壯,地始坼,鶡旦不鳴③,虎始交。鶡旦,求旦之鳥也。交,猶合。高誘曰:"鶡旦,山鳥,陽物也。陰盛④,故不鳴也。"

天子居玄堂太廟,玄堂太廟,北堂當太室者。飭死事。勅軍士,戰必有死志者。命有司曰:'土事毋作,慎毋發蓋,毋發室屋及起大衆⑤,以固而閉。'地氣且泄⑥,是謂發天地之房,諸蟄則死,民必疾疫,又隨以喪,名之曰暢月。而,猶女也。暢,猶充也。大陰用事,尤重閉藏者也。命奄尹申宮令,審門閭,謹房室,必重閉,奄尹,主領奄豎之官者也,於周則爲内宰,治王之門政。宮令,謹出入及開閉之屬也。重閉,内外閉之也⑦。省婦事,毋得淫。雖有貴戚近習,毋有不禁。省婦事,所以靜陰類也。淫,謂

---

① "黃"上《四部叢刊》本《吕氏春秋》高誘注有"萬物"二字。
② "也"上原衍"之"字,據《禮記正義》刪。
③ "鶡"《禮記正義》作"鶾",依田利用云《考文》云古本正作"鶡",與此正合。
④ "陰"上《四部叢刊》本《吕氏春秋》高誘注有"是月"二字。
⑤ "大衆"原誤作"太泉",據《禮記正義》改。
⑥ "且"原誤作"上",阮元《校勘記》引石經作"且洩",《考文》引古本作"且泄"。下蔡邕《月令章句》亦作"且"。涉孟冬"行春令,則地氣上泄"之文而誤。
⑦ "閉"原誤作"門",據《禮記正義》改。

女功奢僞恠好之物也①。貴戚,謂姑、姊妹之屬也。近習,天子所親幸者。乃命大酋②,秫稻必齊,麴糵必時,湛熾必潔③,水泉必香,陶器必良,火齊必藏。順時氣之④。山林藪澤,有能取蔬食者。芸始生,荔挺出,蚯蚓結,麋角解,水泉動⑤。

仲冬行夏令,則其國乃旱,午之氣乘之也⑥。氛霧冥冥⑦,霜露之氣⑧,散相亂也。今案《春秋傳》云:"楚氛甚惡霧⑨,霧謂之晦。"《釋名》曰:"霧,冒也,氣蒙冒地物,此之謂者。"雷乃發聲。震氣動也,午屬震。行秋令,則天時雨汁,瓜瓠不成,酉之氣乘之也。酉宿直昴、畢,畢好雨。雨汁者⑩,水雪雜下也。子宿直虚、危,虚、危内有瓜瓠之也⑪。國有大兵。兵亦金之氣也⑫。行春令,則蝗虫爲敗,當蟄者出。卯氣乘之也⑬。水泉咸竭⑭,大火爲旱也⑮。民多疥厲。"疥厲之疾,孚甲象也。

蔡雍中冬章句曰:"今曆中冬,小雪節日在斗六度,昏明中

---

① "功"原誤作"巧","奢"上衍"淫"字,涉上"淫"字而衍,據《禮記正義》改删。

② "酋"原誤作"賫",據《禮記正義》改。

③ "湛"原誤作"沉",據《禮記正義》改。

④ "藏"字原闌入注文中,"順"原誤作"而",據《禮記正義》改。又"藏"《禮記正義》作"得"。"之"字當衍。

⑤ "山林藪澤有能取蔬食者芸始生荔挺出蚯蚓結麋角解水泉動"諸字原無,蔡邕於下文章句有釋,故據以補。

⑥ "乘之也"三字原脱,據《禮記正義》補。

⑦ "氛"原誤作"氣",據《禮記正義》改。

⑧ 依田利用云:"注疏本'露'作'降',《考文》云古本'降'作'霧',宋板、足利本作'露'。"

⑨ "氛甚"原誤作"氣其",據《春秋左傳正義》改。

⑩ "雨"字原脱,涉上"雨"字而奪,據《禮記正義》補。

⑪ "瓜瓠"原互倒,據《禮記正義》乙正。

⑫ "兵"原誤作"丘","金"原誤作"畢",依田利用云《考文》引古本亦作"畢"。阮元《校勘記》以作"金"者是,今從其説改。

⑬ "乘之也"三字原脱,據《禮記正義》補。

⑭ "水"字原闕,據《禮記正義》補。

⑮ "也"上原衍"之"字,據《禮記正義》删。

星,去日八十三度。東壁半度中而昏,軫十五度中而明①。'天子居玄堂大廟。'大廟②,子上之堂。'無起大衆。'所以靜,皆所以勁固陰閉,安養褌陽之意也。'地氣且泄,是謂發天地之房。'房③,隩也。天陽方潛於黃泉,地爲之房隩,起土發屋,則不閉,則□出④,故謂之發天地之房也。'暢月。'暢,達也。陽泄則爲暢月,不泄不爲暢月。是月也,陰閉不可以達,而陽泄傷民,故名之達月,言未可以達而達,以爲災。'麴蘗必時。'爵穀曰麴,生穀曰蘗。始作有時,可用有時,可用有日,故必時。疏食,謂山有榛、栗、今案《周官·天官》邊人職曰:"饋食之邊,其實榛。"鄭注云:"榛實似栗而小。"《詩草木疏》曰:"榛⑤,栗屬也。其字或爲木秦。有兩種,其一種樹之大小皮葉皆如栗⑥,其子小,形如杼子,表皮黑,味亦如栗,所謂'樹之榛栗'者⑦,謂此也。其一種枝莖如木蓼⑧,葉如牛李,藂生,高丈餘,其榦中悉如李生⑨,子作胡桃味⑩,膏爇益美,亦可食噉。魚陽⑪、遼東、代郡、上黨皆饒。其枝莖生樵,爇燭明而無煙⑫。"杼、橡⑬,今案《爾雅》"栩杼",孫音"杵",郭璞:"音嘗汝反。樹也。櫟其實捄,音其掬反,一音釘鍋。

① "中"字原無,據上文補。
② "大廟"上原空二字,今據蔡邕註釋體例補。
③ "房"字原不重,今據蔡邕註釋體例補。
④ 底本此處空一字。
⑤ "榛"原誤作"有亲",據《寶顏堂秘笈》本《毛詩草木鳥獸蟲魚疏》改。
⑥ "其"字原無,"之"字原脫,據《寶顏堂秘笈》本《毛詩草木鳥獸蟲魚疏》補。
⑦ "榛"原誤作"亲","者"原誤作"其",據《寶顏堂秘笈》本《毛詩草木鳥獸蟲魚疏》改。
⑧ "如"下原有"李子王作胡"五字,抄手點去。
⑨ "悉如李生"原作"李窽中生如李子玉",據《齊民要術》卷四引《毛詩草木疏》改。
⑩ "子"字原無,據光緒張氏味古齋重刻本《本草綱目》卷三十、明崇禎平露堂本《農政全書》卷二十九引《毛詩草木疏》補。
⑪ "魚陽"原誤作"鰻魚",據《寶顏堂秘笈》本《毛詩草木鳥獸蟲魚疏》改。
⑫ 此句原誤作"其枝莖生生爇如爇燭明而無燭者之",據《齊民要術》卷四引《毛詩草木疏》改。
⑬ "杼"原誤作"梯","橡"原作"象",據注文改。

鍋音几足反。"劉歆注云："實有角如栗。"李巡、孫炎云："山有苞櫟①，櫟，實橡也，有捄彙自裹也。"《音義》曰："《小爾雅》：'子爲橡，在彙斗中，自含裹，狀捄曳然。'"②《詩草木疏》："栩杼即今柞櫟③，徐州人謂櫟爲杼，其子爲皁④，或謂之橡，其殼爲汁⑤，可以染皁⑥，今京洛及河內多言杼，或言橡斗者，或謂之皁斗⑦。謂櫟爲杼，五方通語，曰總名云也⑧。"澤有菱、芡、今案《周官・天官》下邊人職曰："加邊之實：菱、芡、栗、脯。"鄭注云："菱，芰也⑨。"《本草》："芡實⑩，一名菱。"注云："盧江間最多，皆取火爍充糧，今多蒸多曝，密和餌之，斷穀長生者也。"鳧茈今案《爾雅》："芍，鳧茈。芍音斛了反⑪。茈音薺，一音疵。"郭注云："生下田，苗似龍須而細⑫，根如指頭，黑色⑬，可食。"《音義》曰："今江東呼爲邊茈之者。"之屬，可以助穀者也。'麋角解。'麋，狩名⑭，與鹿同類而大⑮，亦骨爲角。日冬至，陽始起，氣微弱，亦可以動兵⑯，故天示其象。說如中夏"鹿角解"。'水泉動。'以季秋陰閉而始涸，至此陽動而始開。二月而山水下也，謂之桃華水。"今案《韓詩》"三月桃華水"，此在十一月者，水以桃華時至，遂因受名，蔡敘其初，彼據其

---

① "有"字原爲闕文，空一字，徑補。

② 上引劉歆、李巡、孫炎注不見諸書徵引，當爲諸人注《爾雅》逸文。

③ "柞櫟"原誤作"拃采"，據《毛詩正義》卷六、《爾雅注疏》卷九引《毛詩草木蟲魚疏》改。下二"櫟"字同。

④ "皁"原誤作"卓"，據《毛詩正義》卷六、《爾雅注疏》卷九引《毛詩草木蟲魚疏》改。

⑤ "汁"原誤作"外"，據《毛詩正義》卷六、《爾雅注疏》卷九引《毛詩草木蟲魚疏》改。

⑥ "染皁"原誤作"深皇"，據《寶顔堂秘笈》本《毛詩草木蟲魚疏》改。

⑦ "皁斗"原誤作"卓舛"，據《寶顔堂秘笈》本《毛詩草木蟲魚疏》改。

⑧ "曰總名云"四字《毛詩正義》卷六、《爾雅注疏》卷九引《毛詩草木蟲魚疏》、《寶顔堂秘笈》本《毛詩草木蟲魚疏》皆無。

⑨ "芰也"原誤作"菱芰"，據《周禮注疏》改。

⑩ "芡"原誤作"芰"，據今本《本草》改。

⑪ "斛"，《爾雅注疏》作"斗"，疑脫去"角"旁。

⑫ "似"原誤作"以"，"須"原誤作"貞"，據《爾雅注疏》改。

⑬ "色"字原無，據《爾雅注疏》補。

⑭ 依田利用以"狩"、"獸"同聲，改"狩"爲"獸"。

⑮ "鹿"原誤作"麋"，涉上"麋"字而訛，徑改。

⑯ "兵"原誤作"丘"，據上文改。

盛之也①。

　　右章句爲釋月令。事同注解，故最居前。

　　《易·復卦》曰："雷在地中，復先王以至日閉關，商旅不行，后不首方。"王輔嗣曰："方，事也。冬至，陰之復。夏至，陽之復也。先王則天地而行者，動復則靜，行復則止，事復則無事也。"鄭玄曰："資貨而行曰商。旅，客也。首，察也。以者取其陽氣始復，其所養萌牙於下，動搖則陽氣發泄，害含任之類也。"《詩·豳風》曰②："一之日觱發。"毛傳曰："一之日，十之餘③。一之日，周之正月。觱發，寒風。"又曰："一之日于貉，取彼狐狸，爲公子裘。"于貉往取狐狸皮。狐，貉之厚，以居孟冬，則天子始裘。鄭箋云："于貉，往搏貉以自爲裘。狐狸④，以供尊者也。"《尚書·堯典》曰："申命和叔，宅朔方，曰幽都。平在朔易。孔安國曰："北稱朔，亦稱方，言一方則三方見矣。北稱幽都⑤，則南稱明從可知也。都，謂所聚也。易，謂歲改易於北方也⑥。平均在察其政，以從天常也⑦。"日短，星昴，以正中冬。日短，冬至之日。昴，白虎之中星⑧，亦以七星並見正冬之三節也。鳥獸氄毛。"而充反⑨。鳥獸皆生濡毳細毛，以自溫焉也。《尚書·堯典》曰："十有一月朔，巡守，至于北岳，如初⑩。"孔安國曰："北岳，恒山⑪。"《王制》曰："十一月，北巡狩，至于北岳，如西巡守禮也。"⑫《周官·地官》

---

①　"之"字當衍。
②　"詩"上原有"又曰一之"四字，抄手點去。
③　"十"原在"日"上，又脱"之"字，據《毛詩正義》正補。
④　"狐狸"原互倒，據《毛詩正義》乙正。
⑤　"北稱"、"都"三字原脱，據《尚書正義》補。
⑥　"方"字原脱，據《尚書正義》補。
⑦　"常"原誤作"帝"，據《尚書正義》改。
⑧　"之"字原無，據《尚書正義》補。
⑨　"充"原誤作"允"，據《玉燭寶典考證》改。
⑩　陸德明《經典釋文》云："'如西禮'方興本同，馬本作'如初'。"
⑪　"恒山"二字原無，據《尚書正義》補。
⑫　"王制"至"守禮也"，依田利用以正文誤混入，删去，其説誤，此引正就所引《尚書》之文敷衍其義。

下曰："山虞掌山林之禁，仲冬斬陽木①。"鄭司農云："陽木，春夏生者也。"鄭玄曰："陽木，生山南者也②。冬斬陽，夏斬陰，勁濡調也。"《周官・春官》下曰："大司樂以靁鼓雷鼗、孤竹之管、雲和之琴瑟，《雲門》之舞，冬日至，於地上之圓丘奏之，若樂六變③，天神皆降，可得而禮矣。"鄭玄曰："禘，大祭。天神則主北辰。雷鼓、雷鼗八面。孤竹，竹特生者④。雲和⑤，山名。"《周官・春官》下曰："凡以神仕者，掌以冬日至，致天神人鬼⑥。"鄭玄曰："天、人，陽也，陽氣升而祭鬼神、致人鬼於祖廟也⑦。"《周官・夏官》上曰："大司馬，中冬教大閱。鄭玄曰："至冬則大蒐閱軍實也。"前期，群吏或衆庶，修戰法。田之日⑧，乃陣車徒，如戰之陳，皆坐。皆坐，當聽誓之。遂以狩田，冬田爲狩，言守取之無所擇之也⑨。徒乃弊，致禽饁獸于郊。入，獻禽以烹蒸。"徒乃弊，徒，止也。冬田主用衆物，多衆得取也⑩。致禽饁獸于郊，聚所獲禽⑪，因以祭四方神於郊。入，又以禽祭宗廟者也。《周官・秋官》下曰："薙氏掌煞草，秋繩而芟之，冬日至而耜之。"鄭玄曰："含實曰繩，芟其繩，則實不成熟。耜之，以耜側凍土劃之也⑫。"《禮・王制》曰："十有一月，北巡守，至于北岳，如西巡守之禮。"《韓詩章句》曰：

①　"木"字原脱，據《周禮注疏》補。
②　"者"字原脱，據《周禮注疏》補。
③　"若樂"二字原脱，據《周禮注疏》補。
④　"竹"字原不重，據《周禮注疏》補。
⑤　"雲"原誤作"雷"，據《周禮注疏》改。
⑥　"致"原誤作"鼓"，據《周禮注疏》改。
⑦　"於"字原無，"也"上原有"之"字，"也"下有"矣哉也乎也"諸字，據《周禮注疏》補正。
⑧　"日"字原脱，據《周禮注疏》補。
⑨　《禮記正義》無下"之"字，依田利用據以刪，非是。
⑩　"多"下原有"物"字，涉上"物"字而衍，據《周禮注疏》刪。
⑪　"所獲"二字原脱，據《周禮注疏》補。
⑫　"耜之以耜側凍土劃之也"原誤作"耟以則諫土剗之者也"，據《周禮注疏》改。

"一之日畢發,夏之十一月也。"《周書·時訓》曰①:"大雪之日,鶡旦不鳴。又五日,虎始交。又五日,荔挺出。鶡旦猶鳴,國多訛言。虎不始交,將帥不和。荔挺不出,卿士專權。冬至之日,丘蚓結。又五日,麋角解。又五日,水泉動。丘蚓不結,君政不行。麋角不解,甲丘不藏。水泉不動,陰不烝陽。"《周書·周月解》曰②:"惟一月,既南至,昏昴、畢見,日短極,基踐長,微陽動于黃泉,隆陰慘于万物。是月斗柄建子,始昏北指,陽氣肇鄙,草木萌蕩,日月俱起于牽牛之初,右回而月行。月一周天起一次,而與日合宿。日行月一次十有一次③,而周天歷舍于十有二辰,終則復始,是謂日月權輿。"《禮·夏小正》曰:"十有一月,王狩。狩者④,言王之時田,冬獵爲狩。陳筋革⑤。陳筋革者,省兵甲也。萬物不通。隕麋角。隕,墮也。日冬至,陽氣至,始動,諸向生皆蒙蒙矣,故麋角隕。"《易通卦驗》曰:"日冬至始⑥,人主不出宮室⑦,商賈人衆不行五日,兵革伏匿不起。鄭玄曰:"冬至日時,陽氣生微,事欲靜,以待其著定也。必五日者,五,土數也,土靜,故以其數焉。革,甲之也⑧。"人主与群臣左右從樂五日,天下人衆亦家家從樂五日,以迎日至之大禮⑨。從,猶就也。日且冬至,君臣俱就太司樂之官,臨其肆,樂祭天圜丘之樂⑩,

---

① "周"下原有"也"字,徑刪。
② 下"周"字原無,徑補。
③ "十有一次"四字今本《逸周書》無。
④ "狩"字原無,據《大戴禮記解詁》補。
⑤ "革"原誤作"草",據《大戴禮記解詁》改。下"革"字同。
⑥ "日"字原無,據《七緯》輯本補。
⑦ "人主"原互倒,據《七緯》輯本乙正。
⑧ "甲"原誤作"用",據《七緯》輯本補。
⑨ "日"字原重,據《七緯》輯本刪。
⑩ "圜丘"原誤作"圖兵",據《玉燭寶典考證》改。

以爲祭事莫大於此焉①，重之也。天下衆人亦家家往者，時宜學樂，此之謂。人主致八能之士②，或調黃鍾，或調六律，或調五音，或調五聲，或調五行③，或調律曆，或調陰陽，或調政德所行④。致八能之士者，謂選於人衆之中，取於習曉者，使之調焉。調者⑤，謂和調之。五行者，五英也。律曆者，六莖也。陰陽者，《雲門》《咸池》也。政德所行者，《大夏》《大護》《大武》之者也。擊黃鍾之鍾⑥，人主敬稱善言以相之。相，助也。善言助之，明心和，此之謂也。然後擊黃鍾之磬，公卿、大夫、列士乃使擊黃鍾之鼓。鼓用馬革，鼓員徑八尺一寸。瑟用槐木，瑟長八尺一寸⑦。間音以竽補，竽長四尺二寸⑧。鼓必用馬革者，冬至，坎氣也，於馬爲美脊爲函心也。瑟用槐，槐，棘醜橋⑨，取撩象氣上也。上下代作謂之間，間則音聲有空時，空時則補之以吹竽也⑩。天地以和應五官之府，冬受其當。"天地以和應，神光見也。五府各受其職所當之事，愛敬之至，無侵官也。

　　《易通卦驗》曰："坎權含寶。⑪"北方爲坎。權稱鍾，權在北方，北方主閉藏，故曰含寶也⑫。《易通卦驗》曰："冬至成天文。"鄭玄曰："天文，謂三光

---

① "於"字原無，據《初學記》卷四引《易通卦驗》補。
② "能"字原脫，據注文及《七緯》輯本補。
③ "調"原誤作"謂"，據《禮記正義》卷十六、《初學記》卷四引《易通卦驗》改。下"調"字原脫。
④ "政"，《禮記正義》《初學記》引《易通卦驗》作"五"。
⑤ "調"字原脫，今補。
⑥ "擊"原誤作"繫"，徑改。
⑦ "木瑟"二字原無，據墨海金壺本《古微書》《七緯》輯本補。
⑧ "寸"字原脫，今補。
⑨ "橋"，《爾雅》作"喬"。
⑩ "空時"二字原重，涉上"空時"誤衍，今刪。
⑪ 孫詒讓《札迻》卷一云："案杜臺卿《玉燭寶典》引'合'作'舍'，又引注云：'北方爲坎，權稱鍾，在北方，北方主用藏，故曰含寶之也。''之'字疑衍，今本注全挩，以注推之，似當以作舍爲正。"則孫氏誤釋"含"爲"舍"。
⑫ "寶"下原有"之"字，今刪。

也，運行照天下，冬至而數訖於是時也，祭而成之①，所以報之者也。"《易通卦驗》曰："冬至之日，立八神，樹八尺之表，日中，視其晷。晷如度者則歲美②，人民和順；晷不如度者，則其歲惡，人民爲讇言，政令爲之不平。鄭玄曰："神，讀如'引題喪漸'之'引'，書字從音耳。立八引者③，樹杙於地④，四維四仲⑤，引繩以正之，故因名之曰引⑥。必立引者，先正方面，於視日審也。讇言使政令不平，人主間之，不能不或。表或爲木也。"晷進則水，晷退則旱。進尺二寸則月食，退尺則日食⑦。"晷進，謂長於度也，日行黃道外則晷長，晷長者陰勝⑧，故水。晷短於度者，日行入進黃道之內，故晷短，晷短者陽勝，是以旱。進尺二寸則月食者⑨，以十二爲數也，以勢言之，宜爲月不食⑩。退尺則日食者，日之數備於十也⑪。《易通卦驗》曰："冬至之日，見雲送迎，從其鄉來，歲大美⑫，人民和，不疾疫⑬；無雲送迎，德薄歲惡：故其雲青者饑⑭，赤者旱，黑者水，白者爲兵⑮，黃者有土功，諸從日氣送迎，此其徵也⑯。"《易通卦驗》曰："坎，北方也，主冬至，夜半黑氣出，直坎，此正氣也。氣出右，天下大旱。氣出左，涌水大出。"鄭玄曰："冬至之右，

---

① "之"字原無，據《七緯》輯本補。
② "晷"字原無，據下文"晷不如度者"云云及墨海金壺本《古微書》補。
③ "立"，《周禮注疏》卷五十一引鄭玄注作"言"。
④ "樹"原誤作"掾"，"杙於"互倒，據《周禮注疏》卷五十一引鄭玄注改正。
⑤ "四維"二字原脱，據《周禮注疏》卷五十一引鄭玄注補。
⑥ "故"字原脱，據《周禮注疏》卷五十一引鄭玄注補。
⑦ "尺"下《周禮注疏》卷五十一引《易通卦驗》有"二寸"二字。
⑧ "晷長"二字原無，涉上二字而脱，據《周禮注疏》卷五十一引鄭玄注補。
⑨ "者"字原無，據注例及《周禮注疏》卷五十一引鄭玄注補。下"者"字同。
⑩ "不"字《周禮注疏》卷五十一引鄭玄注無。
⑪ "之"字原脱，"也"字下又誤重一"也"字，據《周禮注疏》卷五十一引鄭玄注補刪。
⑫ "大"字原脱，據墨海金壺本《古微書》補。
⑬ "疫"字原脱，據墨海金壺本《古微書》、《七緯》輯本補。
⑭ "青者饑"三字原無，據墨海金壺本《古微書》、《七緯》輯本補。
⑮ "者爲"原互倒，據《七緯》輯本乙正。
⑯ "也"字原無，據墨海金壺本《古微書》、《七緯》輯本補。

大雪之地。左，小寒之地。大雪，雨氣未凝，其下難，故旱。小寒，水方盛，水行而出，涌之象也①。"《易通卦驗》曰："大雪，魚負冰，雨雪。鄭玄曰："魚負冰②，上近水也。"晷長丈二尺四分，長陰雲出，黑如分③。大雪於兌值上六，上六，辰在巳，得巽爲黑，如分或如介④，未聞者。冬至，廣莫風至，蘭、射干生，麋角解，曷旦不鳴，晷長丈三尺，陰氣去，陽雲出，箕莖末如樹木之狀⑤。"晷者，所立八尺表之陰也，長丈三尺，長之極也，後則日有減矣。陽始起，故陰氣去，於天不復見，而陽雲出箕焉⑥。廿四氣，冬至至芒種爲陽，其位在天漢之南；夏至至，大雪爲陰，其位在天漢之北。此術候陽雲於陽位而以夜⑦，候陰雲於陰位而以晝。夜則司之於星⑧，晝則視於其位而已⑨。其率爾雲之形貌，亦如《説卦》之後象也⑩。冬至，坎始用事而主六氣⑪，初六，巽爻也。巽爲木，如樹木之狀，巽象。又曰："十一月，物生赤。"《詩推度災》曰："《關雎》惡露乘精，隨陽而施，必下就九淵，以復至之月，鳴求雄雌。"宋均曰："隨陽而施，隨陽受施也。淵，猶奧也，九奧也，喻所在深邃⑫。《復卦》：冬至之月，鳴求雄雌。鳴，相求者也。"又曰："鵲巢以復至之月始作家室，鳲鳩因成事⑬，天性自如。"自如，自如天性所有。《詩紀歷樞》曰："子者，孳也。天地壹爵，万物蕃孳，上下接體，天下治也。"宋均曰："爵，温也。"《尚書考靈曜》曰："天地開

---

① "象"下原有"之"字，據《七緯》輯本删。
② "魚"字原無，據《初學記》卷三引《易通卦驗》鄭玄注補。
③ "分"，《七緯》輯本作"介"。
④ 上"如"字原無，據正文補。
⑤ "箕"原作"其"，據《藝文類聚》卷一、《北堂書鈔》卷一五〇、《太平御覽》卷八引《易通卦驗》改。
⑥ "而陽雲出箕焉"六字原無，據《七緯》輯本補。
⑦ "於"原誤作"方"，據注語下文改。
⑧ "則"字原無，"夜"字下有，今補。
⑨ "視"字原脱，據《七緯》輯本補。
⑩ "率爾"至"後象也"諸字原無，據《七緯》輯本改補。
⑪ "主六氣"三字原脱，據《七緯》輯本補。
⑫ "喻"上原有"九奧"二字，抄手點去。
⑬ "鳲"字原無，據《七緯》輯本補。

闡，曜滿舒光，元歷紀名，月首甲子①。冬至，日月五星俱起牽牛。初，日月若懸壁，五星若編珠。”

《尚書考靈曜》曰：“主冬者昴星，昏如中，則入山可以斷伐②，具器械矣。虞人可以入澤梁收萑葦，以畜積田獵。”鄭玄曰：“梁，陵也。《周禮》曰：‘柎席用萑也。’”《尚書考靈曜》曰：“冬至日，日在牽牛一度有九十六分之五十七。求昏中者，取六頃加三旁蠡順除之。求明中者，取六頃加三旁蠡却除之。”鄭玄曰：“渾儀中繩，日道交相錯，既刻周天之度，又有星名焉。故處日所在，當以興日表，頃旁相准應也。短日盡行十二頃，中正而分之③，左右各六頃也④，通六頃三旁得七十度四分之三百卅二，此日昏明時上當四表之列，與正南之中相去數也。蠡，猶羅也⑤。昏中在日前，故言順數也。明中在日後，故言却也。”

《尚書考靈曜》曰：“仲冬一日，日出於辰，入於申，奎星一度中而昏，氐星七度中而明⑥。”《尚書考靈曜》曰：“短日，出於辰，行十二頃，入於申，行廿四頃。”鄭玄曰：“短日，冬至日也。冬至之日，日出入天正東西中之南卅度，天地又南六度，於四表凡卅度，左右各三頃，以減十八頃日夜所行也。”《樂稽曜嘉》曰：“周以十一月爲正，《息卦》受復⑦。”注：物之萌，其色尚赤，以夜半爲朔。宋均曰：“萌，物始萌，生於黃泉也。凡物初生，多赤者也。”《春秋元命苞》曰：“冬至百八十日，春夏成道。”宋均曰：“冬至，陽用事，歷春

① “甲”原誤作“田”，據《開元占經》卷五、《太平御覽》卷十七、墨海金壺本《古微書》卷二引《尚書考靈曜》改。
② “入山”原誤作“山人”，無“可”字，據《禮記正義》卷十四、《玉海》卷二引《尚書考靈曜》正補。又諸書徵引“斷”作“斬”。
③ “而”原誤作“南”，據《四部叢刊》本《六臣注文選》卷五十六引鄭玄注改。
④ “各”字原無，據《四部叢刊》本《六臣注文選》卷五十六引鄭玄注補。
⑤ “也”字原無，據《四部叢刊》本《六臣注文選》卷五十六引鄭玄注補。
⑥ “氐”原誤作“五”，據《知不足齋叢書》本《五行大義》卷四引《尚書考靈曜》改。“七”字《五行大義》引作“九”。
⑦ “注”原誤作“法”，徑改。“法物”至“爲朔”十三字，原爲正文大字，今據《七緯》輯本退入小注。

至夏百八十二日八分日之五而用陽道成之也。”

　　《春秋元命苞》曰：“壯於子。子者，孳也。^{宋均曰：“番孳生物也。”}律中黄鍾。黄鐘者，始黄也。”^{始，萌於黄泉中。}《春秋元命苞》曰：“金，水母，爲子候。《書》曰：‘日短，星昴，以定仲冬。’”^{宋均曰：“母助子，故用事，而昴星中，作時候也。”}《春秋元命苞》曰：“十一月，子執符，精類滋液，五行本苞，樞細萌緒，以立刑拊。”^{宋均曰：“言律應黄鍾，所含氣如是也。符，信也，執信以行事也。精，即水也。苞，苞胎物之所出也。樞，本也。細，要也。緒，葉也。本要萌生葉，以立刑躰之拊端自此。《詩》云‘常棣之華，鄂不韡韡’之也^①。”}《春秋元命苞》曰：“周，蒼帝之子^②，以十一月爲正法，陽氣始萌，色赤。”^{宋均曰：“物萌初於孳，申時皆赤者^③。”}《春秋考異郵》曰：“日冬至，辰星升。”^{宋均曰：“著陽氣，於是始升也。”}《春秋漢含孳》曰：“冬，陽用。”^{宋均曰：“用，事也。下有仲夏，陰作已在前也。”}《春秋佐助期》曰：“辰星効於仲冬，精自望。”^{宋均曰：“望，猶得也。自効於仲冬^④，故月得也。”}《春秋説題辭》曰：“招昴星爲仲冬，法四星戌中^⑤。”^{宋均曰：“招爲仲冬，而昴星中。凡物成而不順其時色者，四星戌中之氣使之然。”}《孝經援神契》曰：“冬至，陽氣始萌^⑥。”《孝經援神契》曰：“仲冬^⑦，昴星中，收莒芋^⑧、猴豆。稻田不作，農不起，男家作，女事枲，無空日，無游手。

---

① “之也”二字原重，今删。
② “蒼”原誤作“食”，據《禮記正義》卷三十四引《春秋元命苞》改。
③ “者”依田利用《玉燭寶典考證》作“著”。
④ “効”原誤作“郊”，據正文改。
⑤ “四”原誤作“田”，據注文改。
⑥ “始”字原無，光緒元年淮南書局刻本《白虎通疏證》卷四引《孝經讖》補。
⑦ “仲冬”原互倒，今乙正。
⑧ “莒”原誤作“苔”，據注文及《藝文類聚》卷八十七、《太平御覽》卷九七五引《孝經援神契》改。

桑麻五穀，所以養人者也。"宋均曰："苣亦芋①，重言通方言語也。家作，野事，事畢入保也。枲，麻也，女有於事麻。"今案《説文》"齊人謂芋爲苣，從艸呂聲"者也②。《孝經説》曰："立八尺竿於中庭，日中度其日晷。冬至之日，日在牽牛之初，晷長丈三尺五寸，晷進退一寸，則日行進退千里，故冬至之日日中北去周雒十三萬五千里。"

《爾雅》曰："十一月爲辜③。"李巡曰："十一月，万物虚無，須陽任養，故曰辜。辜④，任也。"孫炎曰："物幽閉蟄伏，如有罪辜。"《吕氏春秋》曰："冬至，日行遠道，周行四極，命曰玄明天⑤。"高誘曰："遠道，外道也，故曰周行四極。玄明，大明也。"《吕氏春秋》曰："冬至後五旬七日⑥，昌蒲始生。高誘曰："昌蒲，水草也，冬至後五十七日而挺生之者也。"昌者，百草之先生者也，於是始耕。"《傳》曰："土發而耕。"此之謂也。《尚書大傳》曰："幽都弘山，祀貢兩伯之樂焉⑦，鄭玄曰："弘山，恒山。十有一月朔，巡狩，祀幽都之氣於恒山也。互言之者⑧，明祭此山。北稱幽都也。"冬伯之樂，舞《齊落》⑨，冬伯，冬官司空，垂掌之舞《齊落》⑩。齊落，終也，言象物之終也。"齊"或爲"聚"也。歌曰《縵縵》，論八音四會。"此上下有脱亂，其説未聞也⑪。《尚書大傳》曰："周以

---

① "亦"原誤作"赤"，據《藝文類聚》卷八十七、《太平御覽》卷九七五引《孝經援神契》改。

② "艸"字原無，據中華書局影印孫星衍刻本《説文解字》補。

③ "辜"原誤作"事"，據《爾雅注疏》改。注文"辜"字同。

④ "辜"字原不重，今據文意補。

⑤ "天"字《四部叢刊》本《吕氏春秋》無。

⑥ "後"字原脱，據《四部叢刊》本《吕氏春秋》補。下"始"字同。

⑦ "兩"原誤作"雨"，據《尚書大傳》改。

⑧ "互"原誤作"反"，據《尚書大傳》改。

⑨ "落"原作"洛"，據《尚書大傳》改。下"落"字同。

⑩ "舞齊落"三字原無，據《尚書大傳》補。

⑪ "其"上原竄入《淮南子》注文"正月朔日"至本書正文"黃泉之下種養萬物白虎"，當屬下文"言從今年至日數日迄明年"與"通曰冬至陽氣始起"之間，今移正。

至動，殷以萌，夏以牙，鄭玄曰："謂三王之正也。至動，冬至日物始動之也①。"物有三變，故正色有三，是故周人以日至爲正，殷人以日至卅日爲正，夏以日至六十日爲正。天有三統②，土有三王。"《尚書大傳》曰："周以仲冬爲正，其貴微也。"《尚書大傳》："天子將出，則撞黃鍾，右五鍾皆應。"鄭玄曰："黃鍾在陽，陽氣動，西五鍾在陰，陰氣靜③，君將行出，故以動告靜，靜者則皆和，此之謂之者之也。"《史記·律書》曰："黃鍾，言陽氣踵黃泉而出也。"《史記·律書》曰："子者，滋也，言万物滋於下也。"《史記·天官書》曰："冬至短極，懸土炭，孟康曰："懸土炭於衡兩端，輕重適均，冬至日陽氣至則炭重④，夏至日陰氣至則土重也⑤。"炭動，鹿解角，蘭根出⑥，泉水躍⑦。"《漢書·律曆志》曰："黃鍾者，黃中之色，君之服也。鍾者，種也，色上黃，五色莫盛焉⑧，故陽氣施種於黃泉，孳萌万物，爲六氣元也⑨。"《淮南子·天文》曰："以日冬至數來歲正月朔日，五十日者，民食足；不滿五十日，日減一升⑩；有餘日，日益一升⑪。爲其歲司⑫。"高誘曰："言從今年至日數日迄

---

① "至日"原互倒，又脱"物"字，據《尚書大傳》正補。
② "天"原誤作"火"，據《尚書大傳》改。
③ "氣"原誤作"五"，據《尚書大傳》改。
④ 后一"至"字原脱，據中華書局點校本《史記》補。
⑤ "日"字原脱，據中華書局點校本《史記》補。
⑥ "角蘭"原互倒，重"根"字，脱下"出"字，據中華書局點校本《史記》正補。
⑦ "水"字原脱，據中華書局點校本《史記》補。
⑧ "色莫"原誤作"黃"，據中華書局點校本《漢書》改。
⑨ "元也"二字原脱，據中華書局點校本《漢書》補。
⑩ "升"，何寧《淮南子集釋》作"斗"，王念孫云："一斗作一升，皆是也。"
⑪ "日"字原脱，據何寧《淮南子集釋》補。
⑫ 此句《太平御覽》卷十三引作"其爲歲司也"。何寧《淮南子集釋》作"有其歲司也"，王引之以爲當從《御覽》所引。又，此句不屬上讀，爲提起下文之詞，原書因此下有圖，以致此句屬上讀。

明年①，正月朔日得五十日者，民食過足，不行五十日者，減一升，此爲食不足也。有餘日，不翅五十日也。日益一升者，言有餘，謂羊穀豐熟也。爲其歲司，爲此數日之歲司。司，候也。"《淮南子·天文》曰："日冬至，則斗北中繩，陰氣極，陽氣萌，故曰冬至爲德。陰氣極，則北至北極②，下至黃泉，故不可以鑿地穿井，万物閉藏，蟄虫首穴。"又曰："日冬至③，則井水盛，盆水溢，羊乳④，古"解"字。許慎曰："羊脱毛也。"麋角解⑤，鵲始架巢⑥。八尺之柱修⑦，日中而景長丈三尺⑧。"又曰："十一月，冬至日，人氣鐘首⑨。"陽氣動，故人頭鐘之也。《淮南子·天文》曰："黃者，土德之色。鍾者，氣之所鍾也⑩。日冬至，德氣爲土⑪，土色黃，故曰黃鍾。"《淮南子·時則》曰："仲冬之月，招搖指子。十一月官都尉，其樹棗。"高誘曰："冬成軍師，故官都尉也。棗，取其赤心也⑫。"《京房占》曰："冬至坎王⑬，廣莫風用事，人君當行大刑，斷獄，繕宮殿，封食庫，在北方。"楊雄《太玄經》曰⑭："調律者，度竹爲管，蘆莩爲

---

① "迄"原誤作"詔"，依田利用以爲當作"迄"，今從其説改。又此注不見於何寧《淮南子集釋》高誘注，當爲逸文。

② "北極"原在"黃泉"下，又脱"北至"二字，據何寧《淮南子集釋》補正。

③ "日"字原無，據何寧《淮南子集釋》補。

④ "乳"何寧《淮南子集釋》作"脱毛"，蓋"乳"字脱落，後人以許慎注文補其闕。

⑤ "角"字原重，據何寧《淮南子集釋》刪。

⑥ "架"字何寧《淮南子集釋》無。

⑦ "柱"字何寧《淮南子集釋》無。

⑧ "長"字何寧《淮南子集釋》無。依田利用云："案此蓋許所傳與高本不同與。"

⑨ "日"、"人"二字原無，"鐘"原誤作"種"，據何寧《淮南子集釋》補正。注文"鐘"字同。

⑩ "氣"原在"者"上，據何寧《淮南子集釋》乙正。

⑪ "氣爲"原互倒，據何寧《淮南子集釋》乙正。

⑫ "心也"二字原脱，據何寧《淮南子集釋》補。

⑬ "王"原誤作"壬"，徑改。

⑭ "太"字原脱，"經"誤作"爲"，據《太平御覽》卷十六、二八引《太玄經》補正。

灰,列之九閈之中,漠然無動,寂然無聲,微風不起,纖塵不形^①,冬至夜半,黃鍾以應。"《白虎通》曰:"十一月,律謂之黃鍾何? 黃者^②,中央之色。鍾者,動種也^③。言陽氣動於黃泉之下,種養萬物。"《白虎通》曰:"冬至,陽氣始起,反大寒何? 陰氣推而上^④,故大寒。"《白虎通》曰:"冬至前後,君子安身靜體,百官絶事,不聽政,擇吉辰而後省事。絶事之日,夜漏未盡五刻,京都百官皆衣皁。聽事之日,百官皆衣紵。"

　　崔寔《四民月令》曰:"十一月冬至之日,薦黍羔^⑤,先薦玄冥于井,以及祖禰。齊饌,掃滌,如薦黍豚。其進酒尊長,及修謁刺賀君師耆老,如正月^⑥。是月也,陰陽爭,血氣散。先後日至各五日,寢别外内。研水凍,命男童讀《孝經》、《論語》、《篇》、《章》,入小學^⑦。乃以漸饌黍、稷、稻、粱諸供臘祀之具。可釀醢,伐竹木。買白犬養之^⑧,以供祖禰^⑨。糴秔、稻、粟、米、小豆、麻子。"

　　附説曰:十一月建子,周之正月^⑩,冬至,日南極,景極長,陰

---

① "形"原誤作"刑",據《太平御覽》卷十六、二八引《太玄經》改。

② "黃"字原脱,據淮南書局本《白虎通疏證》補。

③ "種"字今本《白虎通》無。

④ "而上"原互倒,據淮南書局本《白虎通疏證》乙正。

⑤ "羔"原作"羊",據《初學記》卷四、《歲時廣記》卷三八引《四民月令》改。

⑥ "月"《初學記》卷三、《北堂書鈔》卷一五六引作"日",《太平御覽》卷二八引作"旦"。

⑦ "入"字原脱,據石聲漢《四民月令校注》補。

⑧ "犬"原誤作"大",據《初學記》卷三、《北堂書鈔》卷一五六、《太平御覽》卷二八引《四民月令》改。

⑨ "以供"原互倒,"禰"原誤作"祀",據《初學記》卷三、《北堂書鈔》卷一五六、《太平御覽》卷二八引《四民月令》正改。

⑩ "正"原誤作"五",據《白氏六帖》卷一、《初學記》卷四、《太平御覽》卷二八引《玉燭寶典》改。

陽日月爲萬物之始①。律當黄鍾，其管最長，故至節有履長之賀，諸書傳記并近代家儀，論之詳矣。陳思王《冬至獻袜頌表》云②："拜表奉賀，并白紋履七量，袜若干副③。"案《詩·齊風》云："葛履五兩④。"《字訓》云："世人履及履屬，皆云一量，余謂應爲兩義，同車轂。"崔駰《韤銘》云："機衡建子，万物含滋，黄鍾育化，以養元其⑤。"《字苑》曰："韤，足衣，亡伐反⑥。"並其事也⑦。魏北京司徒崔浩《女儀》云⑧："近古婦常以冬至日進履韤於舅姑⑨，今世不服履，當進韤，韤亦履類，踐長之義也。皆有文詞，祈永年，除凶殃。"《韤文》曰："履端踐長，陽從下遷。利見大人，嚮茲永年。"《蒼頡篇》云："履上大者曰韤。"《釋名》云："韤，跨也，兩足各以一跨騎也⑩，胡中所名⑪。"魏武《与楊彪書》曰："今遣足下貴室織成韤一量，使其束修。"又案《急就章》云："褐韤巾。"衣旁作末⑫，与崔氏《儀》同。舊書作"幭"或"袜"者，蓋今古字異也。

《荆楚記》云："冬至日作赤豆粥，説者云：共工氏有不才子⑬，

---

① "冬至日南極景極長陰陽日月"十四字原無，"爲萬物之始"五字原在"其管最長下。據《白氏六帖》卷一、《初學記》卷四、《太平御覽》卷二八引《玉燭寶典》補正。

② "至"字、"頌"字原脱，據《藝文類聚》卷七一、《初學記》卷四、《北堂書鈔》卷一五六、《太平御覽》卷二九引《冬至獻韤頌表》補。

③ "若干"原誤作"自"，據《初學記》卷四、《太平御覽》卷二九引曹植《冬至獻韤頌表》改。

④ "履"原誤作"膔"，據《毛詩正義》改。

⑤ "其"，《藝文類聚》卷七十一、《古文苑》卷十三引《韤銘》作"基"，二字古通。

⑥ "亡伐"原誤作"已代"，"韤"《經典釋文》卷二十、《太平御覽》卷二八引作"韤"字，并作"亡伐反"，今據以改。

⑦ "其"原誤作"具"，徑改。

⑧ "北"原誤作"壯"，據《初學記》卷四、《太平御覽》卷二八引改。

⑨ "舅"原誤作"男"，據《太平御覽》卷二八引改。

⑩ "跨也兩足各以一"七字原無，據《經訓堂叢書》本《釋名疏證補》補。

⑪ "中"原誤作"内"，據《經訓堂叢書》本《釋名疏證補》改。

⑫ "末"字原無，據《玉燭寶典考證》補。

⑬ "有"字原脱，據《初學記》卷四、《北堂書鈔》卷一五六、《太平御覽》卷二八引《荆楚歲時記》補。

以冬至日死①，爲人厲，畏赤豆，故作粥以禳之。"《風土記》則云："天正日南，黃鍾踐長，粥餬萌黴。"注云："黃鍾始動，陽萌地内，日長，律之始也。是日俗尚以赤豆爲糜②，所以象色也。南方多呼粥爲糜，猶是一義。北土貧家在冬殆是常食，非必禳災。又采經霜蕪菁、葵等雜菜以乾之。"《詩·邶風》云："我有旨蓄，亦以御冬③。"毛傳曰："旨④，美。御，禦。"鄭箋云："蓄聚美菜者⑤，以禦冬日乏無之時⑥。"馬融《与謝伯向書》乃云："黃棘下菟雜乾葵以送餘日⑦，又鹽藏襄荷，爲一冬儲備。"

亦云防以蠱。《急就》則云："老菁襄荷冬日藏。"崔寔《月令》此事在九月，今在仲冬者，蓋南土晚寒。干寶云："外姊夫蔣士先得疾下血，以爲中蠱，密以襄荷，置於其席下。忽咲曰：'蠱食我者，張小也。'乃收小，小走。《周禮》治毒周嘉草，其襄荷乎？"案《秋官》"庶氏掌除毒蟲，以嘉草攻之"，注云："嘉草，藥物，其狀未聞，不名襄荷爲草嘉。"《本草經》云："白襄荷主治中蠱及瘧。"注云："今人乃呼赤者爲襄荷，白者爲覆首葉，同一種耳。於食之赤者爲勝，藥用白者。"《離騒·大招》云："醢豚苦狗⑧，膾苴蒪只⑨。"注云："苴蒪，襄荷也，言香以襄荷備衆味也⑩。苴，音子余反。

---

①　"至"字原脱，據《初學記》卷四、《北堂書鈔》卷一五六、《太平御覽》卷二八引《荆楚歲時記》補。

②　"糜"原誤作"塵"，據下文改。

③　"亦以"原互倒，據《毛詩正義》乙正。

④　"旨"上原衍"云"字，據《毛詩正義》删。

⑤　"蓄"字原脱，據《毛詩正義》補。

⑥　"乏"原誤作"之"，據《毛詩正義》改。

⑦　"葵"原誤作"蔡"，據上文改。

⑧　"豚"原誤作"勝"，據《楚辭補注》改。

⑨　"只"字原無，據《楚辭補注》補。

⑩　此句《四部叢刊》本《楚辭》王注作"切襄荷以爲香，備衆味也"。

蕁，音上均反。”亦無嘉草之名，不知所據①。北方無此菜，此月據南
土也②。

家家並爲鹹菹，有得其和者，作金釵色菹之供饌，自古有之。
《周官》有昌本、菁菹、芹菹、茆菹、深蒲菹③、箈菹④、筍菹等。《春
秋傳》：“周公閱來聘⑤，饗有昌歜。”注云：“昌歜，昌本之菹。”《呂
氏春秋》：“文王好食昌蒲菹⑥，孔子蹙頞而食之。”高誘注云：“昌
本之菹也⑦。今以經冬，故須加鹹味，雷時稍暖，恐壞，故棄所餘。”
《白澤圖》云：“雷，精名，攝提，雷則呼之。”蓋其意也。《離騷·招
魂》云⑧：“西方之害，流沙千里，旋入雷淵。”注云：“雷淵⑨，公室也，
乃在西方。”《漢書》云：“布鼓過雷門者，爲此論耳，不論其處。”
《詩·邵南》：“殷其雷，在南山之陽。”毛傳云：“山南曰陽，雷出地
奮，震驚百里。”酈炎《對事》云：“問者曰：‘古者帝王封建諸侯，皆
云百里，取象於雷，何取乎？’炎曰：‘《易》震爲雷，亦爲諸侯，雷震
驚百里，故取象焉。’問者曰：‘何以知爲百里？’炎曰：‘以其數知
之。夫陽動爲九，其數卅六；陰靜爲八，其數卅二。震一陽，動二
陰，故曰百里。’”《詩》下章乃云“在南山之側”，毛傳云：“或在其
陰，與其左右。”又云：“在南山之下。”毛傳云：“或在其下。”鄭箋
云：“下謂山足，此之發聲，便無定所。其雷淵者，當據本室。”王

---

① “不”字原無，據文意增。
② “土”原誤作“上”，逕改。
③ “深”原誤作“染”，據《周禮注疏》逕改。
④ “箈”原誤作“苔”，據《周禮注疏》改。
⑤ “聘”原誤作“躬”，據《春秋左傳正義》改。
⑥ “蒲”字原脫，據《四部叢刊》本《呂氏春秋》補。
⑦ “之”字原脫，據《四部叢刊》本《呂氏春秋》補。
⑧ “離騷”當爲《楚辭》。
⑨ “淵”字原無，案此所引注文不見今本《招魂》王逸注。今本《招魂》王逸注云：
“旋，轉也。淵，室也。”則“雷”下當有“室”字，今據以補。

充《論衡》云：“畫工圖雷之狀，壘壘如連鼓之形。又圖一人，若力士之容①，謂之雷公，使之左手引連鼓②，右手推槌，以爲雷。雷者，大陽之擊氣也③。陰陽分爭，則激射，激射爲毒，中人輒死。夫雷，火也，火氣燎人，狀似文字，謂天記書其過④，此虚妄也⑤。”⑥

玉燭寶典卷第十一　十一月

① “之容”二字原無，據《四部叢刊》本《論衡》補。
② “使之”、“連”三字原無，據《四部叢刊》本《論衡》補。
③ “擊”，今本《論衡》作“激”。
④ “記”字原脱，據《四部叢刊》本《論衡》補。
⑤ “妄”字原無，據《四部叢刊》本《論衡》補。又，此段所引爲節引《論衡》之文，故多有文字脱落，以致有影響文意者。
⑥ 依田利用云：“案《白澤圖》以下，雖因雷時言及，頗涉支蔓，或疑他簡錯亂在此而無所系，姑仍其舊。”

玉燭寶典卷第十二

十二月季冬第十二①

《禮·月令》曰："季冬之月，日在婺女，昏婁中，旦氐中。鄭玄曰："季冬者，日月會於玄枵，而斗建丑之辰。"律中大呂。季冬氣至，則大呂之律應。高誘曰："万物萌動於黄泉，未能達見，所以呂旅去陰即陽，助其成功，故曰大呂也。"鴈北向，鵲始巢，雉雊，鷄乳。雊，雉鳴也②。《詩》云"雉之朝雊，尚求其雌"也。《淮南子·時則》云："鵲加巢，鷄呼卵。"高誘云："鷄呼，鳴求卵也。"顧氏問："鷄生伏無時，記於此，何也？"庚蔚之曰："鷄生乳，雖無時，蓋亦言其所宜之盛也。"③此乃顧、庚二君並未進鷄體亡間，鷄至九月後便不復乳，故俗稱下雛。十二月方呼卵，俗謂之歌子，入春始生也。

天子居玄堂右个，玄堂右个，北堂東偏也。命有司大難，旁磔，出土牛，以送寒氣。此難，難陰氣也。難陰氣始於此者，陰氣右行，此月之中，日歷虛、危，虛、危有墳墓四司之氣④，氣爲厲鬼⑤，將隨强陰出害人也。旁磔，於四方之門磔攘也。出，猶作也。作土牛者⑥，丑爲牛，牛可牽止者也。送，猶畢也。征鳥屬疾。煞氣當極也。征鳥，題肩。齊人謂之擊征，或名膺。仲春化爲鳩也。乃畢山川之祀，及帝之大臣，天之神祇。四時之功成於孟冬⑦，月祭其宗，至此可以

---

① "月"原爲武則天造字，只有個別原作"月"者，今統一改爲"月"字。
② "雊"原誤作"雄"，據《禮記正義》改。
③ 依田利用云："案《隋書·經籍志》'《禮答問》六卷，庚蔚之撰'，此蓋其書中語也。"
④ "虛危"二字原不重，"司"又誤作"同"，據《禮記正義》補正。
⑤ "氣"字《禮記正義》無。
⑥ "作"字及上"也"字原無，據《禮記正義》補。
⑦ "孟冬"原互倒，據《禮記正義》乙正。

祭其佐也。帝之大臣，勾芒之屬也。天之神祇①，司中、司命②、風師、雨師是也③。**命漁師始漁，天子親往，乃嘗魚，先薦寢廟。**天子必親往視漁④，明漁非常事，重之也，此時魚絜美也。顧氏問："《王制》云'獺祭魚，然後虞人入澤梁'，此月始漁，何也？既此月始漁，孟冬便命水虞、漁師收水泉池澤之賦乎？"庾蔚之曰："此月漁始美，故可以始漁。孟春轉勝而多，故獺祭之。孟冬收賦者，謂今將復漁，去年之賦宜收入之。《王制》不同記者，所聞之異也。"⑤**冰方盛，水澤複堅，命取冰。**複，厚也。此月日在北陸，冰堅厚之時也。北陸，謂虚也，今《月令》無"堅"也。**冰已入⑥，令告民出五種，**冰既入，而令田官告民出五種⑦，明大寒氣過，農事將起也⑧。**命農計耦耕事，修耒耜，具田器。**耜者，耒之金也，廣五寸。田器，茲箕之屬也。**命樂師大合吹而罷，**歲將終，与族人大飲，作樂於太寢，以綴恩也⑨。言罷者，此用禮樂於族人最盛，後年若時乃復然也⑩。凡用樂必有禮，而禮有不用樂者。《王居明堂禮》："季冬，命國爲酒，以合三族，君子悦，小人樂也。"**乃命四監收秩薪柴，以供郊廟及百祀之新燎。**四監，主山川林澤之官也。大者可析謂之薪，小者合束謂之柴。薪施炊爨，柴以給燎。今《月令》無"及百祀之薪燎"也⑪。**日窮于次，月窮于紀，星迴于天⑫，數將幾終，**言日月星辰運行，於此月皆周匝於故處也。次，舍也。紀，猶會也。**歲且更始，專而農民，毋有所使。**而，

---

① "天"原爲武則天造字，只有個別原作"天"者，今統一改爲"天"字。

② "司"字原脱，據《禮記正義》補。

③ 依田利用云："注疏本無'是也'二字，《考文》引古本、足利本有'之屬是也'四字。"

④ "親往"原互倒，又脱下"視"字，據《禮記正義》正補。

⑤ 依田利用云："此亦疑《禮答問》之文也。"

⑥ "已"，《禮記正義》作"以"。

⑦ "五"字原脱，據《禮記正義》補。

⑧ "事"原誤作"力"，據《禮記正義》改。下"事"字同。

⑨ "恩"原誤作"甚"，據《禮記正義》改。

⑩ "復"原誤作"優"，據《禮記正義》改。

⑪ "令"原誤作"合"，據《禮記正義》改。

⑫ "星"原爲武則天造字，今統改爲今字。

猶女也。言專壹女農民之心，令之豫有志於耕稼之事，不可徭役①，徭役之則志散失業也②。**天子乃與公**③**、卿、大夫共飾國典，論時令，以待來歲之宜。** 飾國典者④，和六典之法也。《周禮》以正月爲之建寅而縣之，今用此月，則所因於夏殷也。**乃命太史次諸侯之列，賦之犧牲，以供皇天、上帝、社稷之享。** 此所与諸侯共者也。列，謂國有大小也⑤。賦之犧牲，大者出多，小者出少⑥。享，獻。**乃命同姓之邦共寢廟之芻豢。** 此所与同姓共者也。芻豢，猶犧牲也。**命宰歷卿大夫至於庶民土田之數，而賦之犧牲，以供山林名川之祀。** 此所与卿⑦、大夫、庶民共者也。歷，猶次也。卿、大夫菜垄亦有大小，其非菜垄，以其邑之民多少賦之也。**凡在天下九州之民者，無不咸獻其力，以供皇天、上帝、社稷、寢廟、山林、名川之祀。** 民非神之福不生也，雖其有封國菜垄，此賦要由民出也。今案《說文》曰⑧："堯遭洪水，民居水中高土，故曰九州。州，疇也⑨，各疇其土而王之也⑩。"黃義仲《記》曰⑪："堯遭洪水⑫，唯九鎮不没，黔首附焉，因號曰九州。州者，周也，言水中積土可居而水周其表，故言州也。"《風俗通》曰⑬："《周禮》五黨爲州，州有長，使之相周足也⑭，字從重川。堯遭洪水，居水中高土曰州。"《釋名》曰："州，注也，郡國所注仰。"

---

① "徭"原誤作"絲"，據《禮記正義》改。下"徭"字同。
② "散"字原脱，據《禮記正義》補。
③ "公"字原脱，據《禮記正義》補。
④ "飾"原誤作"勑"，據《禮記正義》改。
⑤ "有"字原無，"國"字渻爲"一"字，據《禮記正義》正補。
⑥ "小"原誤作"少"，涉下"少"字而訛，據《禮記正義》改。
⑦ "所"原誤作"數"，據《禮記正義》改。
⑧ "案説"原互倒，今乙正。
⑨ "也"字原脱，據中華書局影印孫星衍刻本《説文解字》補。
⑩ "各疇"二字原脱，"而"又誤作"西"，據中華書局影印孫星衍刻本《説文解字》補正。
⑪ 此即《華陽國志》所載"黃恭《交州記》"。
⑫ "堯"原誤作"遠"，徑改。
⑬ "通曰"二字原重，抄手點去。
⑭ "使"原誤作"相"，"周"原誤作"桐"，據《周禮注疏》改。

季冬行秋令，則白露蚤降，介虫爲妖，戌之氣乘之也。九月初尚有白露，月中乃爲霜。丑爲鼈蟹。四鄙入保。畏兵，避寒之象也。行春令，則胎夭多傷，辰之氣乘之也①。夭，少長者也。此月物甫萌牙，季春乃區者畢出，萌者盡達。胎夭多傷者②，生氣蚤至，不充其性也。國多固疾，生不充牲，有久疾也③。命之曰逆。衆害莫大於此。行夏令，則水潦敗國，時雪不降，冰凍消澤。"未之氣乘之也。季夏大雨時行也④。

蔡雍季冬章句曰："今曆季冬大雪節日在須女二度⑤，昏明中星，去日八十三度，婁六度半中而昏，氐七度中而明⑥。'雉雊。'雊⑦，鳴也。是月升陽起於地之中，雷動而未聞於人，雄性精剛⑧，故獨知之，應而鳴也。'天子居玄堂右个。'右个，丑上之堂⑨。'九州之民。'周之九州：東南曰楊州，正南曰荆州，河南曰豫州，正東曰青州⑩，河東曰兗州，正西曰雍州，東北曰幽州⑪，河内曰冀州，西北曰并州。唐虞有徐、梁而無幽、并，漢有司、益而無雍、梁。"

右章句爲釋月令。

《詩·豳風》曰："二之日栗烈，無衣無褐，何以卒歲?"《毛詩傳》曰："二之日，殷之正月。栗列，寒氣。"鄭箋云："褐，毛布。卒，終。人之貴者無衣，賤者

---

① "也"字原脱，據上注例及《禮記正義》補。
② "胎"字原脱，據《禮記正義》補。
③ "久"原誤作"多"，據《禮記正義》改。
④ "雨"字原脱，據《禮記正義》補。
⑤ 依田利用云："按'女'上脱'須'字。"今從其説補。
⑥ "氐"原誤作"亦"，據上《禮記·月令》正文改。
⑦ "雊"字原不重，據註例補。
⑧ "精"原作"情"，據《埤雅》卷六、《六家詩名物疏》卷十引改。
⑨ "上之"原互倒，今據文意乙正。
⑩ "州正"原互倒，今乙正。
⑪ "州"字原脱，據蔡邕注例補。

無褐,將何以終其歲乎?"又曰:"二之日其同,載纘武功①,言私其豵,獻
豜于公。纘,繼功事。一歲曰豵,三歲曰豜。大獸公之,小獸私之。箋云:"其同者,
君臣及民因習兵俱出田也②,不用仲冬,亦豳地晚寒③。豕生三曰豵也。"二之日鑿
冰沖沖。"冰盛水腹④,則令取冰於山林。沖沖,鑿冰之意也。《周頌·潛》序
曰⑤:"季冬薦魚,春獻鮪也。"毛傳曰⑥:"冬魚之性定⑦。春鮪新來,薦獻之
者,謂祭於宗廟。"《周官·天官》下曰:"淩人掌冰,鄭玄曰:"淩,冰室。"正
歲十二月,冰方盛時。今斬冰三其淩。"三之者,爲消釋度。杜子春云:"三其
淩,三倍其冰⑧。"《周官·春官》上曰:"天府掌季冬陳玉,以貞來歲之
美惡。"鄭玄曰:"問事之正曰貞。問歲之美惡⑨,謂問於龜。陳玉,陳禮神之玉
也⑩。"《周官·春官》下曰:"占夢掌季冬聘王夢,獻吉夢于王,王拜
受之。"鄭玄曰:"聘,問。夢者,事之祥。吉凶之占,在日月星辰。季冬,日窮於次,月
窮於紀,星廻於天⑪,數將幾終,於是發幣而問焉⑫。若休慶之云爾⑬,因獻群臣之吉
夢於王,歸美焉。"《周官·夏官》上曰:"羅氏掌羅鳥,鳥蜡則作羅襦。"
鄭司農云:"蜡謂十二月,大祭萬物⑭。襦,細密之羅也⑮。"《禮記·郊特牲》曰:

---

① "載"原誤作"戴",據《毛詩正義》改。
② "出田也"原誤作"虫丑",據《毛詩正義》改。
③ "地"原誤作"生",據《毛詩正義》改。
④ "冰"原誤作"水",據《毛詩正義》改。
⑤ "周"下原有"詩"字,"潛"字原在"曰"字下,又脫"序"字,今刪補乙正。
⑥ "傳"字原闕,徑補。
⑦ "性"原誤作"牲",據《毛詩正義》改。
⑧ "三倍其冰"原誤作"信其水",據《周禮注疏》改。
⑨ "之"字原無,據《周禮注疏》補。
⑩ "陳玉"及"之"字原脫,據《周禮注疏》補。
⑪ "日窮於次"至"星廻於天"諸字原無,據《周禮注疏》補。
⑫ "幣"原誤作"弊",據《周禮注疏》改。
⑬ "之"字原無,據《周禮注疏》補。
⑭ "萬"原誤作"一",據《周禮注疏》改。
⑮ "密"原誤作"蜜",據《周禮注疏》改。

"天子大蜡則八，鄭玄曰："所祭有八神也。"伊耆氏始爲蜡。伊耆氏，古天子號也。蜡也者，索也，謂求索也。歲十二月而合聚万物而索饗之。"歲十二月，周之正數①，謂建亥之月。饗者，祭其神②。

《韓詩章句》曰："二之日栗烈，夏之十二月也。"《周書·時訓》曰："小寒之日，鴈北鄉。又五日，鵲始巢。又五日，雉始雊。鴈不北鄉，民不懷主③。鵲不始巢，國不寧。雉不始雊，國乃大水。大寒之日，雞始乳④。又五日，鷙鳥厲疾。又五日，水澤腹剛堅⑤。雞不始乳，淫女亂男。鷙鳥不厲，國不除兵。水澤不腹堅⑥，言乃不從。"

《周書·周月解》曰："夏數得天，百王所同。其在商湯⑦，用師于夏，順天革命，改夏正朔，變服殊號，一文一質，示不相沿，以建丑爲正，易民之眂。若天時大變，亦一代之事⑧。"《禮·夏小正》曰："十有二月，鳴弋。弋也者，禽也。先言鳴而後言弋者何也⑨？鳴而後知其弋也。玄駒賁。玄駒者，蟻也。賁者何也⑩？走於坴中也。今案《方言》曰："蚍蜉，梁、益謂之玄駒。"楊子《法言》曰："玄駒之步。"郭璞《蚍蜉賦》云："感萌陽以潛步。"牛亭問："蟻曰玄駒何也？"董仲舒答曰："河内

---

① "正"字原脱，據《禮記正義》補。
② "祭"原誤作"終"，據禮記正義》改。
③ "民"字原缺筆，避李世民諱。下"民"字同。
④ "雞"原誤作"雉"，據下文及《四部叢刊》本《逸周書》改。
⑤ "剛"字今本《逸周書》無，據下文"水澤不腹"云云，則"剛"字當爲衍文。
⑥ "堅"字原脱，據《四部叢刊》本《逸周書》補。
⑦ "湯"原誤作"陽"，據《四部叢刊》本《逸周書》改。
⑧ "代"原誤作"伐"，據《四部叢刊》本《逸周書》改。
⑨ "者何也"三字原脱，據《大戴禮記解詁》補。
⑩ "者"字原無，據《大戴禮記解詁》補。

人無何而見有人馬數千万騎①，皆大如朱黍米②，旋動往來③，從朝至暮，家人以火燒煞之④，人皆是蚊蚋⑤，馬皆成大蟻⑥，故今人呼蚊蚋曰黍民⑦，蟻曰玄駒。"⑧納卵蒜。卵蒜也者⑨，本如卵者也。納者何也？納之君也。虞人入梁。虞人，官也⑩。梁者，主設網罟者也。隕鹿角，蓋陽氣且睹也。"

《易通卦驗》曰："小寒合凍，虎始交⑪，豺祭⑫，蚰垂首，曷旦入穴⑬。鄭玄曰："交，合牝牡也⑭。祭，祭獸也。垂首，入穴，寒之徵也。"晷長丈二尺四分⑮，倉陽雲出氏⑯，南倉北黑。小寒於坎宜九二，九二得寅氣，寅，木也，爲南倉。從坎⑰，坎，水也，爲北黑。大寒雪隆⑱，草木生心，鵲始巢。

---

① "人無何而"及"騎"字原無，據《太平御覽》卷九四七、《事類賦》卷三十引《古今注》補。

② "黍"字原脱，據《太平御覽》卷九四七、《事類賦》卷三十引《古今注》補。

③ "旋"字原脱，據《太平御覽》卷九四七、《事類賦》卷三十引《古今注》補。

④ "以"原誤作"人大"，蓋一字而分爲二，又誤爲"人大"，又無"之"字，據《太平御覽》卷九四七、《事類賦》卷三十引《古今注》改。

⑤ "是蚊蚋"原誤作"蚤"，據《太平御覽》卷九四七、《事類賦》卷三十引《古今注》改。

⑥ "成"字原脱，據《太平御覽》卷九四七、《事類賦》卷三十引《古今注》補。

⑦ "呼蚊蚋曰"原誤作"吁蚤蚋内"，"黍"原誤作"季"，據《太平御覽》卷九四七、《事類賦》卷三十引《古今注》改。

⑧ 案此條出自崔豹《古今注》，《太平御覽》卷九四七、《事類賦》卷三十徵引。

⑨ "者"字原無，據《大戴禮記解詁》補。

⑩ "也"字原無，據《大戴禮記解詁》補。

⑪ "始"字原無，據《武英殿聚珍版叢書》本《易緯通卦驗》補。

⑫ "豺"字原無，據《禮記正義》卷十七引《易通卦驗》補。又《禮記正義》卷十七引《易通卦驗》"祭"下有"獸"字，據下文鄭玄"祭，祭獸也"，則不應有"獸"字。

⑬ "穴"字原脱，據注文及孫詒讓《札迻》卷一《易緯通卦驗》鄭康成注補。

⑭ "牡"原誤作"牲"，據《武英殿聚珍版叢書》本《易緯通卦驗》改。

⑮ "丈"原誤作"又"，據《武英殿聚珍版叢書》本《易緯通卦驗》改。

⑯ "氏"原誤作"丞"，據墨海金壺本《古微書》卷十四改。

⑰ "從"原誤作"猶"，據《七緯》輯本改。

⑱ 依田利用云："墨海金壺本《古微書》作'降雪'，《七緯》作'雪降'，俱誤。"

隆,盛也,多也。生心,陽氣起也①。晷長丈一尺八分,黑陽雲出心,南黑北黃。"大寒於坎值六三,六三得亥氣,亥,水也,爲南黑。季冬,土也,爲北黃也。又曰:"十二月,物生白。"《詩紀歷樞》曰:"丑者,好也,陽施氣,陰受道②,陽好陰,陰好陽,剛柔相好,品物厚,制禮作樂,道文明也。"宋均曰:"厚,猶盛。"

《樂稽曜嘉》曰:"殷以十二月爲正,《息卦》受臨注物之牙③,其色尚白,以雞鳴爲朔。"宋均曰:"牙,物萌牙。"《春秋元命苞》曰:"衰中於丑。丑者,紐也④。宋均曰:"紐心不進,避陽之解紐當生也,於是紐合義⑤。"律中大呂。大呂者,略睹起。"略,較略也。万物於是萌漸,故出較略可見也。《春秋元命苞》曰:"殷⑥,黑帝之子,以十二月爲正,物牙,色白。"宋均曰:"水見日故白。"

《爾雅》:"十二月爲涂⑦。"李巡曰:"十二月,万物始牙,陽氣尚微,故曰涂。涂,微也。"孫炎曰:"物始牙,生生通也。"《尚書大傳》曰:"殷以季冬爲正者,其貴萌也。"《史記·律書》曰:"牽牛者,言陽氣牽引,万物出之也⑧。牛者,冒也⑨,言埊雖凍,能冒而生也⑩。牛者,耕殖種万物也。東至於建星。建星者,建諸生也。"徐廣曰:"此中闕,不說大呂及

---

① "也"字原無,據《七緯》輯本補。
② "受"原誤作"爰",據《玉燭寶典考證》改。
③ "受"原誤作"爰","注"原誤作"法",據《禮記正義》卷六引《樂稽曜嘉》改。
④ "紐"原誤作"細",《史記》、《淮南子》、《白虎通》、《釋名》、《廣雅》俱言"丑,紐也",今據以改。注文二"紐"字同。
⑤ 疑"於是紐合義"句當有訛脫。
⑥ "殷"字原無,依田利用云:"案孟春篇云'夏白帝之子',前篇云'周蒼帝之子',此當有'殷'字,今增。"今從其說補。
⑦ "涂"原作"塗",據《爾雅注疏》改。下三"涂"字同。
⑧ "也"字原脫,據中華書局點校本《史記》補。
⑨ "冒"原誤作"冨",據中華書局點校本《史記》改。
⑩ "冒而"原誤作"昌雨",據中華書局點校本《史記》改。

丑。今爲此録牽牛以當其位,餘月皆不取星也。"《淮南子①·時則》曰:"季冬之月,招摇指丑。十二月官獄,其樹櫟②。"高誘曰:"十二月,歲盡,刑斷,故官獄也。櫟可以爲小車轂,木不出火,惟櫟爲然,亦應陰氣也③。"《白虎通》曰:"十二月律謂之大吕何?大者,大也。吕者,拒也。言陽氣欲出,陰不許也。吕之爲言拒,旅抑拒難之也④。"

《風俗通》曰:"禮傳曰:'夏曰嘉平,殷曰清祀,周曰大蜡,漢改曰臘。臘者,獵也,田獵取獸,祭先祖也⑤。或曰:獵⑥,接也,新故交接,狪獵大祭以報功也。漢火行⑦,衰於戌⑧,故此日臘也⑨。"《續漢書·禮儀志》曰:"季冬之月,星廻,歲終,陰陽已交,勞農夫享臘以送故焉⑩。先臘一日大難,謂之逐疫也。"晉博士張亮議曰:"案《周禮》及《禮記》:蜡者⑪,謂合聚百物而索饗之;臘者,祭廟則初玄;蜡則黄服。蜡、臘不同,總之非也。《傳》曰'臘,接也',上祭宗廟,旁祭宜在新故交接也。"《風土記》曰:"進清醇以告蜡,竭敬恭於明祀,乃有行彄。"注云:"彄,蓋婦人所作金環,以鐺指而縫者也。臘日祭祀後,叟媪兒僮各隨其儕,爲藏彄之

---

① "子"字下原有"曰"字,涉下"曰"字而衍,今删。
② "櫟"原誤作"稞",注文"櫟"字同,據何寧《淮南子集釋》改。
③ "櫟可以爲小車轂,木不出火,惟櫟爲然,亦應陰氣也"原誤作"稞耳以爲小車轂不示出大以爲昭亦鷹陰氣陰氣",據何寧《淮南子集釋》改。又,何寧《淮南子集釋》高誘注無"小"字。
④ "抑"字原脱,據淮南書局本《白虎通疏證》補。
⑤ "也"字原無,據《四部叢刊》本《風俗通義》補。
⑥ "獵"字原重,據《四部叢刊》本《風俗通義》删。
⑦ "火"原誤作"大",據《四部叢刊》本《風俗通義》改。
⑧ "戌"原誤作"成",據《四部叢刊》本《風俗通義》改。
⑨ "此"字原脱,據《四部叢刊》本《風俗通義》補。
⑩ "焉"字原無,據《太平御覽》卷三三《續漢書》引補。
⑪ "者"字原無,與下"臘者"對文,據《世說新語》引補。

戲①。分二曹以效勝負，以酒食具，如人偶即敵剛人奇者②，即使奇人爲遊附，或屬上曹，或屬下曹，名爲飛鳥，以濟二曹人數。一彄藏在數十手中，曹父當射知所在，一藏爲一籌③，五籌爲一都，提者捕得推手出彄五籌盡，最後失爲負。都主部使起，拜謝勝曹。"

崔寔《四民月令》曰："十二月日④，薦稻鴈。前期五日，煞豬，三日，殺羊。前除二⑤，齊饌，掃滌，遂臘先祖五祀。其明日是謂新小歲⑥，進酒降神。其進酒尊長，及修刺賀君、師、耆老，如正日。其明日又祀，是謂烝祭。後三日祀家，事畢乃請召宗族、婚、賓旅⑦，旅，客。講好和禮，以篤恩紀。然農息役，惠必下浹。是月也，群神頻行，頻行，並行。大蜡禮興⑧。乃家祠君、師、九族、友朋，以崇慎終不背之義。遂合耦田器，養耕牛，選任田者，以俟農事之起。去豬盍車骨，後三歲可合倉膏。及臘時祠祀，炙箠。燒飲，治刺入肉中⑨。及樹瓜田中，四角去蠱虫⑩。瓜中虫謂之蠱，音胡監反。東門磔白雞頭。可以合注藥。求牛膽，合少小藥。"

正說曰：臘同異及祭月早晚，先儒既無定辨，頗以爲疑。案《郊特牲》記云："天子大蜡八。伊耆氏始爲蜡。蜡也者，索也，歲

① "叟"原誤作"優"，據《藝文類聚》卷七十四引《風土記》改。
② "即"下底本空一字，疑此句有錯亂。
③ 下"一"字原脱，據《藝文類聚》卷七十四引《風土記》補。
④ "日"字上石聲漢認爲脱"臘"字。
⑤ "二"字下唐鴻學、石聲漢均認爲脱"日"字。
⑥ "新小"原互倒，據《太平御覽》卷三三引《四民月令》乙正。
⑦ 依田利用云："疑'婚'下脱'姻'字。"是。
⑧ "興"原誤作"與"，據石聲漢《四民月令校注》改。
⑨ "入"字原作空格，據《齊民要術》卷三引《四民月令》補。
⑩ 此句原爲小注，據《太平御覽》卷三三引移入正文。

十二月，合聚万物而索饗之。”鄭注：“十二月，周之正數，謂建亥之月。”從上文勢相連，“伊耆始爲蜡”唯隔“蜡者，索也”一句，便次“歲十二月”，想非別起。至“索饗”以來，悉是上屬，於下廣陳蜡義。夏后氏以建寅之月爲正，“伊耆”注云：“古天子號。”既在夏前，年代久遠，未應已從周之正朔，明蜡即在夏十二月矣。鄭君據周以建子爲正，《禮記》興於周世，故云十二月建亥，取孔子云“行夏之時”，夏之建亥，乃是十月，於十二月文理不消。《月令》“臘先祖五祀”在孟冬者，當以於周爲十二月，故移就之，恐非不刊定法。

《記》云：“皮弁、素服而祭。素服，以送終。葛帶、榛杖[①]，喪煞也。”注云：“送終、喪煞，所謂老物。”《周官·籥章職》云“國蜡則吹《豳頌》，擊土鼓，以息老物”是也。《記》又云：“黃衣、黃冠而祭，息田夫。”注云：“祭謂既臘先祖五祀，於是勞農以休息之。”“野夫黃冠。黃冠，草服也。”注云：“言祭以息民，服象其時物之色[②]，季秋而草木黃落。”《記》又云：“八蜡以祀四方[③]。”注云：“四方，方有祭。”“四方年不順成，八蜡不通。順成之方，其蜡乃通。既蜡而收，民息已。”注云：“收，謂收斂積聚也[④]。”息民与蜡異，則黃衣、黃冠而祭，爲臘必矣。詳據前後，蜡祭則皮弁、素服、葛帶、榛杖，既祭四方，明在於郊；臘則黃衣、黃冠祭先祖，理在廟中。張亮《議》曰：“初玄者，餘祭所服耳[⑤]。”此祭別出黃衣、黃冠，明不在常例。《禮運》云：“仲尼与於蜡賓。”注云：“蜡者，索也。祭宗

---

① “榛”原誤作“捧”，據《禮記正義》改。
② “其”原誤作“具”，據《禮記正義》改。
③ “祀”，《禮記正義》作“記”。
④ “謂收”二字原無，據《禮記正義》補。
⑤ “祭”原誤作“察”，據《玉燭寶典考證》改。

廟時，孔子仕魯，在助祭之中。""事畢，出遊於觀之上，喟然而嘆[1]。"注云："觀，闕也。孔子見魯君於祭禮有不備，又睹象魏舊章之處[2]，感而歎之。"鄭君附文而解，以仲尼出遊於觀之上，知在國都，故云宗廟，此乃祭宗廟謂之蜡。

《月令》孟冬"天子祈來年於天宗[3]，大割牲祀于公社及門閭，臘先祖五祀"，注云："此《周禮》所謂蜡祭也[4]。天宗，謂日、月、星、辰。臘，以田獵所得禽祭也[5]。或言祈年，或言大割，或言臘，互文。"言互文，則天宗、公社亦得名臘。《禮・雜記下》云[6]："子夏觀於蜡[7]。孔子曰：'賜也樂乎？'對曰[8]：'一國之人皆若狂，賜未知其樂。'"注云："國索鬼神而祭祀，則黨正以禮屬民，飲酒于序，以正齒位。於是時，民無不醉。""子曰：'百日之蜡，一日之澤，非爾所知。'"注云："蜡之祭，主先嗇，大飲烝，勞農以休息之，言民皆勤稼穡，有百日之勞，喻久也。今一日使之飲酒燕樂，是君之恩澤也[9]。"鄭君亦以一國語廣，非止蜡人，故云黨正飲酒。然則大飲烝，黨正飲酒，以其蜡月行事普，亦名蜡。

《廣雅》云："夏曰清祀，殷曰嘉平，周曰大蜡，秦曰臘。"蔡雍《章句》乃云："臘，祭名，夏曰嘉平，殷曰清祀，周曰大蜡，總謂之

---

① "喟"原作"昌"，據《禮記正義》改。

② "又"上《禮記正義》有"於此"二字。

③ "子"下《禮記正義》有"乃"字。

④ "此"、"祭也"三字原無，據《禮記正義》補。

⑤ "祭也"二字原脱，據《禮記正義》補。

⑥ "雜記下"原作"下雜"，徑改。

⑦ "子夏"今本作"子貢"。

⑧ "對"上原衍"觀"字，涉上"觀"字而衍，據《禮記正義》删。

⑨ "君"下原衍"子"字，據《禮記正義》删。

臘。《傳》曰：'虞不臘矣。'"①《風俗通》則云"漢改曰臘"，餘同。《春秋傳》宮之奇云"虞不臘"者，此意當爲晉若滅虞，宗廟便不血食，故專以臘爲辭，然無廢是蜡。周則蜡、臘並見，夏殷無文。儒者或言俗指十二月建丑之月爲臘者，蓋設此則拘文束教，難以踵行。夏以建寅爲正，仍有清祀之號，明自用其家十二月，不離建丑。殷以建丑爲正，又有嘉平之號，更用建子爲十二月矣。周用建亥，如上來所説。秦以十月爲歲首，臘豈不移？《史記》秦始皇廿六年，并天下，推五德之傳，改年始，朝賀皆自十月朔。卅一年十二月更名臘曰嘉平。《大元真人茅盈內記》云②："始皇卅一年九月庚子，盈曾祖父蒙於華山中乘雲駕龍，白日升天。先是，其邑謠歌曰：'神仙得者茅初成③，駕龍上升入大清。時下玄州戲赤成，繼世而往在我盈。帝若學之臘嘉平④。'始皇聞謠歌，忻然乃有尋仙之志，因改臘曰嘉平。"此據夏正，即以建成爲臘矣。漢改曰臘者，改嘉平也。案《尚書·堯典》分命羲和東作、南偽、西成，朔易、寒暑、時候悉与夏同。又《禮·誥志》云："虞夏歷正建於孟春，於時冰泮發蟄，百草權輿。"此乃唐虞及夏正朔不變。《春秋》説雖云正朔三而改，其下即云夏白帝之子，以十三月爲正。上古質略，書籍罕記，便似三正起於夏后。

班固《漢書·律曆志》云："漢興，庶事草創，襲秦正朔。武帝元封七年，漢興百二歲矣，太中大夫公孫卿、壺遂、大史令司馬遷等言曆紀壞廢⑤，宜改正朔。乃詔御史大夫倪寬与博士共議，皆

---

① 此條蔡邕章句不見於十二月之章句，可補其脱文。
② "茅"原誤作"第"，徑改。
③ "茅"下原有"蒙"字，據《史記集解》引《太原真人茅盈內紀》删。
④ "帝"原誤作"章"，據《史記集解》引《太原真人茅盈內紀》改。
⑤ "壺遂"、"司"三字原脱，"令"又誤作"公"，據中華書局點校本《漢書》補正。

曰王帝必改正朔，易服色，所以明受令於天。推傳序文，則今夏時也①。"光武中興，無更改易。故崔寔《四民月令》云："十二月，臘先祖五祀。"寔即後漢桓帝時人也。《魏文帝詔》引"行夏之時，今正朔當依虞夏服色，自隨土德"②。至《明帝詔》，魏當以建丑爲正，青龍五年三月爲景初元年，魏齊王作尚書，奏復夏正，爲明帝以建丑之正月一日崩，不得以正日元會。博士樂詳議，正旦可受貢贄，後五日乃會，作樂。大尉朱誕議：可因宜改之際，還用建寅月爲正，夏數得天也。晉大始二年，奏曰：行夏之時，通爲百代之言也③，宜用前代正朔。詔可。晉司空裴秀《大蜡詩》云："日躔星紀，大吕司辰。"此並依聖典，行夏之時，非爲俗誤。

　　或問："蔡邕《章句》云：'夏嘉平，殷清祀，周大蜡，總謂之臘。'何耶？"張亮議云："《傳》曰：臘者，接也。言上祭宗廟，旁祭五祀，且新故之交接矣。孟同一日臘祭，宗廟八蜡。群祀有司行事，俗謂臘之明日爲初歲，古之遺言也。日同名異祭，俱服殊。"崔氏《月令》亦云："臘明日，是謂新小歲，進酒降神，及修刺賀君、師、耆老，如正日。"此以逼近歲暮，便立歲名，指元正爲大，故云小耳。舊解蜡得兼臘，臘不兼蜡。今謂枝而析之，蜡報八神，臘主先祖。總而言之，蜡即是蜡、臘，臘亦是蜡。《周官》有"蜡"而無"臘"，《月令》有"臘"而無"蜡"。先聖當以同在一月之中，名義兼通，隨機而顯。伯喈釋云總號，康成解爲互文，張亮又言新故交接，足相扶成，頗謂愜允④。

---

①　"今"原誤作"合"，據中華書局點校本《漢書》改。
②　此即曹丕《定服色詔》。
③　"爲"字原脱，據中華書局點校本《宋書·禮志》補。
④　"愜"原作"慴"，據《玉燭寶典考證》改。

其同一日者，案《禮》"蜡賓"及"一日之澤"，似是同日。若并勞農飲酒，恐事廣難周。《禮》文唯云："是月也，大飲蒸，臘先祖五祀。"乃無甲丁等定尅。孔子云"一日之澤"者，自據飲酒爲一日。張亮云"同日"者，別敘蜡、臘爲同，前後縱逪信宿，計亦非爽。

《國語》云："日月會于龍豾，天明昌作，群神頻行。國於是乎蒸嘗^①，家於是乎嘗祀^②。"《春秋》有"閉蟄而蒸"，《月令》祭行先賢，迎冬北郊，大夫、士首時仲月祭膚羔豚，庶人又有稻鴈之饋，所及便廣，足稱群神。或可據龍豾以後，非專一月。

其季冬嘗魚，先膚寢廟，及大合樂而罷。注："《王居明堂》：'命國爲酒，以合三族。'"亦是蜡、臘之流。若炗勞已畢，不應復酒，此禮兼施季、孟，彌會總名。蔡《章句》及《風俗通》論夏殷嘉平、清祀二祭顛倒^③，與《廣雅》不同者，更無經典正誼，故兩傳焉。

附說曰^④：十二月八日沐浴，已具内典。温室經俗謂爲臘月者，《史記·陳勝傳》有臘月之言。劉歆《列女傳》云^⑤："魯之母師，臘日炗作者^⑥。"曹大家注云^⑦："臘，一歲之大祀。"魏世華歆常以臘日宴子弟，王朗慕之，蓋其家法。諺云："臘鼓鳴，春草生。"案《周官》："方相氏掌蒙熊皮^⑧，黄金四目，玄衣朱裳，執戈揚盾^⑨，

---

① "於是乎"三字原脱，據《四部叢刊》本《國語韋氏解》補。
② "於是乎嘗"四字原脱，"祀"下原衍"者"字，據《四部叢刊》本《國語韋氏解》補刪。
③ "顛倒"原作"巔到"，徑改。
④ "附"下原有"正"字，據本書體例當衍，蓋爲抄手誤抄，今刪。
⑤ "列"字原無，今補。
⑥ "作者"二字原脱，據《四部叢刊》本《古列女傳》補。
⑦ "曹大"二字原脱，今補。
⑧ "掌"字原脱，據《周禮注疏》補。
⑨ "盾"原誤作"稻"，據《周禮注疏》改。

帥百隸而時儺①。”“籥章掌土鼓幽籥②。”杜子春注云：“土鼓以瓦
爲匡③，以革爲兩面，可擊也④。”又曰：“國祭蜡，吹《幽頌》，擊土鼓
以息老物⑤，此即朡鼓也。”《論語·鄉黨》云：“鄉人儺，孔子朝服
而立於阼階。”注云：“儺者，謂驅疫鬼。朝服立於阼階者，爲鬼神
或驚怖，當依人。”今世村民打細要鼓，戴胡公頭，及作金剛力士
逐除，即其遺風。《吕氏春秋·季冬紀》注云⑥：“今人朡歲前一
日，擊鼓驅疫，謂之逐除。”《玄中記》云：“顓頊氏有三子，俱亡，處
人宫室，善驚小兒。漢世，以五營千騎，自端門送至洛水。”《續漢
書·禮儀志》云：“季冬之月，先朡一日逐疫，侲子持炬火，送疫出
端門。門外騶騎傳炬出宫，司馬闕門外五營騎士傳火棄浴水
中。”張衡《東京賦》云：“卒歲大儺，驅除群厲。方相秉鉞，巫覡操
茢⑦。侲子万童，丹首玄製。”注云：“丹首，赤幘。玄製，皂衣。”蓋
逐除者所服也。

　　金剛、力士，世謂佛家之神。《大涅槃經》云：“有一童子在屏
隱處盜聽説戒⑧，密迹力士以金剛杵碎之如塵。是金剛神極成暴
惡。”《河圖玉板》云：“天立四極，各有金剛力士兵，長三千丈。”抑
亦其義。儒書唯荀卿《荆楚歌賦》云：“嫫母刁父，是之憘也。”漢

① “帥百”原誤作“師伯”，據《周禮注疏》改。
② “掌”原誤作“常”，據《周禮注疏》改。
③ “土”、“匡”二字原脱，“瓦”原誤作“風”，據《周禮注疏》補。
④ “也”原誤作“老”，據《周禮注疏》改。
⑤ “老物”原誤作“者勿”，據《周禮注疏》改。
⑥ “季”、“注”二字原無，據《吕氏春秋》高誘注補。
⑦ “方相秉鉞，巫覡操茢”八字原無，據《四部叢刊》本《六臣注文選》卷二張衡《二
京賦》補。
⑧ “聽”字原無，“戒”又誤作“或”，據《乾隆大藏經》本《大般涅槃經》補改。

議郎廉品《大儺賦》云①："弦桃刺棘,弓矢斯張,赭鞭朱朴擊不祥,彤戈丹斧,芟夷凶殃,投妖匿于洛裔,連絶限于飛梁。"《異苑拾遺》云②:"孫興公常著戲頭與逐除,人共至桓宣武處③,宣武覺其應對不凡④,推問乃驗。"並其事也。

其夜爲藏釣之戲。辛氏《三秦記》云:"昭帝母釣弋夫人手拳而國色,今世人學藏釣法此。"《藝經》云:"釣弋夫人手捲,世人藏釣法此⑤。"成公綏⑥、周處並作"彄"字⑦,《藝經》則作"釣"。庾闡《藏釣賦》云:"歎近夜之藏釣,賞一時之戲望。以道生爲元帥,以子仁爲佐相。蓋當時人名也。釣運掌而潛流,手乘虛以密放,示微迹於可嫌⑧,露疑似之情狀,輒爭材以先叩⑨,各鋭志於所向。"《荆楚記》:"俗云,此戲令人生離,有物忌之家,則癈而不修也⑩。"

其日並以豚酒祭竈神。《禮器》云:"竈者,老婦之祭。轉於缾,盛於盆。"言以缾爲轉,以盆盛饌也。許慎《五經異義》云:"顓頊有子曰黎,爲祝融火神也,祀以爲竈神⑪。"《庄子》皇子見桓公曰:"竈有髻⑫。"司馬彪注云:"髻,竈神也,狀如美女,衣赤衣。"《竈書》云:"竈神姓蘇,名吉利。婦名博頰⑬。"《雜五行書》又云:

① "議"字原無,今補。
② 《異苑拾遺》不見諸書著録,《荆楚歲時記》此文作"《小説》",抑或《小説》之別名。
③ "宣"字原脱,據下文及《荆楚歲時記》引《小説》補。
④ "其應"二字原脱,據《荆楚歲時記》引《小説》補。
⑤ "此"字原脱,據上引《三秦記》,當脱"此"字,今據以補。
⑥ "綏"原誤作"經",徑改。
⑦ "彄"上原衍"張"字,涉"彄"字形近而誤衍,今删。
⑧ "可"原誤作"丁",據《藝文類聚》卷七十四引《藏釣賦》改。
⑨ "材"原作"杖",據《藝文類聚》卷七十四引《藏釣賦》改。
⑩ "則"、"而"二字原無,據《荆楚歲時記》補。
⑪ "神"字原無,據《荆楚歲時記》引《五經異義》補。
⑫ "竈"上原有"有"字,涉下"有"字誤重,據王先謙《莊子集解》删。
⑬ "婦"下《荆楚歲時記》引《竈書》有"姓王"二字。

“竈神名禪，字子郭，衣黄衣，從竈中被髮而去，以名呼之，則除凶。”《五行書》又云：“三月甲寅、四月丁巳，以豚頭爲祭，其利万倍①。”《抱朴子》云：“月晦日②，竈鬼亦上天，白人衆狀，大者奪紀③。紀者，三百日也。小者奪筭，筭者，一日也。”《世説》云：“王朗以識度推華歆，歆蜡日嘗集子姪燕飲，王亦學之。”朗《雜箴》云④：“家人有嚴君焉⑤，井竈之謂也⑥。”《搜神記》云：“漢陰子方當臘日晨炊而竈神形見⑦，子方再拜受慶。家有黄羊，因以祠之，至誠。三世而遂繁昌，故後常以臘日祀竈而薦黄羊焉。”《荆楚記》云：“以黄犬祭之，謂之黄羊，陰氏世蒙其福。”《古今注》：“狗，一名黄羊。”《莊子》云：“臘者之有膮、胲⑧。”注云：“膮，牛百葉也。胲，足大指也。臘，大祭，物備而肴有膮、豚。”《養生要》云：“臘夜令人持椒臥井旁⑨，毋与人語，内椒井中，除温病。”

歲陰已及，俗多婚嫁。張華《感婚賦》云：“逼來年之且至，迫星紀之未移。競奔驚於末冬，咸起趣於吉儀。”《師曠書》云：“人

---

① “倍”原誤作“信”，據森立之父子校本、《古逸叢書》本《玉燭寶典》改。

② “日”，今本《抱朴子》作“之夜”。

③ “紀”原作“記”，不重下“紀”字，據《四部叢刊》本《抱朴子》改增。

④ “雜箴”原誤作“竈藏”，據《藝文類聚》卷八十、《錦繡萬花谷後集》卷十五、《事文類聚續集》卷十引王朗《雜箴》改。

⑤ “家人有”原誤作“有家”，“焉”字原無，據《藝文類聚》卷八十、《錦繡萬花谷後集》卷十五、《事文類聚續集》卷十引王朗《雜箴》改。

⑥ “也”字原無，據《藝文類聚》卷八十、《錦繡萬花谷後集》卷十五、《事文類聚續集》卷十引王朗《雜箴》補。

⑦ “子”字原脱，據下文及《津逮秘書》本《搜神記》補。原無“神”字，據《津逮秘書》本《搜神記》、《藝文類聚》卷五、《北堂書鈔》卷一五五、《太平御覽》卷三三引《搜神記》補。

⑧ “胲”原誤作“豚”，據王先謙《莊子集解》改。

⑨ “人”下原衍“時”字，“臥”下原衍“師”，字，則形近而誤重，據《白孔六帖》卷二、《藝文類聚》卷五、《歲時廣記》卷三十九引《養生要》删。

家忌臘日煞生形於堂上，有血光，不祥。"

　　過臘一日謂之小歲。《史記·天官書》："凡候歲前①，臘明日，人衆一會飲食②，發陽氣，故曰初歲。在官者並朝賀。"今世多不行。《荆楚記》云："歲暮，家家具肴菽。《詩·大雅》云：'其菽惟何。'毛傳云：'菽，菜肴。'謂宿歲之儲③，以入新年也。　相聚餟歌，《古文尚書》云："餟歌于室，時渭巫風。"請爲送歲④。今世多解除擲去破幣器物，名爲送窮。　留宿歲飯至新年十二日，則棄於街衢，以爲去故納新，除貧取富。又留此飯須發蟄雷鳴，擲之屋扉，令雷聲遠也⑤。"今世遲宿炊飲，入年一日内食盡，亦不棄擲。《雜五行書》云："掘宅四角⑥，各埋一石，名爲鎮宅。"《淮南萬畢術》則云："埋員石於四隅，雜桃弧七枚，則無鬼殃之害。"非獨今也。

　　終篇説曰：案《尚書》："朞三百又六旬又六日，以閏月定四時成歲。"孔安國注云："匝四時曰朞，一歲十二月，月卅日，正三百六十日也。除小月六爲六日，是爲歲有餘十二日，未盈三歲足得一月，則置閏焉，以定四時之氣節，成一歲之曆象。"此言三百六旬外有六日，与小月之六日，并爲十二日也，三年合卅六日，故置閏或⑦。後王肅注則云："朞稱時，謂日一周天三百日又六旬六十日又六日⑧，其實五日四分日之一，入六日之四分一，舉全數以言之。"《易通卦驗》云："廿四氣始於冬至，終於大雪，周天三百六十

---

① "前"，今本《史記》作"美惡"。
② "人衆"下今本《史記》有"卒歲"二字。
③ "之"字原脱，據《太平御覽》卷十七引《荆楚歲時記》補。
④ 據上文例之，"請"疑當作"謂"。
⑤ "除貧取富"以下二十二字今本《荆楚歲時記》無，可補其闕文。
⑥ "掘"原誤作"握"，據《荆楚歲時記》引《雜五行書》改。
⑦ "或"字疑爲"焉"字之訛。
⑧ "三"字原重，今删。

五日四分日之一。”与王氏注同。

《周官》①:“大史職②,閏月則詔王居門,終月。”鄭玄注:“門,謂路寢門也。鄭司農云:‘《月令》十二月分在青陽、明堂、總章、玄堂左右之位,唯閏月無所居,居于門,故於文王在門謂之閏。”古者稱字爲文,此言“閏”字之體,以王居門爲義。《禮・玉藻》:“玄端而朝日於東門之外,聽朔於南門之外,閏月則闔門左扉③,立于其中。”鄭注云:“東門、南門,皆謂國門也。天子廟及路寢,皆如明堂制。明堂在國之陽④,每月就其時之堂而聽朔焉。卒事,反宿⑤,路寢亦如之。閏月,非常月也⑥,聽其朔於明堂門中,還,處路寢門,終月。是乃闔扉於明堂,終月於路寢,以無正位,故内外在門。”

《周書・周月解》云⑦:“日月俱起于牽牛之初,右回而行月⑧,一周天進一次⑨,而與日合宿。日行月一次,十有二次而周天歷舍于十有二辰,終則復始,是謂日月權輿。閏無中氣,斗指辰之間⑩。”《春秋》文元年傳“於是閏三月,非禮”,服注云:“周三月,夏正月也。是歲距僖公五年辛亥歲卅年,閏餘十三,正月小雪,閏當在十一月後。”不數此文元年,計唯廿九年。一月有七小餘,一

---

① “周”字原脱,今補。
② “大”字原重,據《周禮注疏》删。
③ “月”原誤作“門”,又脱“門”字,據《禮記正義》改。
④ “制明堂”三字原脱,據《禮記正義》補。
⑤ “宿”字原脱,據《禮記正義》補。
⑥ “月也”二字原脱,據《禮記正義》補。
⑦ “解”字原無,今補。
⑧ “回而”原誤作“月”,據《四部叢刊》本《逸周書》改。
⑨ “進”原誤作“起”,涉上“起”字而誤,據《四部叢刊》本《逸周書》改。
⑩ “斗”字原脱,據《四部叢刊》本《逸周書》補。

年合八十四。十二小餘成一閏餘，是爲年有閏餘七，廿九年合二
百三餘，十九餘爲一閏，百九十餘成十閏，猶有十三餘。在文元
年正月以後，猶少六閏餘。正月、二月、三月止有廿一餘，計十二
月小餘爲一閏餘，并往年十三，始滿十四，長九小餘，豈得置閏？
若計三月後，猶小五閏餘，從正月盡十一月，小餘七十七，始得六
閏餘，方可置閏，長五小餘，故服注云"十一月後"。《傳》又云：
"歸餘於終。"注云："餘，餘分也。終，閏月也。謂餘分成閏，中氣
在月每，則後月無中，斗柄耶？指二辰之間，餘分之所，終以爲閏
月。閏月不失，則斗建。古得其正。舊説云：周天凡三百六十五
度十二辰，一辰有卅度，十二辰合三百六十度，餘有五度分之十
二辰，辰有七小餘，辰一有卅度七小餘，日行遲一日行一度猶不
盡，計一月，唯行廿九度，其一度八十分度之卅一焉，其長者積而
成閏。"《易坤靈圖》云："五勝迭用事，各七十二日，合三百六十日
爲歲。"注云："五勝，五行也。"此不計月小及五度耳。文六年冬
"閏月不告朔，猶朝於廟"，《傳》曰"非禮"，下云"閏以正時"，注
云："閏，殘分之氣，三年得一，五年得二。此言十九中有三年得
一閏者，有五年得二閏者。其三年、六年、九年，唯有乘長閏餘，
猶是三年之内。至第十一年向土數，爲五年得二，猶長一閏餘。
還從三年數，又至第十九年復，必年得二，其閏餘悉盡，還更發
初，故《周易·繫辭》云：'五歲再閏，再扐而後掛①。'"王輔嗣注
云："凡閏六歲再閏，又五歲再閏，又三歲一閏，凡十九歲七閏爲
一章，五歲再閏者二，故略舉其凡②。"亦如三百六十日。領驤注

---

① "扐"原誤作"初"，據《周易正義》改。
② "故略"二字原脱，據《周易正義》補。

《書》云：“閏月定四時成歲，云定然後成歲，是爲日數不充，則朞不成歲。然則周日爲歲，周月朞無多，而其贏縮無常①，故舉其中數三百六十，是贏縮之中也。”《漢書・律曆志》云“十一歲四閏，十九歲七閏”是也。《尚書考靈曜》曰：“閏者，陽之餘。”注云：“陽，日也。日以一歲周天爲十二次月，一歲十二，及日而不盡周天，十九分次之七，故言‘閏者，日之餘’。”《春秋元命苞》云：“人兩乳者，象閏月，陰之紀。”注云：“兩乳，異生也，異生則象閏餘也，以陰之二數。”《白虎通》云：“月有閏餘何？周天三百六十五度四分度之一②，歲十二月③，日過十二度④，故三年一閏，五歲再閏也。明陰不足，陽有餘。閏者，陽之餘也。”

《易乾鑿度》云：“乘皇英者，戲。”注云：“謂天數也。”《通卦驗》云：“宓戲氏作《易》，仲命德，維紀衝。”注云：“仲謂四仲之卦⑤，震、兌、坎、離也。命德者震，則命曰木德，兌則金德，坎則水德，離則大德。維者，四角之卦，艮、巽、坤、乾也。紀，猶數也。衝，猶當也。維者起數所當，謂若艮當立春⑥。”《孝經援神契》云：“戲傷《易》立卦以應樞。”注云：“應斗樞，發節移度，故作八卦紀方。”

《尚書考靈曜》云：“天垐開闢，曜滿舒元，歷紀名月，首甲子冬至，日月五星俱起牽牛初，日月若懸璧，五星若編珠。”《禮含文嘉》云：“推之以上元爲始，起十一月甲子朔旦夜半冬至，日月五

---

① “贏縮”二字原重，今删。
② “度之一”三字原無，據《四部叢刊》本《白虎通德論》補。
③ “歲”字原無，據《四部叢刊》本《白虎通德論》補。
④ “日”字原脱，“過”又誤作“不”，據《四部叢刊》本《白虎通德論》補正。
⑤ “仲”字原無，據趙在翰《七緯》輯本補。
⑥ “艮”下趙在翰《七緯》輯本有“於四時之數”五字。

星俱起牽牛之初，斗左回，日月五星右行。"《樂動聲儀》云："天坒一復，五星日月俱合起牽牛，日月更易氣，星辰更易光。"注云："牽牛前五度。"《世本》："容成作曆。"注云："黃帝臣。"當是上古質略，至容成，始復委曲戴之文字①，非爲創造。

《春秋傳》："郯子云：'少昊，鳥師而鳥名，鳳鳥氏曆正。'"服注云："猶堯之羲和②。"杜注云："鳳鳥知天時，故以名曆正之官。"《史記·曆書》云③："少昊氏之衰也，九梨亂德。顓頊受之，乃命南正重司天以屬神，火正梨司坒以屬民。其後，閏餘乖次，孟陬殄滅④，攝提無紀。堯復遂重黎之後⑤，立羲和之官。明時正度，則陰陽調，風雨節，茂氣至。"《春秋元命苞》、《易乾鑒度》皆爲以開闢至獲麟二百七十六万歲。《漢書·律曆志》云："僖公五年正月辛亥朔旦冬至，是歲距上元十四万二千五百七十六歲。"明開闢以後即有年月可推，故《律曆志》又云"曆數之起尚矣"。衆諸據驗閏曆之事，与造化俱興，其時候早晚，皆依所閏之月，縱有盈縮，非遇懸殊。以季冬歲終，故總附於此。《春秋》以閏月非正例，不見經，六年"閏月不告朔，猶朝于廟"，書者爲失禮，故哀五年閏月，叔還如齊，葬齊景公，書者見諸侯五月而葬，以閏數也。

玉燭寶典卷第十二　十二月

---

① "戴"、"載"二字古通。
② "堯"原誤作"曉"，"羲"原誤作"義"，徑改。
③ "史記曆書"以下，森立之父子校本、依田利用《玉珠寶典考證》并闕。
④ "滅"字原脱，據中華書局點校本《史記》補。
⑤ "遂"字原無，據中華書局點校本《史記》補。

玉燭寶典解題

林文月譯

　　《玉燭寶典》十二卷，隋杜臺卿撰，中國記載年中行事，歲時節令之書也。以一月爲一卷，故凡十二卷。此書在中國早已亡佚，僅有前田侯尊經閣文庫之舊寫本流傳於世。今所複製者即其本。唯尊經閣本亦非全豹，實闕季秋九月一卷，是天壤間所存者只十一卷耳。

　　著者杜臺卿《隋書》卷五十八有傳。略云臺卿字少山，博陵郡曲陽縣（即今河北省曲陽縣）人也。父弼，爲北齊衛尉卿。臺卿其次子，少好學，博覽書記，解屬文，仕齊奉朝請，歷司空西閣祭酒、司徒戶曹、著作郎、中書黃門侍郎。性儒素，每以雅道自居。及周武帝平齊，歸于鄉里，以《禮記》、《春秋》講授子弟。開皇初，被徵入朝。嘗采月令，觸類而廣之，爲書名《玉燭寶典》，十二卷。至是，奏之，賜絹二百匹。臺卿患聾，不堪吏職，請修國史。文帝許之，拜著作郎。十四年，上表請致仕，勑以本官還第。數載，終於家。有集十五卷，撰《齊記》二十卷，並行於世。無子。此外他書所記，又有可補《隋書》之不足者。《北齊書・杜弼傳》云：“北齊天保末，臺卿爲廷尉監，以得罪文宣帝，徙東豫州。孝昭帝乾明初還鄴。”《初學記》引臺卿《淮賦序》云：“後主天統初，出除廣州長史。”《北齊書・文苑傳》序云：“武成帝河清天統之辰，以臺卿參知詔敕。”《隋書・李德林傳》云：“後主武平元年，臺卿以中書侍郎上《世祖武成皇帝頌》。”《北齊書・文苑傳》序又云："武平三年，以衛尉少卿參與《文林館御覽》撰修。"《杜弼傳》又云："武平末，以國子祭酒領尚書左丞。"要之，其人生於北朝世宦之家，仕北齊，官職頗隆。入北周而不得志。入隋之後雖再仕，仍未顯達。《隋書》本傳記其兄蕙之，學業不如臺卿而幹局過之。《杜弼傳》記諸子云："臺卿文筆尤工，見稱當世。"然則政事似非臺卿所長，其所長蓋文學也。本傳云"隋初，以《玉燭寶典》上於朝"，書必成於其前。臺卿《自序》云"昔因典掌餘暇，考校藝文"云云，蓋仕北齊時，即已起稿矣。至以《玉燭寶典》命名之由，亦見於自序，曰："《爾雅》'四氣和爲玉燭'，《周書》武王説周公，推道德以爲寶典。"案："玉燭"見《爾雅·釋天篇》；所謂《周書》，乃《逸周書·寶典解》序也；此則以記四時政令之重文，假古書之吉祥字以名之耳，今本《爾雅》及《逸周書》之文，固未必同於臺卿所引之意也。

此書撰述之旨，蓋集古來時令之書以爲總匯者。中國人自古信天人相關之説，其政法以順應自然之序爲職志，而諸學術亦無不循此。是以《尚書·堯典篇》既有"敬授民時"之説，又相傳《夏小正篇》爲夏禹之法。降及周季戰國之世，推步之術大闢，節候之測愈密，五行之説紛起，而禁忌之語遂繁。秦呂不韋總括之以爲十二紀，冠於《呂氏春秋》之首，而漢儒編《禮記》，彙鈔十二紀入編，是爲《月令篇》。此外，《逸周書》有《時訓解》[①]，《淮南子》有《時則解》，體皆近《月令》。哀、平之世，前漢之祚將絶，緯候之説興起，復盛言天人之際，後漢崔寔《四民月令》之屬，則別爲農庶而作。凡此諸書，均見於臺卿書中，其間有述己見者，亦有注

---

① "時則解"當作"時則"。

“今案”二字者。又每卷之末有“正説”，有“附説”。“正説”爲商訂前聞疑誤者，“附説”則雜載今俗瑣事，皆博雅可喜。“附説”頗涉閭巷俗習，尤多他書所未道。論中國民俗者固非必探源於此，蓋中國上世之俗，《禮記・月令篇》書之，宋以後近世之俗可徵之於《歲時廣記》以下諸方志。獨魏晉南北朝之俗，上承秦漢，下啓宋元，舍此書無由求之，此其所以尤爲貴。非僅其記事可供欣賞也，其議論亦有足以窺世風者。如四月孟夏卷“正説”曰：《春秋》莊公七年經謂“夏四月辛卯夜，恒星不見，夜中星隕如雨”，乃遥記佛誕之異者。以釋説儒，以儒説釋，於今足以駭俗，於當時則未必然也。

此書之可貴處別有二端。唐以前舊籍，全書早亡者，此書或載其佚文，一也；雖全書尚存，賴此書所引之文可校正今本，二也。

全書既亡而佚文存於此者，以蔡邕《月令章句》爲最。蔡氏漢末大儒，後人所宗仰，前清之世，漢學大行，諸儒乃爭作蔡氏《月令》輯本，而觀覽不周，東鱗西爪，僅足以成卷，不知此書所引衺然章列，幾得其全也。崔寔《四民月令》亦類此。其餘斷圭零璧，亦殊堪捃拾，備見於吾友新美寬君之研究，兹不贅言。

此書所引足以校正文字者，以《禮記・月令》爲最。今試言其一端：孟春之月曰：“魚上負冰。”今本《禮記》均無負字，作“魚上冰”，然《毛詩・匏有苦葉》正義所引有“負”字，此書獨與之合。又曰：“宿離不貣，無失經紀，以初爲常。”今本《禮記》“無”字多作“毋”，獨足利學校遺蹟圖書館所藏舊寫本作“无”。案唐孔穎達正義所引“無失經紀”者云云，《寶典》之本又與之合。又“律中大簇”，鄭注曰：“於藏值脾。”獨足利本同此書，今本“值”作“直”，而孔氏正義所見者爲“值”，非直。又“季春之月，具曲植蘧筐”，鄭注曰：“皆所以養蠶器也。”“兵革並起”之注曰：“金氣勝也。”獨足利本同此，餘本"皆"字作"時"，"金"字作"陰"，觀其文義，當以作"皆"、作"金"爲勝。類此者尚多，以煩瑣不復舉。且非僅限於《月令篇》，其餘經史亦比比然，但在好學之士善用之耳。

此書在中國未知佚於何時。《隋書·經籍志》子部雜家類收之，《舊唐書·經籍志》亦然。唐時頗盛行於世，徐堅《初學記》引《玉燭寶典》之文凡十條，其中九月九日條曰：

> 《玉燭寶典》曰：'食餌者其時黍秫並收，以因黏米佳味，觸類嘗新，遂成積習。《周官·籩人職》曰："羞籩之實，糗餌粉粢。"干寶注曰："糗餌者，豆米屑米而蒸之以棗豆之味，今餌餌也。"《方言》："餌謂之餻，或謂之粢。"

蓋今本所闕卷九之佚文也。《新唐書·藝文志》收入子部農家。尤袤《遂初堂書目》同《唐志》，陳氏《直齋書錄解題》收入史部時令類，是南宋之世全書當具存；然宋末陳元靚《歲時廣記》所引此書，其爲曾覩原書？抑鈔諸類書所引？則頗爲可疑。《宋史·藝文志》復收入子部農家。元以後流傳漸稀。明萬曆時，陳第《世善堂書目》列於諸子百家類各家傳世名書中，餘未聞見。至於清，而此書遂絕不可覩。及光緒初，楊守敬氏隨公使何如璋來我國，始知此書尚存，遂勸公使黎庶昌刻於《古逸叢書》中。《古逸叢書》者，集鐫我國所傳而彼土早亡之書也，中以此書爲白眉，於是彼土人士皆驚爲稀世之珍。

此書何時傳入我國乎？藤原佐世《日本國現在書目》已著錄於雜家，然則清和天皇御宇時即有傳本矣。又藤原賴長之日記《臺記》中康治三年五月五日條曰：

> 依敦任《玉燭寶典》之意，殺蟾蜍，以血著方尺之布，令蒙侍宗廣首頭，居庭前，東面。無動矣。是見百鬼之術也，

而無其驗。

乃見本書五月之卷引《淮南萬畢術》所記而試之。康治以後，顯晦不詳。今複製之尊經閣本乃現存最古本，卷六尾署"貞和四年八月八日書寫畢"，貞和爲光明院天皇年號，實當後村上天皇正平三年也。卷五尾有"嘉保三年六月七日書寫了並校異"等字，蓋録舊跋，非書寫之年月也。此本紙背連綴若干文書以成，其中所見年號有卷三紙背所見"貞和二年"、"三年"，卷六紙背所見"貞和三年"，卷七紙背所見"建武三年"、"曆應二年"、"貞和四年"，其爲貞和時所鈔愈益著明，實距今五百九十餘年矣。再者，此書宮内省圖書寮亦藏一本，爲舊幕時佐伯侯毛利高翰影鈔此前田侯尊經閣本而獻於幕府者，澁江全善於《經籍訪古志》中所謂楓山官庫本者即是。但圖書寮本卷三尾云"貞和五年四月十三日面山叟"，又卷八尾云"貞和四年十月十六日校合了，面山叟"，尊經閣本反無之，其故不明。《古逸叢書》底本則又爲圖書寮本之轉寫。世間諸本皆出於此，則讀《玉燭寶典》者當以此本爲依歸可勿論矣。島田翰氏《古文舊書考》謂別有一寫本，卷七闕半，然他人均未得見。

予草此解題，得友人新美寬君助力最多[1]，見於《臺記》之記載又承新村重山先生示教，記之以表謝意。

昭和十八年六月

寫於京都東方研究所

吉川幸次郎

---

① "寬"原誤作"寮"，徑改。

千金月令

孫思邈　撰

竇懷永　點校

【題解】

《千金月令》，一卷，唐孫思邈撰。思邈，生於北周大統三年（581），卒於唐永淳元年（682），京兆華原（現陝西耀縣）人。自幼聰明過人，日誦千言，有“聖童”之譽。後立志學醫，致力於臨牀研究，注重力行醫德，“華夷愚智，普同一等”，古今尊之爲“藥王”。唐太宗有“鑿開徑路，名魁太醫。羽翼三聖，調合四時。降龍伏虎，拯衰救危。巍巍堂堂，百代之師”之頌。孫思邈通曉諸子百家，博涉經史學術，兼通佛道，晚年隱居著書。一生著述甚富，其中以《千金要方》、《千金翼方》、《老子注》、《莊子注》、《攝生真録》等最爲著名。

據《新唐書·藝文志》：“《孫氏千金月令》三卷孫思邈。”但與崔寔《四民月令》、李綽《秦中歲時記》等同入“農家類”。據以推之，蓋《千金月令》之全名或當作“孫氏千金月令”，雖冠以“千金”，然重在“月令”，是故未與孫氏所著《千金方》、《千金翼方》等歸入“醫術類”。以後諸家目録，既有歸之於“農家類”（如《遂初堂書目》），亦有納之於“歲時類”者（如《崇文總目》），多不入醫術類。至南宋鄭樵著《通志》時，已漸有亡佚：“《孫氏千金月令》三卷。孫思邈撰。失一卷。”（卷六四）今日可見之《千金月令》條目文字，散見於《農政全書》、《遵生八箋》等各類文獻，元末明初陶宗元輯得部分條目，收入《説郛》。

另，日本京都大學藏有一套署名“千金月令”之抄本，乃日本“明治廿四年辛卯秋王十一月借青山道純所藏本寫”。然觀其内容，實由治療“心腹痛”、“咳嗽”等病症之藥方與“穀之禁”、“水族之忌”等禁忌以及“導引”之術等組成，與今見佚文以節令歲時分别條目迥異。特以明之。

今據宛委山堂本《説郛》卷六九（《〈説郛〉三種》，上海古籍出版社1988年影印）所輯《千金月令》條目，整理如下。

千金月令

孫思邈

賜　綵

唐制，立春賜三省官綵勝，各有差。

宜春字

立春日，貼宜春字于門。

傳　柑

上元夜，登樓貴戚例有黃柑相遺，謂之傳柑。

祓　除

上巳，桃花水上招魂續魄，秉蘭草，祓除不祥。

踏　青

三月三日，上踏青鞋履。

赤靈符

五月五日，作赤靈符着心前，辟兵。

菖　蒲

端午，以菖蒲或縷或屑，以泛酒。

進湯餅

伏日，進湯餅，名爲辟惡。

盂蘭會

七月十五日，營盆供寺爲盂蘭會。

登　高

重陽之日，必以肴酒，登高眺遠，爲時謔之遊賞，以暢秋志；酒必采茱萸、甘菊以泛之，既醉而還。

拜　墳

十月朔，都城士庶皆出城饗墳，禁中車馬朝陵如寒食節。

藏　彄

臘日以後，叟嫗各隨其儕爲藏彄，分爲二曹，以較勝負。

唐 月 令

李隆基　撰

竇懷永　點校

【題解】

《唐月令》,亦稱《御删定禮記月令》,一卷,唐李隆基撰。隆基(685—762)即唐玄宗,唐睿宗李旦第三子,公元712年至756年在位。

《唐月令》乃中國古代歲時禮俗文獻之重要代表,係由《禮記·月令》改編而來。《月令》乃小戴《禮記》之第六篇,是以孟春、仲春等一年十二月爲序,依次記載各月之物候、天文、祭祀、居處、飲食、禁忌等内容,是引導和規範古代社會生活之重要文獻。至唐玄宗朝,李隆基在《禮記·月令》基礎上略加删改,附益時事,將十二個月分出節氣、中氣計二十四段文字,遂成《御删定禮記月令》,頒行全國,并取代原篇《月令》而改置爲《禮記》第一,即今所謂"唐月令"者。唐文宗李昂組織刊刻開成石經時,即據唐玄宗删定本,可見其月令於唐朝社會之實際影響,甚至至北宋初期仍用作國子監之範本。仁宗景祐年間,《禮記·月令》恢復使用,而《唐月令》别行。

《唐月令》單篇存世者,當首推開成石經刊刻之版本,今存西安碑林。該月令刻於一塊整石及另外兩塊石一部分,上下八層,每層八十八行,行約十字,計五千三百餘字,保存相對較好,僅少量損壞缺字。此碑明以前完整拓本今已不存。明朝嘉靖年間地震造成碑林石經損毀嚴重,以致後來拓本多有殘缺。1926年,皕忍堂根據石刻本,依原拓字體影模刻板,殘缺處按宋本補足,編成《景刊唐開成石經》。1996年,中华书局據以縮印出版,爲今最善者。《北京圖書館藏中國歷代石刻拓本彙編》(中州古籍出版社1989年)亦收有石經圖版,然文字較小,多處模糊。另外,李林甫等撰《唐月令注》中亦保存了《唐月令》全文,《十種古逸書》、《漢學堂叢書》等所收輯佚本均可見之,具體文字與開成石經本略有差異,詳可參看下一篇《唐月令注》之整理文本。

今以中華書局縮印《景刊唐開成石經》第二册中《禮記》卷一爲底本,李林甫奉勅進注表文字參校以清茆泮林輯《唐月令注》(《續修四庫全書》第885册影印梅瑞軒刻本,上海古籍出版社1995年),迻録整理,略加分段。另唐時避太祖、世祖、太宗、睿宗諱，遂有改"虎"作"武"、改"丙"作"景"、改"旦"作"曉"以及缺筆書寫等情況，開成石經亦頗嚴謹。

御删定禮記月令

集賢院學士尚書左僕射兼右相吏部尚書修國史上柱國晉國公臣林甫等奉勅注

臣聞昔在唐堯，則曆象日月，敬授人時；降及虞舜，則璿樞玉衡，以齊七政；夏后則更置小正；周公則別爲時訓：斯皆月令之宗旨也。逮夫呂氏，纂習舊儀，定以孟春，日在營室。有拘恒檢[①]，無適變通，不知氣逐閏移，節隨斗建。洎乎月朔差異，□（日）星見殊[②]，乃令雩祀愆期，□□（百工）作沴，事資革弊，允屬□□（宜更）。□□□□□（昭代敬天勤人）[③]，順時設教，□□□□□（是以有皇極之）▨言[④]，親降聖謨，重有删定，乃依枸建，爰準攝提。舉正於中，匪乖期於積閏；履端於始，不爽候於上元。節氣由是合宜，刑政以之咸序。遂使金木各得其性，水火無相奪倫，蓋所謂順乎天而應乎人者也？乃命集賢院學士尚書左僕射兼右相吏部尚書李林甫、門下侍郎陳希烈、中書侍郎徐安貞、直學士起居舍人劉光謙、宣城▨（大）司馬齊光乂[⑤]、河南府倉

---

　　① “恒”，底本缺書末筆橫畫，避唐穆宗李恒諱，兹典正。全篇“恒”字皆缺筆，均徑典正，不復出。
　　② “星”上一字開成石經原碑殘泐，故底本遂用“□”表示，今亦據録，下同；復據清茆泮林輯《唐月令注》校補作“日”字，李林甫奉勅進注表部分皆同。
　　③ 末字“人”底本殘留末筆捺畫。
　　④ “言”上一字，底本殘留右下大部分，形近“形”之右下，難以辨識，兹據體例標作“▨”；下一處殘泐情況類此，亦如此。《唐月令注》此處作“敷”字。
　　⑤ “司”上一字底本殘泐，唯餘一短豎畫；《唐月令注》作“大”，據補。

曹參軍陸善經①、修撰官家令寺丞兼知太史監事史元晏、待制官安定郡別駕梁令瓚等爲之注解。臣等虔奉綸旨，極思□□（何有）②，愧無演暢之能，謬承□□（載筆）之寄，義深罕測，學淺□□（無能），莫副天心，空塵□□（聖意）。謹上。

正月之節③，日在虛。昏昴中，曉（旦）壁中④。斗建寅位之初。其日甲乙。其帝太皥，其神句芒。其蟲鱗，其音角。律中太蔟。其數八，其性仁，其事貌，其味酸，其臭羶。其祀戶，祭先脾。立春之日，東風解凍。後五日，蟄蟲始振。後五日，魚上冰。天子居青陽左个，乘青輅，駕蒼龍，載青旂，衣青衣，服蒼玉，食麥與羊，其器疏以達。太史以先立春三日謁於天子，曰：某日立春，盛德在木。天子乃齋。立春之日，天子親率公卿、諸侯、大夫，以迎春於東郊。還，乃賞公卿諸侯大夫於朝。令相布德和令，行慶施惠，下及兆人，慶賜遂行，無有不當。命太史司天曆候日月星辰，宿離不貸，無失經紀，以初爲常。是月也，命有司祭風師。是月也，命有司釁龜筴占兆，審卦吉凶。

正月中氣，日在危。昏畢中，曉（旦）尾中，斗建寅位之中。雨水之日，獺祭魚。后五日，鴻雁來。後五日，草木萌動。天子乃命有司布農事，舍東郊，修封疆，端徑術，善相丘陵、阪險、原隰，土地所宜，五穀所殖，以教導，人必躬親之。田事既飭，先定

---

① "參"上一字底本略有殘泐，僅可辨識乃"曹"字。

② "思"下二缺字中後一字，底本仍餘下半部分"月"形。

③ "正月"二字底本作雙鈎字形，即甾忍堂據阮元覆刻宋槧十行本經文補足者。篇中多處，皆徑録，不復出。

④ "曉"字係"旦"字避唐睿宗諱而改，《唐月令》全篇均同，今皆括注本字，以存其貌。"景"、"武"二字情況類此，徑括注出其避諱本字"丙"、"虎"，不復出校。

準直，農乃不惑。天子乃以元日祈穀于上帝。乃擇元辰，天子親載耒耜，置之車右，率公卿、諸侯、大夫，躬耕藉田。天子三推，公五推，卿諸侯九推。還，乃禮飲於大寢，公卿、諸侯、大夫皆御，命曰“勞酒”。是月也，命樂正習舞。乃修祭典，命祀岳鎮海瀆，犧牲無用牝。禁止伐木。無麛無卵。無聚大眾，無置城郭。掩骼埋胔。是月也，不可以稱兵，稱兵必有天殃。兵戎不起，不可從我始。無變天之道，無絕地之理，無亂人之紀。孟春行夏令，則雨水不時，草木早落，國時有恐。行秋令，則其人大疫，飄風暴雨緫至，藜莠蓬蒿並興。行冬令，則水潦爲敗，雪霜大摯，首種不入。

　　二月之節，日在營室。昏東井中，曉（旦）箕中，斗建卯位之初。律中夾鐘。驚蟄之日，桃始華。後五日，倉庚鳴。後五日，鷹化爲鳩。天子居青陽太廟。是月也，安萌芽，養幼少，存諸孤。命有司省囹圄，去桎梏，無肆掠，止獄訟。是月也，命樂正習舞。上丁釋奠於國學，天子乃率公卿、諸侯、大夫，親往視之。命有司上戊釋奠於太公廟。是月也，擇元日，命人社。

　　二月中氣，日在奎。昏東井中，曉（旦）南斗中，斗建卯位之中。春分之日，玄鳥至。後五日，雷乃發聲。後五日，始電。是月也，祀朝日於東郊。天子獻羔、開冰，先薦寢廟。是月也，日夜分則同度量，平權衡。是月也，玄鳥至之日，以太牢祀于高禖，天子親往。后妃率九嬪御，乃禮天子所御，帶以弓韣，授以弓矢，于高禖之前。是月也，命有司祭馬祖。是月也，耕者少舍，乃修闔扇，寢廟畢備。無作大事，以妨農事。是月也，無竭川澤，無漉陂池，無焚山林。仲春行秋令，則其國大水，寒氣緫至，寇戎來征。

行冬令，則陽氣不勝，麥乃不熟，人多相掠。行夏令，則國乃大旱，煖氣早來，蟲螟爲害。

　　三月之節，日在婁。昏柳中，曉（旦）南斗中，斗建辰位之初。律中姑洗清明之日，桐始華。後五日，田鼠化爲鴽。後五日，虹始見。天子居青陽右个。是月也，天子乃薦鞠衣于先帝。命有司覆舟，五覆五反，乃告舟備具于天子焉。天子始乘舟。薦鮪于寢廟。是月也，生氣方盛，陽氣發洩①，句者畢出，萌者盡達，不可以内。天子布德行惠，命有司發倉廩，賜貧窮，振乏絶，開府庫，出幣帛，周天下，勉諸侯，聘名士，禮賢者。

　　三月中氣，日在胃。昏張中，曉（旦）南斗中，斗建辰位之中。穀雨之日，萍始生。後五日，鳴鳩拂其羽。後五日，戴勝降于桑。是月也，天子命有司曰：時雨將降，下水上騰，巡行國邑，周視原野，修利隄防，導達溝瀆，開通道路，無有障塞。田獵置罘，羅綱畢翳，餧獸之藥，毋出九門。是月也，命有司無伐桑柘。乃修蠶器，后妃齋戒，享先蠶而躬桑，以勸蠶事。是月也，命有司令百工審五庫之量，金鐵皮革筋角，齒羽箭幹，脂膠丹漆，無或不良。百工咸理，監工日號②，無悖於時，無作淫巧，以蕩上心。是月也，乃合累牛騰馬，遊牝于牧。犧牲駒犢，舉書其數。是月也，擇吉日大合樂。天子乃率公卿、諸侯、大夫，親往視之。是月也，命國儺九門，磔攘以畢春氣。季春行冬令，則寒氣時發，草木皆肅，國有大恐。行夏令，則人多疾疫，時雨不降，山陵不收。行秋令，則天

① “洩”，唐時避唐太宗諱改“泄”作“洩”。
② “號”，底本缺書末筆豎鈎筆畫，避李虎諱字形，兹典正。下處同，徑典正。

多沈陰,淫雨早降,兵革並起。

四月之節,日在昴。昏翼中,曉(旦)牽牛中,斗建巳位之初。其日景(丙)丁。其帝炎帝,其神祝融。其蟲羽。其音徵。律中仲呂。其數七,其性禮,其事視,其味苦,其臭焦。其祀竈,祭先肺。立夏之日,螻蟈鳴。後五日,蚯蚓出。後五日,王瓜生。天子居明堂左个,乘朱輅,駕赤駵,載赤旂,衣朱衣,服赤玉,食菽與雞,其器高以粗。太史以先立夏三日謁於天子,曰:某日立夏,盛德在火。天子乃齋。立夏之日,天子親率公卿、諸侯、大夫,以迎夏於南郊。還,乃賞公卿、諸侯、大夫於朝,慶賜遂行,無不欣悅。命相贊傑俊,遂賢良,舉長大。行爵出禄,必當其位。是月也,命樂正習盛樂大雩帝。命有司禱祀山川、古之卿士有益於人者,以祈穀實。是月也,命有司祀雨師。

四月中氣,日在畢。昏軫中,曉(旦)須女中,斗建巳位之中。小滿之日,苦菜秀。後五日,靡草死。後五日,小暑至。挺重囚,出輕繫。是月也,繼長增高,無有壞墮。無起土功,無發大衆,無伐大樹。是月也,天子初衣暑服。命有司巡行田原,勸農勉作,毋或失時。是月也,驅獸毋害五穀。無大田獵。農乃登麥,天子乃以雞嘗麥,羞以含桃,先薦寢廟。是月也,蠶事既登,后妃獻繭,乃收繭税,以桑爲均,貴賤長幼如一,以給郊廟之服。是月也,天子飲酎,用禮樂。孟夏行秋令,則苦雨數來,五穀不滋,四鄙入保。行冬令,則草木早枯,後乃大水,敗其城郭。行春令,則蝗蟲爲災,暴風來格,秀草不實。

五月之節,日在畢。昏角中,曉(旦)奎中,斗建午位之初。

律中蕤賓。芒種之日，螳蜋生。後五日，鵙始鳴。後五日，反舌無聲。天子居明堂太廟。是月也，門閭無閉，關市無索。游牝別群，則縶騰駒、班馬政。是月也，聚蓄百藥。

五月中氣，日在東井。昏亢中，曉（旦）營室中，斗建午位之中。夏至之日，鹿角解。後五日，蜩始鳴。後五日，半夏生。是月也，祀皇地祇於方丘。是月也，日長至，陰陽爭，死生分。君子齋戒，處必掩身，無躁。止聲色，無或進，薄滋味，無致和。節嗜慾，定心氣。百官靜事無刑，以定晏陰之所成。是月也，命有司祭先牧。是月也，無用火於南方。可以居高明，可以遠眺望，可以升山陵，可以處臺榭。仲夏行冬令，則雹凍傷穀，道路不通，暴兵來至。行春令，則五穀晚熟，百螣時起，其國乃虛。行秋令，則草木零落，果實早成，人殃於疫。

六月之節，日在東井。昏氐中，曉（旦）東壁中，斗建未位之初。律中林鐘。小暑之日，温風至。後五日，蟋蟀居壁。後五日，鷹乃學習。天子居明堂右个。命有司染綵，黼黻文章必以法，故無或差貸。黑黃蒼赤，莫不質良，無敢詐偽。以給郊廟祭祀之服，以爲旗章，以別貴賤等級之度。

六月中氣，日在柳。昏尾中，曉（旦）奎中，斗建未位之中。大暑之日，腐草爲螢。後五日，土潤溽暑。後五日，大雨時行。乃燒薙，行水利，以殺草。可以糞田疇，可以美土彊。是月也，樹木方盛，乃命有司入山行木，無有斬伐。不可以興土功，不可以合諸侯，不可以起兵動衆。季夏行春令，則穀實鮮落，國多風欬，人乃遷徙。行秋令，則丘隰水潦，禾稼不熟，乃多女災。行冬令，則風寒不時，鷹隼早鷙，四鄙入保。中央土。其日戊己。其帝黃帝，其神后土。其蟲倮。其音宮。律中黃鐘之宮。其數五，其性信，其事思，其味甘，共臭香。其祀中霤，祭先心。是月也，祀黃帝於南郊，天子居太廟太室，乘黃輅，駕黃龍，載黃旂，衣黃衣，服黃玉，食稷與牛，其器圜以閎。

七月之節，日在張。昏尾中，曉（旦）婁中，斗建申位之初。其日庚辛。其帝少皞，其神蓐收。其蟲毛，其音商。律中夷則。其數九，共性義，其事言，其味辛，其臭腥，其祀門，祭先肝。立秋之日，涼風至。後五日，白露降。後五日，寒蟬鳴。天子居總章左个，乘白輅，駕白駱，載白旂，衣白衣，服白玉，食麻與魚，其器廉以深。太史以先立秋三日謁於天子，曰：某日立秋，盛德在金。天子乃齋。立秋之日，天子親率公卿、諸侯、大夫以迎秋於西郊。還，乃賞軍帥武人於朝。乃命將帥選士勵兵，簡練傑俊，專任有功，以征不義，詰誅暴慢，以明好惡，順彼遠方。

七月中氣，日在張。昏箕中，曉（旦）昴中，斗建申位之中。處暑之日，鷹乃祭鳥。後五日，天地始肅。後五日，禾乃登。是月也，命有司修法制，繕囹圄，具桎梏，斷薄刑，決小罪。是月也，築場圃，農乃登穀，天子嘗新，先薦寢廟。是月也，命有司納材葦。是月也，修宮室，坏垣牆，補城郭。孟秋行冬令，則陰氣大勝，介蟲敗穀，戎兵乃來。行春令，則其國乃旱，陽氣復還，五穀無實。行夏令，則其國火災，寒熱不節，人多瘧疾。

八月之節，日在翼。昏南斗中，曉（旦）畢中，斗建酉位之初。律中南呂。白露之日，鴻鴈來。後五日，玄鳥歸。後五日，群鳥養羞。天子居總章太廟。是月也，養衰老，授几杖，行麋粥飲食。

是月也，命有司循行犧牲，視全具，案芻豢，瞻肥瘠，察物色，必比類，量小大，視長短，皆中度。五者備當，上帝其饗。是月也，天子乃儺，以達秋氣。是月也，命樂正習吹。上丁釋奠於國學。天子乃率公卿、諸侯、大夫，親往視之。是月也，命有司上戊釋奠於太公廟。是月也，擇元日，命人社。

八月中氣，日在軫。昏南斗中，曉（旦）東井中，斗建酉位之中。秋分之日，雷乃收聲。後五日，蟄蟲坏户。後五日，水始涸。是月也，祀夕月於西郊。是月也，命有司享壽星於南郊。是月也，日夜分，則同度量，平權衡。是月也，有司祭馬社，天子嘗麻，先薦寢廟。是月也，命有司申嚴百刑，斬殺必當，無留有罪，無或枉橈，枉橈不當，反受其殃。是月也，勸人種麥，無或失時。仲秋行春令，則秋雨不降，草木生榮，國乃有恐。行夏令，則其國乃旱，蟄蟲不藏，五穀復生。行冬令，則風災數起，收雷先行，草木早死。

九月之節，日在角。昏牽牛中，曉（旦）東井中，斗建戌位之初。律中無射。寒露之日，鴻鴈來賓。後五日，雀入大水爲蛤。後五日，菊有黃華。天子居總章右个。是月也，申嚴號令，命百官貴賤，無不務內，以會天地之藏，無有宣出。是月也，命有司伐蛟、取鼉、登龜、取黿。

九月中氣，日在氐。昏須女中，曉（旦）柳中，斗建戌位之中。霜降之日，豺乃祭獸。後五日，草木黃落。後五日，蟄蟲咸俯。是月也，霜始降，則百工休。乃命有司曰：寒氣總至，人力不堪，其皆入室。是月也，命有司具飭衣裳，文繡有恒，衣服有量，冠帶有常，必循其故。是月也，天子嘗稻，先薦寢廟。乃命有司農事備，收舉五穀之要，藏帝藉於神倉，祗敬必飭。是月也，命有司合秩芻以養犧牲，以供皇天上帝名山大川四方之神，以祠宗廟社稷之靈，爲人祈福。命樂正習吹，大享帝於明堂。命有司嘗犧牲，告備于天子。是月也，趣人收斂，務蓄菜。是月也，乃伐薪爲炭。季秋行夏令，則其國大水，冬藏殃敗，人多鼽嚏。行冬令，則國多盜賊，邊境不寧，土地分裂。行春令，則煖風來至，人氣解惰，師興不居。

十月之節，日在房。昏虛中，曉（旦）張中，斗建亥位之初。其日壬癸。其帝顓頊，其神玄冥。其蟲介，其音羽。律中應鐘。其數六，其性智，其事聽，其味鹹，其臭朽，其祀井，祭先賢。立冬之日，水始冰。後五日，地始凍。後五日，野雞入大水爲蜃。天子居玄堂左个。乘玄輅，駕鐵驪，載玄旂，衣玄衣，服玄玉，食黍與彘，其器閎以掩。太史以先立冬三日謁於天子，曰：某日立冬，盛德在水。天子乃齋。立冬之日，天子親率公卿、諸侯、大夫，以迎冬於北郊。還，乃賞死事，恤孤寡，察阿黨，則罪無有掩蔽。是月也，可以築城郭，造宮室，穿竇窖，修囷倉。是月也，天子始裘。是月也，祀神州地祇於北郊。是月也，命有司祭司寒。是月也，命有司祭司中、司命、司人、司祿。

十月中氣，日在尾。昏危中，曉（旦）翼中，斗建亥位之中。小雪之日，虹藏不見。後五日，天氣上騰，地氣下降。後五日，閉塞而成冬。乃命有司謹蓋藏，循行積聚，無有不斂。坏城郭，戒門閭，修鍵閉，備邊境，謹關梁，塞蹊徑。飭喪紀，辨衣裳，審棺椁之薄厚，塋丘壟之小大，高卑薄厚之度，貴賤之等級。是月也，命有司效功，陳祭器，案度程，無作淫巧，以蕩上心，功致爲上。物

勒工名，以考其誠。功有不當，必行其罪。是月也，大飲烝。勞
農以休息之。是月也，易關市，來商旅，納貨賄，以便人事，四方
來集，遠鄉皆至，則財不匱，上無乏用，百事乃遂。是月也，乃命
有司收水澤之賦，無令侵削兆人，以爲天子取怨于下。其有若此
者，行罪無赦。是月也，乃命有司：秫稻必齊，麴蘗必時，湛熾必
絜[1]，水泉必香，陶器必良，火齊必得。兼用六物，酒官監之，無有
差貸。孟冬行春令，則凍閉不密，地氣上泄，人多流亡。行夏令，
則國多暴風，方冬不寒，蟄蟲復出。行秋令，則雪霜不時，小兵時
起，土地侵削。

　　十一月之節，日在箕。昏營室中，曉(旦)軫中，斗建子位之
初。律中黃鐘。大雪之日，鶡鳥不鳴。後五日，武(虎)始交。後
五日，荔挺出。天子居玄堂太廟。命有司土事無作，無發室屋，
及起大衆，以固而閉，地氣且洩。是謂發天地之房，諸蟄則死，人
必疾疫，又隨以喪。是月也，命內宰申宮令，審門閭，謹房室，必
重閉，雖有貴戚近習，無有不禁。命有司祈祀四海大川，名源
井泉。

　　十一月中氣，日在南斗。昏東壁中，曉(旦)角中，斗建子位
之中。冬至之日，蚯蚓結。後五日，麋角解。後五日，水泉動。
是月也，祀昊天上帝社稷丘。是月也，農有不收藏積聚者，馬牛
畜獸有放逸者，取之不詰。山林藪澤，有能取蔬食、田獵禽獸者，
有司教導之。其有相侵奪者，罪之不赦。是月也，命有司祭馬
步。是月也，伐木取竹箭。是月也，日短至，陰陽爭，諸生蕩。君

---

① “湛”，底本缺書右下兩筆類“八”形筆畫，避唐敬宗李湛諱字形，茲典正。

子齋戒，處必掩，身無躁，去聲色，禁嗜慾，安形性，事欲靜，以待陰陽之所定。是月也，可以罷官之無事、去器之無用者。仲冬行夏令，則其國乃旱，氛霧冥冥，雷乃發聲。行秋令，則天時雨汁，瓜瓠不成，國有大兵。行春令，則蟲蝗為敗，水泉咸竭，人多疥癘。

十二月之節，日在南斗。昏奎中，曉（旦）亢中，斗建丑位之初。律中大吕。小寒之日，鴈北鄉。後五日，鵲始巢。後五日，野雞始雊。天子居玄堂右个。命將帥講武習射，御角力，乃教田獵，以習五戎。班馬政，命僕夫七騶咸駕，載旌旒，授車以級，整設于屏外。司徒搢扑，北面以誓之。天子乃厲飾，執弓挾矢以獵，命主祠祭禽於四方。天子乃襘百神於南郊，為來年祈福於天宗。

十二月中氣，日在須女。昏婁中，曉（旦）氐中，斗建丑位之中。大寒之日，雞始乳。後五日，鷙鳥厲疾。後五日，水澤腹堅。是月也，命有司始漁，天子親往嘗魚，先薦寢廟。冰方盛，命取而藏之。冰已入，令告人出五種，命農計耦耕，修耒耜，具田器。命有司出土牛，以示農耕之早晚。是月也，日窮于次，月窮于紀，星回于天，數將幾終，歲且更始。專其農人，無有所使。天子乃與公卿、大夫共飭國典、論時令，以待來歲之宜。是月也，合諸侯，制百縣，為來歲受朔日，與諸侯所稅於人，輕重之法，貢職之數，以遠近土宜為度，以給郊廟之事，無有所私。乃命有司次諸侯之列，賦之犧牲，以供享祀。凡在天下九州之人，無不咸獻其力，以供皇天上帝、社稷寢廟、山林川澤之祀。命樂正大合吹而罷。乃命有司收秩薪柴，以供郊廟及百祀之薪燎。命有司大儺旁磔，以送寒氣。季冬行秋令，則白露早降，介蟲爲妖，四鄙入保。行春令，則胎夭多傷，國多固疾，命之曰逆。行夏令，則水潦敗國，時雪不降，冰凍消釋。

唐月令注

李林甫等　撰

茆泮林　　輯

竇懷永　點校

【題解】

《唐月令注》，一卷，乃係前篇李隆基撰《唐月令》（《御删定禮記月令》）之注解本，由唐李林甫、陳希烈、徐安貞、劉光謙、齊光乂、陸善經、史元晏、梁令瓚等聯袂撰作。

前篇《唐月令》之"題解"已論，李隆基删改《禮記·月令》而成《御删定禮記月令》，頒行全國，并改置爲《禮記》第一。時臣李林甫等遂聯名撰《唐月令群臣進注表》，請求予以注解，言稱古時《月令》已不適應現時之需，"有拘恒檢，無適變通，不知氣逐閏移，節隨斗建"，"洎乎月朔差異，日星見殊，乃令雩祀愆期，百工作沴，事資革弊，允屬宜更"，願使"金木各得其性，水火無相奪倫"。

宋仁宗景祐年間，《禮記·月令》恢復使用，而《唐月令》别行，李林甫等《唐月令注》亦隨之漸佚。至清道光年間，學人茆泮林以數年之力，輯得《唐月令注》。茆泮林，字雩水，江蘇高郵人，醉心輯佚，曾以二十年之力，輯得《世本》、《楚漢春秋》、《伏侯古今注》、《古孝子傳》及本篇等古逸書十餘種，并著有《唐月令注續補遺》、《老子河上公注》等多種。

茆氏在《唐月令注》前自敘云："泮林素好事，因留意於唐人類書、宋人類書中求之，果所在多有，而《太平御覽》一書引涉《唐月令》之迹尤顯。蓋引《禮記》，多先《月令》，而后《曲禮》、《王制》也。"知其所源，乃《太平御覽》等類書。輯本除《唐月令》全文和注解外，李林甫等所上注文表、輯者所作序、羅泌跋文和相關考校等俱全，甚是詳贍。茆泮林《唐月令注》輯本收入其《十種古逸書》中，有道光十四年（1834）自刻梅瑞軒（茆氏室名）本，後又收至《叢書集成初編》。清黄奭《黄氏逸書考》（題作"唐明皇月令注解"）等文獻亦輯有《唐月令注》，然不及茆泮林輯本詳備。

今以《續修四庫全書·史部·時令類》所收梅瑞軒藏板《唐月令注》（《續修四庫全書》第 885 册影印，上海古籍出版社 1995 年）爲底本，《唐月令》正文參校以上篇開成石經本（校記中徑稱"《唐月令》"），迻録整理。

唐月令注

　　唐書《藝文志》載《唐月令》一卷，唐明皇御刊定。自《禮記》中第五易爲第一，厥後屢請更正，直至宋景祐初始復舊文，則是書亦一代流傳舊籍也。雖改亂篇次，增損經文，沿及宋元諸儒，移易《尚書》，離析《大學》，筆削《孝經》，變置《周官》，出入《風雅》，誠不免後人作俑之譏。至首爲注解者如李哥奴，弄麞杖杜，尤卑鄙不足道。然朱子作《儀禮經傳通解》，載《禮記·月令》鄭注，併附注唐本於《呂覽》、《淮南》之後，且其中經文有依《唐月令》删定者，似亦僅有足取者焉。況定立春爲正月之節，至今時憲相承不改。兹故録其文而併考之，博雅君子，或者其不余責也。

　　夫時道光丁亥二月既望，高郵茆泮林自識。

唐月令群臣進注表

臣聞昔在唐堯，則曆象日月①，敬授人時；降及虞舜，則璿樞玉衡，以齊七政；夏后則更置小正；周公則別爲時訓：斯皆月令之宗旨也。逮夫呂氏，纂習舊儀，定以孟春，日在營室。有拘恒檢，無適變通，不知氣逐閏移，節隨斗建。泊乎月朔差異，日星見殊，乃令雩祀愆期，百工作沴，事資革弊，允屬宜更。昭代敬天勤人，順時設教，是以有皇極之敷言，親降聖謨，重有刪定，乃依枓建，爰準攝提。舉正於中，匪乖期於積閏；履端於始，不爽候於上元。節氣由是合宜，刑政以之咸序。遂使金木各得其性，水火無相奪倫，蓋所謂順乎天而應乎人者也？乃命集賢院學士尚書左僕射兼右相吏部尚書李林甫、門下侍郎陳希烈、中書侍郎徐安貞、直學士起居舍人劉光謙、宣城大司馬齊光乂、河南府倉曹參軍陸善經、修撰官家令寺丞兼知太史監事史元晏、待制官安定郡別駕梁令瓚等爲之注解。臣等虔奉綸音②，極思何有，愧無演暢之能，謬承載筆之寄，義深罕測，學淺無能，莫副天心，空塵聖意。謹上。

書唐月令

羅　泌

敬授人時，此帝堯之急政。聖人以之首書，民事之爲重可知矣。《禮》有《月令》，世皆以爲出於管子、不韋之書，故傅子云《月令》取《呂氏春秋》，至杜君卿乃以爲出於《管子》，不韋編之，以爲

---

① “曆”，底本作“歷”，清時避高宗弘曆諱改“曆”作“歷”，《開成石經》正作“曆”，兹回改。

② “音”，《唐月令》作“旨”。

十二紀之首。漢世戴聖始取以入《禮記》。蓋以《管子》有《幼官》、《四時》之篇，然亦不知周公已有時訓。而時令解見之《周書》，此蔡氏所以謂爲周公之作。孟冬祈來年，則建用子矣，是周正也。正歲合諸侯。若諸侯之所稅非秦事也，而或者猶謂周以六冕郊天，以大裘、玉輅、大常迎氣，而《月令》車服，並依時色。況乃太尉秦有，則非出於周代，是亦不知劉安時則之訓本之《月令》而亦時有增損，顧得謂漢時乎？常切考之，特亦本之《夏小正》耳。《小正》之書，顧亦本之前代炎、黃、顓、嚳。一代之治，斯有一代之時，惟其來者甚遠，是故歷代傅寶，以爲大訓。故雖有變易，而其大者猶不得而易也。

頃見《郭京易舉正》序，言我唐御注《孝經》、删定《月令》，以知唐室嘗改古之《月令》矣。中見斗南於世家，獲唐板五經，首帙爲覘。其本既《禮記》以爲先，而以《月令》冠篇，《曲禮》次之。《月令》之篇，則於每月分節與中氣而異言之，謂吕氏定以孟春，日在營室，無適變通，不知氣逐閏移，節隨斗建；泊乎月朔差異，中星見殊，乃令雩祀愆期，水旱作沴，事資革弊；於是定以杓建，準攝提而删之，命集賢殿學士尚書左僕射兼右相吏部尚書李林甫、門下侍郎陳希烈等爲之注。此即唐志《御定禮記月令》一卷者。爰表出之，以見唐世猶以民事爲重云。

淳熙新元四之日，墨莊藏書。

唐月令考

《新唐書》：集賢院學士李林甫、陳希烈、徐安貞、直學士劉光謙、齊光乂、陸善經、修撰官史元晏、待制官梁令瓚等注解，自第五易爲第一。

　　《册府元龜》：包佶爲祕書監，貞元七年上言開元中《删定禮記月令》改爲時令，其音及疏并開元有相涉者未刊正，請選通儒詳定。從之。會佶卒，其事不行。

　　《長編》：大中祥符八年七月己未，龍圖閣待制孫奭上言：“伏以《禮記》舊《月令》一篇，後漢司農鄭康成、盧、馬之徒本而爲注，又作《周官》及《儀禮》注，並列學宫，故三禮俱以鄭爲主。而《月令》一篇卷第五、篇第六，漢、魏而下，傳授不絶。唐陸德明撰《釋文》，孔穎達撰《正義》，篇卷第次，皆仍舊貫。泊唐李林甫作相，乃抉摘微瑕，蔑棄先典。明皇因附益時事，改易舊文，謂之‘御删定月令’。林甫等爲之注解，仍升其篇卷，冠於《禮記》。誠非古也。當今大興儒業，博考前經，宜復舊規，式昭前訓。臣謹繕寫鄭注《月令》一本，伏望付國子監雕印頒行。”詔禮儀院與兩制詳定以聞。既而翰林學士晁迥等言：“若廢林甫之新文，用康成之舊注，則國家四時之祭祀，並須更改。詳究事理，故難輕議。伏請依舊用李林甫所注《月令》。”從之。景祐二年春正月乙巳，直集賢院賈昌朝請以鄭司農所注《月令》復入《禮記》第五，其李林甫所注自爲《唐月令》別行。從之，仍詔《唐月令》以備。四孟月宣讀。

　　　案，臧玉林《經義雜記》二十七引《唐月令》，據鄭漁仲《六經奥論》知宋時國子監《禮記》尚用唐改本，惟私家用鄭注本，未審何時改復。今以《長編》及晁公武、陳振孫語証之，然則改復者，景祐初年也。

　　宋《三朝國史·藝文志》：初《禮記·月令》篇篇五即鄭注，唐明皇改黜舊文、附益時事、號“御删月令”，升爲首篇，集賢院別爲之注。厥後學者傳之，而釋文義疏皆本鄭注，遂有別注小疏者，詞頗卑鄙。淳化初，判國子監李至請復行鄭注，詔兩制三館秘閣集議、史館修撰，韓丕、張佖、胡旦條陳唐本之失，請如至奏，餘皆請且如舊，以便宜讀。時令大中祥符中龍圖閣待制孫奭又言其事群論，復以改作爲難，遂罷。

晁公武曰：唐明皇删定、李林甫等注，《序》謂吕氏定以孟春，日在營室，不知氣遂閏移，節隨斗建，於是重有删定，俾李林甫同陳希烈等八人爲之解。景祐初改從舊文，由是别行。

葉夢得曰：監本《禮記·月令》，唐明皇删定、李林甫所注也。端拱中，李至判國子監嘗請復古文本，下兩制館職議，胡旦等皆以爲然，獨王元之不同，遂寝。後復數有言者，終以朝延祭祀儀制等多本唐注，故至今不能改，而私本則用鄭注也。

羅泌曰：唐刻五經，《禮記》以《月令》冠篇，《曲禮》次之。《月令》之篇則於每月分節與中氣而異言之，謂吕氏定以孟春，日在營室，無適變通，不知氣逐閏移，節隨斗建；洎乎月朔差異，中星見殊，乃令雩祀愆期，水星作沴，事資革弊；於是定以杓建，準攝提而删之，命集賢殿學士尚書左僕射兼右相吏部尚書李林甫、門下侍郎陳希烈爲之注。以上所引俱見朱竹垞《經義考》。

開成石經移置卷首，冠於《曲禮》之上。

張參《五經文字》“序”云：唯《禮記·月令》改從明皇定本，音訓頗有不同。

鄭樵《六經奥論》云：今《禮記》之《月令》，私本皆用鄭注，監本《月令》乃唐明皇删定、李林甫所注。端拱中，李至判國子監嘗請復古文本，以朝延祭祀儀制等多本唐注，故至今不能改。

晁公武曰：僞蜀張紹文所書石經《禮記》首之以《月令》，題云“御删定”，蓋明皇也；“林甫等注”，蓋李林甫也。其餘篇第如舊。

又曰：皇朝賈昌朝撰《國朝時令》十二卷，景祐初復《禮記》舊文，其《唐月令》别行。三年，詔昌朝與丁度、李淑集國朝律歷典禮、百度昏曉、中星祠祀、配侑歲時施行，約《唐月令》定爲《時令》一卷，以備宣讀。後昌朝注爲十二卷，奏上頒行。

陳振孫曰：唐因《禮記》舊文，增損爲《禮記》首篇，天寶中改名"時令"。景祐初始命復《禮記》舊文，其唐之《時令》别爲一篇，遂命禮院修書官丁度等約《唐時令》撰定爲《國朝時令》，以便宣讀。蓋自唐以來，有明堂讀時令之禮也。

泮林檢唐書《藝文志》[①]，載《御刊定月令》一卷，自《禮記》第五易爲第一。又讀鄭樵《六經奧論》，知宋時監本仍用唐注。朱竹垞《經義考》載《唐月令》，云林甫等注未見。泮林素好事，因留意於唐人類書、宋人類書中求之，果所在多有，而《太平御覽》一書引涉《唐月令》之迹尤顯。蓋引《禮記》，多先《月令》，而后《曲禮》、《王制》也。惜其中兩引"祀行"不作"祀井"，注亦俱仍鄭注作"行"，此種處多爲後人妄改所失。兹特細加别白，抉出注文，更采《白帖》、《歲華紀麗》及《事類賦》諸書。注中引涉《唐月令》與鄭注不同，亦間有依鄭注竄改者，併《唐月令》經文一併録之。課讀之暇，謬詡鈔胥，而卑鄙不識字之譏，余固不能無滋愧云。泮林再識。

予兄輯《唐月令注》成，授弱弟上林讀之，並示以注中所采者多古義焉，其中如"乃擇元辰"，注"辰，亥也"。説本盧植，見《禮記正義》，《齊書禮志》引盧注吉亥之説尤詳。又如"其性義，其事

---

① "泮林"二字底本即作小字號，蓋示輯者之謙，兹亦照録。下"上林"亦同。

言”，注引《洪範五行傳》説與《事類賦》所引蔡邕《月令章句》“視
明禮修則麟臻”互相証合，是其説亦自原本。漢人朱竹垞《經義
考》未見唐注，極詆分辨節氣七十二候之謬，然唐注實本周公時
訓，不得以一人無學，槩議陸善經等爲不經之甚者也。上林因書
其語，識之卷末。謹跋。

唐明皇御刊定禮記月令一卷

　　集賢院學士尚書左僕射兼右相吏部尚書李林甫、門下侍郎陳希烈、中書侍郎徐安貞、直學士起居舍人劉光謙、宣城大司馬齊光乂、河南府倉曹參軍陸善經、修撰官家令寺丞兼知太史監事史元晏、待制官安定郡別駕梁令瓚等注解

正月之節，日在虛。

　　立春爲正月之節。謹案，《春秋傳》曰：履端於始，謂節也；舉正於中，謂氣也；歸餘於終，謂閏也。既有閏，則立春進退不恒在正月朔日，故不定爲孟春之月；但得立春，則是正月之節，可以行春令矣。《御覽》十八

昏昴中，曉(旦)心中①。案，張參《五經文字》"昏"避廟諱改从"氏"，今據改。又案，"旦"改作"曉"者，避睿宗諱也。

　　黃昏时昴星正當午位，曉時心星正當午位。凡記昏昴曉心中，爲人君南面而聽天下，觀時候以授人事也。日入後二刻半爲昏，日未出二刻半爲曉也。仝上。汲古閣校本《歲華紀麗》一引經"正月之節"缺"之節"二字，引注脫"爲人君"以下二語。

斗建寅位之初。

　　地十有二辰，斗柄杓常左旋指地位，故立春正月之節，則斗建寅位之初。《書》云：璿璣玉衡，以齊七政。此之謂矣。《御覽》仝上。案，璿璣之"璣"，依表文當改作"樞"，蓋群臣作表，因明皇諱隆基，故

────────────

　　①　"曉"字係"旦"字避唐睿宗諱而改，《唐月令注》全篇均同，今括注本字，以存其貌。"心"，《唐月令》作"壁"。

諱嫌名也。今从《御覽》注。

其日甲乙。

《春秋傳》曰：天有十日，謂甲、乙、丙、丁、戊、己、庚、辛、壬、癸。甲乙屬木，主春，故云其日甲乙。仝上。案，唐諱丙，注"丙"當依下經文作"景"丁①。

其帝太皥，其神句芒。

昔太皥氏以木德繼天而王，故爲春帝。高辛氏有天下，置五行之官木正曰句芒，故句芒爲木神，佐太皥於春。仝上。《事類賦》注引仝。

其蟲鱗，其音角。

謂樂器之聲，三分羽益一以生角，角數六十四，屬木，以其清濁中人象也。春氣和則角聲調。《通典》"樂"三。案，此依鄭注也。《通典》引《月令》云正月其音角，引注作"人象"不作"民"，下更接云其二月三月不見者，並在正月，他物仿此。係唐本無疑②。

律中大蔟③。

律者，候氣之管，以竹爲之。中猶應也。正月氣至，則大蔟之律應。應謂吹灰也。大蔟者，林鍾所生，三分益一，管長八寸，空徑三分，圍九分。仝上。

其數八，其性仁，其事貌，其味酸，其臭羶。

其祀户，祭先脾。

春陽氣祀户，順陽氣也。《事類賦》注。

---

① 此處案語，乃意在言唐時避世祖諱而改"丙"作"景"，"丙丁"當作"景丁"，故標點如此。

② 自"謂樂器之聲"至段末，爲底本所無，而清黃奭《黃氏逸書考》(懷荃室藏版)輯得，兹據校補。

③ "大"，《唐月令》作"太"。

立春之日，東風解凍。後五日，蟄蟲始振。後五日，魚上冰。

昔在周公作時訓，定二十四氣，辨七十二候，每候相去各五
日，以明天時，將驗人事，言聖人奉順天時，則萬物及節候也。

《御覽》全上。《玉海》十二引唐注“周公作時訓，定二十四氣，辨七十二候”。

天子居青陽左个，乘青輅，駕蒼龍，載青旂，衣青衣，服蒼玉，食麥
與羊，其器疏以達。案，《玉海》九十六言唐注月令十三室，各在其辰之上。

太史以先立春三日謁於天子，曰：某日立春，盛德在木。天子
乃齊①。

立春之日，天子親率公卿、諸侯、大夫，以迎春於東郊。還，乃賞
公卿諸侯大夫於朝。

迎春爲祀青帝靈威仰於東郊，以太皞配，以句芒、歲星、三
辰、七宿從祀。《白帖》。

命相布德和令，行慶施惠，下及兆人，慶賜遂行，無有不當。

命太史司天歷候日月星辰，宿離不貸，無失經紀，以初爲常。

歷，推策也；候，占候也；宿，二十八宿也；離，猶歷也。七曜
爲經，二十八宿爲紀。初謂孟春歲首也。《白帖》。

是月也，命有司祭風師。

立春之後丑日，祭風師於國城東北。《御覽》全上，《通典》禮四。

是月也，命有司釁龜筴占兆，審卦吉凶。

《周禮》：龜人上春釁龜。謂建寅之月。《御覽》七百二十五。

正月中氣，日在危。

雨水爲正月中氣，凡中氣前後去節十五日。《春秋傳》曰：舉
正於中。此之謂也。《御覽》十八。

---

① “齊”，《唐月令》作“齋”，二字同。

昏畢中，曉（旦）尾中，斗建寅位之中。

雨水之日，獺祭魚。后五日，鴻雁來。後五日，草木萌動。

天子乃命有司布農事，舍東郊，修封疆，端徑術，善相丘陵①、阪險、原隰，土地所宜，五穀所殖，以教導，人必躬親之。田事既飭，先定準直，農乃不惑。

> 端，正也；徑，步道也；術，車道也。《白帖》。

天子乃以元日祈穀於上帝。

> 元，吉也。謂上辛祈穀，郊祀昊天上帝於圜丘，以高祖神堯皇帝配坐，以五方帝從祀於壇。《春秋傳》曰：啓蟄而郊，祈而後耕。此之謂矣。《御覽》仝上。

乃擇元辰，天子親載耒耜，置之車右，率公卿、諸侯、大夫，躬耕藉田。天子三推，三公五推②，卿諸侯九推。還，讌飲於大寢③，公卿、諸侯、大夫皆御，命曰勞酒。

> 辰，亥也。謂郊後吉亥，享先農於東郊。先農，神農也。《御覽》五百三十二。

是月也，命樂正習舞。

> 春夏尚舞，故命習之。《御覽》十八，《事類賦》注。

乃修祭典，命祀岳鎮海瀆，犧牲無用牝。

> 正月修祭典，國重祭，故歲首修之。無用牝，爲傷生生之類也。《白帖》。

禁止伐木。

---

① "邱陵"，《唐月令》作"丘陵"，清時避孔子諱改"丘"作"邱"，茲典正。全篇中多處作"邱"者，皆徑據《唐月令》典正。

② "三公"，《唐月令》僅作一"公"字。

③ "讌"字上《唐月令》有一"乃"字。"大寢"，《唐月令》作"太寢"。

爲盛德所在。《御覽》仝上。

無麛無卵。

　　無傷萌句之類。仝上

無聚大衆，無置城郭。

　　妨農也。《御覽》一百九十三。

掩骼埋胔。

　　爲死氣逆生氣。枯骨曰骼，肉腐曰胔。《御覽》十八。

是月也，不可以稱兵，稱兵必有天殃。兵戎不起，不可從我始。

無變天之道，無絕地之理，無亂人之紀。

孟春行夏令，則雨水不時，草木早落，國時有恐。行秋令，則其人大疫，飄風暴雨揔至，藜莠蓬蒿並興。行冬令，則水潦爲敗，雪霜大摯，首種不入。

　　摯，傷也。《事類賦》注。

二月之節，日在營室。

　　驚蟄爲二月之節。《御覽》十八。

昏東井中，曉（旦）箕中，斗建卯位之初。

律中夾鍾。

　　二月氣至則夾鍾之律應。夾鍾者，夷則之所生，三分益一，
　　管長七寸四分。仝上。

驚蟄之日，桃始華。後五日，倉庚鳴。後五日，鷹化爲鳩。

天子居青陽太廟。

是月也，安萌芽，養幼少，存諸孤。

命有司省囹圄，去桎梏，無肆掠，止獄訟。

　　省，減也。囹圄，所以禁守繫者，則今之獄矣。木在手曰梏，

在足曰桎。<small>仝上。</small>

是月也，命樂正習舞。

習舞爲將釋奠。<small>《御覽》五百三十五。</small>

上丁釋奠於國學，天子乃率公卿、諸侯[1]，親往視之。

釋，謂置也，置牲幣之奠於文宣王。<small>《御覽》十八、五百三十五。</small>

命有司上戊釋奠於太公廟。

亦用牲幣之奠。<small>《御覽》並仝。</small>

是月也，擇元日，命人社。

爲祀社稷也。春事興，故祭之以祈農祥。元日，謂近春分前

後戊日。元，吉也。<small>《御覽》三十五、百三十二，《歲華紀麗》一，《事類賦》</small>

<small>注，並仝。衛正叔《禮記集説》引邱氏曰：唐李林甫等註《月令》"擇元日，命民</small>

<small>社"，"元日，近春分前後戊日"，與今註不同。以社祭土，土畏木，甲屬木，故不用</small>

<small>甲。用戊者，戊屬土，故《召誥》曰"越翼日戊午，乃社于新邑"。《郊特牲》用</small>

<small>"甲"，當是異代之禮。案，邱氏，邱光庭也。</small>

二月中氣，日在奎。

春分爲二月中氣。<small>《御覽》十八。</small>

昏東井中，曉（旦）南斗中，斗建卯位之中。

春分之日，玄鳥至[2]。後五日，雷乃發聲。後五日，始電。

是月也，祀朝日於東郊。

春分日祭之。<small>仝上。</small>

天子獻羔、開冰，先薦寢廟。

謂立春藏冰，在春分方温，故獻羔以祭司寒，而後開冰。《春

---

① "諸侯"下《唐月令》有"大夫"二字。

② "玄鳥"，底本作"元鳥"，清時避聖祖諱改"玄"作"元"，茲據《唐月令》典正。篇

中"元鳥"、"元堂"之類，其"元"字均係"玄"避清諱而改，皆據《唐月令》典正，不復出。

秋傳》曰：日在北陸而藏冰，西陸朝覿而出之。仝上。

是月也，日夜分則同度量，平權衡。

> 分，平也。因春分晝夜平則正之。同，亦平也。丈尺曰度，斗斛曰量。稱錘曰權，稱上曰衡。《御覽》八百三十。

是月也，玄鳥至之日，以太牢祀於高禖[①]，天子親往。

> 燕以施生時，来巢堂宇而孚乳，産育之象，媒氏之官以爲候。變媒言禖者，神之也。昔高辛氏之代，玄鳥遺卵，簡狄吞之而生高辛，後王因以爲媒官，嘉祥而立其祠焉。《御覽》十八，《事類賦》"箭"注。

> 案，此條與鄭注畧同，但兩書引經文不重"至"字。又鄭注本作"高辛氏之世"，今注作"代"，避唐諱也。以此定爲唐注無疑。

后妃率九嬪御，乃禮天子所御，帶以弓韣，授以弓矢，於高禖之前。

是月也，命有司祭馬祖。

> 謂仲春祭馬祖於大澤，用剛日。《御覽》仝上，《事類賦》注。

是月也，耕者少舍，乃修闔扇，寢廟畢備。

無作大事，以妨農事。

> 興兵役之事，時將耕，慮妨農功。《歲華紀麗》一。

是月也，無竭川澤，無漉陂池，無焚山林。

> 順陽養物也。蓄水曰陂，穿地通水曰池。《御覽》仝上。

是月也，祀不用犧牲，用圭璧，更衣幣。

仲春行秋令，則其國大水，寒氣揔至，寇戎來征。行冬令，則陽氣不勝，麥乃不熟，人多相掠。行夏令，則國乃大旱，煖氣早來，蟲

---

① "太牢"，《唐月令》作"大牢"。"祀"，《唐月令》作"祠"。

螟爲害。

三月之節，日在婁。

　　清明爲三月之節。《御覽》仝上。
昏柳中，曉（旦）南斗中，斗建辰位之初。
律中姑洗。

　　三月氣至，則姑洗之律應。姑洗者，南呂所生也，三分益一，
　　管長七寸一分。仝上。
清明之日，桐始華。後五日，田鼠化爲駕。後五日，虹始見。
天子居青陽右个。
是月也，天子乃薦鞠衣於先帝。

　　鞠衣，衣名，蓋黃桑之服。薦於先帝者，爲進於太廟。仝上。
命有司覆舟，五覆五反，乃告舟備具於天子焉。天子始乘舟。
薦鮪於寢廟。

　　進時美味。《御覽》仝上，九百三十六。
是月也，生氣方盛，陽氣發泄，句者畢出，萌者盡達，不可以內。
天子布德行惠，命有司發倉廩，賜貧窮，振乏絕，開府庫，出幣帛，
周天下，勉諸侯，聘名士，禮賢者。

　　聘，謂問也。名士，謂有名譽者也。《御覽》十八。
三月中氣，日在胃。

　　穀雨爲三月中氣。仝上。
昏張中，曉（旦）南斗中，斗建辰位之中。
穀雨之日，萍始生①。後五日，鳴鳩拂其羽。後五日，戴勝降

---

　　①　"萍"，《唐月令》作"蓱"，二字同。

於桑。

是月也，天子命有司曰：時雨將降，下水上騰，巡行國邑，周視原野，修利隄防，道達溝瀆①，開通道路，無有障塞。

田獵罝罘，羅网畢翳②，餧獸之藥，無出國門③。

鳥獸字乳，不可傷之，無逆天時。《歲華紀麗》一。

是月也，命有司無伐桑柘。

愛蠶食也。有司謂主山之官。《御覽》十八、八百二十五，《通典》"禮"六，《紀麗》引"愛蠶食也"。

乃修蠶器，后妃齊戒④，享先蠶而躬桑，以勸蠶事

蠶器，謂薄槌蓬筐之類。季春吉祀，皇后享先蠶。先蠶，天駟也。享先蠶而後躬桑，示率先天下也。《御覽》十八、八百二十五，《通典》"禮"六，《玉海》七十七，《文獻通考》八十七，《路史·後紀》，五俱引《唐月令》以"先蠶"爲"天駟"。

是月也，命工師令百工審五庫之量⑤，金鐵皮革筋角，齒羽箭幹，脂膠丹漆，無或不良。百工咸理，監工日號，無悖於時，無作淫巧，以蕩上心。

去毛曰革，犀兕水牛之屬，以爲甲楯鼓鞞。《御覽》三百五十七。

是月也，乃合累牛騰馬遊牝⑥。犧牲駒犢，舉書其數。

累，繫也。騰，躍也。其牝欲遊，則就牧而合。《御覽》八百三十三。

是月也，擇吉日大合樂。天子乃率公卿、諸侯、大夫，親往視之。

---

① "道達"，《唐月令》作"導達"。
② "网"，《唐月令》作"綱"。
③ "無出國門"，《唐月令》作"毋出九門"。
④ "齊戒"，《唐月令》作"齋戒"，同。
⑤ "工師"，《唐月令》作"有司"。
⑥ "牝"字下《唐月令》尚有"于牧"二字。

大合樂者,言行射禮。《御覽》十八。

是月也,命國儺九門,磔攘以畢春氣

《洪範傳》曰:言之不從,則有犬禍。犬屬金也,故磔之於九門,所以抑金扶木,畢成春功。東方三門不磔春位不殺,且盛德所在,無所攘。《御覽》五百三十、《通典》“禮”卅八、《紀麗》一引有脱誤字。

季春行冬令,則寒氣時發,草木皆肅,國有大恐。行夏令,則人多疾疫,時雨不降,山陵不收。行秋令,則天多沈陰,淫雨早降,兵革並起。

四月之節,日在昴。

立夏爲四月之節。《御覽》二十一、二十三。

昏翼中,曉(旦)牽牛中,斗建巳位之初

其日景(丙)丁①。

景(丙)丁屬火,主夏,故云“其日景(丙)丁”。仝上,二十一。

其帝炎帝,其神祝融。

昔炎帝神農氏以火德繼天而王,故爲夏帝。火正曰祝融,爲火神,佐炎帝於夏。仝上。

其蟲羽。

南方朱鳥,羽蟲之長。凡有羽之類皆屬於火,故曰“其蟲羽”。仝上。

其音徵。

三分宮去一以生徵,徵數五十四。屬火,以其微一作徵清,事

---

① “景丁”,唐時避世祖諱而改“丙”作“景”,前文已涉,下兩處亦同,兹存其貌,括注本字。

之象也。夏氣和,則徵聲調。《樂記》曰:徵亂則哀其事勤。

全上。《通典》"樂"三注引同,無《樂記》云云。

律中仲吕。

四月氣至,則仲吕之律應。仲吕者,無射之所生,三分益一,管長六寸六分。全上。

其數七,其性禮,其事視,其味苦,其臭焦。

其祀竈,祭先肺。

立夏之日,螻蟈鳴。後五日,蚯蚓出。後五日,王瓜生。

天子居明堂左个,乘朱輅,駕赤駵,載赤旂,衣朱衣,服赤玉,食菽與鷄,其器高以粗。

太史以先立夏三日謁於天子,曰:某日立夏,盛德在火。天子乃齊。

立夏之日,天子親率公卿、大夫[1],以迎夏於南郊。還,乃行賞公卿、諸侯、大夫於朝[2],慶賜遂行,無不欣説。

迎夏爲祀赤帝赤熛怒於南郊,以炎帝配,以祝融、熒惑、三辰、七宿從祀。《白帖》。

命相贊傑俊,遂賢良,舉長大。

贊,猶揚也。遂,猶達也。傑俊,謂才兼於人者。《御覽》二十三。

行爵出禄,必當其位。

無虚授也。全上。

是月也,命樂正習盛樂大雩帝。

雩者,祭天祈雨之名。爲將大雩,先習盛樂,自鞀鞞至枳敔皆作,故曰盛樂。全上。《御覽》十一引"雩者,祭天祈雨之名。大雩爲用

---

① "大夫"二字上《唐月令》有"諸侯"二字。

② "行賞",《唐月令》作一"賞"字。

盛樂也"。

命有司禱祀山川、古之卿士有益於人者,以祈穀實。

是月也,命有司祀雨師。

　　立夏之後申日,祀雨師於國城西南。《白帖》、《通典》"禮"四。

四月中氣,日在畢。

　　小滿爲四月中氣。《御覽》二十一。

昏軫中,曉(旦)須女中,斗建巳位之中。

小滿之日,苦菜秀。後五日,靡草死。後五日,小暑至。

挺重囚,出輕繫。

　　挺,猶寬也。重囚寬之,至秋方決,輕繫出而拾之。仝上。

是月也,繼長增高,無有壞墮。

無起土功,無發大衆,無伐大樹。

　　爲妨蠶農之事。仝上,八百二十二。

是月也,天子初衣暑服。

　　《論語》曰:當暑紾絺綌謂暑服。《御覽》仝上,二十一。

命有司巡行田原,爲天子勞農,勉人無或失時①。

　　勸農人以及時。《御覽》八百二十二。

是月也,驅獸無害五穀。

　　獸,麋鹿之屬。食穀苗,驅之,令勿害也。《御覽》八百三十七。

無大田獵。

　　恐傷生類。《御覽》二十一。

農乃登麥,天子乃以彘嘗麥,羞以含桃,先薦寢廟。

　　含桃,櫻桃也。先薦寢廟,後乃食之。仝上。

---

①　此处二句《唐月令》作"勸農勉作,毋或失時"八字。

是月也，蠶事既登，后妃獻繭，乃收繭税，以桑爲均，貴賤長幼如一，以給郊廟之服。

后妃獻繭，進其成功也；乃收繭税，十而取一；以桑爲均者，謂用桑多則繭多，桑少則繭少；貴賤長幼如一，各自以桑爲均，不得以人貴賤長幼爲差。《御覽》二十一引首一句，餘見八百二十五。

是月也，天子飲酎，用禮樂。

酎之言醇也。春酒至此始成，與群臣飲之。《御覽》仝上，二十一。

孟夏行秋令，則苦雨數來，五穀不滋，四鄙入保。行冬令，則草木早枯，後乃大水，敗其城郭。行春令，則蝗蟲爲災，暴風來格，秀草不實。

五月之節，日在參①。

芒種爲五月之節。《御覽》仝上。

昏角中，曉（旦）危中②，斗建午位之初。

律中蕤賓。

五月氣至，則蕤賓之律應。蕤賓者，應鍾之所生，三分益一，管長六寸三分。仝上。

芒種之日，螳蜋生。後五日，鵙始鳴。後五日，反舌無聲。

天子居明堂太廟。

令人無艾藍以染，無燒灰。

是月也，門閭無閉，關市無索。

順陽氣。《歲華紀麗》二。

_____

① “參”，《唐月令》作“畢”。
② “曉危中”，《唐月令》作“曉奎中”。

游牝別群，則繫騰駒。

　　恐相蹄齧。《御覽》仝上，二十一。

班馬政。

　　馬政謂掌十二閑養馬之政教。仝上。

是月也，聚蓄百藥。

　　因草木蕃廡之時，則采聚百藥。仝上。

五月中氣，日在東井。

　　夏至爲五月中氣。仝上。

昏亢中，曉（旦）營室中，斗建午位之中。

夏至之日，鹿角解。後五日，蜩始鳴。後五日，半夏生。

是月也，祀皇地祇於方丘①。

　　夏至之日，祀皇地祇於方丘，以高祖神堯皇帝配坐，以岳瀆
　　等神從祀。仝上，五百二十四。

是月也，日長至，陰陽爭，死生分。

　　夏至之日，漏刻長，陽氣欲衰，陰氣欲興。陽曰生，陰曰死，
　　至之日，相與分。《御覽》仝上，二十一。

君子齊戒，處必掩身，無躁。

　　以陰陽相爭之時，務欲安静。仝上。

止聲色，無或進，薄滋味，無致和。

　　謂陰陽始興，身尚静，味尚薄。仝上。案，“陽”當作“氣”。

節嗜慾，定心氣。

　　微陰扶精不可散。仝上。

百官静事無刑，以定晏陰之所成。

---

　　①　“祇”，《唐月令》作“祇”。

是月也，命有司祭先牧。

　　謂仲夏祭先牧於大澤，用剛日。《御覽》五百二十四、八百三十三。

是月也，無用火於南方。

　　陽氣盛，又用火於其方，害微陰。《御覽》全上二十一。

可以居高明，可以遠眺望，可以升山陵，可以處臺榭。

　　是月暑氣方盛，可以登高望遠，順陽居上。全上。

仲夏行冬令，則雹凍傷穀，道路不通，暴兵來至。行春令，則五穀
晚熟，百螣時起，其國乃虛。行秋令，則草木零落，果實早成，入
殃於疫[①]。螣，徒登反，又音特。

　　螣，神蚖[②]。音訓俱出《五經文字》。

六月之節，日在東井。

　　小暑爲六月之節。《御覽》全上。

昏氐中，曉（旦）東璧中[③]，斗建未位之初。

律中林鍾。

　　六月氣至，則林鍾之律應。林鍾者，黃鍾之所生，三分去一，
管長六寸。全上。

小暑之日，温風至。後五日，蟋蟀居壁。後五日，鷹乃學習。

天子居明堂右个。

是月也，命有司染綵，黼黻文章必以法，故無或差貸。黑黃蒼赤，
莫不質良，無敢詐僞。以給郊廟祭祀之服，以爲旗章，以別貴賤
等級之度。

---

①　"入"，《唐月令》作"人"，義長。

②　"蚖"，"蛇"的俗字。

③　"璧"，《唐月令》作"壁"。

六月中氣，日在柳。

大暑爲六月中氣。仝上。

昏尾中，曉（旦）奎中，斗建未位之中。

大暑之日，腐草爲螢。後五日，土潤溽暑。後五日，大雨時行。

乃燒薙，行水利，以殺草。可以糞田疇，可以美土彊。

薙，謂迫地芟草也。此謂欲耕萊田，先薙其草，草乾燒之。

此月大雨，流水潦蓄其中，則草死不復生，而地美可耕稼也。
《御覽》八百二十一。

是月也，樹木方盛，乃命有司入山行木，無有斬伐。

爲其有未堅成也。《御覽》二十一。

不可以興土功，不可以合諸侯，不可以起兵動衆。

季夏行春令，則穀實鮮落，國多風欬，人乃遷徙。行秋令，則丘隰水潦，禾稼不熟，乃多女災。行冬令，則風寒不時，鷹隼早鷙，四鄙入保。

中央土。

火休而盛德在土。仝上。

其日戊己。

戊己屬土，故曰“其日戊己”。仝上。

其帝黃帝，其神后土。

昔黃帝軒轅氏以土德繼天而王，故爲黃帝。土官之神曰后土。仝上。

其蟲倮。

無毛羽鱗介之類。仝上。

其音宮。

聲始於宮，宮數八十一，屬土，以其最大。《樂記》曰：宮亂則

荒，其音驕。全上。案，"最大"字下當有"君之象也"四字，疑脱。《通典》
"樂"四注引同無《樂記》云云。

律中黃鍾之宫。

黃鍾主十一月，土在林鍾、夷則之間，各有分主，不可假借，
故引黃鍾之清宫以爲土律，其管半黃鍾之管，長四寸五分，
則黃鍾之清宫也。故季夏十八日已後土王，氣至，則黃鍾之
宫應之也。全上。

其數五，其性信，其事思，其味甘，共臭香。

其祀中霤，祭先心。

中霤，猶中室也。祭中霤之禮，爲俎先進心也。全上。《御覽》五
百二十四。

是月也，祀黃帝於南郊。

謂季夏土德王日則祀黃帝，含樞紐於南郊，以軒轅配坐，以
后土鎮星從祀。《御覽》五百二十四。

天子居太廟太室，乘黃輅，駕黃龍，載黃旂，衣黃衣，服黃玉，食稷
與牛，其器圜以閎。

七月之節，日在張。

立秋爲七月之節。《御覽》二十四。

昏尾中，曉（旦）婁中，斗建申位之初。

其日庚辛。

庚辛屬金，金主秋，故云"其日庚辛。全上。

其帝少皞，其神蓐收。

昔少皞氏以金德繼天而王，故爲秋帝。金正曰蓐收，故蓐收
爲金神，佐少皞於秋。全上。

其蟲毛,

> 西方白虎,毛蟲之長,凡有毛之類皆屬於金,故曰"其蟲毛"。
>
> 全上。案,唐諱虎,注"白虎"當依經文"武始交"改作"武"。

其音商。

> 三分徵益一以生商,商數七十二,屬金,以其濁,次宮,臣之
> 象也。秋氣和則商聲調。《樂記》曰:商亂則陂,其宮壞。全
> 上。《通典》"樂"三。

律中夷則。

> 七月氣至,則夷則之律應。夷則者,大呂之所生,三分去一,
> 管長五寸六分。全上。

其數九,

> 金生數四成數九,但言九者,舉其成數。全上。

其性義,其事言,

> 《洪範五行傳》曰:西方金,其性義,其事言。言曰從,從作
> 义,王者言從义和則神龜至。全上。《事類賦》注。

其味辛,其臭腥,

> 凡臭味辛腥者,皆屬於金。《御覽》全上。

其祀門,祭先肝。

> 秋陰氣出,祀之於門外陰也。秋爲陰中,於藏值肝,凡祀門
> 爲俎,先進肝。

立秋之日,涼風至。後五日,白露降。後五日,寒蟬鳴。

天子居總章左個,乘白輅,駕白駱,載白旂,衣白衣,服白玉,食酒
與魚,其器廉以深。

> 總章左個當申上之室,乘白輅,衣白衣,從秋色也。食酒與
> 魚,秋味之宜也。其器廉以深,象金傷害,物入藏。全上。

太史以先立秋三日謁於天子，曰：某日立秋，盛德在金。天子乃齊。

立秋之日，天子親率公卿、諸侯、大夫以迎秋於西郊。還，乃賞軍帥武人於朝。

　　迎秋爲祀白帝白招拒於西郊，以少皞配坐，以蓐收、太白、三辰、七宿從祀。仝上。

乃命將帥選士勵兵，簡練傑雋①，專任有功，以征不義，詰誅暴慢，以明好惡，順彼遠方。

　　詰，謂問其罪。順，猶服也。仝上。

七月中氣，日在張。

　　處暑爲七月中氣。仝上。

昏箕中，曉（旦）昂中，斗建申位之中。

處暑之日，鷹乃祭鳥。後五日，天地始肅。後五日，禾乃登。

是月也，命有司修法制，繕囹圄，具桎梏，斷薄刑，決小罪。

是月也，築場圃，農乃登穀，天子嘗新，先薦寢廟。

是月也，命有司納材葦。

　　蒲葦之屬，此時柔脆，可取作器物。《御覽》一千。

修宮室，坏牆垣②，補城郭③。

　　爲經夏雨損，立秋後修補。《御覽》仝上二十四。

孟秋行冬令，則陰氣大勝，介蟲敗穀，戎兵乃來。行春令，則其國乃旱，陽氣復還，五穀無實。行夏令，則其國火災，寒熱不節，人多瘧疾。

---

　　①　“傑雋”，《唐月令》作“傑俊”，同。
　　②　“牆垣”，《唐月令》作“垣牆”。
　　③　“補城郭”三字《唐月令》無。

八月之節，日在翼。

　　白露爲八月之節。_{仝上。}

昏南斗中，曉（旦）畢中，斗建酉位之初。

律中南吕。

　　八月氣至，則南吕之律應。南吕者，太蔟之所生，三分去一，
　　管長五寸三分。_{仝上。}

白露之日，鴻鴈來。後五日，玄鳥歸。後五日，群鳥養羞。

天子居總章太廟。

是月也，養衰老，授几杖，行糜粥飲食。

　　行，猶賜也。_{仝上。}

是月也，命有司循行犠牲，視全具，案芻豢，瞻肥瘠，察物色，必比
類，量小大，視長短，皆中度。五者備當，上帝其饗。

是月也，天子乃儺，以達秋氣。

　　此儺，儺陽氣，恐傷暑至此不衰，害亦將及人，故儺以通秋
　　氣。方欲助秋，故不磔犬。_{《御覽》仝上，五百三十。《通典》“禮”卅八}
　　_{“傷”作“陽”。}

是月也，命樂正習吹。上丁釋奠於國學。天子乃率諸侯、大夫①，
親往視之。

　　春夏尚舞，秋冬尚吹，習之爲將釋奠。_{《御覽》仝上。二十四、五百三}
　　_{十五。《事類賦》注。}

是月也，命有司上戊釋奠於太公廟。

是月也，擇元日，命人社。

_____

①　“諸侯”上《唐月令》有“公卿”二字。

賽秋成也。元日,謂近秋分前後戊日。《御覽》五百三十二,《歲華紀麗》三引下七字。

八月中氣,日在軫。

秋分爲八月中氣。《御覽》二十四。

昏南斗中,曉(旦)東井中,斗建酉位之中。

秋分之日,雷乃收聲。後五日,蟄蟲坯户①。後五日,水始涸。

是月也,祀夕月於西郊。

秋分日祀之。仝上。

是月也,命有司享壽星於南郊。

秋分日祭壽星於南郊。壽星,南極老人星。仝上。《通典》"禮"四。

日夜分②,則同度量,平權衡。

因秋分晝夜平,則正之。《御覽》仝上。

是月也,有司祭馬社。

謂中秋祭馬社於大澤,用剛日。仝上。

天子嘗麻,先薦寢廟。

命有司申嚴百刑,斬殺必當,無留有罪,無或枉橈,枉橈不當,反受其殃。

是月也,勸人種麥,無或失時。

仲秋行春令,則秋雨不降,草木生榮,國乃有恐。行夏令,則其國乃旱,蟄蟲不藏,五穀復生。行冬令,則風災數起,收雷先行,草木早死。

① "坯",《唐月令》作"坏"。
② "日夜分"上《唐月令》有"是月也"三字。

九月之節，日在角。

　　寒露爲九月之節。仝上。

昏牽牛中，曉（旦）東井中，斗建戌位之初。

律中無射。

　　九月氣至，則無射之律應。無射，夾鍾之所生，三分去一，管
　　長四寸九分。仝上。

寒露之日，鴻鴈來賓。後五日，雀入大水爲蛤。後五日，菊有
黃華。

天子居總章右个。

命有司申嚴號令，命百官貴賤，無不務内，以會天地之藏，無有
宣出。

是月也，命有司伐蛟、取鼉、登龜、取黿。

　　四者甲類，秋乃堅成，故是月登取。仝上。

九月中氣，日在氐。

　　霜降爲九月中氣。仝上。

昏須女中，曉（旦）柳中，斗建戌位之中。

霜降之日，豺乃祭獸。後五日，草木黃落。後五日，蟄蟲咸俯。

是月也，霜始降，則百工休。

　　謂膠漆之作停。仝上。

乃命有司曰：寒氣揔至，人力不堪，其皆入室。

　　霜降後，清風戒寒，所以令入室。《御覽》三十四。

是月也，命有司具飭衣裳，文繡有恒，衣服有量，冠帶有常，必循
其故。

是月也，天子嘗稻，先薦寢廟。

　　稻初熟。《御覽》二十四。

乃命有司農事備，收舉五穀之要，藏帝藉於神倉，祇敬必飭。

是月也，命有司合秩芻以養犧牲，以供皇天上帝名山大川四方之神，以祠宗廟社稷之靈，爲人祈福。

　　秩芻，謂草稅也。《歲華紀麗》三。

命樂正習吹，大饗帝於明堂[①]。

　　謂祀昊天於明堂，五方帝、五官從祀。《白帖》。

命有司嘗犧牲，告備於天子。

是月也，趣人收斂，務蓄菜。

　　始爲御冬之備。《歲華紀麗》三。

　　案，此依鄭注也。鄭注作"始爲御冬之備"。汲古閣校本《歲華紀麗》引經作"人"，從《唐月令》也。引注"始爲"下缺一字，依唐本當定作"人"，他本徑填作"民"者，非是。

　　乃伐薪爲炭。

　　伐必因殺氣。《御覽》仝上。

季秋行夏令，則其國大水，冬藏殃敗，人多鼽嚏。行冬令，則國多盜賊，邊境不寧，土地分裂。行春令，則煖風來至，人氣解惰，師興不居。

十月之節，日在房。

　　立冬爲十月之節。《御覽》二十六。

昏虛中，曉（旦）張中，斗建亥位之初。

其日壬癸。

　　壬癸屬水，主冬。仝上。

---

　　①　"饗"，《唐月令》作"享"。

其帝顓頊,其神元冥。

> 昔顓頊氏以水德繼天而王,故爲冬帝。水正曰元冥,故元冥
> 爲水神,佐顓頊於冬。仝上。

其蟲介,

> 北方玄武,介蟲之長。凡有甲之類皆屬於水,故曰"其蟲
> 介"。介,甲也。仝上。

其音羽。

> 三分商去一以生羽,羽數四十八,屬水,以爲最清,物之象
> 也。冬氣和則羽聲調。《樂記》曰:羽亂則危,其財匱。仝上。
> 《通典》"樂"三注引同,無《樂記》云云。

律中應鍾。

> 十月氣至,則應鍾之律應。應鍾者,姑洗之所生,三分去一,
> 管長四寸七分。仝上。

其數六,其性智,其事聽,

其味鹹,其臭朽,

> 凡臭味鹹朽者,皆屬於水。仝上。

其祀井,祭先賢。

立冬之日,水始冰。後五日,地始凍。後五日,野雞入大水爲蜃。
天子居玄堂左个①。乘玄輅,駕鐵驪,載玄旂,衣玄衣,服玄玉,食
黍與彘,其器閎以掩。

> 食黍與彘,冬味之宜。仝上。

太史以先立冬三日謁於天子,曰:某日立冬,盛德在水。天子
乃齊。

---

① "玄堂",底本避清諱改作"元堂",茲回改。下"元輅"、"元旂"、"元衣"、"元玉"
同,皆回改。

立冬之日，天子親率公卿、諸侯、大夫，以迎冬於北郊。

　　迎冬爲祀黑帝汁光紀於北郊，以顓頊配坐，以元冥、恒星、三
　　辰、七宿從祀。全上。

還，乃賞死事，恤孤寡，察阿黨，則罪無有掩蔽。

是月也，可以築城郭，造宮室，穿竇窖，修囷倉。

　　謂改築城郭，創造宮室，修囷倉以備積貯。全上。

是月也，天子始裘。

　　謂初衣寒衣。全上。

是月也，祭神州地祇於北郊①。

　　謂立冬日，祭神州地祇於北郊，太宗文武皇帝配坐。《御覽》五
　　百二十四。

是月也，命有司祭司寒。

　　謂孟冬祭司寒於北郊。全上。

是月也，命有司祭司中、司命、司人、司禄。

　　謂立冬後亥日，祭於國城西北。全上。《通典》“禮”四。

十月中氣，日在尾。

　　小雪爲十月中氣。《御覽》二十六。

昏危中，曉（旦）翼中，斗建亥位之中。

小雪之日，虹藏不見。後五日，天氣上騰，地氣下降。後五日，閉
塞而成冬。

命有司謹蓋藏②，循行積聚，無有不歛。

　　蓋藏，謂府庫囷倉之類。《歲華紀麗》四。

坏城郭，戒門閭，修鍵閉，備邊境，謹關梁，塞蹊徑。

---

　　① “祭”，《唐月令》作“祀”。“祇”，《唐月令》作“祇”。
　　② “命”字上《唐月令》有一“乃”字。

蹊徑，謂山澤禽獸道。《御覽》二十六。

飭喪紀，辨衣裳，審棺槨之薄厚，塋丘壠之小大，高卑厚薄之度①，貴賤之等級。

是月也，命工師效功②，陳祭器，案度程，無作淫巧，以蕩上心，功致爲上。物勒工名，以考其誠。功有不當，必行其罪。

是月也，大飲烝。勞農以休息之。

> 十月農事既畢，黨正屬民飲酒，正齒位是也。《詩》曰：十月滌場，朋酒斯饗。指此。《歲華紀麗》四。案，此依鄭注也。《紀麗》用唐注，"民"當作"人"。今作"民"者，後人所改。

是月也，易關市，來征旅③，納貨賄，以便人事，四方來集，遠鄉皆至，則財不匱，上無乏用，百事乃遂。

是月也，命有司收水澤之賦④，無令侵削兆人，以爲天子取怨於下。其有若此者，行罪無赦。

> 川賦，魚鹽蜃蛤之類；澤賦，萑蒲之類。《白帖》、《紀麗》四。

是月也，乃命有司：秫稻必齊，麴糵必時，湛熾必潔⑤，水泉必香，淘器必良⑥，火齊必得。兼用六物，酒官監之，無有差貸。

> 有司，謂煮酒之官。六物者，一曰秫稻，二曰麴糵，三曰湛熾，四曰水泉，五曰淘器，六曰火齊。命酒官監之，無有差貸。差貸，謂失誤善惡。《御覽》八百四十三。

孟冬行春令，則凍閉不密，地氣上泄，人多流亡。行夏令，則國多

---

① "厚薄"，《唐月令》作"薄厚"。
② "工師"，《唐月令》作"有司"。
③ "征旅"，《唐月令》作"商旅"。
④ "命"字上《唐月令》有一"乃"字。
⑤ "潔"，《唐月令》作"絜"，二字通。
⑥ "淘"，《唐月令》作"陶"。

暴風，方冬不寒，蟄蟲復出。

巽爲風，立夏巽用事，故行夏令則多暴風。夏氣干時，方冬而溫，蟲以寒蟄，溫而復出。《御覽》三十四。

行秋令，則雪霜不時，小兵時起，土地侵削。

十一月之節，日在箕。

大雪爲十一月之節。《御覽》二十六。

昏營室中，曉（旦）軫中，斗建子位之初。

律中黃鍾。

十一月氣至，則黃鍾之律應。黃鍾者，律之始也，管長九寸。全上。

大雪之日，鶡鳥不鳴。後五日，武（虎）始交①。後五日，荔挺出。

天子居元堂太廟。

命有司土事無作，無發室屋，及起大衆，以固而閉，地氣且泄。是謂發天地之房，諸蟄則死，人必疾疫，又隨以喪。

是月也，命內宰申宮令，審門閭，謹房室，必重閉，雖有貴戚近習，無有不禁。

命有司祈祀四海大川，名源井泉。

十一月中氣，日在南斗。

冬至爲十一月中氣。《御覽》全上。

昏東壁中，曉（旦）角中，斗建子位之中。

冬至之日，蚯蚓結。後五日，麋角解。後五日，水泉動。

---

① “武”，唐時避太祖諱改“虎”作“武”，即前所言“唐諱虎，‘白虎’當依經文‘武始交’改作‘武’”云云，今存其貌，括注本字。

是月也，祀昊天上帝於圜丘^①。

謂冬至日祀昊天上帝於圜丘，以高祖神堯皇帝配坐，以五方帝及日月星辰及内外星官等從祀於壇。《御覽》仝上。汲古閣校本《歲華紀麗》四引此注字句有脱誤。

是月也，農有不收藏積聚者，馬牛禽獸有放逸者^②，取之不詰。

禾在野，牛馬傷之，人有取者，不罪，所以戒其主也。《歲華紀麗》四。

山林藪澤，有能取蔬食、田獵禽獸者，有司教道之^③。其有相侵奪者，罪之不赦。

是月也，命有司祭馬步。

謂仲冬祭馬步於大澤，用剛日。《御覽》二十六。

是月也，伐木取竹箭。

此時堅成，可伐取之。仝上，三百四十九。《歲華紀麗》四。

是月也，日短至，陰陽争，諸生蕩。

君子齊戒，處必掩身，身無躁^④，去聲色，禁嗜慾，安形性，事欲静，以待陰陽之所定。

是月也，可以罷官之無事、去器之無用者。

仲冬行夏令，則其國乃旱，氛霧冥冥，雷乃發聲。行秋令，則天時雨汁，瓜瓠不成，國有大兵。行春令，則蟲蝗爲敗，水泉咸竭，人多疥癘。

---

① “於圜丘”，《唐月令》作“社稷丘”。
② “禽獸”，《唐月令》作“畜獸”。
③ “教道”，《唐月令》作“教導”，義同。
④ 此二句《唐月令》作“處必掩，身無躁”，文句整齊。

十二月之節，日在南斗。

　　小寒爲十二月之節。《御覽》仝上，二十六。

昏奎中，曉（旦）亢中，斗建丑位之初。

律中大呂。

　　十二月氣至，則大呂之律應。大呂者，蕤賓之所生，三分益一，管長八寸四分。仝上。

小寒之日，鴈北鄉。後五日，鵲始巢。後五日，野雉始雊①。

天子居元堂右个。

命將帥講武習射，御角力，乃教田獵，以習五戎。班馬政，命僕夫七騶咸駕，載旌旄，授車以級，整設於屛外。有司擂扑②，北面以誓之。天子乃厲飾，執弓挾矢以獵。

　　講武、角力，校武士材力，所以備畋獵之禮。厲飾，謂衣戎服、尚威武以獵。仝上。

命有司修祭禽之禮③。

　　修祭禽之禮，謂以所獵得禽獸以供禮祭。仝上。

天子乃禮百神於南郊，爲來年祈福於天宗。《五經文字》云：經典作"蜡"，唯新《月令》作"禮"，音乍。《通典》"禮"四云：今取祭義，故从示。

　　禮，臘日祭之名也。百神，神農、后稷、句芒、田畯、岳鎮、海瀆、丘陵、墳隰、鱗介、羽毛之類。天宗，日月星辰之屬是也。
　　《白帖》《歲華紀麗》四引無"百神"注。

十二月中氣，日在虛女④。

―――――――

① "野雉"，《唐月令》作"野雞"。
② "有司"，《唐月令》作"司徒"。
③ 此句《唐月令》作"命主祠祭禽於四方"。
④ "虛女"，《唐月令》作"須女"，二十八宿之一。

大寒爲十二月中氣。

昏婁中，曉（旦）氐中，斗建丑位之中。

大寒之日，雞始乳。後五日，鷙鳥厲疾。後五日，水澤腹堅。

是月也，命有司始漁，天子親往，乃嘗魚①，先薦寢廟。

　　時魚潔美。《御覽》二十六。

冰方盛，命取而藏之。

冰已入，令告人出五種，命農計耦耕，修耒耜，具田器。

　　冰既入，令有司告人出五穀之種。明大寒氣過，農事將興，

　　修田器。《御覽》八百二十三、二十六引：寒氣過，農事將興。

命有司出土牛，以示農耕之早晚。

　　謂於國城之南立土牛。若立春在十二月望，則策牛人近前，

　　示其農早也。立春十二月晦及正月朔，則策牛人當中，示其

　　農平也。立春近正月望，則策牛人近後，示其農晚也。《御覽》

　　二十六引無首一語，从《白帖》增。

是月也，日窮於次，月窮於紀，星回於天，數將幾終，歲且更始。

專其農人，無有所使。

　　言運行周帀於故處。次，舍也。紀，猶會也。《御覽》三。

天子乃與公卿、大夫共飭國典、論時令，以待來歲之宜。

　　《周官》建寅之月懸法於象魏，以示人四時之令皆以此爲準，

　　故以建丑之月與公卿先飭之。《御覽》二十六。

是月也，合諸侯，制百縣，爲來歲受朔日，與諸侯所稅於人，輕重

之法，貢職之數，以遠近土宜爲度，以給郊廟之事，無有所私。

乃命有司次諸侯之列，賦之犧牲，以共享祀②。

---

①　“乃”字《唐月令》無。

②　“共”，《唐月令》作“供”。

乃命同姓之邦，共寢廟之芻豢。

凡在天下九州之人，無不咸獻其力，以共皇天上帝、社稷寢廟、山林川澤之祀[①]。

人非神，福不生。《歲華紀麗》四。

命樂正大合吹而罷。

乃命有司收秩薪柴，以供郊廟及百祀之薪燎。

命有司大儺旁磔，以送寒氣。

大儺爲歲終逐除陰疫，以送寒氣。故《周官》命方相氏率百隷索室驅疫以逐之。旁，謂王城四旁十二門也。磔，謂磔犬於門也。春磔九門，冬禮大，故徧磔於十二門，所以扶陽抑陰之義。犬屬金，冬盡春興，春爲木，故殺金以助木氣。《御覽》二十六、五百三十，《通典》“禮”三十八。

季冬行秋令，則白露早降，介蟲爲妖，四鄙入保。行春令，則胎夭多傷，國多固疾，命之曰逆。行夏令，則水潦敗國，時雪不降，冰凍消釋。

---

① “共”，《唐月令》作“供”。

四時寶鏡

闕　名　撰

竇懷永　點校

【題解】

　　《四時寶鏡》，撰者不詳。成書情況亦待考。北宋時避翼祖嫌諱，曾改稱"四時寶鑑"，如《山堂肆考》即引作此名。諸家目録，僅有存目，而未見完整版本之流傳。元末明初陶宗儀輯得數條，收入其《説郛》。兹據清順治宛委山堂刊重校一百二十卷《説郛》(《〈説郛〉三種》，上海古籍出版社1988年影印)卷六九所輯《四時寶鏡》條目，個別條目據《四庫全書》本《説郛》校補，整理如下。

四時寶鏡

闕　名

食生菜

東晉李鄂立春日命以蘆菔、芹芽爲菜盤相餽貺。立春日，春餅生菜，號春盤。

畫雞貼户

正月一日，貼畫雞户上，懸葦索於其上，插符於旁，百鬼畏之。

鞦　韆

北方山戎至寒食爲鞦韆戲[①]，以習輕趫，後中國女子學之。

浴　佛

四月八日佛生日，京師各有浴佛齋會。

五綵繒

五月五日，集五綵繒，謂之辟兵。

---

① "山戎"二字底本原爲殘泐，兹據《四庫全書》本《説郛》校補。

采　艾

五日，采艾懸於户上，以禳毒氣。

伏　閉

永元六年初，令伏閉盡日。注曰：伏日萬鬼行，故盡日閉，不干他事。

采　菊

《草木方》曰：九月九日，采菊花與茯苓、松脂，久服之，令人不老。

進　炭

十月朔，有司進燰爐炭。

享　臘

《漢儀》：季冬之月，星廻歲終，陰陽已交，勞農夫，享臘以送故。

歲華紀麗

韓　鄂　撰

竇懷永　點校

【題解】

《歲華紀麗》，四卷，舊題唐韓鄂撰。鄂，約唐末五代初人，具體生卒事迹皆不詳。"考《唐書·宰相世系表》，載韓休之弟殿中丞偞，偞之子河南兵曹參軍滉，鄂乃滉之曾孫也"（《四庫全書總目》）。鄂，亦有作"諤"者。繆啓愉《四時纂要校釋》（農業出版社 1981 年）"前言"曾論及"鄂"、"諤"之事，可以參閱。今從《新唐書·藝文志》、《宋史·藝文志》等題而作"韓鄂"。

《歲華紀麗》，以"歲華"爲序次，以"麗"爲特色，"采經、子、史傳歲時事類聚，而以儷語間之"（宋陳振孫《直齋書録解題》卷六），"分門隸事，各編爲駢句，略如《北堂書鈔》、《六帖》之體"（《四庫全書總目》）。是故其文，駢偶工切，字數相合，朗朗悦口。其采擇之源，遍及經史子集，頻率最高者，當推《禮記》、《周禮》、《左傳》、《世説新語》、《文選》等十餘種文獻。然爲求對偶，生硬取字，甚或斷章者，時可見之，以致難諧其意，故《四庫全書總目》曾訾其"儷句拙陋殊甚，所引書不過數十種，而割裂餖飣往往不成文句"。然須明者，四庫館臣曾疑此書是否確係韓氏所著："《杜陽雜編》，蘇鶚所作。鶚，僖宗光啓中進士，已屆唐末。《摭言》，王定保所作。定保，昭宗光化三年進士，已入五代。鄂安得引二人之書？至中引《四時纂要》一條，考之《唐志》，是書即鄂所作。鄂又何至自引己作？況鄂既唐人，不應稱唐玄宗及唐時，均屬疑竇。"（《四庫全書總目》）今日觀之，或傳抄中，確有條目係後人羼入者，然不得據之而否定全書也。

自《新唐書》、《直齋書録解題》、《宋史》存目以下，《歲華紀麗》似未見傳本。至明時，浙江海鹽胡震亨於當地鄭曉家得宋刻之抄本，雖末卷兩紙已爛，且文字差訛滿目，然仍不掩其珍。胡氏校正後刻入《祕册彙函》，是爲目前所見之最早刻本。後毛晉收其殘版，再入《津逮祕書》。持今日所見此二版本對觀，雖版式不異，然具體文字間，仍以《祕册彙函》爲優，蓋入《津逮祕書》時，或有校改反成拙之事，故《叢書集成初編》即據《祕册彙函》影印收編。元末明初陶宗儀《説郛》（宛委山堂本）卷六九亦收此書，版本較前者不同,正文亦偶見不同甚至爲善者;至清時《四庫全書》編收《説郛》時,館臣或據文獻時有修定,《歲華紀麗》文字亦得以更善。《唐宋叢書》、《學津討原》亦收有此書,惜前者殘損過甚。至於卷數,今傳本皆與《宋史·藝文志》相同而標作四卷,唯《新唐書》記該書爲兩卷,個中原因,或已難考。

《歲華紀麗》以大量文獻附麗於"歲華",以類相從,具備典型之類書特徵。《四庫全書總目》即歸之於子部類書類(存目)。然就内容言之,實是通過擷采各朝文賦章句而記四時之不同禮儀風俗,亦合歲時禮俗文獻之特點,故今以《叢書集成初編》(商務印書館 1935 年)所影印之《祕册彙函》本爲底本,首次整理。個别文字,適當參校以《四庫全書》所收宛委山堂本《説郛》(《景印文淵閣四庫全書》第 879—882 册,臺灣商務印書館 1983 年)卷六九之《歲華紀麗》(文中簡稱"校本")。底本原始"總目",今亦保存,并重據内容而新編目録。

目　録

歲華紀麗序

　　夫以氤氳未判，混然標有物之名；清濁肇分，炳爾載流形之域。自此二儀並建，五德相生，星躔潛運於璇璣，日舍不停於黃道。春萌夏育，八節爰授於人時；秋肅冬終，四氣克成於歲序。泊乎時新舜曆，寘換堯階，均陰陽於十二管中，分晝夜於一百刻內。光陰電逝，難量開闢之功；霜露回環，莫測幾終之極。良由機張造化，織出年華，英雄假之以建功建名，賢達競之而立言立德。遂至天文再郁，人道中興。編修不泯於鉛毫，述作薦輝於霜簡。深惟後覺，難以周知。伏覩昌黎韓公著《歲華紀麗》者，撮奧典之雅言，具聯文而廣記，所以發詞林之蓊蔚，湊學海以汪洋。起自元正，訖于除歲，總成數卷，列乃多門。非惟鼓吹於詩風，抑亦條網乎事類，是使古先之言行，聚集於見聞，成章頗異於編年，舉旨無逾乎繫日。茲所謂摭時歲華煥之事，紀聖賢美麗之言云耳。謹序。

　　自駢麗之體盛，文士往往采集語對以資窘。腹如珠叢，采璧諸書，即休文、子慎，亦復不廢編纂。至唐而俳偶益工，《初學》等書，便專取事對。今觀《歲時》，一部便有專帙，當時崇尚可知已。孝轅語予，編此書者，以作記事珠可耳；若欲借之爲四六津梁，則去之愈遠。信哉！繡水沈士龍識。

　　吾鹽藏書，推鄭簡公家最多。其孫藎伯，名忠材，博雅能讀祖書。余借觀其書，録有《歲華紀麗》，目所未覩。其本從宋刻抄得，爛去末卷二紙，又差訛特甚。藎伯命余即從原本校正，凡改易增減千三百字；汝納及友人姚孟承，又改五百許字，然後可讀。時俞羨長刻《唐類函》，併寫一通貽之，令入歲時部也。海鹽胡震亨識。

歲華紀麗總目

歲華紀麗卷第一

唐　韓　鄂　撰

明　沈士龍　胡震亨　同校

春

春爲青陽，《爾雅》云：春爲青陽。謂萬物生也。雲成白鶴。《易説》曰：春有白鶴之雲也。太簇司律，正月，律管也。蒼靈奉塗。《文選》云：句芒神奉塗引道。樂正習舞，《禮》：將舍奠于先師也。女夷鼓歌。《淮南子》曰：二月之夕，女夷鼓歌，以司天和。女夷者，神名也。風回解凍，《月令》。歲適載華。顏延之詩云：昔辭秋未素，今已歲載華。乃春也。雷方出地，見《易》。魚已上冰。《月令》。時屬酸羶，日惟甲乙。並出《月令》。帝稱太皞，以本德王天下。神曰句芒。少皞氏之子爲木官也。遲遲，春日遲遲。稷稷。《選》云：播芳蕤之稷稷。性仁事貌，其性仁，其事貌。味酸臭羶。其味酸，其臭羶。有司布農事之日，天子耕藉田之辰。並見《月令》。食羊，食麥與羊。獻雀。見元日注。章臺之使以來，《玉臺詩》云：驛使前日發章臺，傳道長安信早來。棠棃宮中燕初至，葡萄館裏花正開。曲江之會遄至。《摭詩（言）》云：唐時春放榜，進士既捷，列名於慈恩寺，謂之“題名”；大宴于曲江亭子，謂之“曲江會”。器疏以達，牲無用牝。《月令》。蟲既昭蘇，物方駘蕩。駘，徒改切。《選》云：春物方駘蕩，民情以爵陶。春光貌。禁伐木，爲其長養。獻穜稑。《周禮》云：上春，王后率六宮之夫人，獻穜稑之種于王。風人，雨物。《管子》曰：吾不能以春風風人、夏雨雨人，吾道窮矣。寅賓，出日。平秩。東作。蟲鱗音角，祀户祭脾。《月令》。條風，春風爲條風，亦曰羊角風。穀雨。三月中氣也，亦曰榆莢雨。覩惠風於媚景，梁元帝《纂要》曰：春爲青春、芳春、陽春、三春、九春，天曰蒼天，風曰陽風、惠風、暄風、柔風，景曰媚景、和景、韶景。對韶節以芳時。時曰嘉時、芳時，辰曰良辰、嘉辰、芳辰，節曰佳節、華節、韶節、淑節。弱草茂林，草曰弱草、芳草，木曰文木、華樹、陽林、茂林、芳林、華林，水曰綠水。陽禽好鳥。鳥曰陽鳥、時鳥、陽禽、候鳥、時禽、好鳥、好禽。司分，少皞氏以燕鳩爲司分氏者，以其春分來、秋分去也。道同。《傳》曰：日分道同也。注云：晝夜等，日月道同。鸎至，鴈來。春分之日，玄鳥至。後五日，鴻雁來。日夜分，分，平也。草木動。萌，動也。柳三眠而盤地，漢武帝苑中瑞柳，一日三起三眠也。花五出以照人。《韓詩外傳》云：草木之花五出也。三陽革故，正月，三陽生也。千里共尋。隋盧思道詩云：聊把一尊酒，共尋千里春。斗轉東而天下皆春，鴈向北而嶺邊先煖。《鶡冠子》曰：斗柄東指，天下皆春。雁向北，即候鴈北也。此爲三陽日。已改趙衰之愛日，爰吹鄒衍之和風。《傳》曰：趙衰，冬日之日也。夏日可畏，冬日可愛。燕地有寒谷不毛，鄒衍將律吹之，以召和氣，而禾黍生焉。詩人之黃鸎出谷，《詩》曰：出自幽谷，遷于喬木。太守之白鹿行春。後漢鄭弘爲臨淮太守，行春，有兩白鹿隨車夾轂而行。陸凱寄一枝之春色，陸凱與范曄相善，自江南寄梅一枝詣長安，與曄贈詩云：折花逢驛使，寄與隴頭人。江南無所得，聊贈一枝春。伶倫截六管以和音。《呂氏春秋》云：黃帝使伶倫截嶰谷之竹，斷二節，間長三尺八分，吹之以爲十二管，以應鳳鳴。其雄有六爲律，其雌有六爲呂也。換蓂莢而方知歲始，寄梅花而以覺春來。《帝王世紀》曰：堯時瑞草號蓂莢，生于階前，每朔日生一葉，月半至十五葉；自十六日已後，日落一葉，至月終而盡落；月小盡則餘一葉，卷而不落。銅盤取露以服風，服虔曰：天子孟春之月，以銅盤取露水服之，云服八方之風，以其被八音風吹也。桃花和雪以靧面。虞世南著《史略》云：北齊盧士深妻，崔林義之女，有才學。春日以桃花和雪與兒靧面，云取紅花、取白雪與兒洗面作光悅；取白雪、取紅花與兒洗面作妍華；取雪白、取花紅與兒洗面作華容。花非一種，簡文帝詩云:綺花非一種①,風絲亂百條。日上三竿。古詩云②:日上三竿風露消。節移陰管,自符河內之灰。楊泉記云:弘農宜陽金門山小竹爲管,河內葭草爲灰,以候陽氣。故陽管爲律,陰管爲呂,以象鳳鳴。春動陽鍾,又應金門之竹。《異物論》云:聽五聲清濁之和,然後制爲鍾律。律中有黃鍾律,陽鍾以乾之初九。金門之竹,見上注。鷹化鳩而及候,《周禮》云:羅氏仲春獻鳩,以養國老。鄭玄注:取變舊爲新,宜以養老而助生氣也。麥覆雉以當時。庾信《感春賦》云:宜春苑中春始歸,披香殿裏作春衣。苔始綠而藏魚,麥□青而覆雉。氣變東郊,寒收北陸。風擺而柔條未綠,時熙而嫩草抽黃。《月令》云:迎春于東郊。北陸主冬寒也。《文選》詩云:弱草半抽黃,輕條未全綠。庭蘭已香,澗蒲猶小。風煖而鶯南鴈北,日穌而柳暗花明。《文選》詩云:葉濃和柳密,花盡覺梅疏。蘭生未可折,蒲小不堪書。《淮南子》云:女夷鼓歌,以司天和,以長百穀、禽獸、草木。燕南雁北,春女悲、秋士哀,知物化矣。木鐸規時,見下。土牛誠候。《月令》云:土牛示農耕之早晚也。逎人振鐸,《書》注云:所以振文教也。楚雀緣條。陽休之《春日》詩云:蝴蝶映花飛,楚雀緣條響。璿衡運周,歲星更始。《傳》云:歲在星紀而淫玄枵。注云:謂天有十二辰,歲星一年一周行運也。郊麗迎春之日,時聞震蟄之雷。鳥聲千種,庾子山賦云:新年鳥聲千種囀,二月楊花滿路飛。楊枝一尋。張謂《感春》詩云:梧桐三寸葉,楊柳一尋枝。卦審吉凶,《周禮》:龜人以上春釁龜策,占兆審卦之吉凶。火新榆柳。《周禮》:燧人掌火,春取榆柳之火。候玄鳥而祠高禖,《月令》。歌青陽而祭天地。《後漢書》:立春日于東郊祭青帝、歌青陽、舞雲翹。辭曰:青陽載動,根荄已遂。

正　月

改秦諱,秦始皇以正月生,因名"政"。後諱之,改"正"字從平聲。行夏時。

---

① "一",底本作"二",據文意改。
② "古",底本作"一",據文意改。

夏正建寅，爲正月。春秋始事，《春秋》之法，書"元年春正月"者，所以敬始事者也。象魏懸灋。《周禮》云：正月之吉，始和布令于邦國、都鄙，使萬民觀之。斗建寅位，時祠岳鎮。《月令》云：正月之節，斗建寅之初。又云：命祠岳鎮海瀆。星始運於銅渾，氣微生於玉琯。銅渾以應天之星數目。正月則銅渾更始，以測一年之星度。又正月爲三微之月，陽氣初生爲微，以玉爲琯①。律中太簇，氣至東郊。謂立春之日，迎春氣也。司曆候而命乎太史，立春後五日，命太史司天曆候書慎滿，是釁龜策、占兆、審卦吉凶也②。又祭風師。行慶惠而及彼兆人。《月令》：以應春氣。鴈序南廻，斗衡東指。貯神水以劾祥，《四時要》云：立春日貯水謂之神水，釀酒不壞。養鯉魚而致富。陶朱公養魚法：取鯉魚二十尾，以立春後上庚日放之，則生子不相食。釁龜，見上注。祭獺。《禮記》云：立春之日，東風解凍。後五日，蟄蟲始振。後五日，魚上冰。雨水之日，獺祭魚。後五日，鴻鴈來。後五日，草木萌動。雲晴方喜於鴈來，沙煖更觀於獺祭。並見上注。修其封疆，而端徑術。《月令》云：布農事，舍東郊，修封疆，端徑術③，善相丘陵、阪險④、原隰，云云。修祭典，耕籍田。是月也，天子親耕藉田，命樂正習舞；修祭典，命祀岳鎮海瀆，犧牲無用牝。孟陽，梁元帝《纂(纂)要》云：正月爲孟陽，亦曰孟春、上春、初春、開春、發春。獻歲。亦曰獻歲、初歲、開歲、肇歲、芳歲、華歲、首歲，獻進也。日月乍逼於虛危，昏曉正當於心昴。正月之候⑤，日在虛，昏昴中，曉心中。黃昏時，昴星正當午位；曉時，心星正當午位。故云昏昴中，曉心中。日入後二刻半爲昏日，未出前二刻

---

① "玉"，底本作"王"，據文意改。

② "命太史"以下至此，底本文義似費解，疑有訛誤；校本此處作"命太史守典奉法，司天日月星辰之行"，皆自《禮記・月令》也。

③ "徑"字據上下文、校本及《禮記・月令》(《禮記正義》卷一四，阮元校刻《十三經注疏》本，下同)校補。

④ "阪"，底本作"限"，據校本及《禮記・月令》改。

⑤ "之候"，底本原空二字未書，據校本補。

半爲曉。漢帝賜羹之候，《金谷園記》云：武帝常以正月殺梟爲羹，以賜群臣食之，云使天下之人知殺絕其惡類者也。豳人于耜之時。《詩》云：三之日于耜。正月也，豳土多寒，至是日方就耕。上春，建寅。見上注。六律調元，太簇克宣於和煦；四時成歲，青陽潛運於發生。見上。木鐸振文，彤庭習舞。玉管調音於律呂，金烏點翼於虛危。木鐸，振文教也。《月令》云：天子乃以元日祈穀于上帝，命樂正習舞。玉管，吹律之管也。金烏，日也。躔在虛危。凡中氣，前後去節十五日，以明天時，舉正于中也。德惟在木，月以建寅。見上。雲物乍成於白鶴，氣候方表於青陽。風惟滌滌，《夏小正》云：正月啓蟄，雉晨雊，時有浚風。滌滌，變暖也。木漸欣欣。《選》云：木欣欣以向榮。

元　日

八節之端，履端於始。歲旦，更始四序。端爲資始，亦云四始。又云端日，謂履端者也。三元之始。聖人考曆數以正三元，此聖人知命之術。歲之元、日之元、時之元也。開甲子於新曆，沈佺期詩云：洛陽新甲子，何日是清明？發風光於上春。七十二候之初，三百六旬之首。皆元日也。磔雞斬羊，《宋書》：歲朔，縣官斬羊，置其頭于門。又磔雞以祠之，俗説以厭厲氣。裴玄以問河南伏君，伏君曰：“是上氣上升，草木萌動，羊囓百草，雞啄五穀，故磔雞斬羊，以助生氣。”放鳩獻雀。《列子》曰：邯鄲民以正朝旦獻鳩于簡子，簡子大悅，厚賞而放之，曰：“正旦放生，示有恩也。”客曰：“得賞競捕之，不如不賞之愈也。”又《地理志》：滎陽有厄公井，沛公避項羽，雙鳩集井上，故漢時正旦放鳩獻雀。已注於下。稱崔寔之觴，崔寔《月令》云：元日進酒降神畢，室家尊卑，次列于几之前，各上椒酒于家長，稱觴舉壽，欣欣如也。奪戴馮之席。《東觀漢記》：戴馮爲侍中，正旦朝賀百僚。畢會，帝命群臣能説經史，更相難詰，義有不通，輒奪其席，以益通者。馮乃重坐五十餘席。爆竹，鑽榆。事已見上。造勝華，董勛《問禮》曰：正月一日，造勝華以相遺，象瑞圖金勝之形，又云象西王母。正月七日，戴勝見武帝于承華殿。藏糞帚。《搜神記》

云：昔有商人歐明，乘舡過青草湖，忽遇風晦暝，而逢青草湖君，邀歸止家，堂宇甚麗。謂歐明曰："惟君所須富貴金玉等物，吾當與卿。"明未知所答。傍有一人，私語明曰："君但求如願，不必餘物。"明依其人語湖君。默然，須臾便許。及出，乃呼如願，是一少婢也。湖君語明曰："君領取至家，如要物，但就如願，所須皆得。"明至家，數年遂大富。後至歲旦，如願起晏，明鞭之。如願以頭鑽糞帚中，漸没失所在。明家漸貧。故今人歲旦糞帚不出户者，恐如願在其中也。**首祚，元正。**王羲之《月儀書》云：日往月來，元正首祚，大簇告辰，微陽始布，馨無不宜，和神養素。**進屠蘇，**俗説屠蘇，乃草菴之名。昔有人居草菴之中，每歲除夜遺閭里一藥貼，令囊浸井中；至元日取水置於酒樽，合家飲之，不病温疫。今人得其方而不知其人姓名，但曰"屠蘇"而已。**燒骨髓。**歲除夜燒骨髓，爲熙庭助陽氣。**吞雞，**《風土記》云：元旦當生吞雞子一枚，謂之練形。**飲墨。**北齊正旦，會侍中黃門郎宣詔勞諸郡上計。勞訖，命遣紙陳事宜。字有脱誤者，呼起席；書迹濫劣者，令飲墨水一升；文理孟浪者，奪容刀及席。事多不録。**貼畫雞於朱户，**《歲時紀》云：元日貼畫雞於户上，插符於其中，而百鬼畏之。**獻彩雀於彤庭。**《孔叢子》曰：邯鄲人以正旦獻雀於趙王，綴以五采，王大悦。**餚列辛盤，觴稱椒酒。桃板署門而納慶，葦繩羅户以祛災。**辛盤，見下注。椒酒，見上注。《山海經》云：東海度朔山有大桃樹，下有二神，一曰神荼，一曰欝壘，能啖百鬼。故今元日設桃符於門以象之。《歲時記》曰：設葦索於門上，以畏百鬼。**獻羔令節，祈穀嘉辰。**《月令》：天子獻羔開冰，先薦寢廟。又元日，祈穀於上帝。**噀杯銷蜀郡之火災，飄雪襯荆州之木屑。**《神仙傳》曰：欒巴蜀人爲尚書，正旦大會，得酒不飲，向西南噀之。有司奏巴不恭，謝曰："臣里失火，以此酒爲雨救之。"後蜀郡奏："元日成都大火。其日東北有大雨至，救火，雨中有酒氣。"晉陶侃，字士行，爲荆州牧勑造船官，收餘木屑。後元日會值大雨雪，庭泥，於是悉著屑襯覆之，朝賀無妨。**竹爆廣庭，**《荆楚歲時記》曰：山魈鬼□人則病，惡爆竹之聲也。**松標高户。**董勛《問禮俗》：有歲首酌椒酒而飲之者，何也？以椒性芬香，又堪作藥。又折松枝于户，以同此義。**律煖而池冰消玉，風和而園柳綻金。盤號五辛，**《風土記》云：元日食五辛以練形，以助五藏。**觴稱萬壽。**崔寔：元日稱觴獻壽。**納慶著椒花之頌，祛災獻柏葉之銘。**《晉書》：劉臻妻獻《椒花頌》,曰:旋風周回,三朝启建。青陽散輝,澄景載煥。美哉虙芷,爰采爰獻。聖容映之,永壽於萬。庾信《正朝賚酒》詩:正朝辟惡酒,新年長命杯。柏葉隨銘至,椒花逐頌來。流星向椀落,浮蟻對春開。成都方救火,蜀使幾時來。**應乾納祐,與日同休。**《文選》。**位正元陽,氣和端月。朱户駢羅於仙木**,《歲時記》:元日造桃板于户,謂之仙木,象鬱壘之山桃,百鬼所畏。**綠醽激灧於壽杯。**晉咸康四年十二月丙子正旦,會百寮,增賜醽綠酒,人二升。壽杯,見上。**璿璣改度,日月重新。**王悦《賀正表》曰:三辰改運,元正啓祚。又元肅《賀儀》曰:元正首祚,璿璣改度,伏惟萬壽,云云。**導和而應鳳應凰,履端而獻鳩獻雀。**《月令疏》云:正月律中太簇,黃帝使伶倫自大夏之西、崑崙之東,取嶰谷之竹,制爲十二管,以聽鳳凰之鳴。其應鳳者爲律,應凰者爲呂。鳩雀事,已見於上。**蜀郡火災**,見上。**西京水戲。**漢明帝使博士馬均引東水轉百戲。又正月朝造巨獸,魚龍曼延,如漢西京故事。**三微始布,六律初調。**《白虎通》謂正月爲三微,言陽氣未著爲微。**稱萬壽於彤庭,資百福於皇室。**謂元會也。**受四海之圖籍,膺萬國之貢珍。内撫諸夏,外接百蠻。**《文選》:以天子當元會也。**華元放囚,江淹賞士。**《北齊書》:張華元,字滿國,爲兗州刺史。獄有繫囚,謂曰:"三元之始,念卿幽閉,今給假五日,足得展謁親友,至期當還也。"果應期而至。《梁典》:謝舉初爲太學博士,與兄覽預元會,江淹一見,並皆欽挹,曰:"此可謂御二龍於長途耳。"**戲造魚龍**,事已見上。**術呼牛馬。**《五行書》云:元日向辰至門前,呼牛馬六畜。**進酒降神,湔裳度厄。**《玉燭寶典》云:今人元日至晦日,並爲酺食,士女湔裳度厄。

人　日

一二稱雞狗,六七爲馬人。董勳《問禮俗》曰:正月一日爲雞,二日爲狗,三日爲羊,四日爲豬,五日爲牛,六日爲馬,七日爲人;以陰晴爲豐耗,正旦畫雞於門,七日鏤人於金薄。**菜羹,花勝。**《歲時記》云:人日以七種菜爲羹,剪綵爲花勝,以相遺也。**漢帝之會承華殿**,西王母頭戴華勝,以正月七日會帝於承華殿。**宋王之登望仙樓**。見下注。**竹葉酒**,酒名。**梅花粧**。武帝女壽陽公主,人日臥于含章簷下，梅花落公主額上，成五出之花，拂之不去。皇后留之。自後有梅花粧是也。**銘山**，魏東平王登壽張安仁山①，銘曰：正月七日，厥日惟人；策我良駟，陟彼安仁。出《述征記》。**飲爵**。《壽陽記》云：正月七日，宋王登望仙樓，會群臣父老集於城下，令皆飲一爵，文武十人②，拜賀上壽。**稽董勳之《問俗》，時則罔愆**；六七爲馬人，已見上注。**考陳氏之《見儀》，事乃不忒**。劉臻妻陳氏《進見儀》曰：正月七日，上人勝于人。是也。**鏤人**，董勳《問禮俗》云：人日鏤金薄爲人，以貼屏風、戴於頭鬢，起自晉代賈充妻李氏夫人，云俗人入新年③，形容改舊從新也。**熏天**。《述征記》云：人日作煎餅於中庭，謂之熏天。**捩狗耳，翦人形**。《荆楚歲時記》云：人日夜多鬼鳥過，人家槌床打户，捩狗耳，滅燈燭，以禳之。翦形，見上。**趙伯符七日之歡**，《壽陽記》曰：趙伯符爲豫州刺史，立義樓。每至元日、人日、七日、月半，乃於樓上作樂，樓下男女盛飾，遊看作樂。**薛道衡二年之歎**。薛道衡《人日》詩曰：立春纔七日，離家已二年。人歸落鴈後，思發在花前。**飲竹葉之一觴，粧梅花之滿面**。並見上注。

上　元

祭户遺風，《荆楚歲時記》云：今州里風俗，望日祭門户。先以柳條插於左右門上，乃以酒脯飲食、豆粥餻縻祭之。**觀燈故事**。《涅槃經》云：如來闍維訖收舍利罌，置金床上，天人散花奏樂，繞城步步燃燈，滿十三里。**火樹**，唐蘇味道《看燈》詩云：火樹銀花合，星橋鐵鎖開。暗塵隨馬去，明月逐人行。**燈樓**。唐玄宗於上陽宮建燈樓，高一百五十尺，懸以珠玉。微風將至，鏘然成韻。**帝女巢成而得仙**，《廣陽記》云：南方赤帝女入山學道，仙鵲以正月一日啣柴作巢，至十五日巢成後，得道昇

---

① “王”，底本作“玉”，據校本改。
② “文武十人”，校本同，雖文義可通，仍疑於理有違。明彭大翼《山堂肆考》卷八“登樓飲爵”條亦引《壽陽記》此段文字，而作“千人”。
③ “人入”，底本作“人人”，據校本改。

天。僧徒雲集而觀雨。《西域記》云：摩竭陁國正月十五日，僧徒俗衆雲集，觀佛舍利放光雨花。漢帝之建白馬，漢武帝時，摩騰竺法蘭以白馬馳經至。帝是日設大祭，其夜以香火焚釋道二教，道經煨爐，佛教宛然。帝遂建白馬寺。玄宗之遊涼州。葉法師時與玄宗遊涼州，以鐵如意質酒。神燈佛火，崔液《正月望夜遊》詩：神燈佛火百輪張，刻像圖形七寶裝。試鼓傾城。禰衡被魏武謫爲鼓吏，正月半試鼓，禰衡揚枹爲《漁陽》摻撾，淵淵有金石聲，四坐爲之改容。又古詩云：九陌連燈影，千門共月華。傾城出寶騎，匝路轉香車。燈火千門，見上。蠶桑百倍。《續齊諧記》云：吳縣張成夜見一女立宅東南角，謂成曰："此地是君蠶室，我即地神。明日正月半，宜作白粥，泛膏於上以祭我，必當令君蠶桑百倍。"俄失所在。如其言，年年大得蠶。今人作饘粥，謂之粘女財是也。無心，《玉臺詩》曰：去年正月半，本自無心看。送酒。古詩云：漢帝窺桃核，齊侯問棗花。上元應送酒，來在蔡經家。卜於紫姑，《異苑》曰：其夕，迎紫姑神以卜之。本人家妾，爲大婦所妬，其日感激而死，故世人至是日作其形，迎於廁云："子胥不在，曹姑已行，小姑可出。"子胥，壻也；曹姑，姑也。祀其太乙。《史記·樂書》曰：漢家祀太乙，以昏時祀到明。南油，西漆。梁簡文帝《看燈賦》云：何解凍之嘉月①，值蕡莢之盡開。草含春而色動，雲飛綵以皆來。又云：南油俱滿，西漆爭然。漁陽操，曲名，見上。龍川蠟。賦又云：蘇徵安息，蠟出龍川。斜暉交映，倒影澄鮮。蘇，香名也。

晦　日

孟春，晦日。晦者，灰也，言盡無光。是如灰色者，月之盡也。酺聚，大飲之名。行樂。《荆楚歲時記》云：元日至晦，並行樂飲酒。送窮，《金谷園記》云：昔顓頊帝時，宮中生一子，性好著浣衣。人作新衣與之，即裂破，以火燒穿著，宮人共號"窮子"。其後以正月晦日死，人葬之，曰今日送窮子也。因此相承，號"送窮"也。醡酒。《玉燭寶典》曰：元日至晦日，並皆酺飲渡水，士女悉湔

---

① "凍"，底本作"東"，據校本改。

裳,酹酒於水濱,又臨河渡厄。**階蓂雕**,堯階。**月桂盡**。謂月晦也。**犯天**,陣不違晦,以犯天忌。故戰陣避晦日。**提月**。《公羊傳》:提月六鶂退飛。提月者何?逮是月晦日也。何休注:提月,邊也。魯人語也,在提月之幾盡。**朒朓有警**,《春秋》不書。《選》云:朒朓警闕。朔而月見東方爲朒,晦而月見西方爲朓。《春秋》之例,不書晦也。**月晦之初年**,《荊楚歲時記》云:每月皆有弦望,以正月爲初年,時俗重之以爲節。**時俗以爲節**。見上。**當酺聚之時,值蓂枯之日**。見上。**大酺,小盡**。月有小盡、有大盡,三十日爲大盡,二十九日爲小盡。

二　月

日在營室,律中夾鍾。二月律也。**柳舒西掖**,漢武西掖瑞柳。又《晉書》云:二月中,三月初,掊攝柳葉舒。**雷鳴東隅**。陶潛詩云:仲春遘時雨,始雷鳴東隅。**驚蟄之日桃始華**,二月節也。後五日,倉庚鳴。後五日,鷹化爲鳩。**春分之日鷰乃至**。二月節氣也。後五日,雷發聲。後五日,始電。**東郊祭日**,祀朝日于東郊。**獻羔開冰**。先薦寢廟也。**楊花風**,見上。**榆莢雨**。庾信《湯池碑》云:仲春則榆莢同流,三月則桃花共下。**無焚山,修闔扇**。皆順陽助氣也。**巢人乞子以得富**,昔巢氏時,二月二乞得人子,歸養之,家便大富。後以此日出野,曰"采蓬"。兹向門前以祭之,云"迎富"。**閭人擊鼓以迎春**。《周禮》:仲春,晝擊土鼓以迎春也。**同度量**,平權衡,謂晝夜平則正之云。**養幼少**。《月令》:養幼少,存諸孤。**無作事以妨農**,注:典兵役之事。時將耕,慮妨農功。**順陽氣以養物**。無竭川澤,無漉陂池,無焚山林,順陽氣以養物也。又云:去桎梏,正獄訟。**獻鳩**,《周禮》:羅氏仲春獻鳩以養國老。鄭玄注云:春鷹化爲鳩,變舊爲新,宜以養老助生養。**集鷰**。謂鷰至也。**暖日融天,和風扇物。杏壓園林之香氣,柳籠門巷之晴煙。上丁**,二月上丁,舍奠於國學。**後戊**。春分前後,戊日爲社日。《月令》"命民社"云云。**蘭芽吐玉,柳眼挑金。仲陽**,梁元帝《纂要》云:二月仲春、仲陽、中春。**淑景**。亦曰媚景。**剛日,祭馬**。祭馬祖用剛日。

中和節

時維太平，日乃初吉。作爲令節，以殷仲春。發揮陽和，幽贊生植。仲序，謂仲春也。中和。其節。助發生之德，覃生育之恩。助陰陽之交泰，表天地之和同。當太平之昭代，屬初吉之良辰。授時建命，備物陳儀。《文選》。二月初吉，《詩》云。朔日良時。朔乃爲三長，日乃爲良時。

二月八日

釋氏下生之日，迦文成道之時。《歲時記》云：二月八日，釋氏下生之日，迦文成道之時。信捨之家，建八關齋戒，車輪寶蓋，七變八會之燈。故云今二月八日平旦，執香花遶城一匝，謂之行城。事見下注。遶城遊一匝之行，《本行經》云：二月八日夜半，太子被馬當出，天使神牽馬足，出至走王内，則行城中矣①。在家守八關之戒。《阿那經》云：二月八日當行八關之戒。佛經云：在家菩薩此日當行八關之齋戒。飛鳳，盤龍。《壽陽記·梁陳典》曰：《二月八日行城樂歌》曰："皎鏡壽陽宮，四面起香風。樓形若飛鳳，城勢似盤龍。"

社　日

祀勾龍，共工氏之子曰勾龍，能平水土，故祀以爲社。擇元日。《月令》：擇元日，命民社。爲祀社稷也。春事興，故祭之，以祈農祥。元日，謂近春分前後戊日。元，吉也。白社，白屋之社。青春。報本反始，親地尊天。《禮記》：共工氏之子爲后土，能平水土，故祀以爲社。故夫子曰：大社必受霜露風雨，以達天地之氣也。社所以親地者也，地載萬物；天垂萬象，取法於天；所以尊天親地也。社供粢盛，所以報本反始也。受脤，《傳》曰：戎有受脤肉。謂受氣于社也。升壇。李叔達

---

① 此處二句校本同，然難讀，頗疑文字有訛。

《祠社》云：升壇預結祀，詰早肅分司。椒蘭平酒酌，簟笪撤香箕。**立社**，王爲群姓立社，曰大社；王自立社，曰皇社。諸侯爲百姓立社，曰國社；自立社，曰侯社。大夫以下立社，曰置社。**置社**。見上。**夏松殷柏**，《論語》。**秋報春祈**。春祭，所以祈五穀之生。秋祭，所以報五穀之熟。**陳平分肉**，陳平貧，時爲里中社宰，分肉甚均，父老善之。平曰："使平得宰天下，亦如此肉矣。"**阮修伐樹**。晉阮修，字子宣。伐社樹，或止之，修曰："若社而爲樹，伐樹則社移；樹而爲社，伐樹則社亡矣。"①**封土報功**，《孝經緯》曰：社，土地之主也。土地潤不可盡祭，故封土爲社以報功。**設齋祭社**。佛經云：世尊見殺牛羊以爲社，戒之曰："地獄滿塞，正坐殺害，汝等何以爲社？奉齋守戒，則獲福無量矣。"**擇日命民**，見上。**瞻榆望杏**。隋牛弘《春祈稷歌》云：瞻榆東皋，望杏開田。用憑戩穀，佇詠豐年。**罷社**，《魏志》：王修，字叔治。七歲，母以社日亡。來歲社日，修哭甚哀，鄰里爲之罷社。**結宗**。《荆楚歲時記》云：社日，四鄰並結宗會社，牲醪爲屋於樹下，先祭神，然後饗其胙。鄭氏云：百家共一社。今百家所社宗，即共立社之義也。

三　月

日在婁星，中氣，日在胃也。**律中姑洗**。三月律也。**暄景，暮春**。梁元帝《纂要》曰：三月曰暮春，亦曰季春、晚春、殘春、餘春、末春。**布德行惠**，《月令》：布德行惠，發倉廩，賜貧窮，賑乏絕②。**聘士禮賢**。聘名士，禮賢者。**修利隄防，導達溝瀆**。《月令》。**薦鞠衣，修韠器**。《月令》：修韠器，天子薦鞠衣于先帝。鞠衣，黃桑之服，薦于太廟。**合累牛**，騰馬遊牝於牧。**書駒犢**。牽書其數。**清明之日，桐始華**。三月節也。後五日，田鼠化爲鴽。後五日，虹始見。**穀雨之日，萍始生**。中氣也。後五日，鳴鳩拂其羽。後五日，戴勝降于桑。**禁**

---

① 此段典故或源自南朝宋《世説新語》之"方正"篇，然宣子之語與底本不同，其義亦異："社而爲樹，伐樹則社亡，樹而爲社，伐樹則社移矣。"（清光緒十七年思賢講舍刻本）

② "乏"，底本作"之"，據校本改。

捕，罝罦罬罜之藥，無出國門。鳥獸字乳，不可傷之，無逆天時。勸蠶。無伐桑柘。注：愛蠶食也。享先蠶而躬桑，以勸蠶事。《月令》云。門柳變金，庭蘭孕玉。氣惟煦景，節及殘春。畢春九門，大合樂，命國儺。九門磔禳，以畢春氣。《洪範傳》曰：大樂屬奄①，故磔之於九門。抑金扶木，畢成春功。東方三門不磔，春位不穀②。又且盛德所在，無不禳也。審量五庫。《月令》云：審五庫之量，金鐵皮革，無或不良。嶺外寒食，沈佺期詩云：嶺外逢寒食，春來不見餳。洛陽新甲子，何日是清明？江南草長。丘遲《與陳伯之書》云：暮春三月，江南草長，新花生樹，群鶯亂飛。北閣之春，簡文帝《晚春》詩云：待餘春於北閣，藉高晏於南陂。東山之士。劉孝綽《三月三》詩云：東山富遊士，北土無遺彥。一言白璧輕，片善黃金賤。乘舟薦鮪，天子始乘舟，薦鮪於寢廟。出勾達萌。《月令》：生氣方盛，陽氣發泄，勾者畢出，萌者盡達。柳暗花明，燕來鶯老。

上　巳

莫春之節，上巳之辰。古用上巳，今用三日。空陰不雨，《陰陽書》云：三月三日，欲陰不雨，則蠶善。時和氣清。蘭亭之會，時和氣清。八公既登，宋武帝三月三日登八公山劉安故臺望："城郭如疋帛之遠叢花也。"四人並出。《荊楚歲時記》：三月三日，四人並出，臨清渚爲流杯曲水之飲也。帛遶叢林，杯流曲水。見上。三月桃花水，上巳竹葉杯。桃花水，見下注。上巳，漢《禮儀志》曰：三月上巳日，宮人（官民）並禊飲於東流水上。③《宋書》曰：自魏已後，但用三日，不用上巳。元巳之辰，《文選》：莫春之月，上巳之辰。修禊之事。王羲之序曰：永

---

①　"大樂屬奄"，校本作"犬本屬金"。

②　"不穀"，校本作"不殺"。

③　此段記載，或當本自司馬彪《續漢書・禮儀志》，校本同，今點讀如上。又，頗疑"宮人"乃"官民"之訛，前一字係形訛，後一字或係唐時避太宗諱改"民"作"人"而未及回改之故；《荊楚歲時記》即引作："司馬彪《禮儀志》曰：三月上巳，官民並禊飲於東流水上。彌驗此日。"可參。

和九年，歲在癸丑，莫春之初，會於會稽山陰之蘭亭，修禊事也。**祓禊臨水**，《風俗通》曰：周禮女巫掌歲時，以祓除疾病。祓者，潔也，故于水上盥潔之也。**溱洧執蘭**。韓詩曰：三月桃花水。時鄭國之俗，上巳日於溱洧之上，執蘭招魂，祓除不祥。**束皙善對而賜金**，見下注。**張華能談而稽古**。《竹林七賢論》：王濟常解禊洛水。明日，或問："昨日遊有何語議？"王曰："張華善說《史》、《漢》，裴逸民敍前言往行，歷歷可聽。**垂乳桐**，庾信《三月三日華林馬射賦》云：草唧長帶，桐垂細乳。鳥囀歌來，花濃雪聚。**浮絳棗**。庾肩吾《曲水宴》詩云：桃花生玉澗，柳葉暗金溝。踊躍頳魚醉，參差絳棗浮。**金溝**，見上。**蕙畝**。沈約《三日》詩云：煙光蕙畝，氣婉椒臺。**禊南澗**，孫綽序：以莫春之始，解禊南澗之濱。**會東堂**。晉《起居注》：泰和六年三月三日，臨流盃酒，依東堂小會也。**南浮橋**，晉夏統，字仲御。母病，至洛市藥。會三月三日，洛中王公以下，莫不方駕連軫，並于南浮橋修禊。仲御在船中，曝所市藥，雖見此輩，危坐不搖。**東流水**。見下《齊諧記》。**殿臨春藻**，梁沈約《三日》詩云：帳殿臨春藻，帷宮遶芳薔。芳薔，水中蘺也。**駕息蘭田**。晉張協《上巳賦》云：停輿蕙渚，息駕蘭田。朱幔虹舒，翠幕蜺連。**黍麴**，《荊楚歲時記》云：取黍麴和菜作羹，以厭時氣①。**犢車**。《搜神記》：盧充三日臨水傍戲，遙見水傍有犢車。充往，開車戶，見崔氏女并三歲兒共載。因抱兒還充，贈金盌乃別。**薤露歌**，後漢梁商上巳日會客於洛水，酒酣，繼以《薤露歌》，周舉歎曰："哀樂失時，殃咎必至。"商後果卒。**蘭亭會**。見上。**周公卜邑於洛，羽觴隨波。秦王置酒於河，金人捧劍**。《續齊諧記》云：晉武帝問尚書郎摯虞曰："三日曲水，其義何指？"答曰："漢章帝時，平原徐肇以三月初生三女，至三日，俱死。一村以爲怪。乃攜酒至東流水邊，洗滌去災。因水流以泛觴，曲水之義起此。"帝曰："若如所說，便非嘉節也。"尚書郎束皙曰："摯虞小生，不足以知之！臣請說其始。昔周公卜洛邑，因流水以泛酒，故逸詩云：羽觴隨波流。又秦昭王三日置酒於河曲，有金人自泉而出，捧水心劍曰：'令君制有西夏'。及霸諸侯，乃因立名曲水。二漢相沿爲盛事。"帝善之，賜金五十斤。**永和**

---

① "厭"，校本作"壓"。

之春，癸丑之歲。罰酒三升，得詩一句。《世説》：郝隆爲桓公南蠻參軍①，時賓客大會，作詩不成，罰酒三升，而隆只得詩一句而已。三巳，沈佺期《三日》詩云：九門馳道出，三巳禊堂開。四筵。阮瞻《上巳會賦》云②：列四筵而設席兮，祈吉祥於斯塗。周禊曲洛，周之時禊，飲於曲洛。晉宴上林。晉朝上巳宴上林也。

寒　食

禁火之辰，遊春之月。寒食是仲春之末，清明當三月之初。禁其煙，周之舊制。《周禮》禁其煙，周之舊制，不因子推也。不斷火，魏之新規。見魏武下。桐始開花，清明之日，桐始開花。榆方出火。《論語》：鑽燧改火。春取榆柳之火，以順陽也。二三之月，百五之辰。《歲時記》云：去冬至一百五日，即有疾風甚雨，謂之寒食。魏武之令，魏武帝《明罰令》曰：聞太原至雁門，冬至後一百有五日，皆絶火食，云爲介子推。且北方沍寒之地，老少羸弱，將有不堪之患，今不得作寒食。若犯者，家長半歲刑，主吏百日刑，令長奪一月俸。周舉之書。後漢周舉遷并州刺史。大（太）原舊俗，以介子推焚骸一月斷火。舉遺書於子推廟，云春中食寒一月，老少不堪，今則三日而已。一月寒食，見上。三日斷火。《鄴中記》：并州俗爲介子推斷火食，食乾粥三日。畫鴨，俗彫畫鴨子以相餉。鬥雞。《玉燭寶典》曰：此節城市尤多鬥雞之戲，或彫鏤以相餉遺。蹴踘，劉向《別録》云：寒食蹴踘，黄帝所造，本兵勢也。蹴踘，即毬也。鞦韆。《古今藝術圖》曰：鞦韆本北方山戎之戲，以習輕趫也。遺麥粥，齊魏收遺景元麥粥。祭酪盂。孫楚《祭子推文》曰：醴酪二盂。醴酪，大粳米或大麥爲之，即今之麥粥醴，即今之餳是也。内火，《傳》：以出内火。注：内，藏也。司烜。《周禮》：司烜氏仲春以木鐸修火禁于國中。注：爲季春將出火也。白鳥，《拾遺記》云：文公焚山求子推時，有白鳥從煙中

---

①　“南”，底本作“宿”，據校本改。

②　“上巳”，底本原爲兩字空間未書，疑係殘泐，兹據校本校補。下三處“席兮”、“祈”、“上林”類此，不復出。

爨。新煙。謂出火也。**介子推之遺風，魏武帝之舊令**。晉文返國，皆封從臣，獨忘子推。子推題詩于國門以諷之，遂隱於綿山。文公求之不得，乃焚山求之。子推燒死。因斷火以報之。**湌盤**，飲燒飯曰湌，俗以備斷火。**餳粥**。《玉燭寶典》曰：今人研杏仁爲酪，煑粥引餳沃之是也。

歲華紀麗卷第一①

---

①　底本無此尾題，校本同；底本僅卷二有尾題，校本四卷皆無，兹據底本體例而補其餘三處。

歲華紀麗卷第二

唐　韓　鄂　撰

明　沈士龍　胡震亨　同校

夏

夏爲朱明，時移新節。《選》云：初伏新節，隆暑赫曦。火風，暑節。亦曰炎節。日乃丙丁，時當焦苦。《月令》：其蟲羽，其音徵。四月，律中仲呂。其數七，其性禮，其事視，其味苦，其臭焦，其祀竈，祭先肺。帝稱炎帝，神號祝融。蟲羽音徵，祀竈祭肺。見上。昊天，夏曰昊天。暑雨。出《書》。長嬴，夏爲長嬴。永日。見《書》。焦泉之曲，《蓬瑛》云：春有去雁之歌，夏有焦泉之曲。榮木之詩。陶潛《榮木詩序》云：日月推遷，已復有夏。隆熾，《射雉賦》云：時暑忽隆熾。恢臺。《文選》：收恢臺之孟夏兮。長養也。狼山毒草，《山海經》云：狼山多毒草，盛夏，鳥過之不能去。銀塘芳荷。李林《夏日》詩：桐枝覆玉檻，荷葉滿銀塘。溫飆炎氣①，《文選》：朱夏振炎氣，溽暑扇溫風。爍石流金。《莊子》。青春變節，赤帝司權。火帝爲赤帝也。晝寢書裙，《宋書》：王獻之夏月造羊欣，欣著新練裙，獻之入見之，乃書數幅而去。夏處板榻。後漢羊茂，字季實，爲東郡守。冬坐白羊皮，夏處單板榻。涼君子而清王侯，《壽陽山記》：明義樓南有三浴室，上以清王侯，中以涼君子，下以涼庶類。冬巢居而夏穴處。《晉書》：肅慎國人如此。火居盛德，《月令》：夏盛德在火。木乃成陰。

時景，梁元帝《纂要》曰：夏曰朱明，亦曰長嬴、炎夏、三夏、九夏、朱夏。① 司至，以伯趙氏爲司至者，以夏至鳴，冬至止。伯趙，伯勞也。司立。川烏氏，以立夏來，立冬去。羊茂板榻，見上。孫登草裳。《神仙傳》：孫登夏則居窟室，披草裳。不賀，《漢雜事》：冬至陽事起，君子道長，故賀；夏至陰事起，君子道衰，故不賀。受餉。《齊春秋》：何敬叔爲長城令，清廉。夏節，忽牓門受餉，得米二千余石。代貧乏之人輸租稅也。閉關，《易》曰：先王以至日閉關，商旅不行，后不省方。牓門。見上。影長，尺有五寸。《周禮》云：夏至，日在東井。宵短。至乃宵短。凱風扇物，赫日流輝。麥含秀色，《文選》：麥隴多秀色。柳結濃陰。雲吐奇峰，夏雲多奇峰。火流永日。日永星火。萬木皆滋，百草悉茂。《文選》：靡木不滋，無草不茂也。避暑之飲，光禄大夫劉松北鎮，與袁紹子弟日共晏飲，常以三伏之日，晝夜酣飲，以避時暑。故河朔有避暑之飲。迎夏之郊。立夏之日，盛德在火，迎夏於南，天子親往郊也。絺綌，《論語》：當暑絺綌。乘離。《魏相》云：南方之神炎帝，乘離執衡司夏。

四　月

日當昴位，斗建巳初。《月令》：斗建巳位之初。律中仲吕，杓指東南。《孝經緯》曰：穀雨後十五日，斗指東南，維爲立夏。後十五日，指巳爲小滿。立夏之日，螻蟈鳴。後五日，蚯蚓出。後五日，王瓜生。小滿之日，苦菜秀。中氣後五日，靡草死。後五日，小暑至。麥秋，百穀初生爲春，熟爲秋，故麥以孟夏爲秋。梅雨。梅熟時雨。正陽之月，正陽月，愿未作。愿，謂陰氣也。盛暑之時。亦云炎暑。畏日揚輝，火雲戒節。碧樹之流鶯已老，虹梁之語燕咸歸。

維夏，四月維夏。清和。首夏，猶清和。祀雨師，祈穀實。出輕挺

---

① 據所引《纂要》之内容及上下文體例，頗疑"時景"下奪一表"夏"義之二字語詞（如"朱明"），且至此所奪語詞後當施句號。

重，《月令》：挺重囚，出輕繫。**繼長增高**。無有壞墮。**驅獸**，無害五穀。**飲酎**。以薦嘗麥。**慶賜遂行**，無不欣悅。**行爵出祿**。必當其位。**習盛樂，太雩帝**。自鞀鞞至祝敔，皆盛樂也。**禱祀山川**，古卿士有益於人者，以祈穀實。**贊拔傑俊**。進賢良，舉長大。**無起土功**，無發大衆，無伐大樹，無妨蠶農。**無大田獵**。驅獸而已，忍妨生類。**登麥，收繭**。並見《月令》。

四月八日

浴釋迦，《荆楚歲時記》云：荆楚以四月八日諸寺各設會，香湯浴佛，共作龍華會，以爲彌勒下生之徵也。**迎彌勒**，見上注。**右脇生**。佛以周昭王二十四年甲寅四月八日，自母右脇而生。**半夜入道**，年十九歲，此日半夜逾城往雪山入道。**求於六年**。太子在雪山六年，思道不食，四月八日成佛。**溺金像**，《世説》：孫皓初治國，於地中得金像，如小兒高。皓便著廁前，令持籌四日，皓語像云："今日浴佛來。"暮陰病，懺悔乃瘥。**全木榻**。羊茂事，見上。**靈育生，而孕先得夢**。《高僧傳》曰：釋元高，小名靈育。母寇氏夢見胡僧持傘，香花滿坐，便即懷胎。至四月八日生，有異香及光明照壁，迄旦乃散。因名曰靈育。**劉宣泣，而悲不自勝**。《宋書》：劉敬宣，字萬壽。八歲母死。四月八日，入寺見衆僧浴佛，乃下頭上金鏡，爲母灌佛。因泣下，悲不自勝。**八歲兒**，見上。**九子母**。《荆楚歲時記》曰：四月八日長沙寺閣下，有九子母神。是日，市肆之人無子者供養薄餅以乞子，往往有驗。**八字之佛爰來**，荆楚人相承此日迎八字之佛於金城，設榻幢歌鼓，以爲法華會。**五香之水乃浴**。《高僧傳》：靡歌利頭四月八日浴佛，以都梁香爲青色水，鬱金香爲赤色水，丘隆香爲白色水，附子香爲黃色水，安息香爲黑色水，以灌佛頂。

五　月

日居參宿，律中蕤賓。**昏角曉危**，五月之節，日在參，昏角中，曉危中。**鳴蜩解鹿**。夏至之日，鹿角解。後五日，蜩始鳴。**雲容益峻，鶯老無聲**。

麥秋梅夏，居高遠眺。可以居高明，可以遠眺望，可以升山林，可以處臺榭。衆果具繁，《文選》：蕤賓之時，景風扇物。天和氣煖，衆果具繁。百藥可蓄。《月令》：聚蓄百藥，無用火南方。祀皇地，《月令》：祀皇地祇于方丘，岳瀆等神，夏至日祀之。祭先牧。祭于大澤，用剛日。長日助威稜之勢，薰風同長育之恩。關市無索，門閭無閉，開市無索。此順陽氣。遊牝別群。摰騰駒，班馬政。芒種之日，螳蜋之生。五月節侯。後五日，鵙始鳴。後五日，反舌無聲。風名黃雀，雨曰濯枝。《風土記》曰：仲夏大雨，名濯枝雨，六日方止。東南常有風至，曰黃雀、長風，亦曰薰風。月次居離，斗維建午。當陽極陰生之際，是養神保壽之辰。夏至之日一陰生。當正陽以戒月，五月爲正陽月。諒無躁而處身。《月令》。飛火輪，謂日烏也。榮木槿。《易通説》曰：夏至之日，木槿榮。火雲方熾，畏景尤長。當陰陽分争之時，夏至之日，陰陽争，死生分。君齊戒百官，静事無刑，以定晏陰之所成。是齋戒養恬之日。君子齋戒，處必安静。

端　午

日叶正陽，時當中夏。采蟾蜍之令節，《抱朴子》曰：五月五日，采蟾蜍頭。有八字者，日中時取之，陰乾一日。以其足畫地，即爲流水；帶其左臂，辟惡。語鴝鵒之佳辰。《歲時記》：以午日取鴝鵒兒毛羽新成者養之，皆善語，必先剪去舌尖。錦幖，狀元盧肇《午日宫船》詩云：報道是龍剛不信，果然奪得錦幖歸。鬼字。魏取詩：辟兵書鬼字，伸印題靈文。角黍之秋，《風土記》：午日烹鶩角黍，又以菰葉裹粘黍，以象陰陽相包裹未分也。浴蘭之月。《大戴禮》云：午日以蘭湯沐浴。朱索，《續漢書》：午日朱索五色爲門户飾，以止惡氣。赤符。《抱朴子》曰：或問辟五兵之道，答以五月五日著赤符於心前。祭屈，《續齊諧記》：屈原五月五日投汨羅江死，楚人哀之。至此日，以筒貯米，投水祭之。漢建武元年，長沙有人見三閭大夫，曰：常苦蛟龍所竊，今若有惠，願以蒲葉裹、五色絲纏之，則蛟龍畏也。祠陳。後漢陳臨爲蒼梧太守，推誠以理。臨徵去後，本郡以五月五日祠之東門城上，令小童潔服而舞。**長命縷**，古詩云：何人致契闊，遶臂雙條達。**辟兵繒**。裴玄《新語》曰：五月五日集五彩繒，謂之辟兵繒也。**結廬**，梁王筠《五日》詩：結廬同楚俗，采艾異詩人。**蓄藥**。又曰：是日競采雜藥。《夏小正》云：此日蓄藥，以蠲除毒氣。**鬬百草**，《荊楚記》云：此日楚人蹋百草。今人又有鬬百草之戲。**纏五絲**。見上。**忌蓋屋，勿曝薦**。《風俗通》云：此日蓋屋，令人頭禿。又云：不得曝床薦席。《異苑》曰：新野庾寔嘗于五月五日曝席薦，忽見一小兒死于薦下，俄失所在，其後寔女遂亡。因相傳以爲忌。**午位初杓，一陰潛發。當赤帝炎威之際，是朱明熾毒之時**①。**救屈原以爲俗**，午日競渡。《荊楚記》曰：舟救屈原也。**因句踐以成風**。《越地傳》云：競渡起于越王句踐。**月號正陽，時惟端午。雲簇奇峰之狀，簟凝寒水之姿。**

胡廣生，《世說》：胡廣，本姓黃，以五月五日生，父惡之，盛胡蘆棄江中。居人見之，收養以爲己子，托胡蘆生，乃姓胡。**曹娥死**。《異苑》曰：曹娥父以五月五日溺死，娥巡江號哭七日，遂投江死。三日後，與父屍俱出。**時當采艾，節及浴蘭。**《荊楚歲時記》云：宗測常以五月五日未雞鳴時采艾②，見似人處，攬而取之，用灸有驗。**燒空之畏日尤長，觸戶之炎光益盛**。見上。**包菰**，《風土記》云：午日以菰葉裹黏米，以象陰陽之相包裹。**掛艾**。《荊楚記》：五月五日，楚人皆踏百草。采艾爲人形，掛於户上，以禳毒氣。**百索繞臂**，《風王記》：以五綵縷造百索繫臂。一名長命縷，一名辟兵繒，以相餉也。**五彩纏筒**。見上。

熱

大暑賦，夏侯湛作《大暑賦》云：三伏相仍，徂暑肜肜。上無纖雲，下無微風。**苦熱行**。《文選·苦熱》云：砂礫銷鑠，草木焦卷。處涼臺而有鬱蒸之煩，浴寒水而

---

① "毒"字底本係墨丁，據校本補。
② "宗測"，《荊楚歲時記》作"宗則"，并言字文度。可參本書之整理成果。

有灼爛之苦。宇宙雖廣，無陰以憩。昔聞草木焦，今見砂石爛。大火灼光，炎氣酷烈。**如熱得涼，如渴得漿，盛夏之陰。**萬物歸之，言其涼也。**以瓜鎮心，**鄭灼，字茂照。嘗讀書時大熱，以瓜鎮心，欲涼之也。**穿岸爲室。**後漢馬援行軍至長沙，欲進擊壺頭，遇夏暑盛熱，穿岸爲室，以避暑氣。**炎風畏景，火雲赫日。云我無所，**言無庇身。**如惔如焚。**惔，燎也，言熱如火燒。**風雲鬱其如火，天地赫以爲爐。禋于六宗，**已見"寒"門"禋于六宗"注中。**飲于三伏。**見下。**暍者，**《莊子》曰：暍者反凍乎冷風。又京房《易飛候》曰：立夏有雲大如車蓋十餘里，此陽火之氣，必暑有暍者。**瘴心。**《詩》云：我心瘴暑。**機女抱綜，耕夫釋耕。**曹植云：機女與耕夫背暑，不期而齊迹向陰，不會而成群者也。**食冰之鼠，**北方層冰之下有鼠食冰，肉重千斤，作脯以禦熱。**飛雪之方。**王仲都服飛雪散，能盛暑中使曝坐，周焚以火，口不言熱，而身無汗出。**涼草，**《杜陽編》：暑則設迎涼草，寒則設鳳首木也。**寒溪。**《武昌記》曰：樊山東有小溪，夏時凜然常有寒氣，故謂之小溪。**身熱坂，**《漢書·西域傳》曰：罽賓道歷大小頭痛之山、赤土身熱之坂。**頭痛山。**見上。**當秦穆公三庚之日，**《史》云：秦穆公三年初伏。注云：六月上伏日，秦皇置。又穆公始爲伏祠。取夏至後第三庚爲初伏，第四庚爲中伏，立秋後初庚爲末伏，謂之三伏，又謂之三旬。**思葛稚川六甲之符。**《抱朴子》曰：或問不熱之道。答曰：立夏或服玄冰丸、飛雪散，帶六壬六甲符。**處榭登山，可以升山陵，可以處臺榭。當風交扇。**已具"伏日""食白粥"注。**暑煮，**《釋名》曰：暑，煮也，如煮物也。當暑、大暑、溽暑、六月暑、正暍暑、毒暑、徂暑、六月炎暑。**熱爇。**《釋名》曰：熱，爇也，如火所爇也。苦熱、酷熱、旱熱、炎熱。升山陵，紾絺紛。**可畏，**《春秋》云：夏日可畏。**如熏。**《詩》云：憂心如熏。熏，灼爛也。

旱

草木焦枯，砂石銷爛。見上。**雲漢之章，土龍之象。**許慎注：湯遭大旱，作土龍以象雲從龍。**湯之七年，**湯七年大旱，無一日有雨。**魯之八月。**

《左傳·魯僖公三年》：自十月不雨，至次年五月，旱旦，不爲災也。①

雲

從龍，《易》曰：雲從龍。似虎。兵書：猛將之雲氣似虎也。山既出雲，《禮》曰：山川出雲。天必降雨。《易》曰：雲行雨施。雲紀，黃帝受命有雲瑞，故以雲紀事。又有雲官也。瑞書。有瑞必書。不崇朝而徧天下，《公羊傳》曰：觸石而出，膚寸而合，不崇朝而徧雨天下，太山雲也。不待族而潤寰中。《莊子·內篇》：廣成子謂黃帝曰："自爾治天下，雲氣不待族而雨。"邴生之鶴，邴原，北海人也。遭漢亂，隱於遼東，徵召不仕，時人謂之曰"雲間白鶴"。陸氏之龍。《世說》：陸士龍嘗在張華筵上自稱曰"雲間陸士龍"。李陵仰視，《李陵贈蘇武詩》云：仰視浮雲馳，奄忽互相踰。靖節思親。陶靖節《詩序》"停雲思親友"也。霏霏承宇，《楚辭》。英英露茅。《詩》：英英白雲，露彼菅茅。荷鍤決渠，《文選》：決渠降雨，荷鍤成雲。油然作雲，沛然下雨。赤爲兵驗，黃乃時豐。保章氏以五色雲物辨吉凶之祲祥。二至二分，占視日旁雲色，青爲蟲，白爲喪，赤爲兵荒，黑爲水，黃爲豐。不興，《文選》：朝雲不興，而黃潦獨臻。可望。堯紀望之如雲。陽臺，朝雲。巫峽。飛揚，高祖歌曰：大風起兮雲飛揚。決濟。五色呈瑞，氤氳決濟。出岫，《歸去來辭》：雲無心以出岫。上天。《詩》曰：上天同雲，雨雪雰雰。辨豐凶，卜水旱。《周禮》：保章氏以五色雲物辨吉凶、水旱、豐荒之祲祥。注云：雲色有五，以別水旱豐荒。赤鳥飛，《左傳》：楚雲如衆赤鳥，夾日以飛。三日，太史曰："其當王身乎？"白雲起。後漢薊子訓到洛，見公卿數十處後，皆白雲起。薈蔚，《詩》云：薈兮蔚兮，南山朝隮。薈蔚，乃雲興之兒。屏翳。雲師名也。奇峰，夏雲多奇峰。垂天。《莊子》：大鵬翼若垂天之雲。觸石，見上注。潤礎。《淮

---

① "旦"，校本作"且"。又今檢《春秋左傳正義·僖公三年》（清阮元校刻《十三經注疏》本），此處相關文字作："自十月不雨，至於五月，不曰旱，不爲災也。""旱旦"二字當有訛誤。

南子》曰：山雲蒸，柱礎潤。**出蒼梧**，《歸藏》曰：有白雲出蒼梧，入于大梁。**至帝鄉**。《莊子》：乘彼白雲，至于帝鄉。**陰陽聚**，《春秋元命苞》云：陰陽聚爲雲。**山川氣**。《説文》曰：雲，山川之氣也。又西王母有《白雲謡》云：白雲在天，丘陵自出。道路悠遠，山川間之。見《周穆王傳》。

瑞　雲

德動天心，瑞開雲物。淒淒祈祈，《詩》云：有渰淒淒，興雨祈祈。**紛紛郁郁**。《史記》：若煙非煙，若雲非雲，紛紛郁郁，蕭索輪囷，是謂慶雲。**起封中**，漢武封太山，夜有光、晝有白雲起於封中。**覆寶鼎**。汾陰寶鼎，天子祠之，黄雲覆焉。**書瑞**，分至啓閉，必書雲物。**紀官**。黄帝以有雲瑞，因以雲紀官。**氤氳氛氳，瑞氣慶雲**。景雲、卿雲、祥雲、瑞雲也。**非煙**，非煙非霧，五色氤氳，皆瑞雲也。**喬雲**。《瑞應圖》曰：喬雲其狀，外赤内青。一曰"慶雲"。**金枝，玉葉**。黄帝與蚩尤戰于涿鹿之野，常有五色雲氣、金枝玉葉止於帝，上有花葩之象，故作華蓋。**干吕**，東方朔《十洲記》曰：青雲干吕，連月不散。**扶日**。《洛書》曰：蒼帝起，青雲扶日；赤帝起，赤雲扶日；黄帝起①，黄雲扶日。

風

風則從箕，月離於畢，箕星好風。《春秋緯》曰：風從箕星，揚砂走石。《詩》云：月離於畢，俾滂沱矣。**天地噫氣**。風者，天地之噫氣也。**琴歌其南**，舜作五絃之琴，以歌《南風》。曰：南風之薰兮，可以解我民之愠兮。**馬嘶其北**。《古詩》：胡馬依北風。**大風歌**，高祖過沛，作《大風歌》，曰：大風起兮雲飛揚，安得猛士兮守四方？**秋風辭**。漢武帝作《秋風辭》，云：秋風起兮白雲飛，草木黄落兮鴈南歸。蘭有秀兮菊有芳，懷佳人兮不能忘。**石尤**，無將故人酒，不及石尤風。**飛廉**，風伯

---

① "起"字，底本形似墨釘，兹據校本及上下文校補。

名也。**箕星**。風星名也。**地籟**，《莊子》曰：汝聞天籟而未聞地籟。注：風吹萬物也。**鳴條**。太平之代，風不鳴條。**八風**，見上。**五風**。堯時五日一風。**虎嘯**，《淮南子》曰：虎嘯而谷風生。**鳶鳴**。《禮記》：前有塵埃，則載鳴鳶。注：鳶鳴則風生也。**易水寒**，燕丹送荆軻於易水之上，軻歌曰：風蕭蕭兮易水寒。**洞庭波**。《楚詞》：嫋嫋兮秋風，洞庭波兮木葉下。**空穴**，拱向來巢，空穴來風。**開襟**。《選》云：憑軒檻以回望，向北風而開襟。**鵲巢**，《淮南子》云：鳥鵲識歲之多風，去喬木而巢扶枝。**鳥路**。《選》云：風煙有鳥路，江漢恨無梁。**揚仁風**，袁宏爲東郡守，謝安授以扇。宏曰："輒當奉揚仁風，慰彼黎庶。"**辟臭腐**。《帝王世紀》：堯時廚中自生肉脯，薄如翣形，搖動則風生，使食物寒而不臭，名曰"翣脯"。**從虎**，風從虎。**相烏**。《述征記》：長安宮南靈臺上有相風銅烏，遇千里風乃動。**愈病析酲**，出《選·風賦》。**阜財解愠**。《詩》云：南風之薰兮，可以解吾民之愠兮；南風之時兮，可以阜吾民之財兮。**退宋都之鶂**，《左傳》：六鶂退飛，過宋都。風也。**搏南海之鵬**。《莊子》。**膚發栗冽**，出《詩》。**衝孔襲門**。《風賦》。**巽風起，兌澤流**。《易》：巽爲風。又風以散之。鼓動萬物者，莫疾乎風。**飄瓦**，《莊子》：不怨飄瓦。**摧木**。木秀於林，風必摧之。**入松**，琴曲有《風入松》。**拂野**。驚飈拂野，木無静柯。**冷冷，獵獵**。並《選》。**鼓之以雷霆，潤之以風雨**。《易》。**凄風**，春無妻（凄）風。**景風**。四氣和爲通正，謂之景風。**習習**，《谷風》。**颼颼**。《秋風》。**列子善御**，列子能乘風。又云：御風而行，冷然善也①。**師曠驟歌**。《左傳》：師曠曰："吾驟歌北風，歌南風。南風不競。"歌者吹律，以詠八風，南風者微，故曰不競。**穆若**，穆若清風。**罷兮**。《選》：秋風罷兮春草生。**轉蕙泛蘭**，《楚詞》：光風轉蕙泛崇蘭。**拔樹發屋**。項王圍漢三匝，風從西北來，折木發屋，揚沙石。楚軍大敗，漢王得數千騎遁去。**君子之德**，《論語》。**庶人之雌**。宋玉《風賦》：大王之風雄，庶人之風雌。**動沙堁，吹死灰**。見下。**揚塵**，庶人之風，塕然起於窮巷，

---

① "冷"，底本作"泠"，兹據校本改。

堨埲塵，動沙溫，吹死灰，揚腐餘。**奪熱**。《紈扇》詩：常恐秋節至，涼飈奪炎熱。**空穴來**，見上。**青蘋末**。宋玉《風賦》：夫風生于地，起於青蘋之末。

風災

飄風不終朝，驟雨不終日。《老子》。**震凌**，揚子曰：震風凌雨，然後知夏屋之爲帡幪也。**霾曀**。《詩》：終風且霾，終風且曀。**海鳥避**，海鳥曰爰居，止於魯東門外，展禽曰："今茲海其有災也？夫廣川之鳥獸，恒知避其災。"是歲也，果有大風。**神女行**。《博物志》云：太公爲灌壇令，文王夢婦人哭當道，問之，曰："我太山神女，嫁爲西海神婦。吾行必以疾風暴雨，灌壇當吾道，不敢以疾風暴雨。"夢覺，白太公。三日，果有疾風過。**溯滂**，出《風賦》。溯，上冰切①。**熛怒**。並風激物之貌。**靁石**，靁，動也。**發屋**。見上。**風災數起，國多暴雨**。**木拔**，《書》。**沙揚**。見上。

占風

占之識老子之來，《神仙傳》：老子將去周而出關，以昇崑崙。關令尹喜占風，知有神人來過，乃掃道以待老子。老子知喜命應得道，仍以長生術授喜。**候之知關羽之敗**。《建康實錄》：吳大帝與關羽戰，羽乞降。大帝以問趙達，達曰："彼有走氣，言降詐也。"乃使人於路邀之。趙達曰："雖走，必不能脫。"午時，有風觸幰，達撫手曰："羽至矣。"果擒關羽而至。**君子**，《瑞應圖》曰：離地三尺，名爲君子之風。**庶人**。見上。**偃禾拔木**，《書》。**歷樹拂堂**。《北齊書》曰：武衛奚永洛與河内張子信對坐，時有鵲鳴於庭樹上，鬭而墜焉。子信曰："鵲不喜向夕，若風從西來，歷樹拂堂角，則夜必有召，君輒不得往。"子信出後，果風來至。高儼使人召永洛，且云勑喚。永洛便欲去，其妻止之，而稱馬墜腰折，果免難也。**八風**，八節之風。**五風**。五日

---

① "上冰切"，校本同，乃是注"溯"字音也，然似有舛誤。檢《廣韻》，溯字扶冰切；《集韻》，溯字皮冰切：皆與"上冰切"相距甚遠。唐李善注《文選》"飄忽溯滂"句："溯滂，風擊物聲。溯，疋冰切。"故推"上"當係"疋"之形訛。

一風，十日一雨。大王，大王風，見《選》。少女。《管輅傳》曰：時大旱，輅云："即今當雨，樹上已有少女微風。"須臾之間，雨果至。修宮室，完邊城。不周風至。誅有罪，斷大刑。廣莫風至。《易緯通義》云。變色，迅雷風烈，必變色而作。辨聲。善候風占聲，知吉凶。五色各異，太皞氏之王天下，五方風並異色也。八節不同。立春條風，春分明庶風，立夏清明風，夏至景風，立秋涼風，秋分閶闔風，立冬廣莫風，冬至朔風。各有所主，以占事也。

雨

雨以潤之，秋無苦雨。九旬，十夜。三日淫雨早降。零雨其濛。驟雨不終日。時雨。風以散之。《易》。祁祁，《毛詩》。森森。《選》：森森散雨足。長安之諺，諺云：城南韋杜，去天尺五。杜牧《雨》詩注中出。先生之請。《晉書》云：束先生通神明，請天三日，甘雨零。行過恐妨於賢令，見"風"門注。知來必信於穴居。昔董仲舒讀書於牖下，有人自外詣之，曰："今日必雨。"仲舒曰："吾聞巢居知風，穴居知雨。君非狐狸，必是老鼠。"遂窺之，見其人化爲野狐而去。罕居之均天澤，《漢書·天文志》云：畢爲罕居。《洪範傳》：畢星好雨。棧道之霖鈴聲。玄宗幸西蜀南，至斜谷嶺，霖雨涉旬，於棧道雨中聞鈴聲，與雨相應。上悼貴妃，因采其聲，爲《雨霖鈴》，寄恨焉。時梨園子弟善音律者張野狐，從至蜀上，即以其曲授之。其曲今在法部。作解，《易》。若濡。《傳》曰：道下遇雨若濡。天降，《禮記》：天降時雨，山川出雲。月離。《詩》：月離于畢，俾滂沱矣。倒井，見《選》。傾盆。大雨。驅垤鸛，使之飛鳴。《詩》：鸛鳴于垤。言將雨也。鞭商羊，令其鼓舞。《家語》：童謠云："天將大雨，商羊鼓舞。"乃一足鳥也。近壬子，管輅過清河，見太守，曰："天旱，何如？"輅曰："今夕當雨。《傳》曰：近壬子日，值滿①，星中已

---

① "滿"，底本作"蒲"。考管輅此事或本自《三國志·魏志·管輅傳》中倪太守問輅雨期事，裴松之復引《輅別傳》詳注此事，其中有"十六日壬子，直滿，畢星中已有水氣"云云。故"蒲"作"滿"，或形誤也；校本正作"滿"。茲據改。

有水氣，食頃當至。"果如言。禁丙丁。俗説久雨不晴，禁丙丁乃得晴。蟠泥之龍，《蜀都賦》云：潛龍蟠于沈澤，應鳴鼓而興雲雨。封穴之蟻。《易占》曰：蟻封穴户，大雨將至。洗兵，武王伐紂，大雨洗兵。滅火。成都市火甚盛，樊英噀酒以滅之。雨田疇，雨我公田，遂及我私。害稼盛。《左傳》：天作淫雨，害於稼盛。不節，《禮記》：風雨不節則飢。以時。時雨將降。時雨，及時之雨也。燕飛，湘川零陵有石燕，遇雨則飛。蜺躍。《淮南子》曰：黑蜺神虹，潛泉而居，將雨則躍。霡霂，益之以霡霂。注云：霡霂，小雨也。霈然，下雨。如晦。《詩》：風雨如晦。伐殷，《搜神記》：武王伐殷，至河上，雨甚疾，雷晦冥。討邢。《左傳》：衛大旱，討邢而雨。密雨，密雨如散絲。膏澤。多豐年。降不破塊，《鹽鐵論》：周公之時，風不鳴條，雨不破塊，旬雨必以夜。注必隨車。漢百里嵩爲徐州牧，境內旱，行部傳車所經，甘雨輒降。假蓋，孔子將行，雨而無蓋，門人曰："商有之。"孔子曰："商之爲人，甚恡于財。"不假蓋於子夏，護其短也。勝裘。披雪沐雨，則裘不如蓑。出《劉子》。霈服，諸侯朝天子，雨霈服，失容止。墊巾。郭林宗雨中行，墊其角巾。時人故效之，爲折角巾。社公雨，俗説社公不食舊水，故近社必有雨也。少女風。見上。漂粟，鄒子曰：朱買臣學業不休，其家曝粟，令臣守，不覺雨漂粟也。流麥。高鳳事。同上云。雨師，屏翳爲雨師。《列傳》又云①：赤松子，神農時雨師也。雲將。見《莊子》。愁霖，三日雨爲霖，雨久爲愁霖。《文選》：愁霖貫秋序。夜雨。夜雨滴空堦。五政，《管子》曰：五政順時者，春雨乃來。一旬。太平之時，五日一風，十日一雨。

六　月

日在東井，律中林鍾。夏窮暑退，火中寒暑乃退。謂季夏及季冬。暑變溫風。小暑溫風至，六月節也。後五日，蟋蟀居壁。後五日，鷹乃學習。螢

---

① 　此處《列傳》當指《列仙傳》。

飛腐草。大暑日，腐草爲螢。後五日，土潤溽暑。後五日，大雨時行。畏日更延於黃道，秋陽益熾於炎光。簞展輕冰，扇搖團月。新律將加於煩暑，下伏式啓於炎陽。簡文帝《苦熱詩》云：六龍駕不息，三伏啓炎陽。徂暑，六月徂暑。溫風。見上。糞田，可以糞田疇，可以美土礓①。染綵。命有司染綵，黼黻文章，必以法故，無或差忒，以供郊廟祭祀之服。以爲旂章，以別貴賤等級之度。大雨時行，大雨時行，乃燒薙行水，利以殺草也。溫風已至。季夏之日。土潤溽暑，見上。節退早秋。時當殺草、殺草，見上。行木，命有司入山行木，無有斬伐，爲木未堅成。無興土功，可資農事。不可以興土功，不可以合諸侯，不可以起兵動衆。注云：土將用事，欲静也。農事，糞田疇也。

伏　日

秋夏交會之辰，金火伏藏之日。《晉志釋》曰：立秋以金代火，金畏火，故至庚日必伏。庚者，金也。故曰伏。②《史記注》云：六月上伏日，秦始皇所置。三伏之秋，《陰陽書》曰：夏至後第三庚爲初伏，四庚爲中伏，立秋後初庚爲末伏。一時之暑。《典略》曰：劉松、袁紹於河朔三伏之際，晝夜飲酒，乃至無知，以避一時之暑。故河朔間有避暑之飲。秦修祠，《史記》：秦穆公始爲伏祠。漢擇日。《風俗通》曰：漢中、巴蜀。高祖用張良策，還定三秦，蓋君子之所因者本也。論功定封，加以金帛，重復寵異，令擇伏日，不同凡俗也。祠黃石，《史記》：留侯既得黃石。留侯死，并黃石而葬。每上冢伏臘，祠黃石。湌白粥。見上。當謝安食白粥之辰，《世說》：郄超子嘉賓三伏之日詣謝公，炎暑熏赫，當風交扇，猶沾汗流離③。謝公着故絹汗衫，食熱白粥，晏然無異。郄謂謝公曰："非君，幾不堪如此也！"是方朔割賜

---

① "礓"，校本作"疆"。

② 唐《藝文類聚》卷五"歲時下"部之"伏"篇、唐《初學記》卷四"歲時部下"之"伏日"篇以及宋《太平御覽》卷三一"時序部"之"伏日"篇等文獻亦皆引有"立秋以金代火"至"金也"之文字，然所自文獻名皆作"歷忌釋"，實非底本所言"晉志釋"，故今疑其間或有訛誤，存而待考。

③ "沾"，底本作"沾"，據校本改。

肉之日。漢東方朔爲郎，伏日，上賜諸郎肉，朔獨拔劍割肉，謂同官曰："伏日當早歸，諸受賜。"郎懷肉而去。上問朔曰："賜肉不待詔，何也?"令自責。朔曰："受賜不待詔，一何無禮也! 拔劍自割肉，一何壯也! 割之不多，又何廉也! 歸遺細君，又何仁也!"上笑曰："令卿自責，而反自譽!"復賜酒一石、肉百斤遺細君。① 進湯餅，《荆楚歲時記》云：伏日，進湯餅，名爲辟惡餅。 薦麥瓜。《月令》曰：初伏，薦麥瓜於祖禰。

歲華紀麗卷第二

---

　　① 此處東方朔事當本自《漢書・東方朔傳》，文字略有不同。底本"諸"、"郎"二字於義不通，校本亦同，《漢書》(中華書局點校本)作"請"、"即"，義通。

歲華紀麗卷第三

唐　韓　諤　撰①

明　沈士龍　胡震亨　同校

秋

秋爲白藏，<small>梁元帝《纂要》云：秋爲白藏，亦曰收成，亦曰三秋、素秋、高秋、商秋、九秋。</small>景當素節。<small>又曰：節曰素節、商節；辰曰淒辰、霜辰。</small>帝稱少皥，<small>其帝少皥。</small>神號蓐收。<small>其神蓐收。</small>衆木搖落，<small>見《秋興賦》。</small>一葉飄零。<small>《淮南子》曰：一葉落而知天下秋。</small>白精君，<small>其帝少皥，其神蓐收。白精之君，金官之臣。少昊，金天氏；蓐收，少皥氏之子曰該，爲金官矣。</small>蕭條野。<small>曹植詩云：秋風發微涼，寒蟬鳴我側。原野何蕭條，白目（日）忽西匿。</small>金祇司矩，<small>南齊謝朓《七夕賦》云：金祇司矩，火曜方流。</small>火旻團露。<small>《文選》：秋岸澄夕陰，火旻團朝露。</small>西墅之接白門，<small>《思玄賦》云：躧白門而東馳兮，云臺行乎西墅。躧，履也。白門，秋門也。</small>南霄之度征鴈。<small>陶潛《秋》詩：哀蟬無留響，征鴈鳴南霄。</small>玉帝規時，<small>秋，白帝也。</small>金風屆序。<small>盛德在金。</small>清景，<small>亦曰朗景、澄景。</small>旻天。<small>旻，愍也。愍萬物之凋零。</small>戒以白露，申以嚴霜。風月，<small>商風、金風、素風、淒風、高風、激風、涼風、悲風、清風。秋月、皎月、皓月、素月、朗月、明月。</small>草木。<small>白草、衰草、霜草、疏木、霜木、霜林、衰林、霜柯、霜條。</small>屬商，<small>其蟲毛，其音商，其數九，其性義，其事言，其味辛，其臭腥，其祀門，祭先肝。</small>天子食魚，庶人薦黍。<small>《月令》。</small>靈運嘗聞於

---

①　“韓諤”，底本前兩卷作“韓鄂”，後兩卷則作“韓諤”，題解已論之。茲從底本照録。

理棹，謝靈運詩云：述職期闌暑，理棹變金風。**沈約見詠於縫裙。**《秋夜詩》云：暉暉螢入霧，離離鴈出雲。巴童暗理瑟，漢女夜縫裙。**露珠低圓，雲羅高薄。**秋雲如羅。**張季鷹之歌發鱸魚，**歌曰：秋風起兮木葉飛，吳江水兮鱸正肥。三千里兮家未歸，恨禁難兮仰天悲。遂掛冠而去。**班婕妤之悲生紈扇。**《紈扇》詩云：長恐秋節至，涼飈奪炎熱。棄之篋笥中，恩情中道絶。**草黃鴈歸之歌，**漢武帝歌云：草木黃落兮鴈南歸。**水闊露濃之賦。**李德裕賦云[1]：秋水闊兮秋露濃，盛花落兮歎芙蓉。**鴈過天青，蟬鳴露白。嫋嫋悲風，**《選》云：嫋嫋兮秋風。**淒淒寒日。**《詩》云：秋日淒淒，百卉具腓。腓，病也。涼風用事，而衆草病興也。**露凝白玉，菊散黃金。**《秋日》詩：露凝千片玉，菊散一叢金。日就高低影，雲空點綴陰。又云：菊散金風起，荷疎玉露圓。將秋數行雁，離夏幾林蟬。雲凝愁半嶺，露碎纈高天。**敗蘭，**《文子》曰：蘭叢欲芳，秋風敗乏。**槁葉。**《秋興賦》云：野有歸燕，隰有翔隼。遊氣朝興，槁葉夕隕。屏輕篁，釋纖絺，藉莞蒻，御袷衣。天晃朗以彌高，日悠揚而寖微。**短晷長宵。**又云：何陽烏之短晷，覺良夜之方永。熠燿燦於門闈，蟋蟀鳴於軒屏。**悲聞宋玉之辭，恨入潘安之鬢。**宋玉《九辯》[2]：悲哉秋之爲氣也。又潘安仁春秋三十二，始生二毛也。**高梧減韻，腐草流輝。靈運之詩，愁霖冠秋序。**[3] **照鄰之賦。**《秋霖賦》云：都襄陵之與昏墊。**風零蒲柳，**晉顧凱曰：蒲柳之姿，望秋先零。**霜敗芝蘭。露結蒹葭，風生桂樹。**《詩》云：蒹葭蒼蒼，白露爲霜。《文選》云：秋風生桂枝。**漢儀斬牲，**《晉

---

① 此二句賦出自唐李德裕《白芙蓉賦並序》，見於其《李衛公集》，《全唐文》等皆有收錄。德裕，字文饒，元和宰相吉甫子也。底本脫一"裕"字，校本同，茲校補如上。

② "辯"，底本作"辨"，逕改。

③ 按《歲華紀麗》體例，"靈運之詩"條下所注"愁霖冠秋序"即當其相關詩文或詩名。上文"雨"門中，有"愁霖"條，其注曰："三日雨爲霖，雨久爲愁霖。《文選》：愁霖貫秋序。"頗疑"冠"乃"貫"之音誤。然《文選》所引者，實出自江淹效張協《苦雨》詩（《文選》卷三一，中華書局 1977 年影印本）。謝宣遠《答靈運》詩中有"忽獲愁霖唱，懷勞奏所成"句，李善注"靈運《愁霖》詩序云：示從兄宣遠"云云（《文選》卷二五），知謝靈運有《愁霖》詩，未知是否即底本"愁霖"之所指。個中内情，或待賢者。

書》曰：漢儀，立秋日白郊禮畢，始揚威武，斬牲於東門，以薦廟也。**周禮擊鼓**。《周禮》：仲秋夜，擊土鼓，籥《豳詩》，以迎寒。

七　月

日在張星，律中夷則。河漢方秋，天地始肅。禾乃登，繕囷圇，具栚楎，斷薄刑，決小罪，納材葦，坏墻垣，修官室。**流火**，七月流火。**在金**。盛德在金。**葉下高梧，煙消弱柳**。**當褚淵彈琴之夕**，《南齊書》：世祖在東宮，賜褚淵銀鱗琵琶，又嘗會宴袁粲舍。時初秋涼夕，風月甚美，淵援琴奏《別鶴》之曲。宮商既奏，風神諧暢，謝莊撫節而嘆曰："以無累之神，合有道之器。"**寔孫寶署吏之辰**。漢孫寶爲京兆尹。立秋日，署吏侯文爲東都郵，勅曰："今月鷹隼始擊，當從天氣。"**夜景漸遲於玉漏，秋聲將嘯於金風**。見上。**立秋**，立秋日，涼風至。後五日，白露降。後五日，寒蟬鳴。**處暑**。處暑之日，鷹乃祭鳥。後五日，天地始肅。後五日，禾乃登。**珠露初圓，銀河漸轉**。**堤柳之蟬聲已急，庭莎之蛩韻方多**。**將迓蓐收之轡**，其神蓐收。**已遙炎帝之車**。夏曰炎帝。**勵兵**，《月令》云：賞軍旅武人，乃命將帥選士勵兵，簡練桀俊，專任有功，以征不義，詰誅暴慢，以明好惡，順彼遠方。**登穀**。是月築場圃登穀，天子嘗新，先薦寢廟。**金風改候，銀漢橫空**。**淒涼乍變於商聲，肅殺已臨於兌位**。**堤柳煙收，渚蓮香裊**。**曉露而長垂珠影，涼風而遽振金聲**。並見上。**威徵大火，律變商風**。**氣迎少皞之車，景促羲和之轡**。

七　夕

珪月初生，秋月如珪。**珠露方滴**。秋露如珠。**縷羈五色**，《西京雜記》云：賈佩蘭在宮時，七月七日臨百子池作樂。樂畢，以五色縷相羈，謂之連愛。**車駐七襄**。梁何遜《七夕》詩云：仙車駐七襄，鳳駕出天潢。**針鼻之縷**，庾信《七夕賦》:縷條緊而貫中,針鼻細而穿空。**玉匣之衣**。庾肩吾《七夕》詩云①:玉匣卷懸衣,針樓開夜扉。姮娥隨月落,織女逐星歸。**鵲橋已成**,《風俗通》云:織女七夕當渡河,使鵲爲橋。**織女將渡**。吳均《齊諧記》云:桂陽成武丁有仙道,忽謂弟子曰:"七月七夕,織女將渡河,暫過牽牛,吾向以被召。"明日失所在,後世人至今云織女嫁牽牛。**三秋佳節,七夕良辰**。**玉露初下**,露白,故曰玉露。**銀河已横**。亦曰銀漢。**雲幄**,《選》:寂寞雲幄空。**河鼓**。《爾雅》曰:河鼓謂之牽牛。**曝書策,曬衣裳**。**王喬則舉手謝世**,《列仙傳》云:王子喬見桓良,曰:"告我家七月七日待我於緱山頭。"至時,果乘白鶴於山頭。望之不得到,舉手謝世人,數日而去。**蔡經則鳴鼓還家**。吳蔡經,字方平。去家十餘年,忽還,謂家人曰:"七月七日王君來,到期可多作數百斛飯以供從官。"至日,果然聞金鼓簫管人馬之聲,從天而下。**白鶴翔山上,青鳥來殿前**。七月七日,西王母詣漢武,忽有青鳥從西而來,集殿前。**曬腹**,郝隆晒腹中書。**齋心**。漢武帝齋心待王母。又此月中會日宜齋也。**穿針眼**,《荆楚記》云:七夕,婦人以彩縷穿七孔針,陳几筵、酒脯、瓜果於庭中以乞巧。或云,見天河中有弈弈白氣,或耀五色以爲徵,見便拜,得福。**掛犢鼻**。《竹林七賢傳》曰:七月七日,諸阮庭中鋪陳,莫非錦繡。阮咸時總角,乃豎長竿,標大犢鼻裩于庭,曰:"未能免俗,聊復共爾。"**靈匹**,謂織女嫁牽牛。**瑞光**。前漢《竇皇后傳》云:后,觀津人也。少小頭秃,不爲家人所齒。遇七夕夜,人皆看織女,獨不許后出。乃有神光照室,爲后之瑞。**作麴,曬衣**。崔氏《四民月令》:其日,作麴、晒衣。**龍駕之亂鳳管**,謝朓詩云:回龍駕之容裔,亂鳳管之淒鏘。**瓊佩之結雲裳**。晉蘇彦《詠織女》詩云:織女思北征,牽牛嘆南陽。時來嘉慶集,整駕巾玉箱。瓊佩垂藻蕤,霧裙結雲裳。悵悵一宵促,遲遲別日長。

中　元

日在張星,中氣。斗建申位。孟秋之望,中氣之辰。道門寶

---

① "吾",底本作"五",據校本改。

蓋，獻在中元。《道經》云：七月十五日中元，地官考校勾搜選天人，分別善惡。以其日作玄都，大獻于玉京山，以諸奇異妙好、幡幢寶蓋、供養之具、精膳飲食，獻諸衆聖。道士於其日，講論《老子經》，十方大聖，高詠靈篇。**釋氏蘭盆，盛於此日。**《盂蘭盆經》云：目連以母生餓鬼中，至此日以百味五果著盆中，供養十方大德，而後母得食。目連白佛："凡弟子孝順者，以應奉盂蘭盆供養。"佛言："大善。"後因之，廣爲華餙。**地官考校之元日，天人集聚之良辰。**見上。**釋氏託生，**謝承《後漢書》云：佛以癸丑七月十五日，寄生于净住國摩耶夫人腹中，至周莊王十年甲寅四月八日生。**衆僧解夏。**《荆楚記》云：十五日，僧尼坐草爲一歲。云四月八日結夏，至七月十五日解。衆僧長養之節，在外恐傷草木虫類，故九十日安居。又經云：四月八日坐樹下，至七月十五日爲一歲，故曰衆僧解夏。

露

降於五日，《月令》云：後五日，白露降。**滋彼三秋。**中秋乃露滋。**散而爲露，結以成霜。**《大戴記》曰：陽氣勝陰，則散爲雨露。**厭浥之行，泛灩之彩。**《詩》云：厭浥行露。乃濕貌。泛灩，露彩也。**湛湛，瀼瀼。**零露瀼瀼。**露彼菅茅，**《詩》曰：英英白雲，露彼菅茅。**託於桐葉。**蘇子曰：人生于世，若朝露之寄於桐葉。**鶴鳴，**《風土記》云：鶴性警，白露降而鳴。**蟬飲。**取其潔也。**盤之中，**撫仙掌以珠盤，擢金莖以承露。**薤之上。**《薤露歌》曰：薤上露，何易晞。**潤玉，垂珠。**露之形也。**晨降，**《楚辭》：霧露雰其晨降，雲依霏而承宇。**宵零。**《典引》曰：甘露宵零於豐草。**下地騰文，**《選》云：露下地以騰文。**助海成深。**張衡《奏事》曰：霧露助海。**詩人夜行，見厭浥之詠。君子春履，有怵惕之心。**《禮記·祭義》云：春雨露既濡，君子履之，必有怵惕之心。祀親也。**濕衣之譏，**劉向《說苑》曰：吳欲伐荆，令曰："敢有諫者，死！"有舍人少孺子者意欲諫，乃懷彈于後園，露沾其衣，如是三朝。王曰："子求何苦，露沾衣如是？"對曰："園中有樹，其端有蟬。蟬高居悲鳴，吸風飲露，不知蟷螂在後，而蟷螂不知黃雀居其後，然黃雀又不知臣操彈居其下。臣但捕黃雀，不覺露濕其衣。此乃視其利，不顧其後。"王遂罷兵。

綴冠之飾。束晢曰：零露如珠，非綴冠之飾也。

瑞　露

德動皇天，《瑞應圖》曰：王者施德惠，則甘露降。瑞呈甘露。沈約之謝啓，沈約《謝賜甘露啓》言：蒙賜法音寺松葉上甘露，臣往年經見，不過沾條而已。時或凝結，纔若輕霧，木（末）有玉聚珠聯、光粲若是者也。鄭平之食羹。《唐書》：李林甫女壻髭鬚已白①，甫曰：“明日，上賜甘露羹，可食之，雖皓即當鬚黑。”明日使食之，一夕盡皆變黑。若脂之潔，甘露，一名天酒，一名仁澤，其凝如脂，其甘如餳。如醴之甘。見上。松柏受而王者養老，竹葦沾而王者尊賢。《晉中興書》云：王者愛養耆老，則甘露降於松栢之上。王者尊賢容衆，則降于竹葦之上。受之以爲年紀也。三危，伊尹説湯曰：水之美，不過三危之露。乃瑞露也。五色。東方朔曰：吉雲之地，其國俗之雲氣占吉凶。若樂事，則滿室雲起，五色照人，著于草樹，皆成五色，露珠甚甘。表至德之馨，且因宵降。《老子》曰：天地相合，以降甘露，人莫之合而自均。含孔甘之味，不待秋凝。見上。紀年，以爲年紀。膏露。天不愛其道，故天降膏露。

霜

三秋降，季秋。百工休。霜降之日，則百工休。碧霜，《拾遺記》曰：廣延國霜色紺碧。青女。《淮南子》曰：霜神名青女。始凝，《易》：履霜堅冰，陰始凝也。又云：陰勝陽，則凝爲霜雪。露結。《詩》云：蒹葭蒼蒼，白露爲霜。有餘酸，北齊邢子才《冬夜直史館》詩云：況乃冬之夜，霜氣有餘酸。殄異類。陶潛詩云：青松在東園，衆草混其奇。晨霜殄異類，卓然見高枝。陰陽之氣，《大戴記》曰：霜，陰陽之氣也。陰氣勝陽，則結而爲霜。刑罰之表。《春秋感精符》曰：霜，刑罰之表。

---

① “壻”，底本原爲殘字不能辨，兹據校本校補。

季秋,霜始降,鷹隼擊,王者順天行誅,以成肅殺之威。**葛屨**,《詩》云:糾糾葛屨,可以履霜。**紈扇**。《紈扇》詩云:皎潔如霜雪。**駟見**,《國語》云:駟見而隕霜,隕霜而冬裘具。駟,房星也。**蜃成**。見上。**鷹擊**,霜降則鷹擊。**豺祭**。霜降之日,豺祭獸。**馬蹄**,《莊子》曰:馬蹄可以踐霜雪。**鼉繭**。《拾遺記》:圓嶠之山有冰鼉,以霜雪覆之,然後成繭。**九鐘之鳴**,《山海經》曰:豐山有九鍾,霜降,其鍾自鳴。**神爐之妙**。《抱朴子》曰:凝霜雪於神爐,采靈芝于嵩岳。**殺木**,《元命苞》曰:霜以殺木。**霑衣**。微微沾人衣。**孝子踐**,《琴操》曰:《履霜操》,伯奇所作。吉甫信後妻之言,逐伯奇。自傷無罪,清晨起履霜,乃操琴而鼓之。**君子履**。君子履之,必有悽愴之心。**青楸離**,江淹《別賦》:見紅蘭之受露,望青楸之離霜。**冬裘具**。《國語》云:隕霜而冬裘具,清風至而修城郭宮室。**婦女成功**,《家語》曰:霜降而婦功成,嫁娶行焉。**鷹隼乃擊**。見上。

霜　災

雪霜大至。《月令》。正月之繁,詩人興憂傷之歎。見上。季秋既降,君子有悽愴之心。見上。**不殺草**,《春秋感精符》曰:王者政令苛,則夏下霜。誅罰不行,則冬霜不殺草。**乃附木**。京房《易傳》曰:誅不原情,其霜乃附木,不下地。不教而誅,其霜反在草下。**雪冤**,《淮南子》曰:鄒衍事主盡忠,燕惠王信讒囚衍。衍仰天哭,天為五月降霜。**殺菽**。《春秋》:周十月,今八月①。書失時。**令苛而夏降,氣勝而秋零**。見上。

月

太陰之精,《淮南子》曰:月者,太陰之精②。**坎宮之德**。《易》云:坎為月。

---

① "八"字底本原為空白,今據《春秋左傳正義·定公元年》(清阮元校刻《十三經注疏》本)及校本校補。

② "精",底本作"情",據校本改。

如珪，《月賦》：秋月如珪。如鈎。《選》云：始見西南樓，纖纖如玉鈎。末映東北墀，娟娟似蛾眉。度南端，北齊邢子才《冬夜直史館》詩云：風音響北牖，月影度南端。出東嶺。陶潛《雜詩》云：白日淪西河，素月出東嶺。遥遥萬里輝，蕩蕩空中影。破環，《抱朴子》：王生云：月初生，及既虧之後，視之宜如三寸鏡，稍稍轉大。初如破環，漸漸滿也。破鏡。古詩：何當大刀頭，破鏡飛上天。三七，三辰三光，七曜，並月居其一①。三五。三五而生，三五而縮。成象，在天成象。無私。日月無私照。生于西，《禮》曰：大明生于東，月生于西，陰陽之分，夫婦之位也。行于北。《漢書》云：月，立夏、夏至行南方赤道，曰南陸；立冬、冬至行北方黑道，曰北陸。二分則同道，二至則相過。王郎之善歌一曲，《世説》：王曇善歌，謝公欲聞之，而王名家少年，無由得聞。後公出東府，上山作妓樂。遇曇出庾家墓竹中作一曲。于時秋月，王因舉頭看北林。卒曲而去。諸妓白謝公曰："此乃王郎歌也。"徐勉之不論五官。梁徐勉嘗集門客，有虞暠者求五官詹事。勉正色答曰："今夕只可談風月，不宜及公事。"時人服之。牛喘，《世説》：吴牛見月而喘。謂水牛生江淮間，畏熱，見月，恐其日也，故喘。鵲飛。魏武帝歌曰：月明星稀，烏鵲南飛。夜光，《淮南子》云：月一名夜光。望舒。《淮南子》云：月御曰望舒，亦曰纖阿。漢東蚌，梁庾肩吾《望月》詩云：桂殿月偏來，流光引上才。圓隨漢東蚌，暈逐淮南灰。淮南灰。見上。謝譓對飲，謝譓有時獨醉，云："入吾室者，但有清風；對吾飲者，惟當明月。"闞澤見名。吴《會稽先賢傳》：闞澤年十二，夢見名字灼然在月中②。後爲吴侍中。蛾眉，見上。蟾魄。三日成魄。皎兮，《陳風》：月出皎兮。又月出皓兮，月出照兮。出矣。《莊子》曰：日月出矣。照臨，照臨下土。廻環。謂回環天上也。三日成魄，鄉飲禮：三讓，象月之三日成魄。一月之光。《文子》：百星之明，不如一月之光。代照，日月代照。迭微。《詩》：日居月諸，胡迭而微。金精，《月賦》云：月

---

　　① 唐《初學記》卷一《天部》之"天"篇云："日月星謂之三辰，亦曰三光。日月五星謂之七曜。"（中華書局1962年影印本）兹據點讀如上。

　　② "字"，底本作"宇"，據校本改。

以陰靈。亦曰金精。**瑤彩**。月色。**玉鈎**，見上。**水德**。金精之正色，水德之明輝。**金波**，月彩。**灰暈**。《淮南子》曰：晝隨灰而月暈闕。許慎注曰：以蘆灰環闕其一面，則月暈亦缺于上。**蓂莢**，應月而生落也。**桂華**。月中桂樹。**西園游**，曹植詩云：清夜遊西園，明月澄清景。**北堂寢**。陸機詩曰：安寢北堂上，明月入我牖。照之有餘光，攬之不盈手。**麗天**，《易》：日月麗乎天。**離畢**。《詩》：月離于畢。**從星**，《書》：月之從星。**出水**。《淮南子》云：方諸見月，則津而爲水。高誘注云：方諸，陰燧大蛤也。熟摩拭令熱，向月下，則生水。**紈扇**，班婕好詩云：新裂齊紈素，鮮潔如霜雪。裁爲合歡扇，團團似明月。**玉臺**。月如明照。**瑤蟾**，瑤兔、蟾輝、素娥、素月、蟾魄，並月。**玉兔**。金兔、陰兔。**蓂階**，桂影。**桂輪**。**日就月將**，出《詩》。**日兄月姊**。《春秋感精符》曰：人主兄日姊月。**皆仰**，人皆仰之。**具瞻**。人皆具瞻。**闕之**，《釋名》曰：月，闕也。言滿則復闕也。**没兮**。謝莊《月賦》：月既没兮露欲晞。**朔晦**，朔，月初之名。朔，蘇也，如死復蘇。晦，月盡之名。晦，灰也，死爲灰。又月光盡色似灰。**弦望**。弦者，月半之名。初七、八爲上弦，二十二、三爲下弦。望者，月滿之名，日月遥相望也。

瑞　月

德聞皇天，慶見於月。**姮娥奔**，羿妻，竊藥奔月，爲月中之仙也。**夏禹過**。夏禹未遇，夢乘舟月中過。**合璧**，《漢書》：至德之時，日月若合璧。**重輪**。漢明帝作《太子樂歌》四章，一曰日重光，二曰月重輪，三曰星重暉，四曰海重潤，以贊太子之德。**三珥**，軍占曰：若月三珥者，大臣有喜。**陰靈**。見上。**委照而吳業昌**，孫堅夫人吳氏夢月入懷，生孫策。**淪精而漢道融**。漢元后母李氏夢月入懷，而生元后。**入懷**，見上。**盈手**。見上。**連璧**，日月連璧。**孕珠**。蚌望月而孕珠。又月望則蚌蛤實。

災　蝕

日月薄蝕，天地之災。**魚減**，《淮南子》曰：日月蝕而魚腦減。**麟鬭**。

《元命苞》云:麒麟鬭則日月薄蝕。**彗星襲月**,辛慶忌,勇猛之將,被要離謀殺,以劍自刎。將死,彗星襲月。**不用其行**,行,道也。《詩》:日月告凶,不用其行。**何損於明**。謂蝕。**君子之過**,君子之過,如日月之蝕。**大人之災**。日月之蝕,大人之災。**遇盈則蝕**,月盈則蝕,與時消息。**則維其常**。《詩》:彼月而蝕,則維其常。**謫見於天**,《禮》曰:婦順不修,陰事不得,謫見于天,月爲之蝕。故月蝕則后素服而修六宮之職,蕩天下之陰事。**災成襲月**。劉向《説苑》云:秦胡亥立,日月薄蝕,熒惑襲月。①

八　月

日在翼星,律中南呂。《月令》。**享壽星**,享壽星于南郊。**祭馬祖**。祭馬祖于大澤。**采柏露以明眼**,《續齊諧記》:鄧紹八月旦入華山采藥,見一童子執五綵囊盛柏葉上露,如珠滿囊。紹問:"用此何爲?"答曰:"赤松先生取以明眼。"言終失所在。**用朱墨以點頭**。《荆楚記》云:八月一日,以朱墨點小兒頭,名爲天灸,以厭病也。**習吹**,命樂正習吹,將釋奠。**乃儺**。天子乃儺,以達秋氣。**循行犧牲**,視全具也。**申嚴刑法**。申嚴百刑,無或枉橈;斬殺必當,無留有罪。**嘗麻**,天子嘗麻,先薦寢廟。**種麥**。乃勸種麥。**上丁之日**,釋奠于國學。**上戊之辰**。釋奠於太廟。**擇元日**,擇元日,命民社。謂近秋分前後戊日。**獻良裘**。《周禮》:司裘氏掌大裘②,以供王祀天之服。仲秋獻良裘。天子之服,至仲秋而獻。**獲赤雀以銜書**,《尚書中候》曰:季秋,赤雀銜丹書集周之庭。**結寶囊以承露**。梁簡文帝《眼明囊賦》序云:婦人八月旦多以錦翠珠寶爲眼明囊,因凌晨取露以

---

①　此處漢劉向之言當本自其《説苑·辨物》:"二世立,又重其惡。及即位,日月薄蝕,山林淪亡,辰星出於四孟,太白經天而行,無雲而雷,枉矢夜光,熒惑襲月,孼火燒宮,野禽戲庭,都門内崩。"(中華書局 1987 年)。"苑"字原缺;"惑"字底本原爲空白一字,兹據《説苑》及校本校補。

②　"掌"字底本爲墨釘,兹據《周禮·天官·司裘》"司裘掌爲大裘,以共王祀天之服"(《周禮注疏》,阮元校刻《十三經注疏》本)及校本校補。

拭目。**平權衡**，是月也，日夜分，則同度量，平權衡。**案芻豢**。瞻肥瘠，察物色，必比類，量小大，五者備當①。**載黃**，《詩》云：載玄載黃，爲公子裳。**其穫**。八月其穫。**迎寒**，《周禮》：仲秋月擊土鼓以迎寒。**養老**。授几杖，行糜粥。**鴈已過而零其白露**，白露之日，鴻鴈來。後五日，燕雀歸，群鳥養羞。**雷收聲而分彼素秋**。秋分之日，雷乃收聲。後五日，蟄蟲坏户，水始涸。**祀夕月**，秋分日，祀月於西郊。**戒清風**。《四民月令》曰：清風戒寒，趣織縑帛。**剥棗**，八月剥棗。**斷壺**。壺，瓠也。八月乃斷。**仲商**，梁元帝《纂要》曰：仲秋，仲商也。**秋節**。天子居緫章，太廟。**庶人授几杖**。是月，養衰老，授几杖。

九 月

日在角星，律中無射。**授衣之月**，《詩》：九月授衣。**餙服之辰**。見下。**是丹鳥含羞之日**，《夏小正》曰：九月，丹鳥羞白鳥。羞，遞（進）也。白鳥，蚊蚋也。**當白虎應感之辰**。《帝王世紀》曰：扶始以季秋下旬，夢白帝遺烏喙子②。旦而升丘，見白虎，其上有雲，感已而生臯陶于曲阜。**舉五穀之要**，農事備修，當此月也。**休百工之作**。膠漆之作且休。**伐蛟鼉**，伐蛟取鼉。**取黿龜**。登黿取龜。**蟋蟀居户**，《詩》：蟋蟀在户。**鴻鴈來賓**。《月令》。**伐薪**，伐薪爲炭③，必因殺氣。**嘗稻**。天子嘗稻，先薦寢廟。**具飭衣裳**，文繡有恒，衣服有量，冠帶有常，必循其故。**申嚴法令**。法令，號令。**務納**，百官貴賤，無不務納，以會天地之藏，無不宣出。**親嘗**。親嘗者，嘗群神也。天子親嘗，使有司祭于群神。禮畢，告俻于天子也。**既曰鴈來**，寒露之日，鴻鴈來賓。後五日，雀入大水爲蛤。後五日，菊有黃花。**乃觀豺祭**。霜降之日，豺乃祭獸。後五日，草木黃落。後五日，蟄蟲咸俯。**咸俯**，見上。**神倉**。有司舉五穀之要，藏帝藉于中倉，祇敬必飭。**入**

---

① "當"，底本作"嘗"，據校本改。
② "喙"，底本作"彖"，據校本改。
③ "炭"字底本原爲墨釘，據校本校補。

室，命有司：寒氣揔至，人力不堪，其皆入屋。獻裘。《周禮》：司裘氏季秋獻功裘，以待頒賜。秩芻，命有司合秩芻犧牲，以供皇天上帝、山川四方之神、宗廟社稷之靈，爲民祈福。秩芻者，謂草稅也。蓄菜。趣人收斂，務蓄菜。① 注：始爲民御冬之備②。習吹，大享帝于明堂也。築場。九月築場圃。季商，元帝《纂要》云：九月曰季商、未（末）商。高秋。亦曰暮秋、末秋、殘秋、杪秋，亦曰授衣。

重　陽

重九，《魏文帝書》曰：歲往月來，忽復九月九日。九爲陽數，而日與月並應，故曰重九。登高。《續齊諧記》云：桓景隨費長房登高，謂曰：“九月九日，汝家當有災異。急令家人縫絳囊，盛茱萸繫臂上，登高，飲菊花酒，其禍乃銷。”景從其言，舉家登山。夕還，雞犬一時暴死。今人九日登高，乃其遺事。重陽佳辰，九旻暮月。宋傅亮《九月九日登凌囂舘賦》云：重九之佳辰，肅晨駕而朝逝，九旻之暮月。③ 鳴鑾戾行宮，謝瞻《戲馬臺》云：聖心眷佳節，鳴鑾戾行宮。行宮，馬臺也。商飆凝素箭。賀歔《九日》詩云：商飆凝素箭，玄覽賁黃圖。白衣酒，《晉陽秋》曰：陶潛九月九日無酒，宅邊摘菊盈把，望見白衣人至，乃王弘送酒。便飲，酣醉而歸。戲馬臺。《南齊書》云：宋武帝爲公時，在彭城，九月九日，出遊項羽戲馬臺。至今相承，以爲舊事。菊制齡，陶潛詩云：酒能祛百慮，菊爲制頹齡。萸繫臂。《西京雜記》云：九月九日，漢武宮中以茱萸繫臂。佩茱萸，《西京雜記》云：漢武帝宮人賈佩蘭佩茱萸，食餌，飲菊酒，云令人長壽。賜芳菊。魏文帝《與鍾繇書》曰：九月九日，草木徧枯，而菊芬然獨秀，今奉一束。授衣之月，落帽之辰。見下。馬射，《南齊書》：南

① 此二句底本作“蓄人收斂，務趣菜”，義頗費解，兹據校本互乙“蓄”、“趣”二字。又“人”，校本作“民”。

② “民”字底本原爲空白，兹據校本校補。

③ 底本所引三句賦文，語言疑失工整。檢明張溥《漢魏六朝百三家集》（《四庫全書》本）卷六四所收此賦，此處二句實作“歲九旻之暮月，肅晨駕而北逝”，《初學記》等引同，字句上口，亦無“重九之佳辰”句。兹依底本，點讀如上。

齊以九月九日馬射。或説秋金節講習武射，象立秋之禮。**龍山**。《晉書》：孟嘉，字
萬年，爲桓温參軍。温重之九月九日游龍山，寮佐畢集，于時佐使並著戎服。嘉醉，有
風吹落帽而不知覺。温使左右無言，欲觀其所措。及如廁，温令孫盛作文嘲之。置坐
處，嘉還見之，其答文甚美。**黄花，緑酒**。**黍餌**，《玉燭寶典》曰：食餌者，謂黍、秫
並收之也。**菊杯**。杯中泛菊花。

歲華紀麗卷第三

歲華紀麗卷第四

唐　韓　諤　撰

明　沈士龍　胡震亨　同校

冬

冬爲玄英。梁元帝《纂要》云：冬爲玄英，亦曰安寧、暮冬、三冬、九冬、玄冬。帝稱顓頊，神號玄冥。司寒，魏相曰：北方之神顓頊，承坎執權而司寒。屬水。其日壬癸，其音羽，其數六，其性智，其事聽，其味鹹，其臭朽，其祀行，祭先腎，食黍與彘。律窮，六律氣窮。歲暮。歲將暮，時既昏。雲葉浮空，《文選》：寒風積，浮雲繁。冰澌結水。立冬日水始冰①，迎寒北郊。嚴雲，鮑昭《冬日》詩云：嚴雲起亂山，白日欲還次。兼豆。邢子才《冬夜直史館》詩云：兼豆未能飽，重衾詎解寒。星斗旋臨於亥位，金烏送次於房星。日舍房星。愛日，《左》：冬日可愛。寒風。羽律纔移，乾風更肅。十月乾風至。霜樹盡摧於枯葉，玉壺漸結於輕冰。見上。松秀寒姿，冬嶺秀寒松。桂榮貞質。《選》：桂樹冬榮。當北户墐扉之日，《詩》：塞向墐户，以爲寒備。是東皋穫稻之辰。十月穫稻。風日，風曰寒風、勁風、嚴風、厲風、哀風、陰風。日曰愛日。草木。草曰寒卉、黃草。木曰寒木、寒柯、素木、寒條。閉塞，《月令》：天氣上騰，地氣下降。天地不通，閉塞而成冬。蓋藏。謹蓋藏。循行積聚，無有不斂。注云：謂府庫、囷倉之類。祁寒，《書》：冬祁寒，小民惟曰怨咨。祁，大也。云暮。《詩》：歲云暮矣。三餘，董遇曰：冬歲之餘，夜日之餘，雨時之餘，爲三餘也。五夜。冬之夜，

---

①　“冰”，底本作“水”，義不通，據校本改。

故有甲子之辰。

十　月

日居房星，律中應鍾。立冬而水始成冰，《月令》：立冬之月，水始冰。後五日，地始凍。雉入大水爲蜃，虹藏不見。小雪而虹藏不見。又曰：小雪之日，虹藏不見。後五日，天氣上騰，地氣下降。後五日，閉塞而成冬也。穫稻，《詩》：八月剝棗，十月穫稻。良月。《傳》曰：使以十月入①，良月也，就盈數焉。水變冬姿，霜凝雪態。感清商而律變，謂秋改火。仰碧落以星稀。冬節星稀。賞死恤孤，賞死事，恤孤寡。戒門修鍵。坏城郭，戒門閭，修關鍵，備邊境，塞徯徑，飾喪紀，辨衣裳，審棺槨之厚薄。移金，水德。秋改於冬。鶴語之辰，見下。雀化之日。《家語》：立冬之日，雀入大水爲蛤。祭寒，亥日祭司寒。祀地。立冬之日，祀神州地祇于北郊。氣迎北陸，景送西郊。見上。槐檀遽改於歲餘，冬取槐檀之火。又冬是歲之餘。晷度方知其晝短。日短星昴，以正仲冬。隙籥，十月隙籥。滌場。《詩》：十月滌場。農工畢，灑掃場。穜稑已納，《詩》：十月納禾稼，黍稷穜稑。蟋蟀入床。《詩》：十月蟋蟀，入我床下。收水澤之賦，無令侵削兆民，以爲天子取怨于下。注：水賦，蟲魚之類；澤賦，萑蒲之類。爲儲蓄之謀。崔寔注云：十月農事畢，五谷既登，家備儲蓄，乃順時令也。時當隙籥，節及飲蒸。大飲蒸，勞農以休息之。注：十月農事既畢，黨正屬民飲酒，正齒位是也。《詩》云"十月滌場，朋酒斯饗"是也。當昏虛曉中，《月令》。值宵長晝短。易關市，來商旅，納貨財，便人事；四方來集，遠方皆至，貨財不匱，上無乏用，百事乃遂。築城郭。是月也，可以築城郭，造宮室，穿竇窖，修囷倉。菊謝籬金，冰生池玉。禮法月推於聰智，晨昏星麗於虛張。節及始裘，《月令》：天子始裘。時當納稼。見上。霜勁盡摧於槁葉，衆木搖落②。

---

① "入"，底本作"八"，據校本改。
② "木"，底本作"才"，據校本改。

嶺寒方秀於長松。冬嶺秀長松之色。候轉秦正，《漢書》：高祖十月始至霸上，秦本十月爲歲首，遂不革焉。氣迎魯朔。《春秋》：魯以此月告朔。寒律後彫於松柏，新煙已改於槐檀。見上。陽月。此時純陰用事，嫌其無陽，故曰陽月。命酒官，秫稻必齊，麴蘗必時，水泉必香，陶器必良，火齊必得，兼用六物，酒官監之，毋有差忒。陳祭器。命工師效功，陳祭器，按度程，無作淫巧，勒工名以考其誠，功有不當，必行其罪。

寒

焦溪沍，温泉冰。並出《雪賦》。嚴凝之氣，《禮記》曰：天地嚴凝之氣，始于西南而盛于西北，是天地之義氣也。栗烈之風。《詩》云：一之日觱發，二之日栗烈。馬蝟，《文選》云：馬縮如蝟。言寒也。木冰。《左傳》：十三年雨木冰①。寒也。北戶墐扉，出《雪賦》。墐，泥也。㝵壤垂綃。《雪賦》。十二三，漢高祖聞韓王信降匈奴，將擊之。連戰，乘勝逐北，至樓煩，會大寒，士卒墮指者十二三。十六七。北方苦寒之地，墮指者十六七。皸瘃，上音軍，下音卓，凍破瘡也。漢皸樓煩②，士卒皸瘃。淩兢。《甘泉賦》曰：馳閶闔入淩兢。淩兢，寒顫也。桐不華，《周書時訓》云：清明之日，桐不華，則歲有大寒。黍可種。劉向《別傳》曰：燕地寒，谷不生五穀，鄒衍吹律，呂以煖之。温氣至，五穀生，因名黍谷。毒害鳥獸，王莽鑄威斗，是日，天大寒，百官人馬有凍死者。漢竇武上表曰：今日大寒過節，毒害鳥獸，城邊竹木，皆爲傷死。飢傷人馬。魏武《苦寒行》曰：人馬同時飢。鳥失條，《文選》：鳥登木而失條。人墮指。見上。不堪，《月令》：寒氣摠至，人力不堪，其皆入室。而耐。《家語》：食水者，善游而耐寒也。冬日之陽，百物歸之，言其煖也。陰時則慘。《文選》云：在陰則慘，在陽則舒。挾纊，《左傳》曰：楚莊王圍蕭，師多寒，王撫巡之，三軍之士，皆如挾纊。重衾。白鶴語，《異苑》曰：晉太康二年，南州

① “木”，底本作“水”，據校本及文義改。
② “皸”，校本作“戰”。

人見二白鶴語于橋下，曰：“今茲寒不減堯崩年。”於是飛去。**黄竹詩**。穆天子游黄臺之丘，大寒雨雪，人多凍死。天子遂作《黄竹詩》以愍之也。**松柏彫**，歲寒，然後知松柏之後彫。**狐貉冷**。《文子》：御狐貉之兼衣。又襲狐貉之煖者，不憂至寒之心。**綈袍**，須賈謂范睢曰：范叔一寒如此哉！與之以綈袍。**無褐**。《詩》曰：無衣無褐，何以卒歲？**慘凜**，下陰潛而慘凜寒也。**激冷**。《文選》：晨風淒以激冷。**漸軸之冰**，《文選》：轍含冰以滅肌，冰緊於凝泮。① **入地之凍**。《廣雅》云：北方地苦，寒冰厚一尺，凍入地一丈。**稜薄**，《文選》：稜稜霜氣，薄薄風威。**并淩**。《思玄賦》云：魚矜鱗而并淩兮。凍貌。**禋于六宗**，孔安國曰：四時也，寒暑也，日也，月也，星也，水旱也，謂之六宗。**運乎二氣**。日月運行，一寒一暑。**涉水**，《戰國策》曰：田單解裘與涉水之老人。**鑿池**。《呂氏春秋》曰：衛靈公天寒鑿池，宛春曰：“天寒恐傷民。”公曰：“何寒哉？”春曰：“君衣狐裘，坐熊席，四陬有火，故不寒。民衣敝不補，履缺不苴，寒矣。”公曰：“善。”遂罷役。**小民怨咨**，《書》曰：冬祁寒，小民惟曰怨咨。**君子齋戒**。《月令》：以侍陰陽之所定②。

十一月

日在箕宿，律中黄鍾。**鶡鳥不鳴**，大雪之日，鶡鳥不鳴。後五日，虎始交。後五日，荔挺出。**蚯蚓乃結**。冬至之日，蚯蚓乃結。後五日，麋角解。後五日，水泉動。**節及冰行，音諧羽奏。昴正仲冬**，《尚書》云：日短星昴。注：仲冬也。**時稱亞歲**。《宋志》云：魏晉則冬至日受萬國朝賀，因小會，其儀亞于歲朝③。**表福臻而祥集，故陰極以陽生**。冬至日，一陽生。**視朔良辰**，《左傳》：僖五年，正月辛亥朔，日南至。公既視朔，遂登觀臺以望而書之。**推元命節**。

---

① “軸”，校本作“軔”。“肌”，校本作“軌”。“冰緊於凝泮”，校本作“水漸軔以凝冱”。差異甚大。據體例，此處“漸軸之冰”係出自所注《文選》二句賦文。今核《文選》卷一六潘安仁《懷舊賦》，此二句作：“轍含冰以滅軌，水漸軔以凝冱。”

② “侍”，校本作“待”。

③ “于”，底本作“千”，據校本改。

桓譚《新論》曰：通曆數家算法，推考其紀，從上古天文以來，訖十一月甲子夜半朔冬至。**方晝短宵長之際**，日短至陰陽爭。又曰：宵長晝短，陰極陽生。**是陽升陰化之初**。陽初生，陰乃化。**分至啓閉，當魯書雲瑞之辰。絲竹陶匏，是漢賀日長之節**。《左傳》：凡分至啓閉，必書雲物。又青鳥氏司啓，玄鳥氏司分，丹鳥氏司閉，伯趙氏司至。《玉燭寶典》曰①：冬至日南長，律中黄鍾，其管最長，故有履長之賀。又《漢雜記》：冬至陽氣起，君道長，故賀；夏至陰氣起，君道衰，故不賀。**閉關**，先王以至日閉關，商旅不行。**鑿冰**。斬木之時，鑿冰之月。**時方薦黍**，見下注②。**日在牽牛**。中氣。**祁寒刲北陸之金烏，大雪語南州之白鶴**。見上。**無作土事**，《月令》曰：無作土事，無發室屋，及起大衆，以固而閉，地氣沮泄，是謂發天地之房，民必疾疫，又隨以喪，命之曰暢月。**伐竹斬木**。伐木取竹箭。注云：此時堅成，可伐取之。**祀井泉**。祈祀四海、大川、名源。**命宰謹審於門閭**，命内宰，申宫令，審門閭，謹房室，必重閉。雖有貴戚近習，無有不禁。**禁民不收於牛馬**。農有不收藏積聚者，馬牛畜獸有放佚者③，取之不詰。注：禾在野，牛馬傷之，人有取者不罪，所以戒其主也。

冬　至

節次周正，周以十一月爲正月。**律移舜琯**。舜以玉琯定律吕。**節及薦羔**，崔寔《四民月令》：冬至日薦黍羔。先薦玄冥以及祖禰，其進拜謁賀若師，一如元日。**時稱結蚓**。冬至日，蚯蚓結。**周嵩舉酒**，周嵩，伯仁之弟，冬至日舉酒白母，跪而泣曰："伯仁爲人志大才短，名重識暗。"**崔浩定儀**。見下。**土灰在懸**，《漢書》：冬至日懸土灰，以定陰陽之氣。**菁茅作貢**。隋牛弘《冬至乾元殿受賀》詩云：作貢菁茅集，來朝圭瓚連。**梁園而已飛六出**，《雪賦》：梁王不悦，遊于兔園。

---

① "寶"，底本作"實"，據校本改。
② "注"，底本作"泣"，據校本改。
③ "佚"，底本作"佚"，不辭，據校本改。

漢殿而曾奏八音。《漢書》：天子以冬夏二至，御前殿會八能之士。陳八音，聽樂均，度晷景，候鍾律，權土灰，傚陰陽。鶡鳥不鳴，大雪之日，鶡鳥不鳴。陽烏緩翼。戴禮方遵於坎德，十一月盛德在水。坎，水也。羲文俄變於乾爻。伏羲斷龜文以立八卦。冬至一陽生，配乾之初九。金翼南飛，日南至。玉杓北指。建子位。漢樂曾陳於前殿，魯雲爰紀於候臺。古候之臺。墐扉嚴景，北戶墐扉。就樂良辰。《易通卦驗》曰：冬至日，人主於群臣從樂五日，以迎日至之禮①。注：從，就也。陳儀薦宗廟之羊，見上。表瑞集文昌之雀。魏文帝黃初元年冬至日，黃雀集于文昌殿前。水德方隆，陽爻乍振。盛吉正持於丹筆，後漢盛吉爲廷尉，每冬至夜，定罪決斷。妻執燭，吉持丹筆，夫妻相向，垂泣決事。王褒更審於黃鍾。王褒《律令表》云：師曠吹律，知音律數始于黃鍾、終于大呂，故曰審。進履襪，後魏崔浩《女儀》曰：近古婦人，常以冬至進履襪于舅姑。崔駰《襪銘》有建子之月、助養元氣之事。祀星辰。《月令》：祀昊天上帝于圜丘。注：冬至日，祀五方帝及日月星辰禮壇。日短，影長。《周禮》：冬至，日在牽牛，影長一丈三尺。夏至，日在東井，影長尺有五寸。

雪

宮既東成，《雪賦》：雪宮建于東國②。齊宣王見孟子于雪宮。山乃西峙。雪山峙于西域。又《傳》曰：太山冬夏有雪。謝安詠，《世說》：謝氏內集講書，俄而雪驟下。太傅欣然曰："白雪紛紛何所似？"兄子朗曰："散鹽空中差可擬。"兄女道蘊曰："未若柳絮因風起。"曾子歌。《琴操》曰：曾子耕梁山，雨雪思父母，乃作《梁山之歌》。北荒之明月，後周劉瑤《雪賦》云：似北荒之明月，若西崑之閶風。雲夢之

---

① "日"，底本作"目"，據校本改。
② "國"，底本作俗寫形"囯"，乃"因"字，然於上下文義不通，茲據《文選》卷一三及校本改。

瓊田。陳正見《雪》詩云①：九冬飄遠雪，六出表豐年。睢陽生玉樹，雲夢起瓊田。
三月失時，《左傳》云：三月雨雪，書失時。子猷乘舟。王子猷雪夜乘舟入剡
溪②，訪戴安道，既造門，不前而返。人問其故，答曰："乘興而來，興盡而返，何必見
戴？"婕妤詠扇，詩云：新裂齊紈素，皎潔如霜雪。盈尺袤丈。《雪賦》云：盈尺則
呈瑞于豐年，袤丈則表沴于陰德。圓璧方珪，既因方而成珪，亦遇圓而爲璧。豐
年，《傳》曰：豐年冬多積雪。又凡平地盈尺爲大雪。時雪。時雪不降。又曰：雨言
不時。玉樹，銀花。並詞人取譬。擁袁安之門，見下注。救焦先之屋。
《高士傳》：焦先爲野火燒屋，遭冬雪，大至屋倒。焦袒卧不移，人以爲死。熟視之，宛
然如故。萬頃同縞，眄睞則萬頃同縞。千巖俱白。瞻山則千巖俱白。海神
來朝，《太公伏符陰謀》曰：武王伐紂，雨雪十餘日。甲子朝，五兩車騎止于王師門，尚
父曰："四海之神與河伯來受命。"詞人未至。謝惠連《雪賦》：梁王不悦，遊于兔園。
乃置旨酒，命賓友。召鄒生，延枚叟。相如未至，居客之右。俄而微霰零，密雪下。
甲子，見上注。庚辰。《春秋盡異》曰：庚辰大雪，深七尺。③ 五騎効靈，三英
作賦。三英，即鄒陽、枚皋、司馬相如也。輕雲，流風。《洛神賦》：髣髴兮若輕雲
之蔽月，飄颻兮若流風之廻雪。郢客歌，《選》：客有歌于郢中者，爲《陽春白雪》之
曲。飛鷰舞。趙飛鷰如苑風之廻雪也。穿履之行，東郭先生久待公車，貧困，
衣履不完。行雪中，履有上無下，足盡踐地。閉門而卧。洛陽大雪丈餘，縣令出，
見袁安門無行迹，謂安已死，令人入户。見安僵卧，問安何以不出，安曰："大雪，人皆
乏食，不宜于人。"令賢之，遂舉孝廉④。冬夏有，《山海經》云：由首之山、小咸之山、

---

　　① 《初學記》卷二《天部下》之"雪"篇亦收有此詩，題作"應衡陽王教詠雪詩"，詩
人名作"陳張正見"。《陳書》卷三四有"張正見"傳。頗疑底本誤以朝代之"陳"而作姓
氏，反奪本姓"張"字。逯欽立輯校《先秦漢魏晉南北朝詩·陳詩》（中華書局 1983 年）
卷三據《歲華紀麗》收得此詩，徑歸"張正見"名下。

　　② "玉"，底本作"土"，據校本改。

　　③ 《初學記》卷二《天部下》之"雪"篇下引此條文字作："《春秋考異郵》曰：庚辰大
雪，雪深七尺。"所自文獻名甚不同。

　　④ "廉"，底本作"傔"，據校本改。

空桑之山，冬夏常有雪。**天地寒**。《大戴記》曰：天地積陰，溫則爲雨，寒則爲雪。**千里之渡**，詩云：飄飄千里雪①，倏忽度龍沙。**五穀之精**。《氾勝之書》曰②：雪者，五穀之精。古今收雪水以浸五穀。**浸牛目**，孟子曰：滕文公葬有日矣，天大雨雪，至于牛目。**渡龍沙**。見上。**蘇武羊毛**，蘇武没于蕃，羊毛裹雪食，得活。**王恭鶴氅**。《世説》：王恭衣鶴氅雪中行，望見若神仙。**積於三冬**，語曰：冬無積雪，夏無餘糧。**飄其六出**。《韓詩外傳》云：雪花飛六出。**其雱**，《詩》：雨雪其雱。**載塗**。又雨雪載塗。**雰雰，霏霏**。《詩》：上天同雲，雨雪雰雰。又昔我往矣，楊柳依依；今我來思，雨雪霏霏。**瀌瀌**，《詩》：雨雪瀌瀌。**皚皚**。《選》：積雪皚皚。皚皚，白貌。**入隙**，始緣甍而冒棟，終開簾而入隙。**照書**。孫康家貧，常照雪讀書。**麻衣**，《曹風》以麻衣比色。《曹風》：麻衣如雪。**蘭曲**。《楚謠》以幽蘭儷曲。宋玉作《幽蘭》、《白雪》之曲。

冰

履霜而至，《易》曰：履霜堅冰至。**積水所成**。《選》云：層冰爲積水所成。**生於水而寒於水**，《荀子》。**壯以風而解以風**。《左傳》云：冰以風壯。《月令》云：東風解凍。**夏蟲疑**，夏蟲不可以語冰。《天臺山賦》：哂夏蟲之疑冰。**春魚上**。見上。**玉甃**，晉江逌《冰賦》云：穿重城之十仞兮，搆玉甃之百節。**夷盤**。《周禮》：盛冰之器。**涸冱**，凝也。**淋漓**。泮也。**狐聽之而將渡**，《述征記》曰：河冰始合，要狐先行，方可渡。**鼠食之以求生**。《神異記》：北方有冰厚百丈，鼷鼠在冰下，重千斤，其毛長百尺，可爲褥，却風寒，其肉重千斤。③**凝池**，束晳曰：薄冰凝池，非登廟之寶。零露垂林，非綴冕之飾。必將采素璧于層山，選圓珠于重泉也。**琢**

---

① "千"，底本作"于"，據校本改。
② "氾"，底本作"江"，據校本改。
③ 兩"千"字，底本作"于"，據校本改。

冰。《文中子》曰：巧冶不能銷木，良匠不能琢冰①。**鳥覆而既因后稷**，姜原踐巨人迹而生子，棄之寒冰上，鳥覆翼之。後取養之，以爲后稷。**魚跳而只爲王祥**。王祥母思生魚，河水冰寒，魚不可得，祥乃泣。忽一朝冰開，有雙鯉魚躍出，得以奉母。**六尺**，晁錯上書：狐貉之地，積陰之處，木皮三寸，冰厚六尺。**百丈**。見上注。**履薄**，《詩》：如履薄冰。**涉春**。《書》：心之憂危，若涉春冰。**寒覩鉼中**，《淮南子》曰：見一葉之落，知歲之暮。覩鉼中之冰，知天下之寒。**清窺壺内**。《選》詩云：清如玉壺冰。**光武渡河**，光武爲王郎所逐，至滹沱河，兵進急，無船不可渡。使王霸往視，問："冰堅否？"霸恐驚衆，還報曰："冰牢可渡。"比衆至河，冰已合矣，帝遂得渡。**慕容蹈海**。王隱《晉書》：慕容廆上言："躬征平郭遠，假陛下天地之威，精誠感靈，海爲結冰，凌行海中三百餘里。"**冬凝春泮**，《淮南子》曰：冬則水凝爲冰，春則冰散爲水。**風結水成**。見上。**東海之蠶**，《拾遺記》云：東海中員嶠山有冰蠶，長七寸，有鱗角。重雪覆之，則爲繭，色有五采。**北方之鼠**。見上。**陷冰之丸**。後漢清州刺史焦和，恐賊乘冰過河，多作陷冰丸以投河中，賊衆遂潰。**削冰之火**，《博物志》曰：削冰令圓，舉以向日，以艾承其影，則有火出。**以凝之水**。《周禮》：水有時以凝，有時而澤。**不冶之冰**②，《海賦》曰：陽冰不冶，陰火潛然。**馴致**，《易》。**負重**。《鄧析書》曰：明君之御民，若乘奔而無轡，若履冰而負重。言其懼也。**王祥泣而葉公飲**，《莊子》：葉公曰："吾爨無欲清之人。今吾朝受命而夕飲冰，我其内熱歟！"**句踐抱而袁譚推**③。《吳越春秋》曰：越王念吳欲復怨，非一旦也，苦

---

①　"琢"，底本原作"家"形，據上下文及校本改。

②　"冶"，底本作"治"。根據注文，底本"不治"二字費解；校本作"不冶"。今查所引《海賦》，實出自西晉木華（字玄虛），可見於梁蕭統《文選》卷一二。茲據校本并參文義改。

③　"袁譚推"，校本作"魏武椎"。參下條校記。

思勞心，夜以接日，冬寒則抱冰。《魏志》：袁譚時云三推冰。注：時冰凍合，不得降之。① **未泮**，迫水未泮。**渙然**。渙然冰釋。又渙若冰將釋。**皚皚**，《思玄賦》：行積冰之皚皚兮，清泉沍而不流。**峨峨**。《楚詞》：層冰峨峨。**時燠**，《公羊》曰：冬至無冰，時燠。**夜結**。寒冰夜結。亦曰朝凝。

藏　冰

天子命藏，命有司，冰方盛，取而藏之。**山人乃取**。《左傳》：山人取之，縣人傳之，輿人納之，隸人藏之。山人，謂虞官也。**采於山陰**，又云：其藏冰也，深山窮谷，固陰沍寒，於是取之。**納於凌室**。《詩》云：二之日鑿冰沖沖。今之十二月也。周十一月爲正月，十二月爲二月，故云二之日鑿冰。沖沖，水聲也。又三之日納于凌陰。即今之三月。凌陰，即凌室。**其冰方盛，乃祭司寒**。《傳》云：其藏冰也，乃用黑牡、秬黍以享司寒。其出之也，桃弧棘矢，以除其災。其出入②，時祭寒而藏之，獻羔而啓之。注：春分獻羔，開冰也。**《豳詩》云鑿**，見上。**《周禮》見頒**。《周禮》：凌人夏頒冰。注云：暑氣盛，王以冰頒賜群臣也。**慮蟲疑之時，不可闕也。及狐聽之日，于以藏之。藏時而日在虛危**，《左傳》云：古者北陸而藏之。即今十二月也。西陸朝覿而出之。即今二月也。**出際而烏飛昴畢**。《傳》云：其周之也，偏食肉之家，冰皆與焉。**凌人治鑑**，盛冰器也。**有司祭寒**。**三倍爲防**，凌人斬冰，三其凌。注：三倍其冰。三之者爲消釋度也。**三時不害**。《傳》云：偏及于老病，則春無淒風，秋無苦雨。**藏則無災**，又云：無災霜

---

① 此條“《魏志》”以下文字，校本作“《魏志》：討譚時，民亡椎冰。注：時冰凍，使民椎，民憚役而亡。”檢《三國志·魏書·武帝紀》：“十年春正月，攻譚，破之……初討譚時，民亡椎冰，令不得降。”裴注云：“臣松之以爲討譚時，川渠水凍，使民椎冰以通船，民憚役而亡。”（中華書局 1964 年）底本此處所論，疑指此事。故“椎”乃係魏武帝逼民椎冰也，實非袁譚。據校本并參《三國志》，“袁譚”當作“魏武”，兩處“推”字當作“椎”。

② “入”，底本作“天”，據校本及《春秋左傳正義·昭公四年》改。

雹，癘疾不降。否則用咎。今藏川池之冰①，棄而不用，風不越而殺也。

開　冰

祭韭獻羔，《詩》：四之日，其蚤獻羔祭韭。四之日，今之二月也。又《月令》云：立春後，天子獻羔開冰，先薦寢廟。桃弧棘矢。見上注。春治冰鑑，祭供夷盤。並見《周禮·凌人》。冬伐，謂將藏也。伐冰之家，不畜牛羊。夏頒。見上注。春開，開冰。秋刷。見《凌人》。注：刷除冰室，當更納新冰。取順沍寒，用資清暑。獻羔而啓之，見上。出火而畢賦。《左傳》云：公始用之，火出而畢賦。自命夫命婦至于老疾，無不受冰。老病必受，見上。喪祭亦霱。大夫命婦，喪浴祭用冰也。冰室春開，玉壺夏薦。致夏蟲之疑闕而爲罪，遇時燠之變責則難加。冬乃無冰。食禄之家，朝廷之禄位，賓食喪祭，于是乎用之。凌人之職。祭祀共冰鑑，賓客共冰，大喪共夷盤冰。

十二月

南斗臨烏，大吕中律。昏奎曉亢，雞乳鵲巢。鴈鄉而方驗小寒，小寒之日，鴈北向。後五日，鵲始巢。後五日，野雉始雊。雞乳而始明中氣。大寒之日，雞始乳。後五日，鷙鳥方疾。後五日，水澤腹堅。蜡百神於南郊，《月令》：蜡百神于南郊，爲來年祈福于天宗。天宗，日月星辰也，蜡，臈日祭之名也。習五戎於北面。《月令》：乃教畋獵、習戎、班馬政。命僕及七騶咸駕，載旌旐，授車以級。司徒搢扑，北面誓之。注：誓衆以軍法。將帥講武，習射御、角力，亦教畋獵也。天子厲飾。天子乃厲飾，執弓挾矢以獵。厲飾②，謂戎服而嚴厲其威武之飾。星回于天，日窮于次，月窮于紀，星回于天，數將紀終。磔犬送寒。

---

① “川”，底本作“用”，據校本及《春秋左傳正義·昭公四年》改。
② “厲”，底本作“擒”，據校本改。

大儺旁磔，以送寒氣。磔犬殺金，以助木氣。嘗魚，薦廟。天子親往嘗魚，先薦寢廟。徵咸獻於九州，九州之人，無不咸獻其力，以供皇天、上帝、社稷、川澤之神。注：人非神，福不生。論所宜於百縣。合諸侯，制百縣，爲來歲受朔日，與諸侯貢職之數，以遠近土地所宜爲度，以給郊廟之事。季冬，亦曰暮冬、窮冬。餘月。歲窮、歲餘。

日

陽德，《春秋內事》曰：日者，陽德之母也。火精。《范子計然》曰：日者，火精也。冠三光之首，爲七曜之先。三光，日、月、星。七曜，五星與日月也。朱炎艷於建陽，何晏《景福殿賦》云：開建陽則朱炎艷。朱炎，日也。神州耀乎靈景。左太沖《詠史》詩云：皎天舒白日，靈景耀神州。三足，日中陽烏三足。九芒。日彩九芒。麗天，《易》：日月麗乎天。出地。《文子》曰：日出于地，萬物蕃息。方旭，郭璞《南郊賦》云：時當青陽，日在方旭。半規。謝靈運《游南亭》詩：密林含餘清，廷峰隱半規。寸晷，《文選》：寸晷無留影。分陰。晉陶侃曰：聖人尚惜寸陰，凡俗當惜分陰。桑榆，《選》云：桑榆暮景。葵藿。傾心向日。曝儒士之腹，郝隆晒書。炙野人之背，《傳》云：負日之暄，人莫之知也。貞明，《易》：日月貞明。寅餞。《書》：寅餞納日。火德明輝，離爲火，爲日。陽精正色。《說文》云：日爲太陽之精。可畏可愛，見上。不縮不盈。土圭測景，不縮不盈。並明，天子與日月並明。照四方也。久照。《易》云：日月得天而能久照。出東方，出自東方，照臨下土。在北陸。《左傳》：日在北陸而藏冰。魯陽揮戈，魯陽與韓戰酣，日暮揮戈，而日退三舍。后羿發箭。《淮南子》記：堯時有十日並出，羿射九烏死焉。實也，《說文》云：日者，實也，太陽之精。就之。堯紀就之如日。日名，陽德、陽精、大明、曜靈、踆烏、東君、陽烏。日御曰羲和。日狀。日中則昃、杲杲出日、春日遲遲、如日之升、我日斯邁、日云暮矣。朝東門，《禮》：黑冕而朝日于東門之外。在西陸。日在西陸而出冰。劍揮，虞公與夏戰，日欲落，公以劍指日，日乃退，不落。箭射。見上。逐有夸父，《山海經》云：夸父與日爭走，乃渴死于道，棄杖而成鄧林。送有秦皇。《恨賦》：秦始皇巡海右而送日。冬日陽，夏日陰。《文子》言此二者，物皆歸之。長繩，恨無長繩繫白日。雙麗。《文選》：日月雙麗。無二，天無二日。方中。日之方中。論遠近而長聞明帝，晉明帝少時，元帝問曰："日近，長安近?"答云："只見人從長安來，不見人從日邊至。"及來日，集群臣，乃言："日近。"帝失色。對曰："舉頭見日，不見長安。"帝奇之。爭小大而難答小兒。《列子》曰：孔子東遊，見兩小兒辯鬬，問其故。一兒曰："我以日始出時近，而日中時遠也。"一兒曰："我以日初時遠，而日中時近也。"一兒曰："日初出大如車蓋，及日中則如盤盂，此不爲遠者小而近者大乎?"一兒曰："日初出滄滄涼涼，及其中如探湯，此不爲近者熱而遠者涼乎?"孔子不能決。兩小兒笑曰："孰謂汝多知乎?"白駒，《莊子》曰：人生世中，如白駒之過隙。赤羽。子路曰：赤羽若日。揭行，如揭日月而行。騎走。《莊子》曰：挾宇宙，騎日月。扶桑，《淮南子》曰：日初出于暘谷，登于扶桑，入于虞泉。若木。日所出也。既無私照，相代而明。日月無私照。

臘

祖日爲盛，臘日爲衰。五行盛則爲祖，衰則爲臘。漢以火德、火衰於戌，故以戌日爲臘。魏以土德①，土衰于辰，故以辰日爲臘。魏以土而用辰，見上。晉以金而取丑。金衰於丑。殷曰嘉平，別名之也。周名大蜡。蜡者，索也。漢改名爲臘。尹軌或賜於神藥，《神仙傳》：尹軌，字公度，晉大康元年臘日，過洛陽城西一家求宿。主人以明旦是臘，意不容，又以曾聞公度名，因爲設酒。至旦，乃賜主人神藥一丸而去。甄宇不擇於瘦羊。《東觀漢記》：甄宇，字長文，拜博士②。臘日詔賜羊，或言大小肥瘦，欲投鈎。宇乃取瘦羊。後乃詔問瘦羊博士。聞

---

① "土"，底本作"上"，據校本改。下一句同。
② "博"，底本作"搏"，據校本改。

盜樹，《陳留志》云：范喬邑人臘日盜斫其樹，人告之①，佯不聞。邑人愧而歸之，喬曰："卿臘日取柴與父母相懽耳。"矜竊食。袁宏《後漢書》曰：韓卓，字子助，陳留人。臘日，奴竊食祭先人，卓義其心，矜而免之。祠黃石，《史記》：張良於下邳圯橋見老人，得書，云："他日穀城見黃石，即我也。"果見，取而寶祀之。留侯死，并黃石葬之。每伏臘上冢，祠黃石。報有功。《漢書儀》曰：報鬼神、古之聖賢、有功于民者。②改之而嘔於王莽，陳咸 ⬜⬜⬜ 王莽篡位，還家杜門 ⬜⬜⬜ 及臘日，咸言我之 ⬜⬜⬜。③ ⬜⬜⬜⬜⬜ 虞公。《傳》云：虞 ⬜⬜⬜ 公不臘 ⬜⬜⬜ 萬物而索饗 ⬜⬜⬜ 祭先祖蜡 ⬜⬜⬜ 臘者，獵也。⬜⬜⬜ 歲終大祭 ⬜⬜⬜

儺

送寒 ⬜⬜⬜ 爲抑 ⬜⬜⬜ 月 ⬜⬜⬜ 抑 ⬜⬜⬜ 爲官 ⬜⬜⬜ 皮執戈 ⬜⬜⬜。④ 阼階 ⬜⬜⬜ 漢高祖文皇帝 ⬜⬜⬜ 矢有飛龍蛇矣鼉 ⬜⬜⬜ 桃弧棘矢無樂偶也言矢無限。火馳風 ⬜⬜⬜ 星流，言疾也。⑤ 飛礫。飛礫雨散，剛癉必斃⑥。⬜⬜⬜

---

① "告"，底本作"皆"，據校本改。

② 校本全文僅至此處。

③ 自"咸"下一字始，底本時有殘泐，文字不全，茲按體例，一一以符號標示之。下皆同，不復出。又此處陳咸事，唐《藝文類聚》卷五《歲時下》之"臘"篇有文字曰："謝承《後漢書》曰：沛國陳咸爲廷尉監，王莽篡位，還家，杜門不出。莽改易漢法令及臘日，咸常言：我先祖何知王氏臘乎？"當即此事也。宋《太平御覽》卷三三《時序部》之"臘"篇亦有援引，文字相同。

④ 根據子遺"皮執戈"三字及"儺"之總題，此處或本《周禮·夏官·方相氏》所記之事："方相氏掌蒙熊皮，黃金四目，玄衣朱裳，執戈揚盾，帥百隸而時難，以索室毆疫。大喪，先匶；及墓，入壙，以戈擊四隅，毆方良。"(《周禮注疏》卷三一，阮元校刻《十三經注疏》本)然具體文字，略有改動。宋《太平御覽》卷三五一《兵部》之"戈"篇節引《周禮》作："相氏掌蒙熊皮，執戈揚盾，帥百隸而時儺，以索室毆疫。及墓，入壙，以戈擊四隅，方良。"或與底本所引文字相近。

⑤ "星"字底本原缺。張衡《東京賦》有"煌火馳而星流"句，李善注曰："《續漢書》曰：儺持火具，送疫出端門外，駙騎傳炬出宮，五營騎士傳火棄洛水中。星流，言疾也。"(《文選》卷三)疑底本據此而成文，茲據補。

⑥ "癉必斃"三字底本原缺。張衡《東京賦》有"飛礫雨散，剛癉必斃"句，茲據以校補。底本"飛礫"或取典於此。

惡馳之名磔☐☐☐可以厭鬼。**囚耕父**。囚耕父於清泠,溺女魃於神潢。耕父、女魃並鬼名。清泠、神潢,並水名。① **淤光**。殘夒魖與魍象,殘野仲而殲淤光。皆鬼名。② **魆惑**③☐☐☐☐☐

歲華紀麗卷第四

---

① 兩"泠"字,底本作"冷"。第一處"泠"字下底本殘缺處約七字空間,茲據張衡《東京賦》"囚耕父於清泠,溺女魃於神潢"句(《文選》卷三),補其下缺"溺女魃於神潢"六字,并據上下文義補"耕父"二字,計八字。又第二處"泠"字下底本殘缺處約六字空間,據上下文義并參《東京賦》注,校補作"神潢並水名"五字。

② "魖",底本作"魆"。張衡《東京賦》有"殘夒魖與罔像,殪野仲而殲游光"句(《文選》卷三),茲據以校改。底本"淤光"或取典於此,然《文選》作"游光",注云:"野仲、游光,惡鬼也,兄弟八人,常在人間作怪害。"

③ 自"惑"字之下一字始,底本即殘缺。

四時纂要

韓　鄂　撰

竇懷永　點校

【題解】

《四時纂要》，五卷，唐韓鄂撰。鄂之生平見前篇。此書不見於《舊唐書・經籍志》，而見於《新唐書・經籍志》，題"韓鄂"撰；至南宋書目則又始題"唐韓諤"撰。繆啓愉《四時纂要校釋》（農業出版社 1981 年）"前言"已闡"鄂"、"諤"之別，今亦從舊題作"韓鄂"。

《四時纂要》以春、夏、秋、冬四季爲序，逐月列舉一年中農家應做諸事，内容既涉及糧食選擇與播種、蔬菜菌類培育種植、果樹挑選與嫁接、農副産品加工保存、家畜家禽醫治方劑、家用農用器物修造等以農業生産爲核心之相關活動，還涉及商業經營、晚輩教育、文化傳播、迎婚嫁娶、節日禁忌、占候祈禳等具有一定禮俗性質之民間活動。諸事貫穿以歲時，較爲注重時間之適當，乃是中國古代農業生活之真實紀録。就材料來源而論，大抵以《齊民要術》、《氾勝之書》、《四民月令》、《山居要術》等文獻爲核心，偶加以韓鄂之搜集材料與躬身經驗，亦即"序"所言"編閲農書，搜羅雜訣"。就文獻取材地區來看，以渭水與黃河下游一帶爲主（《四時纂要校釋》），故言其以北方爲主，兼及南方農業生産，當無大謬。

《四時纂要》全書五卷，春令二卷，夏、秋、冬令各一卷，約成書於晚唐五代。其時，密宗已歷李唐而至熾盛，加之道教久盛，正文中可見二者之影響者約略四成，故現代論者多有訾其占候、擇吉、禳鎮類爲荒誕之事。然反觀此類文字，其强調歲時重要之心昭昭。後周末、北宋初竇儼曾上疏將此書及其他文獻"集爲一卷，鏤版頒行，使之流布"（《宋史・竇儼傳》），以利農事。《四時纂要》實用性較强，影響亦較廣，元代《農桑輯要》取之甚夥，並東傳入日本、朝鮮，特別是在朝鮮李朝統治時期流行一時。

大抵在明末清初，《四時纂要》亡佚不傳，直至 1960 年於日本發現明萬曆十八年（1590）之朝鮮刻本，係據北宋至道二年（996）刻本傳抄本重刻，是爲此書碩果僅存之版本。該版本卷首有作者自序，然未見韓鄂之署名；卷末有北宋至道二年早期刻本題記與朝鮮重刻本跋文。1961 年，日本山本書店影印出版此版本。1981年，繆啓愉據此版本撰《四時纂要校釋》。兹即以此朝鮮刻本爲底木，適當參考《四時纂要校釋》（校記中簡稱"《校釋》"），重新迻録整理。又底本原無目録，兹據内容，簡單編目，以便觀覽。

目　録

四時纂要序

　　夫有國者，莫不以農爲本；有家者，莫不以食爲本。舜禹胝胼，神農憔悴，后稷播植百穀，帝堯恭受四時，是以德邁百王、澤流萬世者也。復有商鞅務耕織，遂成秦帝之基；范蠡開土田，卒報越王之恥。下及相龍，狼顧四海，蠶食諸侯，遂焚詩書，欲愚黔首，唯種樹之法、卜筮之文，免陘秦坑，不藏魯壁，故知賢愚共守之道也。

　　管子曰：倉廩實，知禮節；衣食足，知榮辱。誠哉是言也！若父母凍於前，妻子餓於後，而爲顔閔之行，亦萬無一焉。設此帶甲百萬，金城湯池，軍無積糧，其何以守？雖有義軒之德、龔黄之仁，民無粒儲，其何以教[1]？知貨殖之術，實教化之先[2]。且商辛之有八荒，而國用不足；姬昌之王百里，而兵食有餘。非夫天雨菽粟於周，而降水旱於紂，蓋不務勸農之術，而無節財之方。

　　余是以編閱農書，搜羅雜訣，《廣雅》《爾雅》，則定其土産；《月令》《家令》，則敘彼時宜；采范勝種樹之書，掇崔寔試穀之法；而又韋氏《月録》，傷於簡閱；《齊民要術》，弊在迂疏。今則删兩氏之繁蕪，撮諸家之術數；諱□□可嗤孔子，速富則安問陶朱；加以占八節之風雲，□五穀之貴賤，手試必成之醞醢，家傳立效之方書；至於相馬、醫牛、飼雞彘，既貴博識，豈可棄遺？事出千

---

① “教”字，底本原爲約一字大小空白，當係殘泐者，據《校釋》校補。
② “之”字底本原缺，據上下文及《校釋》校補。

門，編成五卷。雖慙老農老圃，但冀傳子傳孫。仍希好事英賢，庶幾不罪於此。故因之爲"四時纂要"云耳。

四時纂要春令卷之一

正　月

孟春建寅。自立春即得正月節，凡陰陽避忌，宜依正月法。昏，昴中；曉，心中。日入後二刻半爲昏，日出前二刻半爲曉。雨水爲正月中氣。昏，畢中；曉，尾中。

凡出行，要知昏曉；上梁架屋，所爲百事，莫不順其早晚，是以列于篇首，實爲切務。

○天道

是月天道南行，修造、出行，宜南方，吉。

○晦朔占

朔旦，晴明無雲而溫，不風至暮，蠶善，而米賤。若有疾風盛雨，折木發屋，揚沙走石，絲緜貴，蠶敗，而穀不成。晦與旦風雨者，皆穀貴。朔日霧，歲飢。朔日雷雨者，下田與麥善，禾黍小熟。朔日雨水，猛獸見，狼如狗。朔日立春，民不安。

○歲首雜占

《月令占候圖》曰：自元日至八日占禽獸：一日爲雞，天晴氣朗，人安國泰，四夷來貢。二日爲狗，無風雨，即大熟。三日爲豬，天氣明朗，君安。四日爲羊，氣色和暖，無災，臣順君命。五日爲馬，如晴明，天下豐稔。六日爲牛，日月光晴，歲大熟。七日爲人，從旦至暮，日色晴朗，夜見星辰，民安國寧，君臣和會。八日爲穀，如晝晴夜見星辰，五穀豐熟。其日晴明，則所主之物蕃息,陰晦則衰耗。

○月內雜占

是月一日值甲,米賤,人疫;值乙,米麥貴,人病死;值丙,四十日旱,人安;一云四月。值丁,絲緜六十日貴;值戊,粟麥魚鹽貴,又旱四十五日;值己,米貴,蠶凶,多風雨;值庚,金銅貴,穀熟,人多病;值辛,麻麥貴,穀熟;值壬,米麥賤,絹、布、大豆貴;值癸,穀傷,人病,多雨。

月內甲戌,大風從東南來折樹,稻熟。甲寅、庚寅,風從西北來,亦稻貴①。辛深即麥賤②,午深即桑貴。

又常以冬至數至正月上午日,滿五十日,人食足③;長一日,餘一月食;少一日,即少一月食。此有據。

朔日溫,正月糴賤。以十二日占十二月,取最風最寒之日爲最貴之月;若自一日至五日已來不風雨,調和無寒,穀賤。

正月戊寅、己卯日小風,穀小貴;大風,大貴,在六十日。上卯日風從東北來,穀三倍貴;東來,一倍;西來,賤。

月內有甲子,蠶善而桑貴。

巳日溫,麥善;丑日溫,禾善;寅日溫,稻善;卯日溫,豆善。

此月虹出,七月穀貴。月蝕,粟賤,人多災。

○立春雜占

常以入節日日中時,立一丈表竿度影:得一尺,大疫,大旱,大暑,大飢;二尺,赤地千里;三尺,大旱;四尺,小旱;五尺,下田熟;六尺,高下熟;七尺,善;八尺,澇;九尺及一丈,大水。若其日

---

① "亦稻"二字底本原殘泐,據《校釋》補。
② "辛",底本作"幸",據《校釋》改。
③ "足"字底本無,《校釋》據《淮南子》等判爲脱字,并據補,兹從之。

不見日，爲上。

次立八尺表，日中時，影得一丈三尺七分半，宜大豆。

凡春夏，影短爲旱，長爲病，爲水；秋冬，短爲旱，長爲水、霜、雷。如度即吉。他節准此。其日陰者，前後一日同占。

○占月影

十五夜月中時，立七尺表，影得一丈、九尺、八尺，並澇而多雨；七尺，善；六尺，普善；五尺，下田吉，並有熟處；四尺，飢而蟲；三尺，旱；二尺，大旱；一尺，大病，大飢。

又上下弦月色占之：青黑潤明，主旬有雨；黃赤，無其雨。餘月做此。

○占雲氣

立春日，艮卦用事，雞鳴丑時，艮上有黃雲氣，艮氣至也，宜大豆。艮氣不至，萬物不成，應在其衝。衝在七月。

朔旦，四面有黃雲氣，其歲大豐，四方普熟；有青雲氣雜黃雲氣，有蝗蟲；赤氣，大旱；黑氣，大水。又朔旦東方有青氣，春多雨，人民疫；白雲，八月凶；赤雲，春旱；黑雲，春多雨；黃雲，春多土功興。南方有赤雲，夏旱，穀貴；黑雲、青雲，夏多雨；白雲，夏凶；黃雲，夏土功興。西方占秋，北方占冬，並准此占之。又朔旦日初出時，有赤雲如霞蔽日，蠶凶，絲帛貴。又四面並有赤雲，歲猶善，但小旱。

○占風

立春日，艮風來，宜大豆，又熟；坤來，多寒，大豆貴，貴在四十五日中；兌來，疾病；巽來，多風；離來，多旱；震來，霜傷物；乾來，亦霜害物而穀貴；坎來，春寒。立春以金尤寒，大飢而疾。立春，雨，傷五禾。春甲乙日，必有風雨；無風雨，人民不耕。

又朔日風從南來,夏糴賤,年中旱;西來,春夏糴貴,豆熟;東來,糴賤;北來,澇;西北來,小豆熟,又夏糴貴;東北來,大熟;東南來,疾疫。朔日無風,沉陰不見日而温,歲美十倍。若大風寒,菜甚貴:從旦至巳,即正月貴;從巳至申,即二月貴;從申至酉,即三月貴。一日占至三月。他皆做此。風悲鳴,疾起災深;若小小微動葉,災輕。

又旦日至三日已來,不風,空陰不見日,其年大善十倍。

又月旦決八風:風從北方爲中歲,東北爲上歲。聽都邑人民之聲:聲宮則歲美,商則有兵,徵則旱,羽則水,角則歲凶。宮,吉居中,屬土。商,口開張,屬金。角,舌縮却,屬木。羽,脣撮聚,屬水。徵,舌拄齒,屬火。

○占雷

元日雷鳴,主禾、黍、麥大吉。正月有雷,人民不炊。甲子雷,主五穀豐稔。

○占雨

朔日雨,春旱,人食一升;二日雨,人食二升;三日雨,人食三升;四日雨,人食四升;五日雨,主大熟。如此至七日已來,驗也。數至十二日,直其月,占水旱。

春雨甲子,赤地千里。五日内霧,穀傷,民飢。朔日霧,歲必飢。又春三雨甲寅、乙卯,夏糴貴一倍;夏雨丙寅、丁卯,秋穀貴一倍;秋雨庚寅、辛卯,冬穀貴一倍;冬雨壬寅、癸卯,春穀貴一倍。若四時皆雨,米一石直金一斤。皆以入地五寸爲候。

凡甲申風雨,五穀大貴,小雨小貴,大雨大貴;若溝瀆皆滿者,急聚五穀。甲申至己丑已來風雨,皆穀貴。庚寅至癸巳風雨,皆主糴折。皆以入地五寸爲候。五月爲麥,六月爲黍,七月爲粟,八月爲菽,九月爲穀,以此則之。假如五月雨庚寅,即麥折錢。他月倣此。

春夏三雨辰，蟲生；三雨未，蟲死。蟲生蟲死，非獨蝗螣，百蔬、五果之蟲同占。

○占六子

正月上旬有甲子，則雨；丙子，則旱；戊子，則蟲蝗；庚子則凶，縱收，得半；唯壬子豐稔。

○地元

按師曠曰：其年一物先生，主一年之候。薺先生，主豐；葶藶先生，主苦；藕先生，主水；蒺藜先生，主旱；蓬先生，主流亡；藻先生，主疾。

又月所離列宿，日、風、雲占其國，然必察大歲所在：金，穰；水，毀；木，飢；火，旱。此其大經也。

○占八穀萬物

凡八穀，各自爲陰陽，主一貴一賤。稻與小麥爲陰陽，黍與小豆爲陰陽，粟與大豆爲陰陽：此八物一貴一賤。常以入節日審察其價，上增三，下減四，先一日、後一日亦同占。若相貴十四五已上，可積，百倍。又入節之日，五穀價下一增三，萬不失一，期在四十五日中。

又萬物入市候之，人言賤者則聚之，百姓棄者急之，其貴不過一時，皆以數倍矣；近則一時九十日，遠則三時。二百七十日。

○元日

備新曆日。

爆竹於庭前以辟。出《荆楚歲時記》。

進屠蘇酒。方具十二月。

造仙木，即今桃符也。《玉燭寶典》云：仙木，象鬱壘山桃樹，百鬼所畏。歲旦置門前,插柳枝門上,以畏百鬼。

又歲旦服赤小豆二七粒,面東以虀汁下,即一年不疾病。闔家悉令服之。又歲旦投麻子二七粒、小豆二七粒於井中,辟瘟。又上椒酒、五辛盤於家長以獻壽。

朔旦,可受符錄。

又元日理敗履於庭中,家出印綬之子。又曉夜子初時,凡家之敗箒,俱燒於院中,勿令棄之出院,令人倉庫不虛。又縷懸葦炭,芝麻稭排,插門户上,却疫癘,禁一切之鬼。

○上會日

七日也,可齋戒。早起,男吞赤小豆一七粒,女吞二七粒,一年不病。

又初七日夜,俗謂鬼鳥過行,人家槌床打户,技狗耳,滅燈以禳之。鬼鳥,九頭蟲也,其血或羽毛落人家,凶,壓之則吉。

又凡人無子者,夫婦同於富人家盜燈盞以來,安於床下,則當月有孕矣。

○上元日

十五日也,可齋戒。讀黃庭《度人經》,則令人能資福壽。

○月内占吉凶地

天德在丁,月德在丙,月空在壬,月合在辛,月厭在戌,月殺在丑。凡修造宜於天德、月德,月合上取土,吉,厭、殺凶。凡藏衣、安產婦或一切掩穢事,月空上吉。修造取土,月空吉。他月不復編敘,取此爲例。

○黄道

子爲青龍,丑爲明堂,辰爲金匱,巳爲天德,未爲玉堂,戌爲司命。凡出軍、遠行、商賈、移徙、嫁娵,吉凶百事,出其下,即得天福，不避將軍、大歲、刑禍、姓墓、月建等。若疾病，移往黃道下，即差；不堪移者，轉面向之，亦吉。

○黑道

寅爲天刑，卯爲朱雀，午爲白虎，申爲天牢，酉爲玄武，亥爲句陳。已上不可犯，犯之必有死亡、失財、劫盜、刑獄之事。切宜慎之。

凡用黃道，更與天德、月德、月空、月合日者，用之尤吉。若值大歲、黑方、五鬼、將軍并者，雖云不避，亦宜且罷。世人尚不欲以威力臨之，即凶神亦不可以天福凌之也。他月倣此。

○天赦

春三月在戊寅，吉。

○出行日

凡春三月，不東行，犯王方。又立春後七日爲往，_{并立春日數之}。不可遠行、移徙。正月丑爲歸忌，不可出行、還家、嫁娶、埋葬。立春前一日，并癸亥日、正月六日、七日、二十日，是窮日，寅日爲天羅，亦名往亡、土公，不可遠行、動土，傷人，凶。晦、朔亦忌出行。

○臺土時

正月每日禺中巳時是，行者往而不返。

○四殺没時

四孟之月，用甲時寅後卯前、丙時巳後午前、庚時申後酉前、壬時亥後子前。已上四時，鬼神不見，可爲百事，架屋、埋葬、上官，並宜用之。

○諸凶日

子爲狼籍，巳爲天剛，亥爲河魁，不可爲百事，嫁娶、埋葬尤忌。他月倣此。

辰爲九焦，又爲九空，不可種蒔，上官、求財爲坎坷。

丑爲血忌，不可針灸、出血。

子爲天火，巳爲地火，不可起造、種蒔。

○嫁娵日

求婦，成日吉。天雄在寅，地雌在午，不可嫁娵。新婦下車，壬時吉。

此月生男，不可娵四月、十一月生女，害夫，大凶。

是月納財，火命女，宜子孫；水命女，吉；木命女，自如；土命女，凶；金命女，孤寡。是月納財，壬子、癸卯、壬寅、乙卯，吉。

是月行嫁，卯、酉女吉。丑、未女妨夫，寅、申女自妨，辰、戌女妨父母，巳、亥女妨舅姑，子、午女妨首子、媒人。

又天地相去日：戊午、己未、庚辰、五亥，不可嫁娵，主生離。又春甲子、乙亥，害九夫。

又陰陽不將日：丙寅、丁卯、丙子、丁丑、己卯、丁亥、己丑、庚寅、辛卯、己亥、庚子、辛丑、辛亥，已上十三日不將日，嫁娵吉。

○喪葬

此月死者，妨寅、申、巳、亥人，不可臨屍，凶。斬草：丁卯、辛卯、癸卯、乙卯、壬子，吉。殯：壬子，吉。葬：壬申、癸酉、壬午、丁酉、丙申、丙午、己酉、辛酉，吉。

○推六道

死道甲、庚，天道乙、辛，地道乾、巽，兵道丙、壬，人道丁、癸，鬼道坤、艮。地道、鬼道，葬送、往來，吉。天道、人道，嫁娵、往來，吉。他月倣此。

○五姓利年

宮姓，丑、未、巳、午、申、酉年吉；商，子、亥、申、酉年；角，寅、卯、子、亥年吉；徵，寅、卯、巳、午、丑、未年；羽，申、酉、子、亥、寅、卯年吉。五姓用月、日、時，同此。

○起土

飛廉在戌，土符在丑，月刑在巳，大禁北方。地囊：庚子、庚午。已上地不可起土修造，凶。日、辰亦避之，吉。寅爲土公，月福德在酉，取土吉。月財地在午，此黃帝招財致福之地，若起屋，令人得財大富，疾者愈，繫者出；如不起造，即掘其地方圓三尺，取土泥屋四壁，令人富。出《金匱訣》。

○移徙

大耗在申，小耗在未，五富在亥，五貧在巳。貧耗日，移徙往其方，立致亡財、口；五富日，吉。餘具出行門。

○架屋日

甲子、乙丑、丙子、戊寅、辛巳、丁亥、癸巳、己亥、辛亥、辛卯、己巳、壬辰、庚午、庚辰、庚子、乙巳、丙午，已上架屋，吉。

○禳鎭

正旦元日，以鵲巢燒之著廁，辟矢。又廁前草，月初上寅日燒中庭，令人一家不著天行。

月三日，買竹筒四枚，置家中四壁上，令田蠶萬倍，錢財自來。

十五日，以殘餳糜，熬令焦，和穀種種之，辟蟲。

月内甲子，拔白。

晦日，汲井花水服，令髭髮不白。

元日，取五辛噉之，令人開五臟，去伏熱。元日，取小便洗腋下，治腋氣，大效。

四日，凌晨拔白，永不生，神仙拔白日。他月做此。拔白髭髮。

八日，沐浴，去災禍，神仙沐浴日。

○禳鼠日

此月辰日，塞穴，鼠當自死。又取前月所斬鼠尾，於此月一日日未出時，家長於鼠室祝曰：制斷鼠蟲，切不得行。三祝而置於壁上，永無鼠暴。

○食忌

此月勿食虎、豺、狸肉，令人傷神。勿食生葱，令人起游風。勿食蓼。

○是月也，命童子入學之暇，習方術，止博弈。合諸九、散，煎膏藥。余有二膏方，手試神效，救人甚多，已載在十二月中。

○祀門戶土地

《歲時記》云：望日以柳枝插戶上，致酒脯祭之。《齊諧記》云：吳縣張成，夜於宅東見一婦人，曰："我是地神，明日月半，宜以饍糜、白粥祭我，令君家蠶桑萬倍。"後果如言。令（今）人效之，謂之"黏錢財"。

○辟五果蟲法

正月旦雞鳴時，把火遍照五果及桑樹上下，則無蟲。時年有桑果災生蟲者，元日照者，必免也。

○嫁樹法

元日日未出時，以斧斑駮椎斫果木等樹，則子繁而不落，謂之"嫁樹"。晦日同。嫁李樹則以石安樹丫間。

○種藕

初春，掘取藕根，取藕根頭著泥中種之，當年著花。

○附地刈楮

事具二月種楮門中。若種榆，此月亦同此法。

○治薤畦

此月上辛日，掃去薤畦中枯葉，下水加糞。

○貯神水

立春日貯水，謂之"神水"，釀酒不壞。

○耕地

《齊民要術》云：此月耕地，一當五。

○鋤麥

是月，鋤麥，再遍爲良。又種春麥。

○壠瓜地

是月，以犁壠其地。

法：冬中取瓜子，每數介內熱牛糞中凍之，拾取聚置陰地。至正月耕地，逐場布種之，一步一下糞塊，耕而覆之。瓜生則茂而早熟。

○種冬瓜

是月晦日，傍墻區種之。區圓二寸，深五寸，著糞種之。苗生，以柴引上墙。每日午後澆之。

○種葵

晦日種之。

神仙種法：臨種必須乾曬子，其子千歲不喝。地不厭良，故彌善，薄則糞之。葵須畦種、水澆，畦長兩步、闊一步，大則水難勻。他畦倣此。深掘，以熟糞和中半，以鐵齒杷耬之令熟，足躡令堅平，下水令微濕滲，下葵子。又取和糞土蓋之，厚一寸。

葵生葉，然後一澆。澆以早暮。每一掐，即爬耬地令起，下以加糞。三掐即更種。秋掐須俟露晞。收葵子須俟霜降。若以穰草蓋,經冬收子,謂之"冬葵子",入藥用。

○接樹

右取樹本如斧柯大及臂大者,皆可接,謂之"樹砧"。砧若稍大,即去地一尺截之;若去地近截之,則地力大壯矣,夾煞所接之木。稍小即去地七八寸截之;若砧小而高截,則地氣難應。須以細齒鋸截鋸,齒龐即損其砧皮。取快刀子於砧緣相對側劈開,令深一寸,每砧對接兩枝。候俱活,即待葉生,去二枝之弱者。

所接樹,選其向陽、細嫩、枝如筯大者,長四五寸許。陰枝即小實。其枝須兩節,兼須是二年枝方可接。接時微批一頭入砧處,插入砧緣劈處,令入五分。其入須兩邊批所接枝皮處,插了,令與砧皮齊切,令寬急得所。寬即陽氣不應,急即力大夾殺,全在細意酌度。

插枝了,別取本色樹皮一片,闊半寸,纏所接樹砧緣瘡口,恐雨入。纏了即以黃泥封之,其砧面并枝頭,並令如法泥訖。仍以紙裹頭,麻纏之,恐其泥落故也。砧上有葉生,即旋去之。仍以灰糞擁其砧根。外以刺棘遮護,勿使有物撥動其根枝。春雨得所,尤易活。

其實內子相類者,林擒、梨向木瓜砧上,栗向櫟砧上,皆活,蓋是類也。

○秧薤

每一科一莖。

○雜種

是月種豍豆、葱、芋、蒜、瓜、瓠、葵、蓼、苜蓿、薔薇之類。

○栽樹

凡栽樹,須記南北枝。坑中著水作泥,即下樹栽,搖令泥入根中，即四面下土堅築，上留三寸浮土，埋須是深。澆令常潤。勿令手近及六畜觝觸。

凡一切樹，正月十五日已前上時，無多子。

○種桑

收魯桑椹，水淘取子，曝乾。熟耕地畦，種如葵法。土不得厚，厚即不生。待高一尺，又上糞土一遍。當四五尺，常耘令凈。來年正月移之。

白桑無子，壓條種之。纔收得子便種，亦可，只須於陰地頻澆爲妙。

○移桑

正月、二月、三月並得。熟耕地五六遍，五步一株，著糞二三升。至秋初，斸根下，更著糞培土。三年即堪采。每年及時科斫。以繩繫石墜四向枝，令婆娑。中心亦屈却，勿令直上難采。

○種梓

以此月下子，明年以此月移之，同桑法也。

○種竹

宜高平處。取西南引根者，去梢葉，院中東北角栽種之。坑深二尺許，作稀泥於坑中，即下竹栽，以土覆之，杵築定，勿將脚踏，踏則笋不生。土厚五寸。

竹忌手把及洗手面肥水澆著，即枯死。

竹性好西南，故於東北種之。

○種柳

取青嫩枝如臂大，長六七尺，燒下頭三二寸，埋二尺已來，常以水澆。苗俱出，留一茂者，豎一木作依，以繩縛定，勿令風動。一年便大，但旋去傍枝。尤宜濕地。

○松柏雜木

此月並是良時，唯果樹從朔及望而止，過即少子。俗云：一年計，樹之以穀；十年計，樹之以木。又云：一日之計在一晨，一年之計在一春。故知時不可失也。

○種榆

榆性好陰地，其下不植五穀。種者宜於園北背陰之處。秋，熟耕其地，以榆漫散，澇之。

明年正月，附地刈却草，覆，放火燒之，一根上必數十莖條生，只留一根强者，餘悉去之。一年便長八九尺。後年移栽之。叢長直而且速，故三年乃可移。

初生三年，勿采葉，亦勿斫，剥之須留距二寸許。三年外賣葉，五年堪作椽，十五年堪作車轂。年年科揀，爲柴之利，已自無筭，況堪充諸器物，其利十倍。斫而復生，不勞更種。

一頃地，歲收千匹。只用一人守護，既省人工，又無水旱蟲蝗之災，比之餘田，勞逸萬倍。男女初生，各乞與小樹二廿（十）株種之①。洎至成立，嫁娶所用之資，粗得充事。

夾樹、刺榆，三種之法略同。

○種白楊林法

秋耕熟地，正、二、三月犂壟，中逆順一正一倒，使寬。斫白楊枝如指大，長二尺，屈壟中，壓上，令兩頭出。二尺成株。明年正月剪去惡枝。一畝三壟，七百二十株。六畝，四千二（三）百二十株。

三年堪爲蠶椽，五年堪作屋椽，十年堪作棟樑。歲種三十

---

① “廿”字當係“十”之訛誤，兹校改；《校釋》徑作“二十”。

畮，三年種九十畮。歲賣三十畮，永世無窮矣。

○投臘酒

前月所釀，此月投。

○合醬

此月爲上時。法已具十二月中。若晦日造，取初夜於北墻下和，面北，銜枚勿語，蟲即不生。

○備種子

農事將興，此月具農器、種子。

○辟蚜蛢蟲法

具在九月中。

○辟蝗蟲法

以原蠶矢雜禾種種，則禾蟲不生。又取馬骨一莖，碎，以水三石煮之三五沸，去滓，以汁浸附子五箇。三四日，去附子，以汁和蠶矢各等分，攪合令勻，如稠粥。去下種二十日已前，將溲種，如麥飰狀。常以晴日溲之，布上攤，攪令一日內乾。明日復溲，三度即止。至下種日，以餘汁再拌而種之，則苗稼不被蝗蟲所害。無馬骨，則全用雪水代之。雪者，五穀之精也，使禾稼耐旱。冬中宜多收雪貯用，所收必倍。煮繭蛹汁和溲，亦耐旱而肥，一畮可倍常收。

○五穀忌日

凡種五穀，常以生、長日種，吉；老、死日收，薄；忌日種，傷敗；用成、滿、平、定、開日，佳；九焦、死日，不收。

《范勝書》曰：禾生於寅，壯於午，長於甲，老於戌，死於申，惡於壬、癸，忌於丙、丁。又大小豆生于申，壯于子，長于壬，老于丑，死于寅，惡于甲、乙，忌于丙、丁。又大小麥生于亥，壯于卯，長于辰,老于巳,死于午,惡于戊、己,忌于子、丑。又黍、穄生于巳,壯于酉,長于戌,老于亥,死于丑,惡于丙、丁,忌于寅、卯。小豆忌卯,麻忌辰,秫忌未、寅,小麥忌戌,喬麥忌除,大豆忌卯。

按《大史》曰①:陰陽之家,拘而多忌。不可不知。俗曰:以時及澤爲上策。然忌日種之多傷敗,非虛言也。如燒穰則害瓠,理不可知。

○揀耕牛法

耕牛眼去角近,眼欲得大,眼中有白脈貫瞳子,頸骨長大,後脚股開,並主使快。旋毛當眼下,無壽。兩角有亂毛起,妨主。初買時牽來,牛口開者,凶,不可買。赤牛、黃牛烏眼者,妨主。白頭牛白過耳,主群。倚脚不正者病。毛欲得短密,疏長者不耐寒。耳多長毛不耐寒。尿射前脚者快,直下者不快。毛不用至地。頭不用多肉。尾骨麁大少毛者有力。角欲得細。身欲得圓。鼻如鏡鼻者難牽。口方易飼。筋欲密。鼻欲大而張,易牽仍易使。陰虹屬頸者,千里牛也。陰虹屬頸而白尾者,昔寧戚所飯者。陽鹽欲廣。陽鹽者,夾尾前兩尻上,當陽中間脊欲得窊,如此者佳;若窊則爲雙脊,主多力;不窊者則爲單脊,少力。

○治牛疫方

當取人參細切,水煎取汁,冷,灌口中五升已來,即差。

又取真安息香於牛欄中燒,如焚香法。如初覺一頭至兩頭是疫,即牽出,令鼻吸其香氣,立止。

又方,十二月兔頭燒作灰,和水五升,灌口中,差。

○牛欲死腸腹脹方

---

① "《大史》",即"《太史》"也。

取婦人陰毛，草中與牛食，即差。

又方，研麻子汁五升，温令熱，灌口中，即愈。此治食生豆脹欲死者，方甚妙。

○牛鼻脹方

以醋灌耳中，立差。

○牛疥方

煮烏豆汁，熱洗五度。<small>一本云烏頭汁。</small>

○牛肚脹及嗽方

取榆白皮，水煮令熟，甚滑，以三五升灌之，即差。

○牛蝨方

以胡麻油塗之，即愈。猪肚亦得。六畜塗之亦差。

○牛中熱方

取兔腹膍，<small>音毗，獸之百葉也。</small>去糞，以草裹，令吞之，不過再服，即差。

○收羔種

《要術》云：羔正月生者爲上，以其母含重之時足乳，食母乳適盡，即得春草，而羊兒不瘦。是故十二月及正月生者爲上，十一月者次之，收爲種。放羊勿近水，傷水則蹄甲膿出，但二日一飲，緩驅行，急行則傷。春夏宜早放，秋冬宜晚。冬日收圈。圈不厭寬，架北墻爲廠，圈中立臺開竇，勿使停水。二日一飲，除糞。圈內須傍墻豎柴棚圈匝[1]，令棚出墻勿令狼虎得越，又恐羊揩墻土，即毛不堪入用。羊有疥者，即須別著。

○羊疥方

---

① “牆”字底本缺，據《校釋》補。

藜蘆根歇打令皮破,以泔浸之,瓶盛,塞口,安於竈畔,令常煖。數日味酸,便中用。以甑瓦刮疥處令赤,若堅硬者,湯洗之,去痂,拭令乾,以藥汁塗之,再上即愈。疥若多,逐日漸漸塗之,勿一頓塗,恐不勝痛也。

又方,猪脂和臭黃塗之,愈。

○羊中水方

羊膿鼻眼不淨者,皆以水洗治之。其方用湯和鹽杓中研,令極醎,候冷,取清者,以角子可受一雞子者灌兩鼻,各一角,五日後必肥。以眼鼻爲侯,未差再灌。

○羊膿鼻方

羊膿鼻及口頰生瘡如乾癬者,相染多致絕群。

治之方:豎長竿圈中,竿頭致板,令獼猴居上,辟狐狸而益羊差病也。

○羊夾蹄方

取殺羊脂,和煎令熟,燒鐵令微熱,勻脂烙之。勿令入泥水。不日而差。

○凡羊經疥,疥差後至夏肥時,宜速賣之,不爾春再發。

○引羊法

《家政令》曰:養羊以瓦器盛鹽一二升,挂羊欄中,羊喜鹽,數歸唉之,則羊不勞人收也。

○別羊病法

當欄前後作坑,深二尺,廣四尺,荆、湖、江、浙以南多是山羊,可廣王(五)尺。往來皆跳過者,不病;如有病,入坑行,宜便別著,恐相染也。

○貯羊糞

牛羊糞正月貯之，充煎乳大軟而無患，柴火則易致乾焦也。

○雜事

豎籬落。糞田。開荒。租教地。修蠶屋。織蠶箔。舂米。此月人閑。造桑杈。造麻鞋。放人工。築垣墻。

○孟春行夏令，則雨水不時，草木先落。

○行秋令，則人有大疫，飄風暴雨總至，黎、莠、蓬、蒿並興。

○行冬令，則水潦爲敗，雪霜大摯，首種不入。

○是月也，宜蔬齋持戒，課誦經文，謂之三長月。三長月，正、五、九月是也。

四時纂要春令卷之二

二 月

仲春建卯。自驚蟄即得二月節,陰陽避忌,並宜用二月法。昏,東井中;曉,箕中。春分爲二月中氣。昏,東井中;曉,南斗中。事具正月門中。

○天道

是月天道西行,修造、出行宜西方,吉。

○晦朔占

朔日雨,稻惡,糴貴。晦日雨,多疾病。

○月内雜占

是月無三卯,稻爲上,早種之。有三卯,宜豆。無丙午,夏禾稼不長。

是月虹見,八月穀貴;出西方,棺木貴。

朔驚蟄,蝗蟲。朔春分,歲凶。

○占雨

月内甲寅、乙卯雨,甲申至己丑雨,庚寅至癸巳雨,雨三辰,雨三未。已上並同正月占。又,春雨甲子,旱。皆以入地五寸爲候。

○占雷

凡雷聲初發和雅,歲善;聲擊烈驚異者,有災害。起艮,糴賤;起震,棺木貴,歲主豐;起巽,霜卒降,蝗蟲;起離,主旱;起坤,有蝗災；起兌，金鐵貴；起乾，民多疾；起坎，歲多雨。春甲子雷，五穀豐稔。

○春分占

先立一丈表占影，已具正月。次立八尺表，日午時得影長七尺四寸五分，宜麥。或長短，已具正月中。其日陰，前後一日同占。

○占氣

春分之日，震卦用事，日出正東，有雲氣青色，震氣至也，宜麥，歲大善。若無青雲氣，震氣不至，年中小雷，萬物不實，人民熱疾；應在八月，謂其衝也。

其日晴明，萬物不成。陰不見日爲上。

○占風

春分日，西方有疾風來，小麥貴，貴在四十五日中；震風來，小麥賤而年豐；兌風來，春寒，人疫；巽風來，蟲生，四月多暴風；乾風來，歲中多寒；離風來，五月先水後旱；坎風來，小水；艮風來，其年米貴一倍。春分以金，歲多風。

○別寢

驚蟄前後各五日，別寢，否則生子不備。

○月内吉凶地

天德在坤，月德在甲，月空在庚，月合在巳，月厭在酉，月殺在戌。

○黃道

寅爲青龍，卯爲明堂，午爲金匱，未爲天德，酉爲玉堂，子爲司命。

○黑道

辰爲天刑，巳爲朱雀，申爲白虎，戌爲天牢，亥爲玄武，丑爲句陳。事並具正月注中。

○天赦

春三月，戊寅。

○出行日

春不東行。驚蟄後十四日爲往亡，又二日、七日、十四日爲窮日，亥爲天羅，寅爲歸忌，巳日亦爲往亡，亦爲土公，春分前一日、春分日，乙亥，並不可遠行。

○臺土時

二月辰時是，行者往而不返。

○四殺没時

四仲月，用乾時戌後亥前，艮時丑後寅前，坤時未後申前，巽時辰後巳前。已上四時，可爲百事，架屋、埋葬、上官，皆吉。

○諸凶日

子爲天剛，午爲河魁，卯爲狼籍，丑爲九焦，未爲血忌，卯爲天火，酉爲地火。並具正月注中。

○嫁娵日

求婦，收、成日大吉。天雄在亥，地雌在未，不可嫁娵。新婦下車，乾時吉。

此月生男，不可娵五月、十一月生女，害夫。

此月納財，火命女，宜子孫；水命女，大吉；土命女，凶；木命女，自如；金命女，孤寡。納財日：己卯、壬寅、癸卯、壬子、乙卯。

此月行嫁，寅、申女吉，辰、戌女妨夫，巳、亥女妨首子，子、午女妨舅姑，丑、未女妨父母，卯、酉女妨媒人。

天地相去日，已具正月。春甲子、乙亥，害九夫。

陰陽不將日，可以結婚，乙丑、丙寅、丁卯、乙亥、丙子、丁丑、

433

己卯、丙戌、丁亥、己丑、庚寅、己亥、庚子、庚戌，並大吉。

○喪葬

此月死者，妨子、午、卯、酉生人，不可臨屍，凶。斬草：丙子、庚子、壬子，吉。殯：丙寅、甲午、庚寅、庚子、甲寅，大吉。葬：庚午、壬申、癸酉、壬子、甲申、丙申、壬午、己酉、庚申，吉。

○推六道

死道乙、辛，天道乾、巽，地道丙、壬，兵道丁、癸，人道坤、艮，鬼道甲、庚。

○五姓利月

徵、羽、商、角，皆爲利月。其利日與年並具在正月門中。宮姓，凶。

○起土

飛廉在巳，土符在巳，土公在巳，月刑在子，大禁西方。地囊在癸亥、癸丑。已上地不可起土建造。

月福德在申，月財地在乙，取土吉。

○移徙

大耗在酉，小耗在申，五富在寅，五貧在申。移徙不可往貧耗方，凶。春甲子、乙亥，並不可移徙、婚姻、入宅，凶。

○架屋

甲子、丙子、戊寅、丁亥、甲午、己亥、庚子、辛亥、癸卯、庚辰、庚午、辛丑、己巳、乙未、癸巳、辛巳、丁巳，已上並大吉良日。五酉日，不架屋。

○禳鎮

桃杏花，此月丁亥日收，陰乾爲末，戊子日用井花水服方寸匕^①,日三服,療婦人無子,大驗。

又此月乙酉日日中時,北首臥,合陰陽,有子即貴。

上丑日,取土泥蠶屋,宜蠶。

上辰日,取道中土泥門户,辟官事。

八日沐浴。<small>注具正月。</small>八日拔白,神仙良日。

上卯日沐髮,愈疾病。南陽太守目盲,太原王景有沉痾,用之皆愈。

○食忌

是月勿食蓼,傷腎。勿食兔,傷神。勿食雞子,令人惡心。九日勿食鮮魚,仙家大忌。

○習射

順陽氣也。

○耕地

此月耕地,一當五也。

○種穀

是月上旬爲上時。凡春種欲深,遇小雨,接濕種;遇大雨,待草生,先鋤草而後下子。春種即用秋耕之地,得仰壠待雨。苗出壠則深鋤,鋤不厭頻,無草亦鋤。鋤滿十遍,粟得八米^②。種穀良日,已具正月。

○種大豆

是月仲旬爲上時。每畝用種八升。種欲深,再鋤之。三、四

---

① "寸"字底本無,兹據上下文校補;方寸匕,乃古時量藥末的一種計量方法。

② "八",底本作"人",《校釋》謂"八米"指出米率可達八成的殼薄粒滿的好穀子,兹從之。

月種亦得，但用費子耳①。肥田欲稀。豆地不求熟，熟地則葉茂少實。若地熟，則稀種之。葉落盡，然後刈之，不盡則難治。刈訖則速耕。大豆性炒，不秋耕則地無澤。

○區種法

坎，方深各六寸，相去二尺許。坎內好牛糞一升，攪和，注水三升。下豆三粒，覆土，勿令厚，以掌輕抑之，令土、種相親。每畝用種三升，糞十三石五斗。生五、六葉，即鋤之。旱則澆。至秋，每畝合收十六石。

○收豆法

莢黑莖蒼，便須收之。過熟則莢落，損折太多。收豆，青莢在上，黑莢在下也。

○種早稻②

此月中旬爲上時。先浸，令開口，樓構_{音講}。掩種，而科大，再鋤澇。若歲旱，慮時晚，即勿浸種，恐芽焦不生。若春有雨，依此種，又勝擲者。如穊者，五、六月中霖雨時拔而栽之。苗長者，亦可拔之，去葉端數寸，勿令傷心。

○種瓜

是月當上旬爲上時。先淘瓜子，以鹽和之。著鹽則不籠死。先開方圓一尺，淨去浮土。坑雖深大，若雜以就土，令瓜不生。深五寸，納瓜子四介，大豆三介於坑傍。瓜性弱，苗不能獨生，故得大豆以起土。瓜生則掐去豆苗。

○治瓜籠法

---

① “用費子”，《校釋》乙正作“用子費”，義長。
② “早”，《校釋》校作“旱”。

旦起，露未乾，以杖舉瓜蔓起，撒灰根下。後一兩日，復以土培根，瓜則迴矣。鋤則著子多，不鋤則少子。五穀、蔬、果，皆此例也。

○種胡麻

宜白地。是月爲上時，四月爲中，五月爲下。月半前種，實多而成；月半後，少子而多秕。種欲截雨脚。若不因雨濕，則不生。一畝用子二升。撒種者，先以樓構，然後撒子，空曳澇。澇上著人，土厚不生。構時^①，用炒沙中半，和沙下之，不爾即不勾。不過三遍^②。刈束欲小，束大難乾。五、六束爲一叢，相倚之。候口開，乘車詣田，逐束倒豎，小杖輕打之，斗藪。取了，還聚之。三日一打，四、五遍乃盡耳。八稜爲胡麻而多油，世言黑者爲胡麻，非也。

油麻每科相去一尺爲法。若能區種，每畝收百石。

○種芋

芋宜近水肥地，和糞種之。區方深三尺。取豆其內區中，足踐之，厚五寸。取區上濕土和糞蓋豆其上，厚二寸，以水澆之，足踐，令保澤。每區安五芋，置四角及中央各一芋，足踐。旱則澆之。萁爛芋生，一區可收一石。芋可以備凶年，宜留意焉。

○種韭

韭畦欲深，下水和糞，與葵同法。剪之，初歲唯一剪，每剪即加糞。須深其畦，要容糞故也。韭勾頭，第一番割棄之，主人勿食。

韭不如栽作行，令通鋤。割一遍，以杷樓之，令根不相接爲

---

① "樓"字下《校釋》補一"種"字。
② "不過三遍"前《校釋》補一"鋤"字，義更明晰。

佳。如此，當葉闊如薤。

○種薤

宜白軟良地，耕三遍佳。二月、三月種，八月、九月亦得。長一尺一根爲本。必須乾曬，切去强根。葉生則鋤，鋤不厭多。葉不用剪，剪則損白。

○種茄法

畦、水如葵法。其茄著五葉，因雨移之。

○蜀芥、芸薹

並因雨種之。二物不耐寒，故春種而五月收子。

○握蒜

條拳者握之，否則獨顆而黃。中旬鋤，三遍，無草亦鋤。

○種署預

《山居要術》云：擇取白色根如白米粒成者，預收子。作三五所坑，長一丈，闊三尺，深五尺；下密布甋，坑四面一尺許亦倒布甋，防别入土中，根即細也。作坑子訖，填少糞土。三行下子種。一半土和之，填坑滿。待苗著架，經年已後，根甚麤。一坑可支一年食。根種者，截長一尺已下種。

○又法

《地利經》云：大者折二寸爲根種，當年便得子。收子後，一冬埋之。二月初，取出便種。忌人糞。如旱，放水澆，又不宜苦濕。須是牛糞和土種，即易成。

○造署藥粉法

二、三月内，天晴日，取署預洗去土，小刀子刮去外黑皮後，又削去第二重白皮約厚一分已來，於净紙上著，安竹箔上曬。至夜，收於焙籠内，以微火養之。至來日又曬。如陰，即以微火養，以乾爲度。如久陰，即如火焙乾，便成乾署藥，入丸散便用。其第二重白皮，依前別曬乾，取爲麵，甚補益。

○又《方山廚録》云：

去皮，於筹籬中磨涎，投百沸湯中，當成一塊，取出，批爲炙臠，雜乳腐爲罨炙。素食尤珍，入臛用亦得。

○種地黃法

已具八月收根門中。

○下魚種

上庚之日下種。法具四月種魚門中。

○種栗法

具九月收栗種門中。

○種桐

青桐九月收子，二月、三月作畦種之。治畦、下水，種如葵法。五寸一子，熟糞和土覆。生則數數澆令潤，性至宜濕。當年高一丈。至冬，豎草樹間，令滿中，外復厚加草十重束之。明年二、三月，植廳堂前，雅净可愛。大則不用草裹。已後每樹收子一石。其子生於葉上，炒食之，甚良。

白桐無子，遶大樹掘坑取栽。其木堪爲樂器、車板、盤合等用。

○移楸

楸無子，亦大樹，掘坑取栽，兩步一樹種之。楸，作樂器，亦堪作盤合。堪爲棺材，更勝松柏。

○種櫟

宜山阜地，三遍熟耕，漫撒橡子，再遍澇。生則耨治令净。十年中作椽，二十年作屋棟，伐而復生。

凡有家者,向來之木,皆宜植。十年後,無求不給。

○移椒

移大椒樹,二、三月先作熟穰泥,出即和根泥却,行百里猶生。若冬移,即須草裹。或先生陰巖映日之地者,少稟寒氣,尤須裹之①。木尚以性成,朱藍能不易質? 故知"觀鄰識士,見友知人"者也。

○種紅花

二月、三月初,雨後速種,如種麻法。具五月收紅花子門中。

○種牛蒡

熟耕肥地,令深、平。二月末下子。苗出後耘。旱即澆灌。八月已後,即取根食。若取子,即須留却隔年方有子。

凡是閑地,須是種之,不但畦種也。

○乾菜脯

枸杞、甘草、牛膝、車前、五茄、當陸、合歡、決明、槐芽,並堪入用。爛蒸,碎搗,入椒、醬,脱作餅子。多作以備一年。

○種术

取根子劈破,畦中種。上糞下水,一年即稠。苗亦可爲菜,若作煎,宜多種之。

○種黄菁

擇取葉相對生者是真黄菁。劈長二寸許,稀種之。一年後,甚稠,種子亦得。其葉甚美,入菜用。其根堪爲煎。

术與黄菁,仙家所重,故附于此。

---

① "尤須",《校釋》校改作"不須",並謂韓鄂誤解《齊民要術》之意所致。

○種決明

春取子畦種，同葵法。葉生便食，直至秋間有子。若嫌老，作番種亦得。若入藥，不如種馬蹄者。

○種百合

此物尤宜雞糞。每坑深五寸，著雞糞，糞上著百合瓣，如種蒜法。百合，蚯蚓所化，而反好雞糞，理不可知。

○百合麵

取根曝乾，搗作麵，細篩，其益人。

○種枸杞

作畦種，法具十月收枸杞子門中。

○種園籬

凡作籬，於地畔方整深耕三壠，中間相去各三尺，刺榆夾壠中種之。二年後，高三尺，間斸去惡者，一尺留一根，令稀稠勻、行伍直。又至來年，剔去橫枝，留距；如不留距，瘡大即冬死。剔去訖，夾截爲籬。來年更剔夾之，便足用焉。豈獨蛇鼠不通，兼有龍鳳之勢，非直奸人慙笑，亦令行者嗟稱。

次以五茄、忍冬、羅摩植其下，采綴且免遠求，又助藩籬蓊欝，尤宜存意。

《山居要術》用枳殼，今謂之臭橘也，人家不宜此物爲籬。

○種大胡蘆

二月初，掘地作坑，方四五尺，深亦如之。實填油麻、菉豆藠及爛草等，一重糞土，一重草，如此四五重，向上尺餘，著糞土，種下十來顆子。待生後，揀取四莖肥好者，每兩莖肥好者相貼著，相貼處以竹刀子刮去半皮，以刮處相貼，用麻皮纏縛定，黃泥封裹，一如接樹之法。待相著活後，各除一頭。又取所活兩莖，准前刮半皮相著，一如前法。待活後，唯留一莖左者，四莖合爲一本。待著子，揀取兩箇周正好大者，餘有，旋旋除去食之。如此，一斗種可變爲盛一石物大。此《莊子》魏惠王大瓠之法。

○種茶

二月中，於樹下或北陰之地開坎，圓三尺，深一尺，熟劚，著糞和土。每坑種六七十顆子，蓋土厚一寸強。任生草，不得耘。相去二尺種一方，旱即以米泔澆。此物畏日，桑下、竹陰地種之皆可。二年外，方可耘治。以小便、稀糞、蠶沙澆擁之；又不可太多，恐根嫩故也。大概宜山中帶坡峻。若於平地，即須於兩畔深開溝壠洩水。水浸根，必死。

三年後，每科收茶八兩。每畝計二百四十科，計收茶一百二十斤。

茶未成，開四面不妨種雄麻、黍、穄等。

○收茶子

熟時收取子，和濕沙土拌，筐籠盛之。穰草蓋，不爾，即乃凍不生。至二月，出種之。

○種牛膝

已具八月收子門中。

○續命湯

主半身不遂、口喎、心昏、角弓反張、不能言方：麻黃六分，去節。獨活、防風各六分，升麻、乾葛各五分，羚羊角、屑。桂心、甘草各四分。

右件藥，各切辟。用水二大升先煎麻黃六七沸，掠去沫。次下諸藥，浸一宿。明日五更，煎取八大合，去滓，分爲兩服。溫溫服畢，以衣被蓋臥。如人行十里，更一服，准前蓋臥。晚起，避風。每年春分後,隔日服一劑。服三劑,即不染天行、傷寒及諸風邪等疾。忌生葱、菘菜、生冷等物。

○神明散

方具十二月中。春分後,宜將施人。

○雜事

栽柳。舒蒲桃上架。解栗裹縛。去石榴裹縛。造醬是月合爲中時。造油衣。收羔種。收乾牛羊糞。買氈褥、綿衣,此月賤三月亦同。寒食前後收柴炭。造漆器。造弓矢。造布。放麥價。浣冬衣。采桑螵蛸。可耀粟、大小麥、麻子等。收毛物。同四月。

○仲春行夏令,則歲大旱,暖氣早來,蟲螟爲害。

○行秋令,則有大水,寒氣總至。

○行冬令,則陽氣不勝,麥乃不熟。

三 月

季春建辰。自清明即得三月節,陰陽使用,宜依三月法。昏,柳中;曉,南斗中。穀雨爲三月中氣。昏,張中;曉,南斗中。事具正月。

○天道

是月天道北行,起造、出行,宜北方,吉。

○晦朔占

朔日風雨,民多病。晦雨,麥惡。朔日清明,竹木再榮。朔日穀雨,多雷震,或旱炎爍石。

朔,風從北來,申時不止,粟貴。

○月內雜占

此月無三卯,宜種麻、黍。有三卯,宜豆。

虹出，九月穀貴，魚鹽中五倍[1]。

月蝕，糴貴，人飢。

此月雷，爲上歲，五穀熟。旦爲上歲，日中爲中歲，暮爲下歲。

四日雷，五穀豐稔。

測穀價[2]：五穀以取賤月測之，若春最賤，貴在來年夏；冬最賤，貴在來秋。凡春貴，去年秋冬每斗利七，到夏復貴於秋冬每斗利九者，是陽道之極，急糴之，必值賤。大法：正月、二月，合貴不貴，即三月、四月必貴；三、四月不貴，即五、六月必貴。當貴不貴，即封倉待之，必大儉兆也。

○占雨

春雨甲寅、乙卯，甲申至己丑雨，庚寅至癸巳雨，三雨辰、三雨未、並同正月占。甲子雨，同二月占。皆以入地五寸爲候。

○月內吉凶地

天德在壬，月德在壬，月空在丙，月合在丁，月厭在申，月殺在未。

○黃道

辰爲青龍，巳爲明堂，申爲金匱，酉爲天德，亥爲玉堂，寅爲司命。

○黑道

午爲天刑，卯爲句陳，未爲朱雀，戌爲白虎，子爲天牢，丑爲玄武。已具正月。

---

[1] “中”，於文義及上下文體例不合，《校釋》疑乃“貴”字殘爛後錯成。

[2] “測”，底本作“則”，茲據《校釋》校改。

○天赦

在戊寅。

○出行日

四季月不往四維方，犯王方也。清明後三七日爲往亡，甲申、丙申爲行很，不可出行、上官，多窒塞。巳爲天羅，子爲歸忌，八日、二十一日爲窮日。四季巳、亥、申日爲往亡，爲土公，並不可出行。

○臺土時

每日日出時是也。

○四殺没時

四季月，用乙時卯後辰前，丁時午後未前，辛時酉後戌前，癸時子後丑前。已具正月。

○諸凶日

未爲天剛，丑爲河魁，午爲狼籍，戌爲九焦，寅爲血忌，午爲天火，申爲地火。

○嫁娵日

求婦成日吉。天雄在申，地雌在寅，不可嫁娵。新婦下車，辛時吉。

此月生男，不宜娵六月、十二月生女，妨夫。

此月納財，金命女，宜子孫；火命女，吉；土命女，自如；水命女，大凶；木命女，孤寡。

此月行嫁，巳、亥女吉，卯、酉女妨首子、媒人，丑、未女妨舅姑、夫主，辰、戌女妨自身，寅、申妨父母，子、午女吉。

天地相去日，已具正月門中。甲子、乙亥，損九夫。

陰陽不將日，乙丑、甲戌、乙亥、丙子、丁丑、乙酉、丙戌、丁亥、己丑、丁酉、己亥、己酉，並大吉。

○喪葬

此月死者，妨辰、戌、丑、未人。斬草，丁卯、辛卯、甲午、庚子、壬子、乙卯。殯，丙寅、丙子、甲寅、庚寅、丁酉。葬，庚子、壬申、癸酉、甲申、乙酉、丙申、壬寅、庚申、辛酉，大吉。

○推六道

死道乾、巽，天道丙、壬，地道丁、癸，兵道艮、坤，人道甲、庚，鬼道乙、辛。

○五姓利月

宮，戊辰大墓。徵，丙辰小墓。羽，壬辰大墓。商、角，利月。其利日與年，已備正月。宮、羽，凶。

○起土

飛廉午，土符酉，土公申，月刑辰，大禁南方。地囊，甲子、申寅。已上不可動土。

月福德，子。月財地在巳，取土吉。

○移徙

大耗戌，小耗酉，五富巳，五貧亥。不可移往貧耗方，凶。春甲子、乙亥，不可嫁娶、移徙、入宅，凶。

○架屋

甲子、庚午、庚子、辛亥、己巳、乙丑、癸巳、丙子、戊寅、辛巳、庚寅、已上架屋，吉。又五酉日不架屋，凶。

○禳鎮

六日，申時洗頭，令人利官。

七日，平旦及日入時浴，並招財。

此月庚午日，斬鼠尾血塗屋梁，辟鼠。

三日，天陰或雨，蠶善。

此月采桃花未開者，陰乾百日，與赤檉等分，搗和臘月豬脂，塗禿瘡，神效。

三日，取桃花收之，方具七月中①。

三日，收桃葉，晒乾，搗篩，井花水服一錢，治心痛。

寒食日，取黍穰，於月德上取土，脫墼一百二十口，安宅福德上，令人致福。術具《二宅經》。

六日，沐浴，除百病。

十三日，拔白，同正月注中。

○食忌

是月勿食脾，土王在脾故也。勿食雞子，令人一生昏亂。勿食鳥獸五臟及百草，仙家大忌。

此月庚寅日，勿食魚，大凶。

○種穀

是月爲上時。蟲食桃者即穀貴。大豆此月上旬爲中時。一畝用子一斗。

○種麻子

《范勝書》云：取肥良地，耕三遍。一畝用子三升。種須斑麻子，謂之雌麻。若只求皮，即不必斑麻子。三月爲上時。二尺留一根。稠即不成科。若只求皮，不用鋤去。鋤常淨。待穀即去雄者。未穀而去雄者，即雌不成實。慎不得於大豆地上種，少子。

○種黍穄

此月上旬爲上時，四月上旬爲中時，五月上旬爲下時。凡五

---

① “七”，底本作“十”，茲據上下文校改。

穀、百果，上旬種即多子，十五日已後種即少子矣。其地宜開荒，大豆下爲次，穀下爲下。其地欲熟，再轉乃佳。若春耕者，下種後再澇，唯熟爲良。一畝用子四升。

苗與壠平，即爬澇之，鋤三遍乃止。其地鋤治，皆如禾法，但欲種疏於禾耳。

刈穄欲早，刈黍欲晚，穄晚多零落，黍早即米不成。

○種瓜

此月上旬爲中時。法具二月中。

○種水稻

此月爲上時。先放水，十日後，碌軸打十遍。淘種子，經三宿，去浮者，漉裛；又三宿，芽生，種之。每畝下三斗。美田稀種，瘠田宜稠矣。

○胡麻

此月爲上時。法具二月。

○紫草

宜良軟黃白地，青沙尤善，開荒黍穄下尤佳。不耐水，必須高田。秋耕後，至春又轉。耬地，逐壠手下之。一畝良地用子一斗半，薄地用子二斗。下訖，澇之。鋤如穀法，唯浄爲佳。壠底草，手抜之。

九月子收熟，刈之。候稕乾，稕，音父，禾積名。其草以茆縛束之，四把爲一頭。當日斬齊，顛倒十重許爲長行，置堅平地，以板石鎮壓之，令編。及濕壓，長而直。壓兩三宿，豎頭，日中曝，令浥浥。不乾則黑暍，太乾則稱折。五十頭作洪。著廠下陰處涼棚收之。忌驢馬糞、人溺、人溺，人尿。煙入，並令草失色。此利勝藍。若人家停之，五月須入屋，寒（塞）穴令密；若風入，則草色黑。立秋乃開。

○種藍

良地三遍細耕。此月中浸種令芽。理畦、下水,一如葵法。三葉出,則澆之,晨夜爲准。耨令净。候可栽,即遇雨後拔而栽,三莖作一科,相去七八寸。併工急手栽,勿令地乾。鋤五遍爲良。

○冬瓜、萵苣,並下旬種。

○種薑

宜白沙地,和少糞。耕不厭熟,七八遍佳。此月種之。闊一步作畦,長短任地形;橫作壟,壟相去一尺餘,深五六寸。壟中一尺一科,帶芽大如三指闊。蓋土厚三寸許,以蠶沙蓋之,糞亦得。

牙出後,有草即耘。漸漸加土。已後壟中却高,壟外加深,不得併上土。鋤不厭頻。

五月、六月,作棚蓋之,性不耐熱與寒故也。

九月中,掘窖以穀稈合埋之,不爾即凍死。

○蘭香、荏、蓼

此月並上時。荏,雀多嗜之,宜近人種。荏,一名紫蘇,花斷即須收,遲則子落盡,不可待黃也。葱、薤壟中分種之。

○種石榴

此月上旬,取直枝如大拇指大,斬一尺長,八九條共爲一科,燒下頭二寸。作坑,深一尺餘,口徑一尺。豎枝坑畔,周布令勻。置枯骨、礓石於枝間,下土令實。一重石、骨,一重土,出枝頭一寸。水澆即生。又以石置枝間,即茂。

○種諸名果

此月上旬,斫取直好枝如大拇指,長一尺五寸,插芋頭中種之。若無芋頭,用蘿蔔、蔓菁根插亦得。全勝種核,當年便茂。

○栽杏

將熟杏和肉埋糞土中。至春既生，移栽實地；既移，不得更於糞地，必致少實而味苦。移須合土。三步一樹，概即味甘。服食之家，尤宜種之。須防霜著。若五果花盛時遭霜，即少子。可預於園中貯備惡草，遇天雨初晴、夜北風寒緊，必燒熅草煙，以免霜凍。

○種菌子

取爛構木及葉，於地埋之。常以泔澆令濕，兩三日即生。

又法：畦中下爛糞。取構木可長六七尺，截斷硾碎。如種菜法，於畦中勻布，土蓋。水澆長令潤。如初有小菌子，仰把推之。明旦又出，亦推之。三度後出者甚大，即收食之。本自構木，食之不損人。_{構又名楮。}

○種蘘荷

宜樹陰下種之。一種永生，且不須鋤，但加糞而已。

八月初，踏其苗令死，不爾根不盛。十月以糠覆之，二月掃去。

○種薏苡

熟地，相去二尺種一科。一種數年。不問高下，但肥即堪種，尤宜下糞。

收子後，苗可充薪。

○煎餳法

糯米一斗，揀去粳者，淨淘。爛蒸，出置盆中，入少湯，拌令勻，如粥狀。候冷如人體，下大麥糵半升，篩碎如麴。入飯中，熟拌，令相入。如著手及黏物，即入半盌湯洗刮物、手，免令生水入。和拌了，布蓋，暖處安；天寒，微火養之。數看，候銷，以袋濾之。細即用絹爲袋，麁則用布爲袋。然後銅銀器及石鍋中煎，杓揚勿停手，候稠即止。鐵鍋亦得。

○是月收合龍駒

合驢馬之牝牡，此月三日爲上。准令：季春之月，乃合累牛、驢、馬，遊牝于牡。仲夏之月，遊牝別群，則縶騰駒。仲冬之月，牛馬畜獸放逸者，取之不詰。

○相馬法

《馬經》：驢、馬生，墮地無毛，日行千里。溺舉一足，行五百里。又數其肋骨，得十莖，凡馬也；十一者，五百里；十三者，千里也；過十三者，天馬也。白額入口白喙，名“的盧”；目下有橫毛、旋毛，名“盛淚”；旋毛在吻後，名“銜禍”；旋毛在項，白馬黑髦，鞍下有旋毛，名“負屍”；腋下有旋毛，名“挾屍”；左脇下有白毛直上，名“帶劍”。汗溝過尾本者，踏殺人；後脚左右白；白馬四蹄黑：已上不利主人。

○馬所忌

石灰泥馬槽及繫驢馬於門上，令馬損駒。

常繫獼猴於馬坊内，辟惡消百病，令馬不患疥。

○治牛馬温病方

獺肉、肝、肚，煮汁灌之，不用糞。

○治馬喉腫方

以物纏刀子，露刃鋒一寸許，刺咽喉，潰即愈。

又方：取乾馬糞置瓶子中，頭髮覆之，火燒馬糞及髮，煙出，著馬鼻熏，令煙入鼻中，須臾即差。

又方：豬脊引脂、亂髮，燒煙熏鼻，同上法。

又療馬心結熱、起臥寒戰、不食水草方：黄連二兩，杵末。白鮮皮一兩，杵末。油五合，豬脂四兩。細切。右以温水一升半，和藥調停,灌下。牽行,抛糞,即愈。

　　○馬疥方

　　臭黄、頭髮,臘月猪脂煎,令頭髮消,及熱塗之,立效。

　　○馬傷水

　　用葱、鹽、油相和,搓成團子,内鼻中,以手捉馬鼻,令不通氣,良久,待眼淚出,即止。

　　○馬傷料多

　　用生蘿蔔三五箇,切作片子,啖之,立效。

　　○馬卒熱腹脹起卧欲死方

　　藍汁二升,和冷水二升,灌之,立效。

　　○治新生小駒子瀉肚方

　　藁本末三錢七,大麻子研汁調灌,下喉咽便效。次以黄連末、大麻汁解之。

　　○驢馬磨打破瘡

　　馬齒菜、石灰,一處搗爲團,曬乾後,再搗,羅爲末。先口含鹽漿水洗净,用藥永貼之,驗。

　　○裹馬附骨藥

　　粉霜、硇砂①、硫黄、砒黄、木鱉子。右以黄蠟融和,傅骨上。候骨消,急去之。

　　○常啖馬藥

　　欝金、大黄、甘草、山栀子②、貝母、白藥子、黄藥子、黄芩、款冬花、秦膠、黄檗、黄連、知母、苦梗、藁本。

---

　　①　"硇砂",《校釋》云無此藥,校"硇"爲"硇"之誤。

　　②　"栀",底本作"桅",據《校釋》校改。

右件一十五味，各等分，同搗，羅爲末。每一匹馬每唻藥末二兩許，用油、蜜、猪脂、雞子、飯少許，同和調唻之。唻後不得飲水，至夜方可餧飼。

○馬氣藥方

青橘皮、當歸、桂心、大黃、芍藥、木通、郁李仁、矍麥、白芷、牽牛子。

右件十味，各等分，同搗，羅爲末。用温酒調灌。每匹馬，藥末半兩。

○裹爩馬藥

浪蕩子、烏頭、芫花、茱萸、狗脊、蒼术、木鼈子、葶藶子。

右件八味，各等分，搗，羅爲末。每匹馬，藥末半兩，大蒜二顆碎搗，醋調麵，椒少多，同藥調煎，爩之。

○治馬肺藥

蜀升麻、琵琶葉、拭去塵土。馬兜零、乾地黄、人參、漢防己、貝母、黃連、乾署藥、麥門冬、菩梗、欝金、大黃、甘草、款冬花、白藥子、黃藥子、黃檗、山梔子、秦膠。

右件二十味，各等分，搗，羅爲末。每匹馬，用末二兩，糯米三合，杏仁一兩，去尖皮。大麻子四合，研麻、杏汁、煮糯米粥，入蜜六兩，調藥，放冷，唻之。

○點馬眼藥

青藍、黄連、馬牙硝、蕤仁。

右件四味，各等分，同研爲末，用蜜煎，入瓷瓶子盛。或點時，旋取少多，以井水浸化點之。

○治馬急起臥

取壁上多年石灰，細杵，羅，則油酒調二兩已來灌之，立效。

○治馬食槽内草結方

好白礬末一兩，分爲二服，每貼和飲水後㗖之，不過三兩度，即内消却。此法神驗。

○收蔓菁花

是月收得，治小兒疳瘡甚妙。

○收桃花

是月多收。修術具七月門中。

○清明日，修蠶具、蠶室，宜蠶。

又清明前二日夜雞鳴時，取炊湯澆井口及飲甕四面，辟馬蚿、百蟲。

○造酪

是月牛羊飽草，好造矣。

○造氈

春毛、秋毛相半赶造爲上。二年鋪後，小有垢黑，九月、十月，以水踏洗了，曬乾。明年更洗，永存不敗。

○合裹衣香

零陵一斤，丁香半斤，蘇合半斤，甘松三兩，龍脛二兩，無則以甲香代之。麝香半兩，欝金二兩。

右件並須新好者，一味惡則損諸香物。都搗如麻、豆，以夾絹袋子盛，或安衣箱中，或帶於身上。

○收甲香

右取大甲香如崑崙耳者，水煮令甚軟；又以酒煮，取冰去聲。煖水净刮洗，去皮膜；次用蜜熬，令色勻黃時，取少許，指撚之，隨手如碎麩金；更煖水洗去蜜，曬乾，入諸香使用。

○造油衣

法具六月。

○剪羊毛

是月候毛床動則鉸。鉸訖以河水洗,則生毛潔白。

○收榆子

此月收種,宜於塹坑中,以陳屋草布塹中,散榆莢於其上,以土輕覆之,即生。

○雜事

是月順陽氣,宜布德,賑乏絕。利溝瀆,葺垣墻,治屋室,以待霖雨。修門户,設守備,以防春飢之寇。糶黍、粟。博布。貨百日油。子、丑造者。放鋤刈工價。脱墼。移越瓜、茄子。收蔓菁花。作乾菜。

○季春行夏令,則人多疾疫,時雨不降。

○行秋令,則天多陰沉,淫雨早降。

○行冬令,則寒氣時發,草木皆蕭。

○種木綿法

節進則穀雨前一二日種之,退則後十日内樹之,大概必不違立夏之日。

又種之時,前期一日,以綿種雜以溺灰,兩足十分揉之。

又田不下三四度翻耕,令土深厚而無塊,則萠葉善長而不病。何者? 木綿無橫根,只有一直根,故未盛時少遇風露,善死而難立苗。

又種之後,覆以牛糞,木易長而多實。若先以牛糞糞之,而後耕之,則厭田二三歲内土虛矣。立苗後,鋤不厭多,須行四五度。

又法:七月十五日,於木綿田四隅摳金錚,終日吹角,則青桃不殞。

四時纂要夏令卷之三

四　月

孟夏建巳。自立夏即得四月節,陰陽避忌,悉宜依四月法。昏,翼中;曉,牽牛中。小滿,四月中氣。昏,軫中;曉,女中。

○天道

是月天道西行。事具正月。

○晦朔占

朔日當熱而反有風雨者,米貴,人食草木。風起西北方,大荒,人相食。

○《師曠占》

朔日風從南來、西來,糴賤;東來則秋糴賤;風從東南來,黍善,從旦至夜半大佳,五穀熟;風從西南來至十日不止者,賣牛以𥼷音居,貯也。穀。

朔日雲蒼白色者,麥善;青色,大蝗蟲,麥損半。風從東來,豆善。

朔日風雨,麥惡,赤地千里。

朔日立夏,地震。朔小滿,凶。

晦、朔大雨,大蝗。

○月內雜占

此月凡辰雨,皆爲蝗蟲。庚辰、辛巳雨,尤甚,大雨大蟲,小雨小蟲。二日雨,百草旱,五穀不成。三日雨,小旱;風從西來,麻善。四日雨,五穀貴。五日、六日雨,有旱處。四日至七日風者,大豆善。八日微雨,熟,俗云:八日雨班闌,高低盡可憐。此月自一日至十四日惡風者,皆不可種豆。

此月虹見,穀貴。月蝕,人飢。有三卯,麻不成。

○占雨

夏三月甲、乙、丙、丁日無雨,民不耕。夏雨丙寅、丁卯,秋糴貴一倍。又月內甲申至己丑雨者,麥大貴;庚寅至癸巳日雨者,麥大賤,貯麥者必折。夏三雨辰,蟲生;三雨未,蟲死。皆以入地五寸爲候。甲申大雨,五穀大貴,急聚五穀。夏甲子、庚辰、辛巳雨,蝗蟲死。雷同占。

○立夏雜占

立夏日,立一丈表占影,_{法同正月。}次立八尺表度影。_{法同正月。}一尺五寸三分,宜秋。若天氣晴明,必旱。

立夏以木,夏寒,民和而令行。立夏以金,五穀成,夏多風。

○占氣

立夏巽卦用事,以禺中巳時候東南方雲氣如難子,宜黍秋。東南有青氣見,即巽氣至也,年中大豐。巽氣不至,歲多大風發屋,應在十月。巽氣黃赤而厚者,秋黍尤善。皆以巳時候之。

○占風

立夏日,東南風來,謂之巽風,其年豐而民安;乾來,年凶人飢,災霜,麥不刈;離來,夏旱,木焦;坎來,大水,魚行人道;坤來,萬物妖傷;艮來,泉湧出而地動,人疫;兌來,蝗蟲,人不安;震來,雷電非時擊物。

○月內吉凶地

天德在辛,月德在庚,月空在甲,月合在乙,月厭在未,月殺

在辰。_{注具正月。}

○黃道

青龍在午，明堂在未，金匱在戌，天德在亥，玉堂在丑，司命
在辰。

○黑道

天刑在申，朱雀在酉，白虎在子，天牢在寅，玄武在卯，句陳
在巳。

○天赦

夏三月，甲午日是也。

○出行日

夏三月，不南行，犯王方。立夏後八日爲往亡，立夏前一日
爲窮日，丑爲歸忌，亥爲往亡、爲土公。已具正月注中。又夏丁亥，此
月乙未、丁未爲行很。已上並不可遠行。

○臺土時

是月平旦寅時是也。

○四殺没時

四孟之月，用甲時寅後卯前，丙時巳後午前，庚時申後酉前，
壬時亥後子前。已上四時，鬼神不見，可爲百事，架屋、埋葬、上
官，並宜用之。

○諸凶日

河魁在申，天剛在寅，狼籍在酉，九焦在未，_{種蒔凶。}血忌在
申，_{不可針灸，出血。}天火在酉，_{不架屋。}地火在未。_{不種蒔。他皆倣此。}

○嫁娵日

求婦丑日平章，辰、戌上來吉。天雄在巳，地雌在酉，不可嫁
娵。新婦下車，壬時吉。

此月生男，不可娉正月、七月生女，害夫。

此月納財，土命女，宜子孫；木命女，吉；火命女，自如；水命女，自妨；金命女，孤寡。納財吉日：己卯、庚寅、辛卯、壬辰、癸卯、壬子、乙卯。

行嫁，辰、戌女大吉，卯、酉女妨媒人，巳、亥女妨自身。

天地相去日：戊午、己未、庚辰日嫁娶，主離憂[1]；丙子、丁亥，害九夫。

陰陽不將日：甲子、甲戌、乙亥、丙子、甲申、乙酉、丙戌、丁亥、戊子、丁酉、戊戌、戊甲，已上嫁娶大吉。

○喪葬

此月死者，妨寅、申、巳、亥人。斬草：辛卯、甲午、庚子、癸卯、甲寅日，吉。殯：丁卯、庚寅、乙卯，吉。葬：庚午、癸酉、甲申、乙酉、丁酉、庚申、辛酉日，吉。

○推六道

死道壬、丙，天道丁、癸，地道甲、庚，兵道坤、艮，人道乙、辛，鬼道乾、巽。地道、鬼道，葬送往來吉，餘凶。天道、人道，嫁娶往來吉。

○五姓利月

徵姓大吉，年與日利寅、卯、午、申、丑，吉。商姓大利，年與日利子、卯、辰、巳、申、酉，吉。角姓大利，年與日利子、寅、卯、辰、巳、午，吉。宮姓小吉。羽姓凶。

○起土

飛廉在未，土符在寅，土公在亥，月刑在申，大禁東方。地

---

① "憂"，底本作"夏"，據《校釋》校改。

囊：己卯、己丑。已上動土，凶。

月福德在戌，月財地在未。已上取土，吉。

○移徙

大耗在亥，小耗在戌，五富在申，五貧在寅，不可往貧耗上。夏丙子、丁亥，不可嫁娶、移徙、入宅，凶。

○架屋

甲子、丙寅、戊寅、辛巳、庚寅、甲午、癸卯、乙卯、壬辰、庚辰、癸未、乙未、乙丑，已上日，吉。

五酉不可架屋。

○禳鎮

四月七日沐髮，令人大富。

九日日没時浴，令人長命。

十六日拔白，生黑髮。

八日勿殺生、伐草木，仙家大忌。

○食忌

勿食雉，令人氣逆。勿食鮮魚，害人。勿食蒜，傷氣損神。

○鋤禾

禾生半寸，則一遍鋤；二寸則兩遍；三寸、四寸，令畢功。一人限四十畝，終而復始。

○種穀

《要術》云：棗葉生、地黃花落爲下時。法具二月。此月上旬爲下時。若三月種，每畝用子一斗；若四月種，每畝一斗二升。

○黍、稻、胡麻

並上旬爲中時，唯稻爲下時。術具二月。

○移椒

此月初，取椒熟時所收得黑子，畦種之。同葵法。方三寸，下一子，篩土蓋之，厚一寸，後又篩過糞蓋。常澆令潤。

高數寸，連雨時移之。先作小坑，圓深三寸；刀子圍，合土移於坑中，萬不失一。

椒不耐寒，一二年栽子，冬中以草裹護霜雪，樹大即不用矣。

○斫楮

此月爲次時。具二月中。

○剪冬葵

此月八日後，剪葵種賣之。已後日日剪之，而鋤其地令起，水澆，糞蓋之。直至八月社日止，留長作秋葉種子。

○造醋

四日爲良日。

○壓油

此月收蔓菁子，壓年支油。

○收茶

收貯年支喫茶，時不可失。

○收鼉沙

《河圖》云：收鼉沙於宅內亥地埋之，令人大富，得鼉。又甲子日以一石三斗鎮宅，令家財千萬。

○貯麥種

《要術》云：是月擇大小麥熟穗，曝乾，白艾雜之。大約麥一石，艾一把，藏以瓦器。順時種之，則收倍於常。詳此法，合在五月中。

○上庚日種魚

齊威王聘陶朱公問曰：何術可以速富？

對曰：夫治生之法有五，所謂水畜者第一。其法：以地六畝爲池，池置九洲，即下懷妊鯉魚長三尺者二十頭，雄鯉四頭。以二月上庚日放池中，令水無聲，魚必生。四月上庚日内一神守。神守者，鼈也，以守其魚。六月上庚日内二神守。八月上庚日内三神守。凡魚滿三百六十頭，則蛟龍爲其長，將魚飛去；内神守則不復飛去，周遶九洲，自謂江湖也。至來年二月，得魚長一尺者一萬五千頭，三尺者萬頭，二尺者萬頭。每頭計五十文，得錢一百七十五萬。至明年長一尺者十萬頭，二尺者萬頭，四尺者萬頭。留長二尺者二千頭作種。餘可貨，得五百一十五萬錢。復至明年，不可稱紀矣。

齊威王一依此法，乃於後苑治地爲池，逐年歲獲錢三千餘萬矣。

○養魚池

要須載水取陂湖產大魚之處近水際土十餘車①，以布池底，三年之中，即有魚，以土中先有魚子故也。

○收毛物

一切毛物，此月已後收拾，即不蛀損。

氈，無人坐臥，即取角黃一名角蒿。五六月著角後拌曝乾，布氈内，卷收之，置棚上，十年不蛀。

又方：取柞柴、桑柴灰，入夏，羅過，布厚五分，卷束，涼處閣之，無蟲。

○是時也，是謂乏月，冬穀既盡，宿麥未登，宜賑乏絕，救飢窮。九族不能自活者，救。無固蘊畜而忍人之貧，貪貨殖之宜，忘種福之利，君子不取也。

---

①　前一“水”字《校釋》視作衍字，徑删去。

○雜事

收絲緜。詳此合在五月、六月。買氈。收蔓菁、芥、蘿蔔等子。收乾椹子。鋤葱。收乾笋。藏笋。此月伐木，不蛀。修隄防，開水竇，正屋漏，以備暴雨。

○孟夏行春令，則蟲蝗爲災，暴風來格，秀草不實。

○行秋令，則苦雨數來，五穀不滋。

○行冬令，則草木早枯，後乃大水，敗其城郭。

五　月

仲夏建午。自芒種即得五月節，用忌宜依五月法。昏，角中；曉，危中。夏至，五月中氣。昏，亢中；曉，室中。

○天道

是月天道北行，修造、出行，宜北方，吉。

○晦朔占

朔日當熱而反風雨者，米大貴①，人食草木。

晦，風雨，春糴貴。

又云：天雨五朔，不出一年，人民飢，人食草木，而蝗蟲。風從北來，人民相食，糴大貴。風從東來，半日不止，吉。

朔夏至，米大貴。

朔芒種，六畜哀鳴。

○月內雜占

此月庚辰是金錢相求日，宜得人錢財，不宜出財。

---

① 　“米”字底本無。疑“大貴”二字上脫穀類名詞，兹據全書習慣擬補一“米”字；亦疑“大”或即“米”之形訛。《校釋》未補字。

上辰雨，蝗蟲皆隨雨道食禾，其驗如神。

巳日雨，亦蝗蟲，與四月庚辰同占。

虹出，麥貴。

此月無三卯，早種豆；有三卯，大小豆善。

其餘占雷、占雨，並同四月。

○夏至雜占

先立一丈表，已見正月。夏至日次立八尺之表，得影一尺六寸，宜黍。

夏至日以水，有妖；以金，大暑毒；以丙寅、丁卯，粟貴。

○占雲氣

夏至之日，離卦用事，日中時南方有赤雲氣如馬者，離氣至也，宜黍；離氣不至，日月無光，五穀不成，人病，目痛，冬中無冰，應在十一月。

○占風

夏至之日，風從離來爲順風，其歲大熟；坎來，山水暴出；坤來，六月水橫流大道；兌來，秋多霖雨；震來，八月人多疾疫；乾來，傷萬物；巽來，九月風落萬物。若風雨從北來，穀大貴，貴在四十五日，又云黍貴。若晴明無雲，旱。

○月內吉凶地

天德在乾，月德在丙，月空在壬，月合在辛，月厭在午，月殺在丑。

○黃道

青龍在申，明堂在酉，金匱在子，天德在丑，玉堂在卯，司命在午。

○黑道

天刑在戌,朱雀在亥,白虎在寅,天牢在辰,玄武在巳,句陳在未。

○天赦

甲午日是也。

○出行日

夏三月,不南行。自芒種後十六日謂之往亡,寅爲歸忌,卯爲天羅,卯爲往亡,又爲土公,夏至前一日、夏至後十日、十六日爲窮日,又丁亥日,並不可遠行。

○臺土時

是月每日雞鳴丑時是也。忌出行。

○四殺没時

四仲之月,用乾時戌後亥前,艮時丑後寅前,坤時未後申前,巽時辰後巳前。已上四時,可爲百事,架屋、埋葬、上官,皆吉。

○諸凶日

河魁在卯,天剛在酉,狼籍在子,九焦在卯,血忌在卯,天火在子,地火在午。

○嫁娵日

求婦丑日吉。天雄在寅,在雌在戌,不可嫁娵,新婦下車時乾時吉。

此月生男,不可娵二月、八月生女,妨夫。

此月納財,土命女,宜子孫;木命女,富貴;火命女,自如;金命女,大凶;水命女,孤寡。納財吉日:庚子、己卯、庚寅、辛卯、壬寅、癸卯、乙卯,並吉。

行嫁,丑、未女大凶,卯、酉女妨舅姑,子、午女妨自身,巳、亥女妨夫,寅、申女妨父母,辰、戌女妨媒人、首子。

天地相去日，已具四月中。夏丙子、丁亥，害九夫。

陰陽不將日：癸酉、甲戌、乙亥、癸未、甲申、乙酉、丙戌、乙未、丙申、戊戌、戊申、癸亥，以上嫁娶，大吉。

○喪葬

此月死者，妨子、午、卯、酉生人。斬草：丙子、庚寅、庚子、壬子、乙卯日，吉。殯：丙寅、甲寅日，吉。葬：壬申、甲申、乙酉、丙申、壬寅、乙卯、庚申、辛酉日，吉。

○推六道

死道丁、癸，天道坤、艮，地道甲、庚，兵道乙、辛，人道乾、巽，鬼道丙、壬。注已具四月中。

○五姓利月

徵姓大利，年與日用丑、寅、卯、巳、午、申，吉。角姓大利，年與日用子、寅、卯、辰、巳、午，吉。宮小吉。商、羽，凶。

○起土

飛廉在寅，土符在午，土公在卯，月刑在午，大禁北方。地囊在戊辰、戊寅。已上日不可動土，凶。

月福德在亥，月財地在酉，已上取土，吉。

○移徙

大耗在子，小耗在亥，五富在亥，五貧在巳。移徙不可往貧耗上。

又夏丙子、丁亥，不可嫁娶、移徙、入宅，凶。

○架屋

此月切不可起造。

○端午日禳鎮附

此日午時取蝦蟆，陰乾百日，以其足畫地，成水流。出《抱朴子》。

午日采艾收之，治百病。

一日沐浴，令人吉利。

《抱朴子》云：午日造赤靈符，著心前，辟兵。

《歲時記》云：午日以綵線五色造長命縷，繫臂上，辟兵。

又以艾蒜爲人，安門上，辟瘟。出《風土記》。

收蟾蜍，合一切疳瘡藥。

蜀葵赤、白者，各收陰乾，治婦人赤、白帶下。赤治赤，白治白。爲末，酒服之，甚妙。

又午日采桑上木耳白如魚鱗者，患喉痹者，搗碎，綿裹如彈丸大，蜜浸，含之，立差。

○金瘡藥

午日日未出時，采百草頭。唯藥苗多即尤佳，不限多少。搗取濃汁，又取石灰三五升，以草汁相和，搗，脫作餅子，曝乾。治一切金刃傷瘡，血即止，兼治小兒惡瘡。

○淋藥

午自取葵子驍作灰，收之。有患砂石淋者，水調方寸匕服之，立愈。

○心痛藥

取獨頭蒜五顆，黃丹二兩。午日午時，搗蒜如泥，相和黃丹爲丸，丸如雞頭大，曝乾。患心痛，醋磨一丸服之。

○瘧藥，名四神丹

朱砂一分，麝香一分，黃丹二兩，砒半分。

右各研細，又同一處研令相合，即研飯爲丸，如梧桐子大，曝乾。有患者，得三發已後，第四發日五更，以井花水吞一丸。一日內忌熱物。若是勞瘧，更一發，稍重，便差。痰瘧即大吐；吐甚者，即研小菉豆漿服之，即止。思瘧便定。有孕婦人不可服。緣有砒故也。一月内忌毒物雞、猪肉、鮮魚、酒、果、油膩等。

○痢藥阿膠散子

當歸，剉碎、酒熬。黃連，去毛、净洗。訶子，煨取肉。阿膠，慢火灸、令泡起即止。甘草。漿水浸、灸之。

右件五味，各等分，細搗，羅爲末。黃丹三兩，白礬二兩。二味相和細研，入瓶子内，以炭火斷之、通灸良久，放冷即出，細研之。此藥與前草藥等和合爲散。每服三錢七，米飲調下。若要作丸子，以麵糊和爲丸，丸如豌豆大。一服十丸。此散兼治一切瘡及小兒瘡，以人乳調塗。餘瘡乾用。

○木瓜餅子，治冷氣、藿亂、痰逆方

青木香、甘草、灸。白檳榔、訶梨勒、人參、陳橘皮、芎藭、吳茱萸、高良薑、當歸、益智子、草豆蔻、桂心。已上各半兩，細杵爲末。桑白皮一兩，白术、生薑各二兩，大腹五介。四味別搗。

右先以四味用水三升并前藥篩不盡麁滓末同入煎之。煎至二升許，去滓，入净鹽一升，又煎似藥鹽，令乾。先以好土木瓜十顆，去皮核，爛蒸，入砂盆内細研；入藥鹽及前藥末同研，取勻細，曝乾，脱作餅子，火焙乾。忽遇藿亂，咬一片子喫便定。遠近出入，將行隨身，用防急疾。或是酒筵下出，香美而且風流。

○壓鎮

一日沐浴，吉利。二十日拔白髮。已具正月門中。

○雜忌

此月君子齋戒，節嗜慾，薄滋味，無食肥濃，無食煮餅。

○別寢

是月五日、六日、十六日別寢，犯之三年致卒。

○暵麥地

是月不暵音漢。而種則寡矣。同六月。

○小豆

此月爲上時,但加熟耕,耬下①。澤多者,耬耩漫擲,澇之,如麻法。再遍鋤之。候桑落刈之。

○種槐

槐子熟時收,擘取曝乾,勿令蟲生。數數曝不妨。夏至前十餘日水浸,六七日芽生,如浸麻子法,勿令傷皮。如好雨種麻時,和麻子撒之。當年與麻齊,豎木,繩欄之。當繩草裹,勿令傷皮。明年斸地令熟,還於地上種麻,賀令速長②。二年正月移植之。亭亭條直,千百如一。

○種苴麻

夏至前十日爲上時,夏至日爲中時,夏至後十日爲下時。熟耕地縱橫七遍已上,生則無葉。良田一畝用子三升,薄田二升。麥黃時種,種亦良候也。麻子有兩般:一般白麻子,爲雄,即少子,此月種;一般黑斑,謂之苴麻,即宜依三月中法種之。待地白背,以耬耩,漫擲子,空曳澇。若截雨脚種者,地濕,令麻瘦;若待白背而種,即麻肥。如少雨,即略浸而種,不可令芽生,耬頭中難下也③。

麻生數日,常驅雀,葉青即止。布葉而鋤,勃如灰便收。未勃而收者,皮不成。若放勃而不收④,遇雨即離。束欲小,鋪欲薄,其爲易乾故。一宿輒翻之,得霜即麻黃。撲即欲净,有葉者

---

① "耬",底本作"樓",據《校釋》改。
② "賀",《校釋》校作"脅"之誤。
③ "耬",底本作"樓",據《校釋》改。
④ "不"字底本無,據上下文義及《校釋》校補。

愛爛。遂欲水清。

○種麻良日

丙申、戊申、戊寅、壬辰、癸卯、乙巳。四季則辰、戌、丑、戊、己，並吉日。

○浸麻子法

安麻子於水中，如炊二石米久，便漉出，著席上布之，令厚二寸，頻攪之令勻，得地氣，一宿即芽生。若澇沛，即不用生芽也。

○辨麻種

麻子顏色雖白，齒咬破，乾無膏潤者，秕子也，不中種。口含少時，顏色如舊者佳；色變黑者，喝子也。

○胡麻

此月上旬爲下時。

○肥田法

菉豆爲上，小豆、胡麻爲次，皆以此月及六月概種之，七八月耕殺之。

春種穀，即一畝收十石，其美與蠶沙、熟糞同矣。

○晚越瓜

此月至六月上旬種之，以供冬藏，法具二月。

○收紅花子

《齊民要術》云：種紅花，地欲良熟。二月末三月初，雨後速種，耬下，如種麻法。鋤掊種者①，省子而科，又易斷治。

花開，日日乘涼摘，必須淨盡，留餘即隨合去，不復吐花也。

去五月，子熟，收乾，打取子，不得令喝。

---

① “掊”，底本作“培”，《校釋》云即今“刨”字，今據改。

五月種晚花，還用春子，七月摘之。

子任爲燭及脂車並得①。

○殺花法

摘得花，即熟按令勻，入器中，布蓋，經一宿，明日趁早笘席上暵，取苗内乾，脱作餅子。不早乾者，多致暍矣。

○燕脂法

紅花不限多少，净柔洗一二十遍，去黃汁盡，即取灰汁退取濃花汁，以醋漿水點，染布一丈，依染紅法，唯深爲上。

要作燕脂，却以灰汁退取布上紅濃汁，於净器中盛。取醋石榴子搗碎，以少醋水和之，布絞取汁，即瀉置花汁中。無石榴，用烏梅。即下英粉，大如酸棗。看花子多小入粉，粉多則白。澄著良久，瀉去清汁至醇處，傾絹角袋中懸，令涓涓。捻作小瓣，如麻子粒，乾②。用葛粉作亦得。

○種晚紅花

若舊收得子，入此月便種。若待新花子，即太晚而花少。七月摘之，其色鮮濃，耐久不暍，勝春種者。多，用人併摘。頃收三百斛。

○栽藍

因雨而接濕拔栽之。

○栽早稻③

此月霖雨時拔而栽之。栽欲淺植，根四散。不必須此月，隨處鄉風早晚。

---

① "子"字底本無，據文義及《校釋》校補。

② "乾"字上《校釋》補一"陰"字。

③ "早稻"，《校釋》據《齊民要術》校作"旱稻"。

○種桑椹

是月取椹淘浄，陰乾，以肥地每畞和黍子各三升種之。候桑、黍俱生，看稀稠鋤之。長與黍齊，和黍刈倒①，曝乾，順風燒。至來春生葉，每一畞飼蠶三箔。

○移竹

此月十三日神日，可移之。

○種諸果

種梅杏等法，並同桃李，取核種之。經接者，核不堪種。

又杏熟時，和肉埋糞中；至春既生，則移栽實地；既移，不得更安糞地，必致少實而味苦。

梅杏皆可多種，作油，可以度荒歲。俗曰：木奴千，無凶年。

○漚麻

夏至後二十日漚麻。水欲清。水小則麻脆。浸生則難剥，過爛則不任持，唯在恰好。得温泉而漚者，最爲柔肕。

○作杏酪

五六月杏熟時收核，至冬中取仁一斗，揀去山杏仁及雙仁有毒者，去尖、皮，搗研，濾於浄釜中，煎，令苦味盡，接沸數數揚勿住手。即入好白粳米二升，候汁濃，出貯之。更入少蘇、蜜。若有氣疾，入加蘇子、薏苡汁二升同煎。一切風及百病、咳嗽上氣、金瘡奔肺氣、驚悸、心中煩熱、風頭痛，悉宜服之，下氣不可言。

○務糶糴

糴大小麥。收布。糴大小豆、胡麻、黍、秫、糯。

○笐油衣

---

① "倒"，《校釋》云音致，混合、雜合義，又疑係"倒"字之誤。

不笢則暑濕相粘。

○曝畫、裘、衣服、匹段、圖障、書籍

每晴明則曬，直至八月。

○籠炕皮物、弓矢、馬鞭、刀劍及諸皮毛物

入此月後常以火籠如人體，常旋漆熟炭火，以灰蓋，勿令太甚。秋霖罷乃止。

○拭弓劍

劍須常以帛子乾拭刃。

鞘宜數歇見風，不得瞹，瞹即緊窄。

准律令：人家得畜弓劍、短槍八尺已下，自餘器械不合畜。

○焙茶、藥

茶、藥以火閣上及焙籠中長令火氣至。

茶又忌與藥及香同處。

○雜事

灰藏毛羽物。氊須人臥，不臥晴則晒，苕帚掃。剪羊毛，同三月。收蔓種、豌豆、蜀芥、胡荽子。

○仲夏行春令，則五穀晚熟，百螣時起。

○行秋令，則草木零落，果實早成，人殃於疫。

○行冬令，則雹傷穀。

六　月

季夏建未。自小暑即得六月節，陰陽使用，宜依六月法。昏，氐中；曉，東壁中。

大暑，六月中氣。昏，尾中；曉，奎中。

○天道

是月天道東行，修造、遠行，宜東方，吉。

○晦朔占

朔日風雨，糴貴。晦同。

朔日夏至，急糴，歲必大饑饉。

朔日大暑，多死亡。

朔日小暑，山崩河不流。

○月内雜占

此月虹見，麻子貴。

月蝕，旱。

月内雷雨，同四月占。

○月内吉凶地

天德在甲，月德在甲，月空在庚，月合在巳，月厭在巳，月殺在戌。並解具正月門中。

○黃道

青龍在戌，明堂在亥，金匱在寅，天德在卯，玉堂在巳，司命在申。

○黑道

天刑在子，朱雀在丑，白虎在辰，天牢在午，玄武在未，句陳在酉。

○天赦

甲午日是也。

○出行日

夏三月，不南行。自小暑後二十四日謂之往亡。夏不南行，四季月亦不宜往四維方。子爲歸忌，又午爲往亡及土公，已具正月注中。丑爲天羅。巳、亥日、十二日、二十四日窮日，並不可遠行、嫁娵、還家。

○臺土時

是月每日夜半子時是也，行者往而不返。

○四殺没時

四季之月，用乙時卯後辰前、丁時午後未前、辛時酉後戌前、癸時子後丑前。已具四月注中。

○諸凶日

河魁在戌，天剛在辰，狼籍在卯，九焦在子，血忌在酉，天火在卯，地火在巳。

○嫁娵日

求婦丑日吉。天雄在亥，地雌在卯，不可嫁娵。

新婦下車戌時吉。

此月生男，不可娵三月、九月生女，妨夫。

此月納財，金命女，宜子孫；火命女，孤寡；木命女，凶；水命女，大凶①；土命女，自如。納財：丙子、己卯、庚寅、辛卯、壬寅、癸卯、壬子、乙卯日，並吉。

此月行嫁，子、午女大吉，卯、酉女妨子、媒人，寅、申女妨夫，巳、亥女妨父母，丑、未女妨自身，辰、戌女妨舅姑。

天地相去日：戊午、己未。又夏丙子、丁亥，害九夫。

陰陽不將日：壬申、癸酉、甲戌、甲申、乙酉、甲午、乙未、戊戌、戊申、戊午、壬戌、壬午、癸未，並吉。

○喪葬

---

① "大凶"二字，底本原爲空白，據《校釋》改。

此月死者，妨辰、戌、丑、未人。斬草：丙寅、丙子、乙卯、甲子、庚子、壬子日，吉。殯：丁卯、辛卯、癸卯、甲寅，吉。葬：庚午、壬申、癸酉、庚寅、丙申、丁酉、丙午、壬午、甲申、乙酉、辛酉、壬寅、庚申日，吉。

○推六道

死道坤、艮，兵道乾、巽，天道甲、庚，地道乙、辛，人道丙、壬，鬼道丁、癸。注具四月。

○五姓利月

角姓，乙未，大墓。商，辛未，小墓。徵，吉，年與日利丑、寅、卯、巳、午、申，吉。羽，吉，年與日利子、寅、卯、未、申，吉。宮，大利，年與日利申、酉、丑、未，吉。

○起土

飛廉在卯，土符在戌，土公在午，月刑在丑，大禁西方。地囊：己巳、己未。已上皆不可動土。其方位與日、辰同。

月福德在卯，卯上及卯日動土吉。月財地在亥，並動土吉。

○移徙

大耗在丑，小耗在子，五富在寅，五貧在申。移徙不可往貧耗上。

又夏丙子、丁亥，不可嫁娶、移徙、入宅，凶。

○架屋

甲子、丙寅、丁卯、辛巳、甲午、丁巳、己巳、己丑、庚午，並吉。

○禳鎮

一日沐，吉。七日、八日、二十一日浴，令人去病除災。二十四日、十九日拔白，永不生。

○食忌

是月勿食生葵，宿疾尤不可食。食露葵者，犬噬，終身不差。勿食諸脾，勿飲澤水，令人病鼈瘕。六日勿起土，仙家大忌。

○伏日

進湯餅。《歲時記》云：食之辟惡。

○腎瀝湯，治丈夫虛羸、五勞七傷、風濕、腎藏虛竭、耳目聾暗方

乾地黃、黃蓍、白茯苓各六分，五味子、羚羊角，屑。桑螵蛸、防風、麥門冬去心。各五分，地骨皮、桂心各四兩，磁石三兩，打破如碁子，洗去十數遍，令黑汁盡。白羊腎一對。豬腎亦得，去脂膜，切作柳葉片子。

右以水四大升先煮腎，耗水升半許，即去水上肥沫，去腎滓，取腎汁煎諸藥，取八大合，絞去滓，澄清。分爲三服。三伏日各服一劑，極補虛，復治丈夫百病。藥亦可以隨人加減。忌大蒜、生葱、冷、陳、滑物。平旦空心服之。伏日切不可近婦。婦死已不還家。

○種小豆

上伏種之爲中時，每畝用子一斗。中伏爲下時，每畝用子一斗二升。

○晚瓜、早稻。

並同五月。

○種柳

是月取春生小枝種之，皮青氣壯，長倍矣。

○種秋葵

此月一日種之。白莖者佳，紫者劣。

○宿根蔓菁

是月於麻中散子。唯只收根，乾曬，可備凶年矣。

○蘭香

此月連雨中拔栽。九月收作菹。

○胡荽

欲黑良地,三遍耕。每畝下子一斗。須早種。逢雨即生。畦種即須牙子,如葵法。

○黄蒸

𪍿音伐,春也。生小麥,細磨,水溲,蒸之。氣溜下,攤冷,蒿蓋之,一如黄衣法。勿揚簸之。

○罨黄衣

净淘小麥,於甕中浸令醋,漉出,熟蒸之。於箔上鋪席,攤,厚二寸許。先一日刈蒿,或荆葉、構葉皆得,薄覆蓋之。待黄衣上遍,便出曝之,令乾。去葉。慎勿揚簸。凡合造,以仰黄衣爲熱爾。

○種蕎麥

立秋在六月,即秋前十日種;立秋在七月,即秋後十日種。定秋之遲疾,宜細詳之。

○六日造法麴

小麥三石:一石生;一石蒸,曬乾;一石炒,炒勿令焦。各別磨,羅取麵。其麩留取入麴使。取蒼耳、蓼,爛搗,絞取汁,溲和。五更和,取了。若天明後則無力。溲欲剛,搗欲熟。於平板上以範子緊踏,脱之。净掃東向户室,密糊牖,泥封隙,使不通風。地上鋪蒿草厚三五寸,豎麴如隔子眼,以草覆之令厚。若立秋前削平鋪上,及開取之日,當陷入地,乃知力大而實重。閉户,封泥之。二七日開,翻之。至二七日,聚之一宿,明日出曝曬。夜則露之。遇雨則收。極乾乃止。七月上寅日作亦得。

○造神麴法

小麥三石,生、蒸、炒各一石,同前法,但不用羅麵。生麥搗,特須精細。先搗蒼耳等汁。又六月上寅或七月上寅日日未出時,使童子著青衣面向殺地、破地汲水二十斛。使水不盡却瀉却,慎勿令使用,忌之。面向地和絕硬,搗令熟。入屋室內,净掃,勿令地濕。畫地爲阡陌,作麴人各置巷中,此古之法。令作五小麴人,又作五小麴人,又作五麴王,中心安著一王,四方各一王守阡陌。王令稍大於麴人。其麴熟搗,脱,如前法鋪麴畢,以麴人及王字中央四方了,則祭之以脯湯餅。主人親自祭。文曰:

謹請東方青帝、土公威神,南方赤帝、土公威神,北方黑帝、土公威神,西方白帝、土公威神,中央黃帝、土公威神,某年月日辰,謹啓五帝五土公之靈:某謹以六月上寅,造作麥麴,建立五王,各布封境,酒脯之醮,以相祈請。願垂神力,明鑑所領,令使飛蟲絕蹤,穴蟲潛影;衣色遍布,或蔚或炳;煞熱火焚,以烈以猛;芳越神薰,殊趨調領;君子酣暢,小人恭静。虔告三神,望垂允聽。急急如律令。

讀文三遍,各再拜。泥户後二七日,准前曬、露。

○煞米法

神麴末一斗,煞黍秫米二石一斗。神麴末一斗,煞糯米一石八斗。

法麴:第一年一斗米用麴八兩,二年一斗米用麴四兩,第三年一石米用麴一斤。

○煞大小麦

今年收者,於此月取至清净日,掃庭除,候地毒熱,衆手出麥,薄攤,取蒼耳碎剉和拌曬之。至未時,及熱收,可以二年不蛀。若有陳麥，亦須依此法更曬。須在立秋前，秋後則已有蟲生，恐無益矣。《齊民要術》云：宜以蒿圖窖則不蛀①。

○開蜜

以此月爲上。若韭花開後，蜂采則蜜惡而不耐久。

○種蘿蔔

宜沙糯地。五月犁五六遍，六月六日種。鋤不厭多。稠即小間拔令稀。至十月收，窖之。

至二月初，劈破種之。一尺餘一窠，厚上糞。旱則澆之。若不能劈種，只依前法六月種，食至二月。

若有陳子，立夏便種，盛夏食之。

○作豆豉

黑豆不限多小，三二斗亦得。净淘，宿浸，漉出，瀝乾，蒸之令熟。於簟上攤，候如人體，蒿覆一如黄衣法。三日一看，候黄上遍即得，又不可太過。簸去黄，曝乾，以水浸拌之，不得令大濕，又不得令大乾，但以手捉之，使汁從指間出爲候。安甕中，實築，桑葉覆之，厚可三寸。以物蓋甕口，密泥于日中七日，開之，曝乾。又以水拌，却入甕中，一如前法。六七度，候極好顏色，即蒸過，攤却大氣，又入甕中實築之，封泥，即成矣。

○醎豉

大黑豆一斗，净淘，擇去惡者，爛蒸，一依罨黄衣法，黄衣便即出。簸去黄衣，用熟水淘洗，瀝乾。每斗豆用鹽五升，生薑半斤切作細條子，青椒一升揀净，即作鹽湯如人體，同入甕器中。一重豆，一重椒、薑，入盡，即下鹽水，取豆面深五七寸乃止。即

---

① "圖"，底本作"圖"，據《校釋》校改。

以椒葉蓋之，密泥於日中著。二七日出，曝乾。汁則煎而別貯之，點素食尤美。

○麩豉

麥麩不限多小，以水勻拌，熟蒸，攤如人體，蒿艾罨取黃上遍，出，攤曝令乾。即以水拌令浥浥，却入缸甕中，實捺，安於庭中，倒合在地，以灰圍之。七日外，取出攤曝。若顏色未深，又拌，依前法，入甕中，色好爲度。色好黑後，又蒸令熱。及熱，入甕中，築，泥却。一冬取喫，溫煖勝豆豉。

○收楮實

此月六日收爲上。

○造法油、衣油

大麻油一斤，荏油半斤，不蚛皂角一挺，槌破，去皮、子。朴硝一兩，鹽花半兩。

右取盛熱時，以瓷瓶盛油，以綿裹皂角、朴硝、鹽花等，同於瓶子中。日煎取三分耗去一分，即油堪使。

如不是盛夏要油，即以油瓶子於鐺釜中重湯煮取油耗一分，即堪使用。

○製油衣

取好緊薄絹，搗練如法後製造。以生絲線夾縫縫，上油，每度乾後，以皂角水净洗，又再上。如此水試不漏，即止。即油衣常軟，兼明白，且薄而光透。

○雜事

命女工織紬絹。草茂，燒蓼灰，染紺、青雜色。收芥子。中秋後種。收花藥子。便種之。收李核。便種之。收苜蓿。收槐花。曝乾。斫竹。此月後至八月不蛀。内二神守。養魚法具四月門中。曬氊褥、書、裘。種小蒜、蘿蔔。糶蕎麥。別大葱。造麥飯。

　　〇季夏行春令，則穀實鮮落，國多風，人多遷。

　　〇行秋令，則丘隰水潦，禾稼不熟，乃多女災。

　　〇行冬令，則寒氣不時，鷹隼早鷙。

四時纂要秋令卷之四

七　月

孟秋建申。自立秋即得七月節，陰陽使用，宜依七月法。昏，尾中。曉，婁中。處暑，七月中氣。昏，箕中；曉，昴中。

○天道

是月天道北行，修造、出行，宜北方，吉。

○晦朔占

朔日風雨，糴貴。_{晦同。}

朔日立秋，多死亡。

朔日處暑，民病疽癬。

○月內雜占

此月虹見，稻貴。月蝕，牛馬貴。_{應在來年二月。}

此月無三卯，早種麥。有三卯爲上。

○占雷雨

七日大雨，糴倍貴；小雨，大貴。

秋雨甲子，禾頭生耳。秋三月雨庚寅、辛卯，粟大貴，不出一時。_{一時，九十日。}

秋甲子雷，即是雷不藏，民暴死。

○立秋日雜占

立秋之日，立一丈表，_{注具正月。}次立八尺表，度影四尺五寸二分，不宜粟。立秋天氣清明，萬物不成。有小雨，吉；大雨，傷五穀。立秋以火，不宜老人。雷風折木，注多怪。

○占氣

立秋日坤卦用事，日晡時西南有赤黃雲如群羊者，坤氣至，宜粟。坤氣不至，萬物不成，地多震，牛羊死，應在衝。衝在來年正月。

○占風

立秋日風從艮來，穀（穀）貴，貴在四十五日中；從震來，歲多瘟疫，草木更榮；坤來，年豐；兌來，秋雨；巽來，凶；離來，秋旱，凶；乾來，暴寒；坎來，冬多陰雪。

○月內吉凶地

天德在坎，月德在壬，月空在丙，月合在丁，月厭在辰，月殺在未。

○黃道

子爲青龍，丑爲明堂，辰爲金匱，巳爲天德，未爲玉堂，戌爲司命。凡出軍、遠行、商賈、移徙、嫁娵，吉凶百事，出其下，即得天福，不避將軍、大歲、刑禍、姓墓、月建等。若疾病，移往黃道下，即差；不堪移者，轉面向之亦吉。

○黑道

寅爲天刑，卯爲朱雀，午爲白虎，申爲天牢，酉爲玄武，亥爲句陳。已上不可犯，犯之必有死亡、失財、劫盜、刑獄之事，切宜慎之。

凡用黃道，更以天德、月德、月空、月合者，用之尤吉。若值大歲、黑方、五鬼、將軍，雖云不避，亦宜且罷；世人尚欲威力臨之，即凶神不可以天福制之也。他皆傚此。

○天赦

戊申日是也。

○出行日

秋三月，不西行，犯王方。立秋後九日爲往亡，立秋前一日、立秋日，並不可行。七月丑爲歸忌，又辛亥日卯爲天羅，酉爲土公，十二日爲窮日，並不可出行。

○臺土時

是月每日人定亥時是也。

○四殺没時

四孟之月，宜用甲時寅後卯前，丙時巳後午前，庚時申後酉前，壬時亥後子前。已上四時，鬼神不見，百事可爲，架屋、埋葬、上官，並用之，吉。

○諸凶日

河魁在巳，天剛在亥，狼籍在午，九焦在酉，血忌在辰，天火在午，地火在辰。

○嫁娵日

求婦，辰、巳日吉。天雄在申，地雌在子，不可嫁娵。新婦下車壬時吉。

此月生男，不可娵四月、十月生女，害夫。

此月納財，金命女，自如；木命女，凶；水命女，富貴；火命女，孤寡；土命女，大吉。納財吉日：丙子、己卯、庚寅、辛卯、壬寅、癸卯、壬子、丁卯。

是月行嫁，卯、酉女大吉，丑、未女妨夫，寅、申女妨自身，辰、戌女妨父母，子、午女妨首子，巳、亥女妨舅姑。

天地相去日：戊午、己未、庚辰、五亥，並不可嫁娵，主生離。秋庚子、辛亥，害九夫。

陰陽不將日：壬申、癸酉、壬午、癸未、甲申、乙酉、癸巳、甲午、乙未、乙巳、戊申、戊午日。

○喪葬

此月死者，妨寅、申、巳、亥人。斬草：丙子、丙寅、辛卯、癸卯、壬子日。葬：癸酉、壬午、乙酉、壬寅、庚午、己酉日，吉。

○推六道

死道甲、庚，兵道丙、壬，天道乙、辛，地道乾、巽，人道丁、癸，鬼道坤、艮。

○五姓利日

羽姓大利，年與月同，用子、寅、卯、申、酉、吉。宮，大利，年與月同，申、酉、丑、未，吉。商，年與月同，子、卯、辰、巳、申、酉，吉。徵亦通利。角，凶。

○起土

飛廉在辰，土符在卯，土公在酉，月刑在寅，大禁南方。地囊：丙辰、丙午。已上不可動土，凶。

月福德在丑，月財地在午。已上日及方位，動土吉。

○移徙

大耗在寅，小耗在丑，五富在巳，五貧在亥。移徙不可往貧耗方，日辰亦忌之。秋庚子、辛亥，亦不可移徙、入宅、嫁娶，凶。

○架屋日

丁卯、庚午、丙午、丙戌、庚子、壬戌、癸卯、乙丑、壬辰、庚辰、己卯、癸未，已上吉。

○禳鎮

七日乞巧、乞富貴，隨人所願，三年必應。

七日取蜘蛛網一枚，著衣領中，令人不忘。

七日取麻勃一升，人參半升合蒸，氣盡令遍，服一刀圭，令人知未然之事。

十五日取佛座下土著臍中，令人多智。

二十三日沐，令髮不白。

二十五日浴，令人長壽。

二十八日拔白，終身不白。

○食忌

此月勿食蓴，是月蠲蟲著上，人不見。勿食生蜜，令人發霍亂。

○七日乞巧

是夕於家庭內設筵席，伺河鼓、織女二星見天河中有奕奕白氣光明五色者，便拜，乞貴子。乞，只可乞一般，三年必應。

穿七孔針以求巧，乞聰慧。出《風土記》。

○作麴，曝書、裘，此月辟蟲。

七日吞小豆，男吞一七，女吞二七，歲無病。出《河圖記》。

此日勿念惡事，仙家大忌。

○耕茅田

《齊民要術》云：凡開荒之地，先縱牛羊踐踏，令根浮動，候七月耕之，則必死矣。非七月，復生矣。

○開荒田

凡開荒山澤田，皆以此月芟其草。乾，放火燒，至春而開之，則根朽而省工。若林木絕大者，劉殺之。劉，烏莖反。葉死不扇，便任耕種。

三年之後，根枯莖朽，燒之則入地盡矣。

耕荒必以鐵爬漏湊之，徧爬之。漫擲黍穄，再徧澇。明年乃於其中種穀也。

○煞穀地

五、六月種美田菉豆，此月殺之。_{事具五月。}

不獨肥田，菜地亦同。

○種苜蓿

畦種一如韮法，亦剪一遍，加糞，爬起，水澆。

○種葱、薤

欲種葱，先種菉豆，五月中耕，掩殺之；頻耕令熟，至此月種之，每畝用子五升。

又，取穀五升，先炒穀令焦，即與葱子同攪令匀，而耬一眼中種之，塞其耬一眼。他月葱出，取其塞耬一眼之地中土培之，疏密恰好，又不勞移。

種薤法具二月中。

○胡荽

同六月。

○種蔓菁

地須肥良，耕六七遍，此月上旬種之。欲陳者，以乾鰻鱧魚汁浸之，曝乾，種必無蟲矣。

至冬，收苗後，收根窖藏之。冬至後，爬熟，上糞，間拾。留子者，不斸。_{出《山居要術》。}

○蜀芥、芸薹

是月中旬爲上時。芥每畝子一升，芸薹每畝四升。

○種桃、柳

柳同六月。

桃熟時，墙南暖處，寬深爲坑，收濕牛糞内在坑中，好桃核十數介，尖頭向上，安坑中，糞土蓋，厚一尺。深春牙生，和土移種之，萬不失一。

桃皮急，四年已上，刀劚破皮，得速大；不爾，速死。七八年便老，十年多枯死。宜歲歲種之。

〇造藍淀

先作地坑，可受百束許，作麥筋泥泥之，可厚五寸，以苫蔽四壁。刈藍倒豎於坑中，下水浸，以木石壓之，令没。熱月一宿，稍涼再宿，漉去藍滓，取汁内於十石甕中，以石灰一斗五升，併手急打。沫聚，收作淀花。食頃，上澄清，瀉去水。别作小坑，貯藍淀著坑中，候如粥，還入甕盛之，則成。若是只於甕中澄如粥，亦得，隨其土風所宜。其浸藍，亦隨土風用艇船及大甕，不必作坑。種禾一頃不敵藍十畝。

〇面藥

七日取烏雞血，和三月桃花末，塗面及身，二三日後，光白如素。大平公主秘法。

〇造豉

《要術》云：造豉以四孟月。大約自四月至八月皆得。然六、七月最佳，易得成黄衣。法具六月門中。

〇造乾酪

取酪日中曒曝，令皮成，掠取，更曒，無皮乃止。得一升許，鐺中炒片時出，盤中日曝，乾令浥浥時，便乘闊團之如梨。更曝，令極乾，得數年不壞。遠年要喫，削入水中煮沸，却成酪。

〇上寅造麴

法已具六月中。

〇敗酒作醋

春酒停貯失味不中飲者，但一斗酒以一斗水合和，入甕中，置日中曝之,雨即蓋,晴即去蓋。或衣生,勿攪動,待衣沉,則香美成醋。

凡釀酒失味不中者,便以熱飯投之,密封泥,即成好醋。

○米醋法

又先六月中取糙米三五斗,炊了,細磨,取蒼耳汁和溲,踏作麴,一如麥麴法。又取三五斗糙米,炊了,隔宿於甕中熱湯浸,來日早蒸,蒸了,攤開,蒿覆如黃衣法。至造醋時,人炒糙米三五斗,向星露下,以沸湯潑,經宿,來日蒸之,亦無剩水,依常炊飯。候熟,每斗用湯一斗,亦蒸米了,便下湯中。待如人體,即下黃衣及麴末,大約每斗米用黃衣、麴末共二斤。三七日成。放至四十九日成,更佳。造用寅、辰、戌日。

○暴米醋

糙米一斗,炒令黃,湯浸軟後,熟蒸。水一斗,麴末一升,攪和。下潔净甕器,稍熱爲妙。夏一月,冬兩月,密封頭。日未足,不可開。

○醫醋

凡醋甕下須安磚石,以隔濕氣。又忌雜手取。又忌生水器取及鹹器貯。皆致易敗。

又醋因妊娠女人所壞者,取車轍中土一掬著甕中,即還好。

○麥醋

取大麥一石,舂取一糙,取一半完人、一半帶皮便止。取五斗爛蒸,罨黃,一如作黃衣法。五斗炒令黃,熟浸一宿,明日爛蒸,攤如人體,并前黃衣一時入甕中,以蒸水沃之,拌令勻。其水於麥上深三五寸即得。密封蓋。七日便香熟。即中心著蒻取之,頭者別收貯。餘以水淋,旋喫之。

《齊民要術》云：造麥醋，米酘之。此恐難成，成亦不堪，蓋失其類矣。

○暴麥醋

大麥一斗，熟春插，炒令香、焦、黃，磨中掣破。水拌濕後，熱水一斗五升冷如人體，以麴一升攪和，入甖甕中，封頭斷氣。二七日熟。淋如前法。

○醋泉

麴一石，七月六日造淡溲作飥飥，熟煮，漉出，箔上攤曝，令乾。勿令蟲鼠喫著。收飥飥湯入斗已來，小麥麴末二大斗，結尖量於二石甕中，先下飥飥一重，即下麴末一重，又下飥飥、麴末，如此重重下之，以盡爲度。即一時瀉飥飥湯八斗入甕中，更不得動著。仍先以磚石礩甕底。夏月令日照著。

先以七介紙單子：初下日，一重紙單子蓋頭，密繫之；一七日，加一重；至四十九日，七重足。又七日，去一重厚衣。以竹刀割作二孔，南北對開，須帖甕脣。每以胡蘆杓南邊取一杓，北邊入一杓新汲水。每日長出五升，即入水五升。如此至三十年不竭。然則須一手取，切忌淹污，立壞。

又初造時，忌人喫著飥飥片子，切防家人背食之，即不成矣。造多小，在臨時。

○八味丸

張仲景八味地黃丸，治男子虛羸百病，衆所不療者，久服輕身不老，加以攝養，則成地仙方，大約立秋後宜服。

乾地黃半斤，乾署藥四兩，白茯苓、牧丹皮、澤瀉、附子、炮。肉桂，已上五味各二兩，山茱萸四兩。湯泡五遍。

右件一處搗，羅爲末，煉蜜爲丸，丸如梧桐子大。每日空腹暖酒下二十丸。如稍覺熱，即大黃丸一服通轉爲妙。

〇收角蒿

置氈褥、書籍中、辟蛀蟲。

〇藏瓜、桃

醬、糟並佳。

〇收瓜子

此月擇好瓜，截兩頭，出子，和糠，日曬。乾，挼，簸取作種。

〇十日醬法

豆黃一斗，淨淘三遍，宿浸，漉出，爛蒸。傾下，以麵二斗五升相和拌，令麵悉裹却豆黃。又再蒸，令麵熟，攤却大氣，候如人體，以穀葉布地上，置豆黃於其上，攤，又以穀葉布覆之，不得令大厚。三四日，衣上黃色遍，即曬乾收之。

要合醬，每斗麵豆黃，用水一斗、鹽五升併作鹽湯，如人體，澄濾，和豆黃入甕內，密封。七日後攪之。取漢椒三兩，絹袋盛，安甕中。又入熟冷油一斤，酒一升，十日便熟。味如肉醬。其椒三兩月後取出，曬乾，調鼎尤佳。

〇收穀楮法構、穀、楮，三名一木也。

穀楮子熟時，七月、八月收子，淨淘，曝乾。耕地熟，二月耬構，和麻子漫撒種子，即澇。

至秋，乃留麻子爲楮子作暖。不和麻子，多凍死。

明年正月，附地刈，火燒。一歲即沒人。三年便中斫。斫法：十二月爲上時，四月次之。非此兩月斫，必枯死。

二月，劚去惡根，則地熟，又楮成科，兼且苗澤。移栽者，二月亦得。

三年一斫。種三十畝，一年斫十畝，三年一遍，歲收絹百匹，永無盡期。

〇雜事

是月也，收楮子。浣故衣，制新衣，作夾衣，以備始涼。糶大小豆。糶麥。博縑素。糶喬麥。耕冬葵①。刈蒿草。種小蒜、蜀芥。分薤。漚晚麻。耕菜地。伐木。斫竹、葦。暵棗。務機杼。拭漆器。五月至此月盡，經雨後，漆器、圖畫、箱篋，須暵乾，則不損。收荷葉陰乾。收瓜蒂。收蒺藜子。

〇孟秋行春令，則其國乃旱，陰氣復還②，五穀無實。

〇行夏令，則其民火災，寒熱不節，人多瘧疾。

〇行冬令，則陰氣大勝，介蟲敗穀。

八　月

仲秋建西。自白露即得八月節，陰陽使用，宜依八月法。昏，南斗中；曉，畢中。秋分，八月中氣。昏，南斗中；曉，東井中。

〇天道

是月天道東行，修造、出行，宜東方，吉。

〇晦朔占

朔日陰雨，宜麥，而布貴，麻子貴十倍，占之直至三日止。

朔與晦大風，春旱，夏水。

朔陰雨，年大熟。

朔無雲，麥小實；雲蒼白色如魚鱗相次東方來，麥善；有長雲正黃如羊群，麥善；黑色，麥不成，皆空合；赤色，麥枯死。已上並占來年夏麥者也。

---

① “葵”字下《校釋》據《齊民要術》補一“地”字。
② “陰”，《校釋》校作“陽”。

○月內雜占

此月多雨，牛貴。

虹出，春粟大貴，三月尤甚。

月內雨與雷事具七月門中。

此月無三卯，不可種麥。

○秋分雜占

秋分先立一丈表，注已具正月門中。次立八尺表度影，得七尺三寸七分，宜麻。

此日以火，地動；以水，溫疫。

此日晴明，萬物更生；若小雨，天陰，善。

○占氣

秋分日兌卦用事，日入西方有白雲如羊者，謂之兌氣至，宜稻，年豐；有白黑氣渾厚者，麻善。兌氣不至，歲中多霜，人多疥疾，應在來年二月。

○占風

秋分日風從震來，萬物不實，穀貴，貴在四十五日中；兌來，民安而歲稔；乾來，歲多風，人相掠；巽來，多風；坎來，冬多酷寒；艮來，十二月多陰；離來，凶；坤來，土工興。

○月內吉凶地

天德在艮，月德在庚，月空在甲，月合在乙，月厭在卯，月殺在辰。

○黃道

寅爲青龍，卯爲明堂，午爲金匱，未爲天德，酉爲玉堂，子爲司命。

○黑道

辰爲天刑，巳爲朱雀，申爲白虎，戌爲天牢，亥爲玄武，丑爲句陳。

○天赦

戊申日是也。

○出行日

秋不西行。自白露後十八日爲往亡，寅爲歸忌。又子爲往亡及土公。又十八日、十三日、五日、辛亥日、癸卯爲天羅，並不可遠行、嫁娵，凶。

○臺土時

是月黃昏戌時是也。

○四殺没時

四仲月，用乾時戌後亥前，艮時丑後寅前，坤時未後申前，巽時辰後巳前。已上四時，可爲百事，架屋、埋葬、上官，皆吉。

○諸凶日

河魁在子，天剛在午，狼籍在酉，九焦在午，血忌在戌，天火在酉，地火在子。

○嫁娵日

求婦辰、巳日吉。天雄在巳，地雌在丑，不可嫁娵。新婦下車乾時吉。

此月生男，不可娵五月、十一月生女。

此月納財，金命女，自如；土命女，吉；水命女，宜子孫；火命女，凶；木命女，孤寡。納財吉日：丙子、乙卯、庚寅、辛卯、壬寅、癸卯。

是月行嫁，寅、申女吉，卯、酉女妨自身，辰、戌女妨夫，子、午女妨舅姑，巳、亥女妨首子、媒人，丑、未妨父母。

天地相去日：戊午、己未、庚辰、五亥日，並不可嫁娵，主生離。庚子、辛亥，害九夫。

陰陽不將日：戊辰、辛未、壬申、壬午、癸未、甲申、壬辰、癸巳、甲午、甲辰、戊申、戊午、辛巳。

○喪葬

此月死者，妨子、午、卯、酉人。斬草：丙寅、丁卯、庚午、丙子、甲午、丙申、壬子、甲寅日，吉。殯：庚子、癸卯，吉。葬：壬申、壬午、甲申、庚戌、壬寅、庚申、丙午日，吉。

○推六道

死道乙、辛，天道乾、巽，地道丙、壬，兵道丁、癸，人道坤、艮，鬼道甲、庚。

○五姓利月①

徵，吉，年與日利丑、寅、卯、巳、午、申，吉。羽，吉，年與日利子、寅、卯、未、申、酉，吉。宮，大利，年與日利申、酉、丑、未，吉。商，大利，年與日利子、卯、辰、巳、申、酉，吉。角，凶。

○起土

飛廉在亥，土符在未，土公在子，月刑在酉，大禁東方。地囊：丁卯、丁亥。已上不可動土。日、辰亦凶。

月福德在寅，月財地在乙（巳）。已上取土吉。

○架屋

己巳、癸卯、庚戌、壬戌、辛未、庚辰、辛巳、戊戌，已上架屋，吉。

○移徙

---

① 　"利"，底本作"秋"，茲據上下文及《校釋》校改。

大耗在卯,小耗在寅,五富在申,五貧在寅。移徙不可往貧耗上。秋庚子、辛亥,不可移徙、入宅、嫁娵,凶。

○禳鎮

七日沐,令人聰明多智。

三日、二十五日沐浴。同正月。

十九日拔白,永不生。

勿以四日市附足物,仙家大忌。

○食忌

此月勿食薑、蒜,損壽減智。勿食雞子,傷神。

○殺春穀地

同七月法。

○種大麥

此月中戊,社前並上時,每畝用子二升半;下戊前爲中時,每畝用子三升;下旬及九月初爲下時,每畝用子三升半。

○種小麥

宜下田。《齊民要術》歌云:高田種小麥,終久不成穗。男兒在他鄉,那得不憔悴。上戊前爲上時,種者一畝用子一升半;中戊前爲中時,一畝二升;下戊前爲下時,一畝二升半。此月初相爭十日,而用種便相違如此,力田者得不務及時?

○漬麥種

若天旱無雨澤,以醋漿水并蠶矢薄漬麥種。夜半漬,露却,向晨速收之①。令麥耐旱。

---

① "晨",底本作"辰",據《校釋》改。

若麥生色黃者，傷於太稠[1]。稠者鋤令稀。以棘柴樓之，以擁麥根，則麥茂。

大小麥皆須五、六月暵地。不暵，收必薄。

○種麥忌日

已具正月門中。

○苜蓿

若不作畦種，即和麥種之不妨。一時熟。

○葱、薤

葱同五月法。薤同二月法。

○種蒜

良軟地，耕三遍，以樓構，逐壠下之，五寸一株。二月半鋤之，滿三遍止。無草亦須鋤，不鋤即不作窠。

作行，上糞，水澆之。一年後，看稀稠更移，苗麄如大箭。三月中即折頭，上糞，當年如雞子。旱即澆。年年須作糞次種，不可令絕矣。

○種薤

同二月。此月下子，即春末生。

○諸菜萵苣、芸薹、胡荽，並良時。

○罌粟

尤宜山坡。亦可畦種。

○斷瓜梢

正月區種冬瓜，此月斷其梢。

○踏蘘荷

---

① 　“於”，底本作“折”，據《校釋》校改。

二月種者，此月上旬踏令苗死，不爾即窠不茂大。

○耕薤

此月上旬耩，不耩則白短。

勿剪葉，恐損白。旋要食者，別種之。

○栟葵

中旬栟葵留歧，去地一二寸栟之，生肥嫩。

至老，葉莖俱美。

○牙麥蘗

大麥凈淘①，於甕中浸，令水纔淹得著，日中曝之。一日一度著水。脚生，即布於床下席上，厚二寸許。一日一度以水灑之。牙生寸長，即曬乾。

若要煮白餳，牙與麥身齊，便曬乾，勿令成餅，即不堪矣。

若煮黑餳，即待牙青成餅，即以刀子利開，乾之。

要餳作虎珀色者，以小麥爲之②。術已具三月中。

○造三勒漿

訶黎勒、毗黎勒、菴摩勒，已上並和核用，各三大兩。搗如麻豆大，不用細。以白蜜一斗，新汲水二斗，熟調，投乾凈五斗甕中，即下三勒末，攪和勻。數重紙密封。三四日開，更攪。以乾凈帛拭去汗，候發定即止，但密封。此月一日合，滿三十日即成。味至甘美，飲之醉人，消食下氣。須是八月合即成，非此月不佳矣。

○剪羊毛

---

① "大麥"，《校釋》據《齊民要術》校改作"小麥"。
② "小麥"，《校釋》據《齊民要術》校改作"大麥"。

候葉子未成時剪之①,不爾則損毛。中旬後剪,則勿洗,恐寒氣損羊。

〇牧豕

豕入此月即放,不要餵,直至十月。所有糟糠,留備窮冬飼之。豬性便水生之草,收浮萍、水藻飼之則易肥。

又法:閹豬了,待瘡口乾平復後,取巴豆兩粒,去殼,爛搗,和麻粃、糟糠之類飼之,半日後當大瀉之。後日見肥大。

〇養彘、豶豬

喙短毛柔者良。喙長牙多,三牙已上不煩養,難肥故也。

牝者子母不同圈。同圈之,喜相傷死,又食難足,所以子宜別飼之。故宜埋車輪爲場,令豘子出入自由,則肥健。

〇掐尾法

豘子生三日,便須掐尾,則不畏風。犍豬死者,皆尾風所致。小小犍者②,骨細而易養。

〇肥㹠法

麻子二升,搗十餘杵,鹽一升,同煮後,和糠三斗飼之,立肥。

〇乾酒法

乾酒治百病方:糯米五斗,炊;好麴七斤半;附子五介,生烏頭五介,生乾薑、桂心、蜀椒各五兩。

右件搗合爲末,如釀酒法,封頭七日,酒成。壓取糟,蜜溲爲丸,如雞子大。投一斗水中,立成美酒。春酒時造更好。

〇地黃酒

---

① “葈子”,《校釋》據《齊民要術》作“胡葈子”,即蒼耳子。
② 兩“犍”字,底本作“揵”,據《校釋》改。

地黃酒變白速效方：肥地黃切一大斗，搗碎；糯米五升，爛炊；麴一大升。

右件三味，於盆中熟揉相入，内不津器中，封泥。春夏三七日，秋冬五七日。日滿開，有一盞渌液，是其精華，宜先飲之。餘用生布絞，貯之。如稀餳，極甘美。不過三劑，髮當如漆。若以牛膝汁拌炊餶，更妙。切忌三白。

○作諸粉

藕不限多小，浄洗，搗取濃汁，生布濾，澄取粉。

芡、蓮、鳧茈、澤瀉、葛、蒺藜、茯苓、署藥、百合，並皆去黑，逐色各搗，水浸，澄取爲粉。

已上當服，補益去疾，不可名言。又不妨備廚饌，悉宜留意。

○收棠梨葉

天晴時采摘，薄攤，曬乾。乾即更摘，多收不妨。遇雨淹損，不中染緋。

○收地黃

《要術》云：種地黃，熟劚地，取竹刀子斷之，每根一寸餘，畦種，上糞，下水。經年後，滿畦，可愛。此物宿根，采却還生。秋收之，以充冬用。二三月種，五月苗生，八九月根成，一畝可收三十石。

○作生乾地黃

取地黃一百斤，揀取好者二十斤，半寸長切，每日曝令乾，餘者埋之。待前二十斤全乾，即候晴明日出埋者五斤或十斤，搗汁浸拌前乾二十斤，曝之。其汁每須支料令當日浸盡，隔宿即醋惡。天陰即停住。慎勿令塵土入。八十斤盡爲度，成一十斤乾地黃。忌蕪荑、豬肉、蒜、藕、蘿蔔。

○收牛膝子

《要術》云：秋間收子，春間種之，如生菜法。宜下濕地。上糞，澆水。苗生，剪食之。常須多留子，直至秋中一遍種之。但割却即上糞，不勞更種。

○收牛膝根

收根者，別宜深耕熟犂，然後下子，耬令土平。荒則耘，旱則澆。

至初秋，刈取莖，收其子。

九月末、十月初，用刃鏊深掘，取根。水中浸二宿，置密節中，捼去皮，排齊頭，曬令泡泡，即手握令直。如要氣力，不如勿去皮，便曝乾。如去皮，即捼出白汁，便致力少矣。

○雜事

是月收薏苡。收蒺藜子。收角蒿。收韭花。以備醬醋所用。曝書畫。曬膠。收胡桃、棗。開蜜。糶麥種。貨百日油。打墻。造墨。造筆。壓年支油。下旬造油衣。收油麻、秫、江豆。習射。命童子入學。備冬衣。刈莞、葦。居柴炭。又内三神守。術具四月種魚門中。

○仲秋行春令，則秋雨不降，草木生榮。

○行夏令，則其國乃旱，蟄蟲不藏，五穀復生。

○行冬令，則風災數起，收雷先行，草木旱死。

九　月

季秋建戌。自寒露即得九月節，陰陽使用，宜依九月法。昏，牽牛中；曉，東井中。霜降，九月中氣。昏，女中；曉，柳中。

○天道

是月天道南行，修造、出行，宜南方，吉。

○晦朔占

朔日風雨者，春旱，夏水，麻子貴十倍。二日雨，五倍。

朔日風從東來，半日不止者，穀麥不收。

朔寒露，寒温不時。朔霜降，歲飢。

○月内雜占

此月多雨，牛貴。此月月蝕，凶。

此月上卯日，風從北來，糶三倍貴，貴在來年三月、十月；東來，三倍貴；西來，賤。九月雷，穀大貴。其餘占雷同七月占。

○月内吉凶地

天德在丙，月德在丙，月空在壬，月合在辛，月厭在寅，月殺在丑。

○黄道

辰爲青龍，巳爲明堂，申爲金匱，酉爲天德，亥爲玉堂，寅爲司命。

○黑道

午爲天刑，未爲朱雀，戌爲白虎，子爲天牢，丑爲玄武，卯爲句陳。

○天赦

戊申是日也。

○出行日

秋三月，不西行。四季之月，亦不宜往四維方。自寒露後二十七日爲往亡日，丑爲歸忌，未爲天羅，酉爲刑獄，又辰爲往亡及土公，又十一日、十四日爲窮日。已上皆不可遠行。此月庚寅爲行很、了戾，不可上官、出行，多窒塞。

○臺土時

是月日入酉時是也。不可出行，往而不返。

○四殺没時

四季之月，用乙時寅後卯前，丁時午後未前，辛時酉後戌前，癸時子後丑前。已上四時，可爲百事，架屋、埋葬、上官，並吉。

○諸凶日

河魁在未，天剛在丑，狼籍在子，九焦在寅，血忌在巳，天火在子，地火在丑。

○嫁娵日

求婦辰日吉。新婦下車辛時吉。

此月生男，不可娵六月、十二月生女，妨夫。

此月納財，金命女，多子；木命女，孤寡；水命女，大凶；火命女，大吉；土命女，自如。納財吉日：丙子、己卯、壬子、乙卯。

是月行嫁，巳、亥女大吉，辰、戌女妨身，卯、酉女妨夫，寅、申女妨首子、媒人，丑、未女妨舅姑，子、午女妨父母。

天地相去日：戊午、己未、庚辰、五亥，不可嫁娵，主生離。秋庚子、辛亥，害九夫。

陰陽不將日：戊辰、庚午、辛未、庚辰、辛巳、壬午、癸未、辛卯、壬辰、癸巳、癸卯、戊午，已上日，利嫁娵。

○喪葬

此月死者，妨辰、戌、丑、未人。斬草：丙寅、丁卯、丙子、庚寅、辛卯、庚子、壬午、甲寅日，吉。葬：庚午、癸酉、壬午、甲申、乙酉、壬寅、丙午、庚申、辛酉日，吉。

○推六道

死道乾、巽，天道丙、壬，地道丁、癸，兵道坤、艮，人道甲、庚，鬼道乙、辛。

○五姓利月

徵姓，丙戌大墓。宮姓，戊戌小墓。羽姓，壬戌小墓。角姓，大利，年與日同利，用子、寅、卯、辰、巳、午。商姓，通用，年與日利，用子、卯、辰、巳、申、酉。

○起土

飛廉在子，土符在亥，土公在辰，月刑在未，大禁北方。地囊：戊子、戊辰。已上不可動土。日、辰亦同。

月福德在午，月財地在巳。已上取土吉。

○移徙

大耗在辰，小耗在卯，五富在亥，五貧在巳。移徙不可往貧耗方，凶。日、辰亦同。秋庚子、辛亥，不可嫁娵、移徙、入宅，凶。

○架屋

丙寅、丁卯、庚午、庚子、丙午、戊申、己卯、癸卯日，吉。

○禳鎮

二十日沐，辟兵。

二十八日浴①。

九日采苴子喂雞，令速肥而不暴園法：宜別築墻匡，小開門，作小廠。雌雄皆斬去翅翮，不得令飛出。多收稗穀，及小槽子貯水以飼之。荊藩爲棲，去地一尺。數掃其糞。鑿墻爲窠，亦去地一尺。冬天著草；他時不用。生子則移出外，籠養之。如鴿、鶉大，却內墻中。蒸麥飯飼之，三七日便肥大也。

《河圖》云：雞白首、有六指，雞有五色，食之並殺人。

---

① "浴"字上《校釋》校補一"宜"字，不補亦可通。

○收五穀種

是月五穀,擇好穗刈之,高釣。別打。乾曝,以穰草窖之,勿貯器中。

○辟蚜蚄蟲法

凡五穀種,牽馬就穀堆食數口,以馬殘爲種,無蚜蚄蟲。

○備冬藏

凡藏蔓菁、荏、韭輩,脆美而不耐停。若旱園菜,稍硬,停得直至二月。

○收菜子

是月收韭子、茄子種。

○收枸杞子

九日收子,浸酒飲,不老,不白,去一切風。

○收梓實

下旬收梓實,摘角,曝乾。秋耕地熟,作壠,漫撒,再澇。明年春生。有草拔之,勿令蕪没。後年五月移之。

《五行書》云:舍西種梓,或云楸木,各五株,令子孫孝順,消口舌。

此木貴材,又易長。

○收栗種

栗初去殼,即於屋下埋著濕土中,必須深,勿令凍徹。路遠者可韋囊内盛,可停二日,見風則不生。春二月,悉牙生而種之,即生,以棘圍,不用掌近①。三年之内,冬常須草裹,二月即解去。凡木忌掌近,栗性尤忌之。

---

① "掌",底本作"穿",據《校釋》改。"掌近",猶言"觸近"。注中"掌"字,底本作"掌",同改。

○收乾栗法

《食經》云：取栗蒲殼也。燒灰淋汁漬栗，二宿出之。又以沙覆之，令厚一二尺，至後芽生而不蚛。

榛與栗同。

又法：栗一石，鹽二斤作水，淹栗一宿，曬乾收之，不蛀不硬。

栗性利筋骨，生腎氣，久服跛者皆差，不益瘡痏。作粉，治痔疾、血痢等。

有栗園者，但和蒲收之，不蚛。要食，旋出其殼。

○雜事

是月糶大麥。斫竹。拭漆器。造火爐。煮膠，同二月。牧豕。賣故氈。收裛衣香。收皂莢。貯麻子、油麻。采菊花。收木瓜。披蘭香。

○季秋行春令，則暖風來至，人氣懈惰。

○行夏令，則其國大水，冬藏殃敗，人多鼽嚏。

○行冬令，則國多盜賊。

四時纂要冬令卷之五

十 月

孟冬建亥。自立冬即得十月節，陰陽使用，宜依十月法。昏，虛中；曉，張中。小雪爲十月中氣。昏，危中；曉，翼中。

○天道

是月天道東行，修造、出行，宜東方，吉。

○晦朔占

朔日風雨，春旱，夏水，麻子貴十倍。二日雨，貴五倍，一云來年麥善。晦日同。

朔立冬，雨血，地生毛。

朔小雪，凶。

朔日風從東來，春糴賤；從西來，春糴貴。朔日風寒，正月米貴。

朔大雨，大貴；小雨，小貴。

○月內雜占

月內有三卯，豆賤。無三卯，大豆貴。

月內虹出，麻貴，兼五月穀貴。

月蝕，秋穀賤。

○占雨

冬雨壬寅、癸卯，春粟大貴。甲申至己丑已來雨，糴貴。庚寅至癸巳雨，糴折。皆以入地五寸爲侯。冬庚戌、辛亥雷，即知來年正月米貴。冬夜同占。

冬雨甲子，飛雪千里。

○冬至雜占

冬至日，先立一丈表，得影一尺，大疫，大旱，大暑，大飢；二尺，赤地千里；三尺，大旱；四尺，小旱；五尺，下田熟；六尺，高下熟；七尺，善；八尺，澇；九尺、一丈，大水。若不見日爲上。

○占影

次立八尺表度影，得丈三尺七分，宜麻。

○占氣

立冬之日，乾卦用事，人定時，西北有白氣如龍如馬者，乾氣至也，宜麻。乾氣不至，大寒，傷萬物，人當大疫，應在來年四月。人定時西北方有黑氣渾厚者，麻子貴。

○占風

立冬日風從西北來，五穀熟；東南來，小麥貴，貴在四十五日中。凡八節占，皆前後一日同占之。立冬日風從震來，冬雷，凶；巽來，冬溫，來年夏旱；坎來，冬雪殺走獸；離來，來年五月大疫；艮來，人多病，地氣洩；坤來，魚鹽大貴；兌來，凶。

○月內吉凶地

天德在乙，月德在甲，月空在庚，月合在巳，月厭在丑，月殺在戌。

○黃道

青龍在午，明堂在未，金匱在戌，天德在亥，玉堂在丑，司命在辰。

○黑道

天刑在甲，朱雀在酉，白虎在子，天牢在寅，玄武在卯，句陳在巳。

○天赦

甲子日是也。

○出行日

冬三月，不可北行，犯王方。立冬後二日爲往亡，丑爲歸忌，申爲天羅，酉爲天獄，未爲往亡、土公。已上並不可遠行。又立冬前一日、此月十日、二十日爲窮日，又癸亥日，皆不可出行、嫁娵、上官，凶。又此月辛丑、癸丑爲行很、了戾，不可出行、上官，多窒塞。

○臺土時

每日申時是也。行者往而不返。

○四殺没時

四孟之月，甲時寅後卯前，丙時巳後午前，庚時申後酉前，壬時亥後子前。已上四時，可爲百事，架屋、埋葬、上官，吉。

○諸凶日

河魁在寅，天剛在申，狼籍在卯，九焦在亥，天火在卯，地火在寅，血忌在亥。九焦、地火，不宜種蒔。天火，不架屋。血忌，不宜針灸、出血。餘日不可爲百事。他月依此。

○嫁娵日

求婦成吉日。天雄在亥，地雌在卯，不可嫁娵，凶。新婦下車巳時吉。

此月生男，不宜娵正月、七月生女。

此月納財，金命女，大吉；木命女，宜子；水命女，自如；火命女，凶；土命女，孤寡。納財吉日：丙子、壬子、乙卯。

是月行嫁：辰、戌女大吉，巳、亥女妨自身，子、午女妨夫，丑、未女妨首子、媒人，寅、申女妨舅姑，卯、酉女妨父母。

天地相去日：戊午、己未、庚辰、五亥，不可嫁娶，主生離。冬壬子，妨九夫。

陰陽不將日：己巳、庚午、己卯、庚辰、辛巳、壬午、庚寅、辛卯、壬辰、癸巳、壬寅、癸卯。

○喪葬

此月死者，妨寅、申、巳、亥人。斬草：丁卯、庚寅、辛卯、甲午、庚子、癸卯、甲寅日，吉。殯：乙卯。葬：庚午、癸酉、甲申、丁酉、庚申、辛酉。

○推六道

死道丙、壬，天道丁、癸，地道甲、庚，人道乙、辛，兵道坤、艮，鬼道乾、巽。地道、鬼道，葬送往來吉，餘凶。天道、人道，嫁娶往來，吉。

○五姓利月

徵，吉，年與日利用丑、寅、卯、巳、午、申。羽，吉，年與日利用子、寅、卯、未、申、酉。宮，大利，年與日利用申、酉、丑、未。商，大利，年與日利用子、卯、辰、巳、申、酉，吉。角，大利，年與日利子、寅、卯、辰、巳、午，吉。

○起土

飛廉在丑，土符在甲，土公在未，月刑在亥，大禁西方。地囊在庚午、庚子。已上不可動土。

月福德在辰，月財地在未。已上取土吉。

○移徙

大耗在巳，小耗在辰，五富在寅，五貧在申。移徙不可往貧耗上，凶。方與日、辰同。又冬壬子、癸亥，不可移徙、入宅、嫁娵。

○架屋日

癸酉、辛卯、庚午、壬辰、癸卯，吉。

○禳鎮

此月四日勿責罰，仙家大忌。

一日沐浴。

十日拔白，永不生。

○食忌

勿食猪肉，發宿疾。勿食椒，損心。

○鹿骨酒

治百體虚勞、大風諸風、虚損諸疾，久服長骨留年，久久自知。

枸杞二十斤，净洗，歇乾，剉碎。鹿骨一具，剉碎。

右件以水四石，煎取一石五斗，去滓。經宿，净掠去脂沫，澄淀，取如常水浸麯。投糯米二石，分爲三、四酘。候熟，壓取飲之。

○枸杞子酒

補虚、長肌肉、益顔色、肥健延年方：

枸杞子二升，好酒二斗，搦碎，浸七日，漉去滓。日飲三合。

○鍾乳酒

主補骨髓、益氣力、逐濕方：

乾地黄八分，巨勝一升，熬，別爛搗。牛膝、五茄皮、地骨皮各四兩，桂心、防風各二兩，仙靈脾三兩，鍾乳五兩。甘草湯浸三宿，以半斤牛乳，瓷瓶中没炊，於炊飯上蒸之。牛乳盡，出，以暖水净淘洗，碎如麻豆①。

右件諸藥，並細剉，布袋子貯，用好酒三斗浸五日後可取飲。出一升，即入一升清酒，量其藥味減則止，即出去藥。起十月一日，服至立春止。忌生葱、陳臭物。

○地黄煎

生地黄十斤，净洗，漉出，一宿後，搗壓取汁；鹿角膠一斤，紫蘇子二大升，好蘇一斤半，生薑半斤，絞取汁。蜜二大升，好酒四升。

右先以文武火煎地黄汁，數揚；即以酒研蘇子，濾取汁，下之；又煎二十沸已來，下膠；膠消盡，下蘇、蜜同煎。良久，候稠如餳，貯净潔器中。每日空心，暖酒調一匙頭飲之。甘美而補虛，益顏色，髮白更黑，充健不極。忌三白。

○麋茸丸

補虛、益心、强志：

麋茸八分，炙。枸杞子十二分，伏神、人參各六分，乾薑八分，桂心二分，遠志三分去心。

搗篩爲末，取地黄煎於臼中，搗合爲丸。每日食後服十丸，加至二十丸。暖酒下。忌蕪荑、蒜、大醋、生葱。

○翻區瓜田

術具正月中。

○耕冬葵地

是月中旬，三遍耕畢，下旬漫撒種之。宜稠，每畝下子六升。每雪時，一澇；無雪，即至臘月汲井水澆之，一遍便蓋覆之。

---

① 自"甘草湯浸三宿"至此"碎如麻豆"句，乃謂五兩鍾乳之作法，而底本自"於炊飯上蒸之"至"碎如麻豆"句，已作正文大字，今據體例視作注文，《校釋》亦已正之。

○豌豆^①

是月種之。

○區種瓠

如區种瓜法。聚雪區中，勝春種。

○種麻

是月翻地四遍，下旬種之。

○區種茄

如瓜法，不移栽，亦堆雪區中。

○覆胡荽

是月霜降收藏。留根，草覆，旋供食。

○冬瓜

收糓蓋之^②。蘘荷同蓋之。不爾凍死。

○收冬瓜

區種者，此月飽霜後收之，於煙灰上安。<small>或便修藏亦得。</small>

○苞栗樹

栗樹種經三年內，並須此月穰草裹之。

○造百日油

是月取大麻油，率一石以窰盆十六介均盛，日中以楺木閣上曝之；風塵陰雨則墮疊其盆，以一窰盆蓋其上。時以竹篦攪之，至二月成，耗三斗。三月、五月賣，每升直七百文。三月造者，七月成。每升直三百文。其油入漆家用。

其曝油盆，大如盤，深四五寸，底平闊，形如罍子。百枝緣出

---

①　此條底本接於上條"一遍便蓋覆之"之後，然於"耕冬葵地"義不合，《校釋》另立，茲從之。

②　"糓"，《校釋》校作"㲉"，並云"這裏作糠殼解釋"。

橋北五窯新盆,每底輕塗小漆,慮其津矣。

○塗甕

凡甕,七月坯爲上,八月爲次,他月者不堪。凡甕,大小須塗脂,不塗則津滲,所造物多壞,特宜留意。新買甕,勿使盛水及著雨。

塗法:掘地爲小坑,傍開兩道以引火,生炭於坑中,合甕口於上,披而薰之。火盛則破,少則難熱,務令調適。數以手拭之,熱灼人手便下。瀉熱脂於甕中,迴轉令極周遍,脂冷不復滲乃止。羊脂第一,猪脂爲次。俗云用麻子脂,大悮人。若脂不濁流,只一遍拭者,亦不佳。俗以蒸甕,水氣,亦不佳。脂煞訖,以熱湯數升刷之,却盛冷水,數日後用。用時更净洗,日中曝乾。冬藏,宜依此法。

○收枸杞子

秋冬間收得子,先於水盆中挼令散,曝乾。候春,先熟地,作畦。畦中去却五寸土,匀作五壠。壠中縛草稈如臂,長短如畦①,即以泥塗草稈上,裹令遍通。即以枸杞子布於泥上,令稀稠得所,即以細土蓋一重,令遍,又以爛牛糞一重,又以一重土令畦平。

待苗出時,以水澆之。堪喫,便剪,如韭法。

每種用二月初。一年只可五度剪。欲種,取甘者種之,若種根葉厚大無刺者。有刺葉小者,名枸棘,不堪。

○雜事

築垣墻。墐北户。賣縑帛、布、絮。糶粟及大小豆、麻子、五

---

① "如",底本無,從《校釋》校補。

穀等。可出薪炭。可縛薦,遮掩牛馬屋。收槐實、梓實。收牛膝、地黃。造牛衣。可買騾馬京中,選人少時,有可揀。又買緋紫帛、衫段、蕉葛、簟席。賣故氈、緜絮等。盤瘻蒲桃,包裹栗樹,不爾即凍死。收諸穀種、大小豆種。煮膠。牧豕。石榴樹亦包裹,不爾凍死。

○孟冬行春令,則凍閉不密,地氣上洩,人多流亡。

○行夏令,則國多暴風,方冬不寒,蟄蟲復出。

○行秋令,則霜雪不時。

十一月

仲冬建子。自大雪即得十一月節,陰陽使用,宜依十一月法。昏,室中;曉,軫中。冬至,十一月中氣。昏,壁中;曉,角中。

○天道

是月天道南行,修造、出行,宜南方,吉。

○晦朔占

朔日有風,麥善。風從西來半日不止,賊起。晦日風雨,春旱。

朔日冬至,朔日蝕,朔日大雪,並年飢,有疾,有災,凶。

○月内雜占

月内有雪,米賤,賤在來秋或今冬。

虹出,大豆善。

○占雨

冬雨壬寅、癸卯,春穀大貴。甲申至己丑巳來雨,皆糴貴。庚寅、癸巳風雨,皆糴折。皆以入地五寸爲候。

○冬至雜占

冬至日，先立一丈表，得影一尺，大疫，大旱，大暑，大飢；二尺，赤地千里；三尺，大旱；四尺，小旱；五尺，中田熟；六尺，高下熟；七尺，善；八尺，澇；九尺及一丈，大水。若不見日爲上。次立八尺表度影，得一丈三寸，宜小豆。

○占氣

冬至日坎卦用事，夜半時北方有黑氣者，坎氣至也，小豆賤。坎氣不至，夏大寒而大水，應在來年五月。

○占雲

冬至日有青雲從北方來者，歲美，人安；無雲，凶。赤雲，旱。黑雲，水。白雲，兵及疾。黃雲，土功興。子時候之。

○冬至後占

冬至後一日得壬，炎旱千里；二日壬，小旱；三日壬，平常；四日壬，五穀豐熟；五日壬，小水；六日，大水；七日壬，河決；八日壬，海翻；九日壬，大熟；十日、十一日、十二日壬，五穀不成。

○占風

冬至日風寒者，小豆賤。冰堅者，吉；不堅者，夏有雹。天氣晴明，物不成。多風寒，則年豐人安。

冬至日風從離來，穀貴，貴在四十五日中，而小豆貴。前後一日同占。入節並同。坎來，人安歲稔。震來，乳母多死，水旱不時，冬溫，人疫。艮來，正月多陰。坤來，蟲傷禾稼，人民不安其處。兌來，秋多雨，人大愁。巽來，蟲生傷物。乾來，夏多寒。

冬至以水，溫疫盛行。以土，雷聲如水流。

凡入節占風、雲，日影遇陰晦，前後一日同占。

○月内吉凶地

天德在巽，月德在壬，月空在丙，月合在丁，月厭在子，月殺在未。

○黃道

青龍在甲，明堂在酉，金匱在子，天德在丑，玉堂在卯，司命在午。

○黑道

天刑在戌，朱雀在亥，白虎在寅，天牢在辰，玄武在巳，句陳在未。

○天赦

甲子是日也。

○出行日

寅爲歸忌，巳爲天羅，酉爲刑獄，二十日窮日，癸亥日，並不可遠行、嫁娶、上官，皆凶。

○臺土時

此月每日日昳未時是也。行者往而不返。

○四殺没時

四仲之月，用乾時戌後亥前，艮時丑後寅前，坤時未後申前，巽時辰後巳前。已上四時，可爲百事，架屋、埋葬、上官，皆吉。

○諸凶日

河魁在酉，天剛在卯，狼籍在午，九焦在申，血忌在午，天火在午，地火在子。注具正月門中。

○嫁娶日

求婦未日吉。天雄在申，地雌在戌，不可嫁娶。新婦下車乾時吉。

此月生男，不可娶二月、八月生女。

此月納財，金命女，宜家人，吉；木命女，宜子；水命女，自如；

火命女,凶;土命女,孤寡。納財吉日:丙子、癸卯、乙卯。

是月行嫁,丑、未女吉,子、午女妨自身,巳、亥女妨夫,卯、酉女妨舅姑,辰、戌女妨首子,寅、申女妨父母。

天地相去日:戊午、己未、庚辰、五亥日,不可嫁娶,主生離。冬壬子,害九夫。

陰陽不將日:丁卯、己巳、己卯、庚辰、辛巳、庚寅、辛卯、壬辰、辛丑、壬寅、丁巳。

○喪葬

此月死者,妨子、午、卯、酉人。斬草:辛卯、甲午、甲寅。殯:丙寅、庚子、丙申、乙卯、辛酉。葬:壬申、甲申、壬午、乙酉、庚寅、壬寅、丙午、庚子、己酉,吉。

○推六道

天道艮、坤,死道丁、癸,地道甲、庚,兵道乙、辛,人道乾、巽,鬼道丙、壬。

○五姓利月

羽,吉,年與日利用子、寅、卯、未、申、酉。商,大利,年與日利用子、卯、辰、巳、申、酉,吉。

○起土

飛廉在申,土符在辰,土公在戌,月刑在卯,大禁南方。地囊:辛酉、辛卯。已上不動土,凶。月福德在巳,月財地在酉。已上取土並吉。

○移徙

大耗在午,小耗在巳,五富在巳,五貧在亥。移徙不可往貧耗方,凶。日、辰亦同。冬壬子、癸亥,不可移徙、入宅、嫁娶,凶。

○架屋

甲子、己巳、壬申、庚寅、辛丑、辛未、庚辰、乙亥、辛巳、甲申，已上日架屋，吉。

○禳鎮

共工氏有不才子，以冬至日死，爲疫鬼，畏赤小豆。故冬至日以赤小豆粥厭之。

十六日沐浴，吉。十日、十一日拔白髪，永不生。勿以十一日沐浴，仙家大忌。

○食忌

是月勿食龜、鼈，令人水病。勿食陳脯。勿食鴛鴦，令人惡心。勿食生菜，患同九月。

○試穀種

崔寔種穀法：以冬至日平均五穀各一升，布囊盛，北墙陰下埋之。冬至後十五日，發取，平均之，取多者，歲宜之。一云"五十日"。

○貯雪水

《要術》云：是以器貯雪埋地中，以水浸穀種之，則收倍。

○羔種

是月生者爲上時，同正月。

○蒸犢子

是月生者，不蒸則脛凍而死，宜以籠盛犢子，置甑中，微火蒸之，汗出則止。

○别寢

是月陰陽争，冬至前後各五日别寢。

○雜事

貨薪炭、緜絮。糶粳稻、粟、大小豆、麻子、胡麻等。伐木、取竹箭，此月堅成。造什物、農具。折麻、放麻。刈蒿、棘，貯年支草於隙地，至六月及秋霖時，俱利倍。

〇仲冬行春令，則蟲蝗爲敗，水泉減竭[1]，人多疥癘。

〇行夏令，則其國乃旱，氛霧冥冥，雷乃聲發。

〇行秋令，則天時雨汁，瓜瓠不成。

十二月

季冬建丑。自小雪即得十二月節，陰陽使用，宜依十二月法。昏，奎中；曉，亢中。大寒，十二月中氣。昏，婁中；曉，氐中。

〇天道

是月天道西行，修造、出行，宜西方，吉。

〇晦朔占

朔晦風雨者，春旱。朔日風從西來半日不止者，六類大疫。朔大寒，白兔見。

〇月内雜占

虹見，黍貴。一云：八月穀貴。月蝕，凶。雜占風，同十月占之。

〇月内吉凶地

天德在庚，月德在庚，月空在甲，月合在乙，月厭在亥，月殺在辰。

〇黄道

青龍在戌，明堂在亥，金匱在寅，天德在卯，玉堂在巳，司命在申。

---

① "竭"，底本作"湯"，據《校釋》校改。

○黑道

天刑在子,朱雀在丑,白虎在辰,天牢在午,玄武在未,句陳在酉。

○天赦

甲子日是也。

○出行日

自小寒後三十日爲往亡,子爲歸忌,酉爲天獄,丑爲土公,不可遠行、動土,殺人。已亥日、三十日爲窮日,並不可遠行。

○臺土時

是月每日午時是也。

○四殺没時

四季之月,用乙時卯後辰前,丁時午後未前,辛時酉後戌前,癸時子後丑前。已上四時,可爲百事,架屋、埋葬、上官,並吉。

○諸凶日

河魁在辰,天剛在戌,狼籍在酉,九焦在巳,血忌在子,天火在酉,地火在亥。九焦、地火不種蒔,天火不架屋。血忌不針灸、出血。餘日不可爲百事。

○嫁娶日

求婦寅、卯日吉。天雄在巳,地雌在乙,不可嫁娶,凶。新婦下車,辛時吉。

此月生男,不可娵三月、九月生女。

此月納財,金命女,吉;木命女,孤寡;水命女,凶;火命女,宜子;土命女,自如。納財吉日:己卯、壬寅、癸卯、丁卯。

是月行嫁,子、午女吉,丑、未女妨自身,寅、申女妨夫,巳、亥女妨父母,卯、酉女妨首子、媒人,辰、戌女妨舅姑。

天地相去日：戊午、己未、庚辰、五亥，不可嫁娶，主生離。冬壬子，害九夫。

陰陽不將日：丙寅、丁卯、丙子、丁丑、己卯、庚辰、己丑、庚寅、辛卯、庚子、辛丑、丙辰，大吉。

○喪葬

此月死者，妨辰、戌、丑、未人。斬草：丙子、辛卯、庚子、癸卯、甲寅，吉。殯：丁卯、庚午、丁酉、乙卯。葬：丙寅、壬午、癸酉、壬申、甲申、乙酉、庚寅、丙申、壬寅、丙午、庚申、辛酉。

○推六道

天道甲、庚，死道坤、艮，地道乙、辛，兵道乾、巽，人道丙、壬，鬼道丁、癸。地道、鬼道，葬送往來，吉。

天道、人道，嫁娶往來，吉。

○五姓利月

商姓，辛丑爲大墓。角姓，乙丑爲小墓。宮、羽姓，吉，年與日同。

○起土

飛廉在酉，土符在子，土公在丑，月刑在戌，大禁東方。地囊：乙丑、乙未。已上地，不可修造、起土，凶。日、辰亦同。

月福德在酉，月財地在亥。已上取土吉。

○移徙

大耗在未，小耗在午，五富在申，五貧在寅。移徙不可往貧耗上。冬壬子、癸亥，不可入宅、嫁娶，凶。

○架屋

己巳、癸巳、甲午、己亥、乙巳、乙卯、甲子、庚午、乙亥、辛巳，吉。

○穰鎮

二十三日沐，二日、十三日、三十日浴，吉。

又云：十五日沐浴。已上去災。

七日拔白，永不生。

○祀竈

《搜神記》：陰子方臘日見竈神，因以黃羊祀之，家乃暴富。後人行之，多獲吉焉。

○食忌

是月勿食葵，發痼疾。勿食薤。勿食蟹。勿食諸脾。勿食龜、鼈。必害人。勿食牛肉。凡烏牛自死者，若北首死者，害人。構枝及桑柴灸牛肉者，並令人生蟲。食自死豕肉，令人體痒。

○造臘酒

臘日取水一石，置不津器中，浸麴末三斗，便下四斗米飯。至來年正月十五日，又下三斗米飯。又至二月二日，又下三斗米飯。至四月二十八日外開之。其甕但露著，不用穰草，則三伏停之，不敗。

○造醬

將炒黃浸一宿後，入釜中煮，令軟硬得所，漉出。將煮黃水澄。取每豆黃一斗，用黃衣末六升、神麴四升、鹽五升半，煮黃水調和勻後，封閉。如乾厚，即入熟水相添。

○又造醬

豆黃簸去碎惡者。磨細一石黃衣。一石豆黃，淨淘一遍，又淘之，取再淘豆水，盛於甕中。即入豆黃，次下黃衣。諸法內所言黃衣者，即是以麥罨黄衣者，見六月内罨黄衣法①。熟打，封閉。三日後，入鹽一斗。其鹽曝乾，篩去泥土。正月已後，漸漸更入鹽，直至四月醬熟，都入鹽九斗，即足矣。寒食時，入熟油及餤頭之類，甚佳。

○魚醬

鯔魚、魦魚第一，鯉、鯽、鱧魚次之。切如膾條子一斗，攤曝，令去水脉。即入黄衣末五升，好酒小許，鹽五升，和，如肉醬法。腹腴之處最居下。寒即曝之，熱即涼處。可以經夏食之。《月録》云用麴末，恐不停久，宜減之。

○兔醬

剉兔取肉，切如膾。脊及頸骨細剉，相和。肉每一斗，黄衣末五升，鹽五升，漢椒五合，去子。鹽須乾。

方：下好酒，和如前法，入瓷甕子中，又以黄衣末蓋之，封泥。五月熟。骨與肉各别作，亦得。

○澹脯

取麈、鹿肉，如常脯厚，作片，陰乾，勿著鹽，即成脆脯，至佳。

○白脯

此月中造者爲上時。牛、羊、獐、鹿等精肉，破作片，冷水浸一宿，出，搦之，去血，候水清乃止。即用鹽和椒末淹，經再宿，出陰乾，棒打，踏令緊。自死牛、羊亦得。

○兔脯

先作白鹽湯，煮熟，去浮沫。欲出釜時，尤急火，火急乾易。置箔上，陰乾即成。脆美無比。

若造生者，即依脯法。

---

① 此處三句注文，底本原置於下文"漸漸"下，兹據文義及《校釋》正之。

如五味者，先須鹽醃兩三宿後，猛火焙熟，乾，味甚佳矣。

○乾腊肉

取牛、羊、獐、鹿肉五味淹二宿，又以葱、椒、鹽湯中猛火煮之，令熟後，掛著陰處。經暑不敗。遠行即致妙。

○造英粉

第一粱米，第二粟米，須一色，不得令雜。去碎者，揀去黍米。木槽中，下水踏十遍，水清乃止。大甕中，多以水浸，夏三十日，春六十日，不用易水，臭爛乃佳。勿令日灸著。日滿，汲水就甕中沃之，攪令酸氣盡乃止。稍稍出，研之，水攪，挼取白汁，絹袋濾，著別甕。麁者更研，令盡。以小杷子甕中打良久，抒澄之。去清水，以濃汁著盆中，以杖一向旋之三百轉，乃止。盆蓋，勿令塵污。良久，抒澄清，徐徐去水盡。以三重布帖粉上，薄著粟糠，糠上安灰。灰濕更易[①]，乾乃止。然後削去四畔麁無光者，用中心圓如鉢形光潤者，以布鋪床上，刀劙如梳大，曝乾，碎挼，收之。

入用：擬客食及隔油衣中使，及作香粉摩身。

是月作，寒食出之，勝他月。

○紅雪

朴消十斤，馬牙者尤佳，並須精鍊。升麻、大青、桑根白皮、槐花各三兩，犀角屑。一兩，淡竹葉一握，蘇木三兩，鎚碎別煎。訶梨勒三十介，檳榔二十介，朱砂一兩。先細研，藥成乃下。

右件升麻等七味剉，以水二斗浸一宿，煎取一大斗，絞去滓，去淀。即下朴消於藥汁中煎，以杓揚，不得停手。候無水，即下蘇木汁、朱砂，攪和，致於盆中。冷硬，收成。療一切病冷，以水

_____

① “灰濕”，底本作“灰灰濕”，衍一“灰”字，茲從《校釋》刪其一。

下之①。産後病，以酒調服之，以湯投之。忌熱肉、麵、蒜等。

○犀角丸

療癰腫并發背、一切毒腫，服之腫化爲水神驗方：

犀角一十二分屑，蜀升麻、黃芩、防風、人參、當歸、黃蓍、乾薑、蓼藍、黃連、去毛。甘草、灸。梔子仁，已上各四兩，大黃三分，巴豆二十介。醋熬令黃，去心、膜。

右先搗巴豆如泥，又研令極細，餘十三味並爲散，入巴豆膏同研，令至勻。鍊蜜同搗，令巴豆勻細。爲丸，如梧桐子大。患者飲服三丸。通利三兩行，喫冷漿水粥止之。如不利，加至四五丸。唯初服快利，後漸減丸數，取溏痢爲度，老少以意增減。腫消，皮皺，痢黃，水盡，乃止。忌熱麪、魚、蒜、猪肉、菘菜、生冷、粘食等。

○温白丸

治癖塊等心腹積聚、心胸痛、喫食不消、婦人帶下淋瀝、嬴瘦困悶無力方：

川烏頭十分，炮。紫菀、吳茱萸、菖蒲、柴胡、厚薄、薑灸。菩梗、皂角、去皮、子。茯苓、乾薑、黃連、去毛。蜀椒、出汗。人參、巴豆。醋熬黃，去皮、心。

右件十四味等分，搗，羅，入巴豆，研令極細勻。以白蜜和，搗二千杵，丸如梧桐大。一服二丸，不痢加至十丸。十五日後，惡濃血如雞肝等下，勿怪。忌生冷、醋滑、猪、魚、雞、犬、牛、馬、鵝、五辛、油膩、熱麪、豆、糯米、陳臭等物。

○備急丸

---

① 此二句，《校釋》校作"療一切病，以冷水下之"。

治腹内諸卒暴百病方：

大黃、乾薑、巴豆，已上等分。巴豆去心、皮，醋熬令黃，搗如泥，又研令細勻。

右件大黃、乾薑，搗羅爲散；和巴豆膏，研至勻。錬蜜爲丸，更搗三千杵。若中惡客忤、心腹脹滿刺痛、氣急口噤、停屍（尸卒）死者[①]，以煖水或酒服如大豆許大三四枚，捧頭起，令得下，即愈。若口噤定，研丸成汁，乃傾口中，令從齒間入至腹，良驗。忌蘆笋、猪肉、冷水。

〇茵陳丸

治瘴疫、時氣、温、黃等。若嶺表行往，此藥常隨身。茵陳四兩，大黃五兩，豉心五合，恒山、梔子仁、熬。芒消、杏仁。去皮、尖，熟研後入之。已上各三兩，鼈甲三兩，去膜，酒及醋塗灸。巴豆一兩。熬，別研入用。

右件九味，搗羅爲末，錬蜜爲丸。初得時氣，三日旦飲服五丸，如梧桐子大。如行十里許，或痢或汗或吐；如不吐不汗不痢，更服一丸；五里久不覺，即以熱飲促之。老少以意酌度。凡黃病、痰癖、時氣、傷寒、瘧疾、小兒熱欲發癇，服之無不差。療瘴神驗。赤白痢亦妙。春初一服，一年不病。忌人莧、蘆笋、猪肉。

已前諸藥，臘月合，收瓶中，以蠟紙固口，置高處。逐時減出可二三年一合。

〇面脂

香附子大者十介，白芷三兩，零陵香二兩，白茯苓一兩，並須新好者。細剉研，以好酒拌令浥浥。蔓菁油二升，先文武火於瓶

---

① “屍”，《校釋》録校作“尸卒”二字，“卒”即“猝”，言此處意即“屍厥暴死”。

器中養油一日；次下藥，又煮一日。候白芷黃色，綿濾去滓，入牛羊髓各一升，白蠟八兩，白蠟是蜜中蠟。麝香二分。先研令極細，又都煖相和，合熱攪勻，冷凝即成。

○澡豆

糯米二升，浸搗爲粉，曝令極乾；若微濕，即損香。黃明膠一斤，炙令通起，搗篩；餘者炒作珠子，又搗取，盡須過熟。皂角一斤，去皮後秤。白芨、白芷、白蘞、白术、藁本、芎藭、細辛、甘松香、零陵香、白檀香十味，各一大兩，乾構子一升。一名楮子。

右件搗篩，細羅都勻，相合成。澡豆方甚衆，此方最佳。李定所傳。

○香油

療頭風、白屑、頭痒、頭旋、妨悶等方：

蔓荆子三大合，香附子三十介，此地者佳。蜀附子、大猛。① 羊躑躅花各一大兩，旱蓮子草、零陵香各一大兩，葶藶子一大兩半，已上六味細剉，綿裹。故錍鐵半斤。碎。

右都浸於一大升生麻油中。七日後，塗頭。旋添油，如藥氣盡，即換。

○薰衣香②

方甚衆，此最妙：

沉香一斤，崑崙者甲香二兩半，蘇合香一兩半，白檀香、屑。丁香各一兩，麝香半兩。

右件並須新好，一味惡即損諸香。並搗，以𤬪紗羅篩之。蜜

---

① 《校釋》云："大猛"，指四川出的附子效力最大猛。據知此處"大猛"乃是注解"蜀附子"者，故點讀如上。

② "薰"字上方底本有一字之空格，茲據文義及體例徑補一"○"符號，以示分隔。

二大升，六月收者煉之，入朴消一兩同煉，掠去沫；候冷，和香，作劑，令可丸。瓷油瓶盛，密封，入地窖，一月出之，收貯久尤佳。唯在麄細乾濕得所，乾則難丸。燒須與香煙共盡，不可焦臭香氣。

○烏金膏

治一切惡瘡腫方：

油麻油一斤，黃丹四兩、冬月六兩。蠟四兩、頭髮一團。雞子大。

右先炒黃丹令黑，即下油及髮，手不住攪之，從旦至午。取一點，滴於水中，候可丸，便即成也。乃下蠟。蠟消後，一兩沸，即盛於瓶中。

○烏蛇膏

療惡瘡，生好肉，去濃水、風毒、氣腫方：油麻油一斤，黃丹二大兩，烏蛇二大兩，灸，搗末。鼠一介，臘月者佳。蠟四兩。

右先以油煎鼠，令消，去滓。入黃丹并蛇末，以微火更煎，攪。沸後，下蠟，更煎十沸，膏即成。下入瓷器中盛封。塗瘡，一日一易爾。

○辟瘟法

《養生術》云：臘夜持椒三七粒，臥井傍，勿與人言，投椒井中，除瘟疫病。

○是月碾米

數人口，乾碾米，貯于新瓦甖中，盆蓋，泥封一甖。甖開，可終一年。甖下側塼支，令通風。

○斷鼠尾

《雜術》云：臘月捕鼠，斷其尾，至來年正月斬之，制鼠暴也。

○臘灸

是月收臘祀餘炙，以杖頭穿，豎瓜田角，去蟲。

○挂猪耳

是月收猪耳釣堂梁上，令人致富。

○收猪脂

臘日收買猪脂，勿令經水，新瓷器盛埋亥地百日，治療癰疽。此月中收者亦得。

○貯糯米

是月貯之，夏中糶之。《食禁》云：孕婦食糯米，令子多白蟲。

○留羊種

同正月。

○蒸狗子

同十一月。

○務斬伐竹木

此月不蛀。

○造農器

收連加、犂、耬、磨、鏵、鑿、鋤、鎌、刀、斧。

向春人忙，宜先備之。

○神明散

蒼术、菩梗、附子炮各二兩，烏頭四兩，炮。細辛一兩。

右搗，篩爲散，絳囊盛，帶之方寸匕。一人帶，一家不病。

右染時氣者，新汲水調方寸匕服之，取汗，便差。

春分後宜施之。

○雜事

造車。貯雪。收臘糟。造竹器、碓、磑。糞地。造餳、蘗。

刈棘。屯墻①。貯草。貯皂荚。縛筥篅。

○藝田

《要術》云："是月燒荒，正月開之。"

○溉冬葵

汲水澆之。有雪即不用。

○燒苜蓿

苜蓿之地，此月燒之訖，二年一度。耕壠外，根斬，覆土掩之，即不衰。凡苜蓿，春食作乾菜，至益人。紫花時，大益馬。六月已後，勿用餵馬；馬喫著蛛網，吐水損馬。

○掃葱

去其枯葉，不去則至春不茂。

○嫁果樹

同正月。

○瘞果栽

貯桃李之核，此月瘞之。至春深芽生出後，移之。

○斸樹栽

此月爲佳。斫桑樹，剥桑皮，此月爲上時。

○斬構取皮

此月爲上時，四月爲中時。非此兩月，即枯死。至正月燒之。

○屠蘇酒

大黄、蜀椒、菩梗、桂心、防風各半兩，白术、虎杖各一兩，烏頭半分。

---

① "屯"，底本作"屯"，俗寫，兹録正。

右八味，剉，以絳囊貯。歲除日薄晚，掛井中，令至泥，正旦出之，和囊浸於酒中，東向飲之。從少起至大，逐人各飲小許，則一家無病。候三日，棄囊并藥於井中。此軒轅黃帝之神方矣。

○庭燎

歲除夜，積柴於庭，燎火，辟災而助陽氣。

○禳鎮

投麻豆辟温法：

《魚龍河圖》云：除夜四更，取麻子、小豆各二七粒，家人髮小許，投井中，終歲不遭傷寒、温疫。

○齋戒

是月晦日前兩日，通晦日三日，齋戒，燒香，浄念經文，仙家重之。

○季冬行春令，則胎夭多傷，人多痼疾。

○行夏令，則水潦爲敗，時雪不降，冰凍消釋。

○行秋令，則白露早降，介蟲爲妖。

○又臘日取皂角，燒爲末。遇時疾，晨旦以井花水調一錢匕服之，必差。

○又此月好合藥餌，經久不喝耳。

四時纂要跋

　　余今彫印此書，蓋欲盛傳於世，廣利於人，助國勸農，冀萬姓同躋富壽者也。凡百君子，依而行之，則乃子乃孫，定無飢凍橫夭之患。

　　　　大宋至道大歲丙申九月十五日記　施元吉彫字

纂作管反　　胼部田反　　胝于尼反　　憔昨焦反　　悴秦醉反

稷子力反　　鞅於兩　　蠡音禮　　黔巨淹　　義許羈　　龔音恭

醯呼雞　　醢呼改　　䶍直例　　蔽必袂　　溝古侯　　瀆徒谷

蜚扶沸　　衛尺容　　爆北教　　插楚洽　　欝紆物　　壘力軌

齋祖雞　　埘音侍　　囊奴當　　腋羊益　　駮北角　　薙介胡

壠力種　　椎直追，打也。　　伐音伐,春也。　　釀女亮　　糞方問

爬蒲巴　　掐苦洽　　晞音希　　嫩奴困　　舐都禮　　觸尺玉

叢祖紅　　揀音簡　　滓阻史　　攤他干　　攪古巧　　繭古典

蛹音勇　　耐奴代　　溲疏有　　瞳音同　　尿奴弔　　尻苦刀

宂烏瓜　　膂音吕　　廠尺亮　　鹹音咸　　蟄直立　　刈魚肺

韭書九　　握烏拔　　罨烏合　　臛呼各　　耨奴豆　　曝薄報

喎苦媧　　劑在細　　爍書勺　　禿他各　　褊方免　　窖古孝

稗皮賣　　核下革　　概居致　　趕音罕　　痺必至　　癨虛郭

脆清歲　　剥北角　　圃市緣　　簸補過　　芟音衫　　劇郎計

碾定念　　漬姒賜　　翮下革　　虯渠牛　　嚏音帝　　窒陟栗

跋布火　　豉音豆　　錫徐盈　　窰音遥　　稕之閏

杭州　潘家彫

　　余嘗得《四時纂要》於客中，尋常間俯而讀、仰而思，則實是農家書也。其耕種耘穫之侯，風雨霜露之節，與夫蠶桑、醫藥、家忌、俗諱，無不備載。余甚愛之，以爲雖百金不願易也。而第恨印本無傳，知者蓋寡，遂絶人事而書得之，欲入其梓，壽其傳，與一國公共之。而間或有無稽怪誕之説、不經虛僞之言，故欲撰抄要語，以便考覽。而測海之心，雖明於涇渭之分；相馬之眼，尚暗於驪黄之辨；則有志未就者，日月多矣。

　　僚友朴宣氏，分憂朔州，求得書本，以充行橐。余知朴侯謹愨，好善人也，其不秘于家而刊行於世，可知矣。自慶其夙好之篤，於是乎副而公共之心，庶幾伸矣。

　　萬曆五年丁丑中元日，儒州後裔八十歲老翁、通訓大夫、行繕工監副正柳希潛謹跋。

　　往在丁丑歲，余以繕工判官，授朔州之歸，同官柳正希潛氏袖一書屬余曰：君其壽傳，爲一國公共之資。吾觀是書，信農家纂要之説也。昔孟軻氏曰：雖有鎡基，不如乘時。夫察寒暑之氣，占風霜之侯，耕種及時，鋤耘有節，其有補於三農之事，豈不大哉？與夫樹植、畜牧、卜筮、忌諱，微不俱載，最所切於日用之中者也。余謹授而歸，寶而愛之，期布于世，以售吾君不秘之志也。第以朔邑凋弊，無以爲措；厥後連任邊帥，時備無暇；每恨未酬吾君付托之意，尋常耿耿于懷，蹔不忘心。未幾，柳君亦捐世。嗚呼痛哉！今者幸忝授鉞于兹，聖明在上，不見兵革，籌邊之餘，捐俸鳩工，以鋟于梓，不月而訖功。於是自喜其平生寶藏之書，得以刊行，而吾君地下之魂，亦可以慰矣。時萬曆十八年庚寅仲春，慶尚左兵使朴宣謹跋。

慶尚左兵營開刊

秦中歲時記

李　綽　撰

竇懷永　點校

【題解】

《秦中歲時記》,一卷,唐李綽(一作淖)撰。綽,具體生平資料不詳。今《尚書故實》之撰者亦名"李綽",且書中自稱係趙郡人。《四庫全書總目提要》考《新唐書・宰相世系表》,稱趙郡李氏南祖之後,有名綽字肩孟者,爲吏部侍郎紓之曾孫。據史料觀之,"李綽"曾於僖宗廣明中避亂於今鄭州中牟縣,或即《尚書故實》書前自序所云"綽避難圃田,寓居佛廟";昭宗龍紀年間官太常博士,約於乾寧初任膳部郎中,後爲禮部郎中;唐亡不仕,避亂南方。又南宋陳振孫《直齋書録解題》卷六記:"《秦中歲時記》一卷,唐膳部郎中趙郡李綽撰。"是故多有學者疑此二"李綽"乃同一人,然仍需確考。

《秦中歲時記》,亦稱作《咸鎬記》(如《宋史・藝文志》)、《咸鎬歲時記》(如《中興館閣書目》、《群書考索》)。《直齋書録解題》稱:"其序曰:'緬思庚子之歲,薦周戊辰之年。'庚子,唐廣明元年;戊辰,梁開平二年也。又曰:'偶記昔年皇居舊事,絶筆自嘆,横襟出涕。'然則唐之舊臣國亡之後感傷疇昔,而爲此書也。"據以推之,《秦中歲時記》或係李綽感時傷事之作。原書早佚,宋曾慥《類説》輯得十四條,宋朱勝非(舊題)《紺珠集》輯得十條,元陶宗儀《説郛》亦輯得十則,内容以唐室朔望薦獻及歲時宴賞之事爲多,史料價值珍貴;然三本之間,文字多有不同,且前二本各篇均有獨立標題,而後者則無。

除本篇外,亦有文獻記《輦下歲時記》同爲李綽撰者,如南宋章如愚《群書考索・前集》(明正德慎獨齋刻本)卷五五曾云"李綽有《秦中歲時記》,紀唐室朔望薦獻及歲時宴賞之事",復雙行注云:"一名'輦(輦)下歲時記',一名'咸鎬歲時記'。"《宋史・藝文志》亦載"李綽《輦下歲時記》一卷"。然就二書所存文本觀之,《秦中歲時記》較《輦下歲時記》於仍有不同,故且視作二書,分别董理(《輦下歲時記》見下篇),亦示謹慎之意。

今以文學古籍刊行社一九五五年影印明天啓刊本《類説》卷六所輯爲

底本，以《四庫全書》本《紺珠集》（《影印文淵閣四庫全書》第八七二册，臺灣商務印書館 1983 年）卷十所輯爲校本，迻録整理。

秦中歲時記

李　綽①

幫牛②

金吾仗③，欂欒前引④，百司皆避。《爾雅》云即幫牛也⑤。此獸善抵觸⑥，故雕其首於竿⑦，加龍虎節，以油囊盛之而行⑧。

探花宴⑨

進士杏花園初會⑩，謂之"探花宴"。以少俊二人爲探花使⑪，

---

① 書題下底本未署作者，而校本則署"李綽"，兹據補。
② 此條標題校本作"欂欒"。
③ "仗"，校本作"杖"。
④ "欂"，底本作"擽"，據校本改。
⑤ "幫牛"，校本作"幇牛"，同。
⑥ "抵觸"，校本作"觝觸"。
⑦ "首"，校本作"像"。"竿"字下校本有一"上"字。
⑧ "而行"二字校本無。
⑨ 此條標題底本原作"探花"二字，"宴"字屬正文，然文句難讀，且義甚不通；校本則作"探花使"，首二句作"進士杏園初宴，謂之探花宴"，文義通順。再檢宋趙彥衞《雲麓漫鈔》(中華書局 1996 年)卷七："世目狀元第二人爲榜眼，第三人爲探花郎。《秦中歲時記》云：'期集謝恩了，從此便著披袋篋子騶從等，仍於曲江點檢，從物無得有闕，闕即罰錢，便於亭子小宴。召小科頭同，至暮而散。次即杏園初宴，謂之探花宴，便差定先輩二人少俊者，爲兩街探花使；若他人折得花卉，先開牡丹、芍藥來者，即各有罰。'"所引《秦中歲時記》文字雖不同，然文義頗爲明晰。兹據校"宴"字屬標題，如上。
⑩ "初會"，校本作"初宴"。
⑪ "以"，校本作"差"，義同。

遍遊名園。若他人先折得名花,則二使皆被罰①。

拾菜②

二月二日,曲江拾菜,遊觀甚盛③。

紫筍茶

清明日,湖州進紫筍茶。④

白牡丹詩⑤

慈恩寺有裴潾《白牡丹》詩云:長安豪貴惜春殘⑥,爭賞開元紫牡丹⑦。別有玉盃承露冷,無人起就月中看。

扇市

端午前兩日,東市謂之扇市,車馬特盛⑧。

儺翁儺母

歲除日逐儺⑨,作鬼神之狀,内二老人爲儺翁、儺母⑩。

---

① 此句校本作“則探花使被罰也”。
② 此條標題校本作“曲江拾菜”。
③ 此句四字,校本作“士民遊觀,極盛”六字。
④ 此條不見於校本。
⑤ 此條標題校本作“玉杯承露”。
⑥ “豪貴”,校本作“富豪”。
⑦ “開元”,校本作“新開”。
⑧ “特”字上校本有“于時”二字。
⑨ “逐儺”,校本作一“儺”字,而“儺”下有“皆”字。
⑩ 此句校本作“内二老人,其名儺公、儺母”。

火城

正月一日曉漏以前，宰相三司金吾以樺燭數百炬，擁馬如城，謂之火城。①

中和節

二月一日中和節，百官進農書，内出中和曆勑賜群臣。②

酴釀酒

寒食内宴宰相，酴釀酒③。

櫻筍廚

四月十五日，自堂廚至百司廚，通謂之"櫻筍廚"。④

重陽應制⑤

王維《重陽應制》詩云⑥：四海方無事，三秋大有年。無窮菊花節，長奉柏梁篇。

---

① 此條不見於校本。
② 此條不見於校本。
③ "酴"字上底本當脱一"用"、"賜"類動詞。下篇《輦下歲時記》中有清明"賜宰臣以下酴釀酒"之記載，可參。又此條不見於校本。
④ 此條不見於校本。"自"，底本作"白"，據文意改。
⑤ 此條標題校本作"菊花節"。
⑥ "重陽"，校本作"重陽日"。

進士多貧士①

太和八年,放進士榜,多貧士②。無名子作詩曰:乞兒還有大通年,二十三人椀杖全。薛庶准前騎瘦馬,范鄲依舊蓋鋪毡③。

吏部四拗

吏部有四拗④:初冬納文書,却云"選門閉"⑤;四月事畢,却云"選門開";人名在令史前⑥,謂之"某家百姓";狀在判後,却須粘在判前⑦。

槐花黃,舉子忙

進士下第,當年七月復獻新文,求拔解,故語曰:槐花黃,舉子忙。⑧

寒食節,內僕司車與諸軍使爲繩欇之戲。合車轍道兩頭打大欇,張繩欇上,高二尺許,須繁榜定。駕車盤轉,碾輪於繩上過,不失者勝,落輪繩下者輸。皆裝飾車牛,賭物動以千計⑨。

---

① 此條標題校本作"無名子嘲詩"。
② 此二句校本作"放榜"二字,"榜"字下有一"有"字,屬下讀。
③ "鋪毡",校本作"鋪氈",同。
④ 此句五字,校本作"因名四拗"四字而置於句末。
⑤ "云",校本作"謂之",下一處同。
⑥ "令史",底本作"分史",不辭,蓋形誤。據校本改。
⑦ "却"字上校本有一"又"字。
⑧ 此條不見於底本,據校本錄出。
⑨ 此條不見於底本、校本,僅見於《說郛》本(清順治三年宛委山堂本《說郛》卷六九,收入《說郛三種》,上海古籍出版社1988年影印),原無標題。今亦錄出,且供一讀。

輦下歲時記

李　綽　撰
高雲萍　點校

【題解】

《輦下歲時記》，一卷，《宋史·藝文志》、《文獻通考》等署唐李綽撰，然亦有文獻目録署以“闕名”者。

宋晁公武《郡齋讀書志》（《郡齋讀書志校證》，上海古籍出版社 2011 年）卷一二記云：“輦下歲時記一卷，右唐李綽撰。綽經黄巢之亂，避地蠻隅，偶記秦地盛事，傳諸晚學云。”余嘉錫《四庫提要辨證》（中華書局 1980 年）卷一五則以爲“避地蠻隅云云，亦必綽自序中語，但晁氏謂綽經黄巢之亂，而避地則誤”，“龍紀元年以後，復官京曹，未嘗竟客蠻隅，此必朱温簒弑之時，綽棄官逃去，始有此語”。有關此書之撰寫情况，仍待後考。上篇已論，本篇與《秦中歲時記》自古即有視爲同書之異名者，然謹慎起見，擬視爲二書。

《輦下歲時記》宋元間已佚，元陶宗儀輯得七條而記入《説郛》。今以清順治三年（1646）宛委山堂本《説郛》（收入《説郛三種》，上海古籍出版社 1988 年影印）卷六九所輯爲底本，迻録整理。

輦下歲時記

闕　名①

大閱

正月，户部奏大閲天下貢物於都堂。其日放朝，宰相與百官皆赴户部宴會，一時特盛。開元中，曾以大閲一日貢物賜李林甫。九州任土，盡歸人臣之家。國史書其事也。

出宫女歌舞

先天初，上御安福門觀燈。大常作歌樂，出宫女歌舞，朝士能文者爲踏歌，聲調入雲。

鑽火

長安每歲諸陵當以寒食薦餳粥、鷄毬等，又薦雷子車。至清明尚食，内園官小兒于殿前鑽火，先得火者進上，賜絹三疋、金椀一口。都人並在延興門看内人出城灑掃，車馬喧闐。新進士則于月燈閣置打毬之宴，或賜宰臣以下酴醾酒，即重釀酒也。

鬼市輦

俗説務本坊西門是鬼市，或風雨曛晦，皆聞其喧聚之聲。秋

---

① 底本確署"闕名"，而非"李綽"，今亦照録，而文獻信息處襲諸家目録作唐李綽撰。

冬夜，聞賣乾柴，云是枯柴精也。又或中秋望夜聞鬼吟："六街皷絶行人歇，九衢茫茫空有月。"有和者云："九衢生人何勞勞，長安土盡槐根高。"

踏歌

先天初，上御安福門觀燈，令朝士能文者爲踏歌，聲調入雲。

竈燈

都人至年夜，請僧道看經，備酒果送神，帖竈馬於竈上；以酒糟抹於竈門之上，謂之"醉司命"；夜於竈裏點燈，謂之"照虛耗"。

歲時雜記

吕希哲　撰

竇懷永　點校

【題解】

《歲時雜記》，一卷，宋吕希哲（1039—1117）撰。希哲字原明，北宋壽州（今安徽鳳臺）人，乃吕公著長子、吕祖謙五世祖。世稱滎陽先生。“少從焦千之、孫復、石介、胡瑗學，復從程顥、程頤、張載遊，聞見由是益廣”（《宋史·吕希哲傳》），而晚年則轉學佛，從高僧游。太學出身，以蔭補入官。元祐中，范祖禹薦爲崇政殿説書。徽宗初，召爲秘書少監，改光禄少卿，又以直祕閣知曹州，尋遭崇寧黨禍，改知相州，徙邢州，罷爲宫祠。後羈寓淮、泗間，授徒講學，於政和七年（1117）二月二十九日卒，享年七十有八。《宋史·吕希哲傳》、《宋名臣言行録》、《宋元學案》之《滎陽學案》等文獻皆有其事迹。有《發明義理》、《傳講雜記》、《吕氏雜記》、《滎陽公説》、《吕氏家塾廣記》等，《全宋詩》收其詩若干。

《歲時雜記》原書面貌如何，今已不可知。現存者乃係元代陶宗儀輯得，計九條。據書名與孑遺文字觀之，正是依歲時之序、而記各時之風物禮節，具備歲時禮俗文獻之典型特點。兹以清順治宛委山堂刊重校一百二十卷《説郛》（《説郛三種》，上海古籍出版社 1988 年影印）卷六九所收輯本爲底本，加以迻録。

歲時雜記

賜幡勝

正月一日造華勝相遺。

插柳

江淮間寒食日，家家折柳插門。

競渡

杜亞節度淮南，方春，民爲競渡戲，亞欲輕駛，乃髹船底，篙人衣油綵衣，没水不濡。

帶蒲人

端午刻菖艾爲小人子或葫蘆形，帶之辟邪。

蘭湯

五月五日，蓄蘭爲沐浴。

乞巧

七夕，婦人結縷穿針以乞巧。

佩茱萸

九日，采菊佩茱萸以延年。

煖爐

京人十月朔，沃酒，乃炙臠肉於爐中，團坐飲啗，謂之煖爐。

迎年

歲莫，人家具肴蔌，詣宿歲之位，以迎新年，共聚酣飲。

圖書在版編目(CIP)數據

歲時之屬.第 1 冊 / 竇懷永等點校. —杭州：浙江大
學出版社，2016.9
（中華禮藏.禮俗卷）
ISBN 978-7-308-14903-7

Ⅰ.①歲… Ⅱ.①竇… Ⅲ.①節令—中國—古代
Ⅳ.①K892.1

中國版本圖書館 CIP 數據核字(2015)第 168413 號

中華禮藏·禮俗卷·歲時之屬　第一冊

竇懷永等 點校

出 品 人	魯東明	
總 編 輯	袁亞春	
項目統籌	黃寶忠　宋旭華	
責任編輯	周晶晶	
封面設計	張志偉	
出版發行	浙江大學出版社	
	（杭州市天目山路 148 號　郵政編碼 310007）	
	（網址：http://www.zjupress.com）	
排　　版	浙江時代出版服務有限公司	
印　　刷	浙江印刷集團有限公司	
開　　本	710mm×1000mm　1/16	
印　　張	35.75	
字　　數	409 千	
版 印 次	2016 年 9 月第 1 版　2016 年 9 月第 1 次印刷	
書　　號	ISBN 978-7-308-14903-7	
定　　價	300.00 圓	

浙江大學出版社發行中心聯繫方式：(0571)88925591；http://zjdxcbs.tmall.com